# DIE BIBEL

## BIBELWISSEN, GESCHICHTEN UND FAKTEN IN 150 WERKEN DER KUNSTGESCHICHTE

CHRISTA PÖPPELMANN

# DIE BIBEL

## BIBELWISSEN, GESCHICHTEN UND FAKTEN IN 150 WERKEN DER KUNSTGESCHICHTE

# Inhalt


6 **Vorwort**

8 **Die Bibel im Überblick**

10 Das Buch der Bücher
11 Die jüdische Bibel
12 Die christliche Bibel
13 Mohammed und die Bibel
14 Mensch, Löwe, Stier und Adler
16 Viermal das Leben Jesu
17 Die „verborgenen" Schriften

18 **Das Alte Testament**

20 Der Anfang
21 Der Garten Eden
22 Mann, Frau und Schlange
24 Der Brudermord
25 Flut über der ganzen Erde
26 Ein Turm sorgt für Verwirrung
27 Drei Engel bei Abraham
28 Feuer über Sodom und Gomorrha
29 Inzest mit dem eigenen Vater
30 Das größte Opfer
32 Unerwünscht und vertrieben
33 Brautschau am Brunnen
34 Die ungleichen Brüder
35 Offenbarung mit rätselhaftem Beiwerk
36 Ein Mann mit und zwischen zwei Frauen
37 Nächtliches Ringen
38 Jüngling in Bedrängnis
39 Die Traumdeutungen
40 Die Brüder als Bittsteller
41 Segen für Ephraim und Manasse
42 Der Junge aus dem Schilfkörbchen
43 Die Offenbarung auf dem Berg Horeb
44 Ein Pharao wird in die Knie gezwungen
45 Macht über Wind und Wellen
46 Brot vom Himmel
48 Der Berg der Gebote
49 Gottes Worte an Stirn und Arm
50 Affront gegen Gott und seinen Propheten
51 Vorzeichen für den Kreuzestod
52 Rätsel um einen Propheten
54 Posaunen lassen Mauern brechen
55 Zwei Frauen und ein Mord
56 Wunder auf Bestellung
58 Wilder Held und heimtückische Frau
59 Zwei Frauen auf sich allein gestellt
60 Die Berufung des letzten Richters
61 Alter König und junger Hoffnungsträger
62 Der Held mit der Schleuder
64 Innige Männerfreundschaft
65 Der Besuch bei der Hexe
66 Überführung mit Hindernissen
67 Die Sünde des Königs
68 Der Aufstand des Schönlings
70 Der weise Schiedsspruch
71 Das Haus des Herrn
72 Staatsbesuch aus Saba
73 Ein Prophet gegen Baal
74 Das schreckliche Ende einer Femme fatale
75 Das Exil in Babylon
76 Die Reise mit dem Engel
78 Die Retterin ihres Volkes
80 Gefährlicher Gang zum eigenen Mann
81 Judas, der Hammer, und seine Brüder
82 Prügelnde Engel

83 Gebete für jede Gelegenheit
84 Der aufsässige Dulder
85 Alles hat seine Zeit
86 Im Taumel der Liebe
87 Der Verkünder des Messias
88 Die Katastrophe vor Augen
90 Der große Visionär
91 Unter wilden Tieren
92 Abrechnung mit den Voyeuren
93 Der widerspenstige Prophet

## 94 Das Neue Testament


96 Aus der Wurzel Jesse
98 Ein Mann für die Jungfrau
99 Gabriel bei Maria
100 Die Zusammenkunft der werdenden Mütter
101 Pflichtbesuch in Bethlehem
102 Geburt im Stall
104 Verkündigung auf dem Feld
105 Die Huldigung der Magier
106 Flucht vor Herodes
107 Das Massaker des Herodes
108 Prophezeiung über Heil und Schmerzen
110 Verworrene Familienverhältnisse
111 Diskussion im Tempel
112 Taufe am Jordan
113 Begegnung mit dem Widersacher
114 Die Berufung der Fischer
115 Das erste Zeichen
116 Die große Predigt
118 Demütiger Vertreter der Macht
119 Die Salbung
120 Die Wahl des Zöllners
121 Disput am Jakobsbrunnen
122 Reiche Frucht
113 Ein verhängnisvoller Tanz

124 Das Brot des Lebens
125 Der Gang über das Wasser
126 Simon, der Felsen
127 Die Regelung der Nachfolge
128 Verklärung mit Moses und Elias
130 Die Frage nach der Schuld
131 Der Wunderheiler
132 In weiblicher Gesellschaft
133 Totenerweckung in Bethanien
134 Anwalt der Geringsten
135 Die Pflichten des guten Hirten
136 Die Barmherzigkeit des Außenseiters
138 Verlorener Sohn und barmherziger Vater
139 Gnade statt menschlicher Gerechtigkeit
140 Reicher Prasser in der Unterwelt
141 Triumphaler Einzug
142 Angriff auf das religiöse Establishment
144 Zehn Jungfrauen in Erwartung des Himmelreichs
145 Die Geste der Demut
146 Jesus feiert mit seinen Jüngern das Abendmahl
147 Die Einsamkeit vor dem Tod
148 Der Verrat des Vertrauten
150 Verhör bei Nacht
151 Verleugnung vor dem Hahnenschrei
152 Die Unschuldsgeste des Mächtigen
153 Der Weg nach Golgatha
154 Das Ende
156 Die Bergung des Leichnams
157 Der Abschied
158 Die Frauen am Grab
160 Die Karriere der Maria Magdalena
161 Begegnung auf dem Weg nach Emmaus
162 Glaubensprobe
163 Wiedersehen in Galiläa
164 Beistand von oben
165 Der erste Martyrer
166 Botschaft für die Welt
167 Das Damaskuserlebnis
168 Missionar und Theologe
169 Schwerer Stand bei den Heiden

170 Der Weg des Petrus
171 Visionen vom Weltende
172 Vier Reiter bringen Verderben
173 Der Endkampf
174 Die große Abrechnung
175 Qualen in alle Ewigkeit


## 176 Übersetzungen und Verbreitung


178 Die Sprachen der Bibel
179 Die Vulgata
180 Ein Buch für die Goten
181 Die Inseln der Gelehrsamkeit
182 Prunkvolle Evangelienbücher
184 Die Gutenberg-Bibel
185 Die Lutherbibel
186 Kanonisierung in Trient
187 Sensationsfund am Toten Meer


## 188 Register


188 Künstler und Werke
190 Stichwortregister

# Vorwort

Die Bibel ist das Buch, das weltweit in der höchsten Auflage – in den letzten 200 Jahren waren es ungefähr fünf Milliarden Exemplare – gedruckt und verkauft wird. Aktuell werden nach Angaben der Deutschen Bibelgesellschaft jährlich etwa 30 Millionen Bibeln verkauft. Es gibt kein anderes Buch, das in so viele Sprachen – inzwischen sind es über 2400 – übersetzt wurde wie die Bibel. Das hat zur Folge, dass fast alle Menschen auf der Welt die Bibel in ihrer Muttersprache lesen können.

Die Bibel ist die heilige Schrift des Christentums, wobei ihr erster Teil, das Alte Testament, weitgehend identisch mit der jüdischen Bibel, dem Tanach, ist. Je nach Konfession besteht sie aus 50 oder 62 einzelnen Teilen, die Bücher genannt werden. Ihre Texte und Geschichten haben die europäische Kultur geprägt und sind weiterhin präsent. Viele alltägliche Redewendungen, gern gebrauchte sprachliche Bilder und beliebte Zitate stammen aus der Bibel. Eine gewisse Bibelkenntnis gehört auch heute noch zu einer guten Allgemeinbildung – selbst wenn man nicht an ihre religiöse Aussage glaubt.

Das Christentum war ab dem 4. Jahrhundert Staatsreligion des Römischen Reiches und ist es in manchen europäischen Ländern bis ins 20. Jahrhundert hinein geblieben. Andere Glaubensinhalte und -einstellungen fristeten daneben ein Schattendasein: Ketzer wurden verfolgt, und zum Atheismus konnte man sich vor dem 18. Jahrhundert kaum ohne die Gefahr einer Verfolgung durch die allgegenwärtige Kirche bekennen. Das bedeutete zwar nicht, dass während dieser Jahrhunderte alle Menschen gläubig waren, aber sie lebten mit den Geschichten und Erzählungen der Bibel und setzten sich mit diesen auseinander.

Kunst war jahrhundertelang größtenteils und während mancher Epochen sogar ausschließlich religiöse Kunst. Aufträge kamen von den Kirchen und privaten Stiftern, die etwas für ihr Seelenheil tun wollten. Die Erschaffung der Welt, das Opfer Abrahams, Davids Kampf gegen Goliath, die Geburt, der Tod und die Auferstehung Christi und andere biblische Geschichten wurden tausendfach in der Kunst dargestellt. Aber sie wurden nicht einfach abgebildet, sondern immer wieder neu interpretiert. Da die Darstellungsabsichten der meisten Maler nicht bekannt sind, kann man nur versuchen, sie aus ihren Werken herauszulesen. Grundlage dafür ist immer die Kenntnis der dargestellten Ereignisse und Personen.

Die Bibel ist unglaublich reich an den unterschiedlichsten Geschichten, die keineswegs alle von gottergebener Unschuld handeln. Gerade das Alte Testament steckt voller handfester Skandale und Verbrechen. Seine Helden und Heldinnen sind keine makellosen Übermenschen, sondern stecken voller Zweifel, Ängste und Agressionen, aber auch voller Mut, Zuversicht und Visionen. Eva greift im Paradies nicht aus bloßem Ungehorsam zur verbotenen Frucht, sondern weil sie – wie Gott – zwischen Gut und Böse unterscheiden will. König David rettet sein Volk vor dem Riesen Goliath und dem Heer der Philister, lässt aber den Ehemann seiner Geliebten kaltblütig ermorden.

Heutzutage wird die Bibel nur noch von wenigen Menschen als ein „heiliges Buch" betrachtet, dessen Inhalte direkt von Gott stammen und deshalb Wort für Wort wahr sein müssen. Fast alle Christen und auch die offiziellen Kirchen sind sich bewusst, dass die Texte von Menschen geschrieben wurden und jeder Leser sie neu interpretieren und ihren Gehalt für sich entdecken muss. So gibt es in der lateinamerikanischen Kirche eine Beschäftigung mit der Bibel, die sich „Bibelteilen" nennt. In diesen Runden geht es nicht darum, die „wahre" Interpretation der biblischen Texte zu finden. Stattdessen teilen die Menschen einander mit, was sie in einer bestimmten Geschichte an Interessantem oder Bemerkenswertem gefunden haben.

Die Geschichten der Bibel sind auch deshalb so präsent in der europäischen Kulturgeschichte, weil sich die christliche Kirche im Gegensatz zu Judentum und Islam nie an das alttestamentarische Bilderverbot gehalten hat. Zwar heißt es im ersten der Zehn – auch im Christentum gültigen – Gebote: „Du sollst dir kein Schnitzbild machen, noch irgendein Abbild von dem, was droben im Himmel oder auf der Erde unten oder im Wasser unter der Erde ist." Doch schon in der Frühkirche waren bildhafte religiöse Symbole wie das Lamm oder der Fisch, die für Jesus Christus und seine Lehre standen, gebräuchlich. Als das Christentum dann Staatsreligion wurde, gestaltete man die neuen Kirchen sogar ganz bewusst mit vielen Bildern aus, um den Gläubigen das Leben und Wirken Jesu sowie die Taten der alttestamentarischen Patriarchen näherzubringen. Dabei sah man in der Darstellung Jesu Christi von Anfang an keinen Glaubenskonflikt. Nur Gott Vater blieb als Motiv für die meisten Künstler bis in die Renaissance hinein tabu.

Papst Gregor I. bezeichnete etwa Ende des 6. Jahrhunderts religiöse Bilder als „Bücher der Armen". Andere Kirchenväter waren dagegen skeptischer und sprachen sich gegen die Bilderflut aus. Während es aber in der orthodoxen Kirche des Ostens im 8. und 9. Jahrhundert einen teils blutig und gewaltsam ausgetragenen Bilderstreit mit Ikonenzerstörungen und Verfolgungen der Bilderverehrer gab, sah es die katholische Kirche des Westens lieber, dass sich die Gläubigen an den anschaulichen, leicht eingängigen Bildern orientierten als am eigentlichen Text der Bibel.

Eben weil die Bibel oft so facettenreich und interpretationsbedürftig ist, fürchtete man, dies könne die religiöse Laienschaft verwirren. Bibelübersetzungen waren nur den studierten Theologen erlaubt, das einfache Volk war hingegen auf die Interpretation der lateinischen Texte durch den Pfarrer im sonntäglichen Gottesdienst angewiesen. Das führte auch dazu, dass sich im Volksglauben und in der bildenden Kunst viele Dinge einschlichen, die sich in dieser Form in der Bibel nicht finden, wie beispielsweise der Apfel in der Paradiesgeschichte, der weihnachtliche Stall mit dem Ochsen und dem Esel oder der Kreuzweg Christi. Erst Luther gab mit seiner Übersetzung der Bibel ins Deutsche und seiner theologischen Lehre, dass Glaubenswahrheiten „nur auf der Schrift", nicht aber der kirchlichen Tradition beruhen, dem Volk auch die Texte der Bibel zurück.

In der Evangelischen Kirche ist die – allerdings überarbeitete – Lutherbibel immer noch die Standardübersetzung. In der katholischen Kirche hingegen ist dies eine zwischen 1962 und 1980 von katholischen und evangelischen Theologen erarbeitete Einheitsübersetzung. In dieser modernen Übersetzung sind viele ältere Fehler historischer Übersetzungen ausgemerzt worden. Besonders genau an den Wortlaut der hebräischen und griechischen Originaltexte halten sich die Übersetzungen der Elberfelder und der Zürcher Bibel, die dafür manchmal etwas schwerfällig klingen. Das Gegenteil dieser Übersetzungen ist die „Gute Nachricht" (griechisch: Evangelium = gute Nachricht). Sie wurde um 1970 von der evangelischen Bibelgesellschaft und dem katholischen Bibelwerk erstellt. Diese Übersetzung geht mit dem Originaltext recht frei um und vermeidet alle altmodischen und schwer verständlichen Sprachkonstruktionen. Das Ergebnis ist ein besonders leicht lesbarer Bibeltext – gerade auch für Menschen, die nicht mit der Bibel aufgewachsen sind.

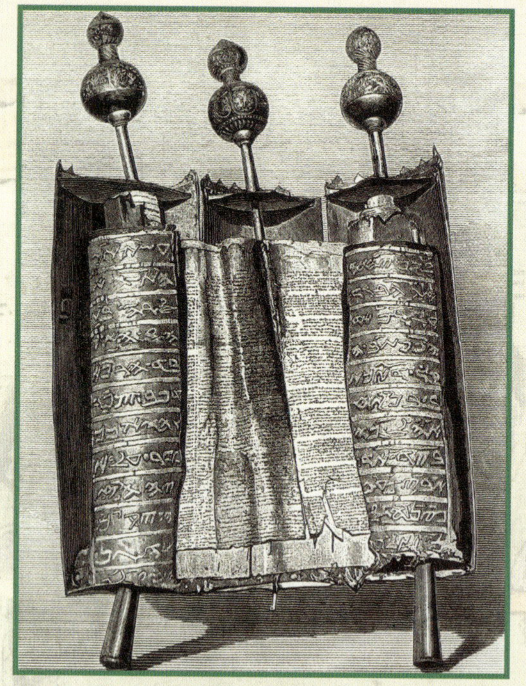

# DIE BIBEL
# IM ÜBERBLICK

# Das Buch der Bücher

## Reichenauer Buchmalerei, Jesus als Kind im Tempel, 10. Jh.

Der Begriff „Bibel" hat eigentlich einen sehr trivialen Ursprung. Er leitet sich vom altgriechischen Wort „biblios" ab, was ursprünglich Papyrusrolle und später Buch bedeutete. Die gesammelten Schriften des Neuen und des Alten Testaments wurden von den Kirchenvätern (siehe Kasten) meist schlicht als „biblia", also als „Bücher", bezeichnet und nur gelegentlich als „hagia graphae", als „Heilige Schrift". Die Bezeichnung „Bibel" lässt sich also dahingehend interpretieren, dass sie für gläubige Christen schlichtweg DAS Buch ist, während alle übrigen Bücher besondere Namen benötigen, um sie unterscheiden zu können.

### *Irenäus stellt die Weichen*

Im Grunde ist die Bibel eine Sammlung unterschiedlicher Schriften, die zum Teil mit einigen hundert Jahren Abstand entstanden sind. Die Entscheidung, welche Bücher zu dieser Sammlung gehören sollten, fiel während der ersten 350 Jahre des Christentums. Verantwortlich dafür waren die sogenannten Kirchenväter. Eine besondere Bedeutung hatte der heilige Irenäus. Er war Bischof von Lyon, lebte etwa von 135 bis 202 und war wohl ein Grieche aus Smyrna in der heutigen Türkei. Für Irenäus war die ganze Geschichte der Menschheit Teil des göttlichen Heilsplans. Der aber beginnt mit der Schöpfung und der Erschaffung von Adam und Eva, nicht erst mit der Geburt Jesus Christus. Deshalb gehörten für Irenäus die alttestamentarischen Schriften unabdingbar zur göttlichen Offenbarung, womit er eine sehr grundlegende Entscheidung traf.

### *Ein Kanon entsteht*

Von Irenäus ist auch ein Kanon bekannt, eine Liste von Büchern, die seiner Meinung nach wahre Informationen über Jesus enthalten. Dazu gehörten mit Ausnahme einiger weniger Apostelbriefe fast sämtliche Bücher des Neuen Testaments. Darüber hinaus hat er lediglich eine damals sehr beliebte Sammlung von Gleichnissen und Visionen aufgenommen, die „Hirte des Hermas" genannt wurde. Ein etwas älterer Kanon, der nach seinem Entdecker „Kanon Muratori" genannt wird, nennt fast die gleichen Bücher. Nur einige Briefe bewertet er anders und empfiehlt – unter Vorbehalt –, auch eine Offenbarung des Petrus in den Kanon aufzunehmen. Ein wichtiges Kriterium für die Auswahl war, dass die Schriften „apostolische Autorität" besaßen, das heißt, sie sollten von jemandem stammen, der entweder Jesus selbst gekannt oder wenigstens in unmittelbarem Kontakt zu einem der Apostel gestanden hatte. Deshalb war es auch so wichtig, die Evangelien bekannten Persönlichkeiten wie Lukas oder Markus zuzuordnen.

*Das Scriptorium (Schreibstube) des Benediktinerklosters Reichenau war im Mittelalter eines der bedeutendsten in Europa. Links ist eine frühe Darstellung des zwölfjährigen Jesus im Tempel zu sehen, rechts die Erzählung über die Auferstehung Christi aus dem Markusevangelium.*

### *Die Kirchenväter*

Als Kirchenväter werden die Gelehrten bezeichnet, die mit ihren Schriften zur Entwicklung des christlichen Glaubens beigetragen haben. Doch der Begriff wird nur für jene Autoren in Anspruch genommen, die keine biblischen Schriften mehr verfasst haben, sondern sie nur kommentierten und interpretierten. Als einer der ersten Kirchenväter wird Clemens, der dritte oder vierte Bischof von Rom (um 50–101 n. Chr.), angesehen, von dem jedoch nur zwei Briefe erhalten sind. Als einer der letzten Kirchenväter der Westkirche gilt der im Jahr 604 verstorbene Papst Gregor I., in der orthodoxen Kirche wird dieser Titel noch heute an bedeutende christliche Autoren verliehen.

## Stich eines unbekannten Künstlers, Torarollen, um 1878

*Für den liturgischen Gebrauch wird die Tora auch heute noch von Hand auf solche Pergamentrollen geschrieben. Viele Gemeinden besitzen aber auch Rollen, die schon seit Jahrhunderten in Gebrauch sind. Beim Lesen werden sie möglichst nur an den hölzernen Griffen angefasst.*

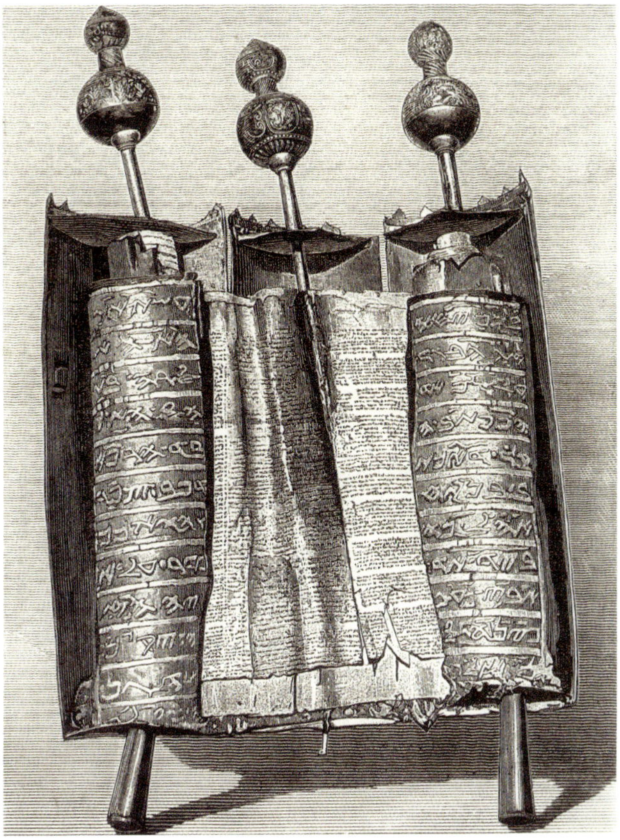

Sämtliche Schriften des Alten Testaments stammen nicht aus der christlichen Religion, sondern aus dem Judentum. Die jüdische „Bibel" wird als „Tanach" bezeichnet. Das Wort an sich hat keine Bedeutung. Es wird aus drei hebräischen Buchstaben gebildet, die für die drei Teile des Tanach stehen: die Tora (Weisung), die Nevim (Propheten) und die Ketuvim (Schriften).

### *Die Tora*

Die Tora ist der wichtigste Teil des Tanach. Sie umfasst die fünf Bücher Moses. Im Alten Testament heißen sie Genesis (Entstehung), Exodus (Auszug), Leviticus (Priesterschriften), Numeri (Zahlen) und Deuteronomium (Zweites Gesetz). Die Juden nennen sie nach ihren Anfangsworten Bereschit, Schemot, Wajikra, Bemidbar und Devarim. In der christlichen Tradition werden die Bücher auch als Pentateuch (griechisch: fünf Gefäße) bezeichnet. Die Genesis enthält die Erschafffung der Welt und das Leben der Stammväter Noah, Abraham, Isaak, Jakob und Joseph. Im Buch Exodus wird vom Auszug aus Ägypten und der 40-jährigen Wanderung durch die Wüste erzählt. Auch die drei weiteren Bücher Moses befassen sich mit diesem Zug der Israeliten. Sie enthalten vor allem Gesetze und Vorschriften, die Gott seinem Volk während dieser Zeit gegeben haben soll. In diesen fünf Büchern befinden sich die grundlegenden Glaubenswahrheiten und Gebote des Judentums. Die Vorschriften aus der Tora werden auch als „mosaisches Gesetz" bezeichnet.

### *Propheten und Schriften*

Im Alten Testament folgen auf die fünf Bücher Moses zwölf weitere Bücher, unter anderem die Bücher Josua und Samuel. Unter Josua erobern die Israeliten das Land Kanaan, das heutige Israel und Palästina. Während sie allmählich sesshaft werden, lenken herausragende Persönlichkeiten, die sogenannten Richter, die Geschicke des Landes. Der Prophet Samuel erhält dann den Auftrag, Saul und später den jungen David zum König zu krönen. Die beiden Bücher der Könige reichen von der Herrschaft Salomons (etwa 10. Jahrhundert v. Chr.) bis zur Eroberung des Königreiches Juda durch die Babylonier im Jahr 586 v. Chr. Im jüdischen Tanach gehören diese Schriften zu den Prophetenbüchern. Sie werden als ältere Propheten bezeichnet, im Gegensatz zu den jüngeren Propheten Jesaja, Jeremias, Ezechiel, Hosea, Joel, Amos, Abdias, Jonas, Micha, Nahum, Habakuk, Sophonias, Aggäus, Zacharias und Malachias. Diese lebten zwischen dem achten und dem sechsten Jahrhundert v. Chr. Als Ketuvim werden alle weiteren Bücher bezeichnet, die sich nicht in eine der beiden ersten Kategorien einordnen lassen: In den Büchern Ruth, Daniel, Esra, Nehemia und Esther wird die Geschichte des Volkes Israel weitererzählt, in den Chroniken dagegen zusammengefasst. Dazu kommen poetische oder Lehrbücher wie die Psalmen (geistliche Lieder), das Buch der Sprüche, die Klagelieder, das Buch Hiob und das Buch Kohelet.

### *Tanach und Altes Testament*

**Da Martin Luther für seine Bibelübersetzung den hebräischen Tanach benutzte, ist in den protestantischen Kirchen das Alte Testament, abgesehen von Kleinigkeiten bei der Einteilung, identisch mit der jüdischen Bibel. Das katholische Alte Testament enthält jedoch zusätzlich hebräische Schriften, die später entstanden sind als die Bücher des Tanach, nämlich die Geschichten von Tobit und Judith, zwei geschichtliche Werke über die Makkabäer, die im 2. Jahrhundert v. Chr. lebten, das Buch der Weisheit, die Sprüchesammlung Jesus Sirach, das Prophetenbuch Baruch und einen Brief, der vom Propheten Jeremias stammen soll.**

# Die christliche Bibel

## Santissimo Salvatore in Cefalù, Christus Pantokrator, 12.–13. Jh.

*Christus, der in der Apsis des Doms von Cefalù auf Sizilien als Pantokrator (Weltenherrscher) abgebildet ist, verweist die Gläubigen auf die Bibel. Der Dom wurde unter König Roger II. im byzantinischen Stil begonnen und 1267 vollendet.*

Die Evangelisten berichten, dass Jesus beim letzten Abendmahl seinen Jüngern einen Kelch mit Wein reichte und diesen als das „Blut des Bundes" beziehungsweise den „Neuen Bund" bezeichnete. Dementsprechend sind die Schriften des Alten Testaments jene, die sich mit dem Alten Bund befassen, die des Neuen Testaments jene rund um den Neuen Bund. Der Alte Bund ist jener, den Gott mit dem Volk Israel geschlossen hatte. Diesen hat Jesus durch seinen Tod am Kreuz mit allen, die an ihn glauben wollen, erneuert. So finden sich im Alten Testament die religiösen Schriften des Volkes Israel vor Jesu Geburt, während sich das Neue Testament mit Jesus befasst.

### *Das Alte Testament*

Über die Aufnahme des Alten Testaments in die Bibel gab es in der Frühkirche unterschiedliche Meinungen. Bereits der Hebräerbrief im Neuen Testament, der oft Paulus zugeschrieben wird, aber mit einiger Sicherheit nicht von ihm stammt, bezeichnet den Neuen als den besseren Bund, der den Alten abgelöst habe. Markion, der von 85 bis 160 lebte, unterschied zwischen einem bösen Gott des Alten Testaments, der die Welt geschaffen habe und deshalb auch für alles Leid verantwortlich sei, während der gute Gott des Neuen Testaments diese Schöpfung auf geistigem Wege überwinden wolle. Markion akzeptierte nur das Lukasevangelium und strich aus diesem zudem alle Stellen, die auf das Alte Testament verweisen. Die Mehrheit der Theologen jedoch vertrat wie Irenäus von Lyon die Überzeugung, dass die Begebenheiten des Alten Testaments Teil einer umfassenden Heilsgeschichte seien und das Neue Testament ohne das Alte nicht zu verstehen sei. Da die frühchristlichen Theologen alle Griechisch, aber kaum bzw. kein Hebräisch sprachen, orientierten sie sich nicht am Tanach, sondern der Septuaginta, der altgriechischen Übersetzung des Tanach, die auch jüngere Schriften enthielt. Aus ihr stammen jene Bücher, die im katholischen Alten Testament enthalten sind, aber nicht in Tanach und Lutherbibel.

### *Das Neue Testament*

Der wichtigste Teil des Neuen Testaments sind die vier Evangelien, die vom Leben Jesu erzählen. Sie waren keineswegs die einzigen Evangelien, die geschrieben wurden. Doch die Kirchenväter (siehe S. 10) hielten nur diese vier für seriös – eine Einschätzung, die die meisten Theologen auch heute noch teilen. Den Evangelien folgt die Apostelgeschichte, die von den Aktivitäten der Urkirche nach Jesu Tod berichtet, vor allem vom Wirken der Apostel Petrus und Paulus. Damit befassen sich auch die 21 Apostelbriefe, von denen zwei Drittel Paulus zugeschrieben werden. Das letzte Buch schließlich ist die Apokalypse, eine Endzeitvision, die der Evangelist Johannes gehabt haben soll.

### Die katholischen Briefe

Zu den unbekanntesten Teilen des Neuen Testaments gehören jene sieben Briefe, die nicht vom Apostel Paulus stammen oder ihm wenigstens zugeschrieben werden. Sie werden auch als „katholische Briefe" bezeichnet, obwohl sie sich auch in der protestantischen und orthodoxen Bibel finden. Zwei von ihnen werden Brüdern (oder Vettern) Jesu zugeschrieben, nämlich der Jakobus- und der Judasbrief. Zwei weitere sollen von Petrus stammen und drei von Johannes. Ob dem wirklich so ist, bleibt ungewiss. Jedenfalls waren diese Briefe schon bei den Kirchenvätern nicht unumstritten.

# Mohammed und die Bibel

## Osmanische Miniatur, Arche Noah, 16. Jh.

Ein Mann mit einem Schiff voller Tiere, das kann nur Noah sein, selbst wenn er einen Turban trägt, wie auf dieser türkischen Miniatur. Doch auch das ist kein Widerspruch, denn sowohl die jüdische Tora als auch die christlichen Evangelien gelten im Islam als gültige Offenbarung Gottes. Noah wird zu den Propheten gezählt, und die Geschichte von der Sintflut findet sich auch im Koran wieder. So ist die 71. Sure nach Noah benannt. Dort wird beschrieben, wie er zunächst versucht, seine sündigen Mitmenschen zur Umkehr zu bewegen, aber Gott schließlich vorschlägt, die unverbesserliche Menschheit auszurotten.

### *Göttliche Offenbarung von Adam an*

Neben Noah werden auch alle biblischen Propheten und die Könige David (Dawud) und Salomon (Suleiman) als Propheten angesehen, vor allem aber Adam, Abraham (Ibrahim), Moses (Musa) und Jesus (Isa). Sie alle gelten als die Vorläufer des letzten Propheten Gottes – Mohammed. An ihnen wird nicht gezweifelt, allerdings glauben die Moslems, dass Juden und Christen die Worte ihrer Propheten und ihre heiligen Schriften teilweise falsch interpretiert haben. Ähnlich wie die Evangelisten in den Prophezeiungen des Alten Testaments zahlreiche Hinweise auf Jesus sahen, werden auch im Islam viele Textstellen sowohl des Alten als auch des Neuen Testaments als Verweise auf Mohammed interpretiert, zum Beispiel jene aus dem Johannesevangelium, in der Jesus seinen Jüngern beim letzten Abendmahl verspricht, er werde ihnen einen Beistand senden. In der christlichen Theologie ist dieser Beistand der Heilige Geist, in der islamischen der letzte Prophet Mohammed.

### *Jesus im Koran*

**Im Koran heißt Jesus Isa Ben Maryam und ist wie in der Bibel der Sohn der Jungfrau Maria. Er wird als Prophet angesehen, was bedeutet, dass seine Lehre als wahr gilt. Seine Taten wie Krankenheilungen und Totenerweckungen dagegen werden im übertragenen Sinne verstanden. Durch seine Lehre soll er Menschen geheilt haben, die im religiösen Sinne wie krank oder tot waren. Außerdem ist er trotz der Jungfrauengeburt nur ein Mensch, nicht Gottes Sohn. Auch Kreuzigung und Auferstehung werden abgelehnt. Im Koran heißt es, dass statt Jesus ein anderer gekreuzigt wurde, der mit ihm verwechselt worden sei.**

### *Neuinterpretation im Koran*

Nicht nur die wichtigsten biblischen Gestalten kommen im Koran vor, sondern auch die Berichte von der Vertreibung aus dem Paradies, die Josephsgeschichte oder der Exodus (Auszug) aus Ägypten. Einiges stammt jedoch aus außerbiblischen Quellen oder ist im Sinne des Islam neu gedeutet worden. So werden zum Beispiel die negativen Seiten der Propheten, die es in der Bibel durchaus gibt (zum Beispiel bei König David), nicht geschildert. Eine besondere Rolle spielt Ismael, der ältere Sohn Abrahams und der ägyptischen Magd Hagar, gilt er doch als Stammvater der Araber. Im Koran ist er es, nicht Isaak, den Abraham auf Gottes Befehl hin opfern will. Während jedoch die Kirchenväter das Alte Testament als gleichberechtigten Teil in die christliche Bibel aufgenommen haben, ist das im Islam nicht der Fall. Da der Koran als die letztgültige Offenbarung verstanden wird, enthält er alles, was die Gläubigen wissen müssen, und ein Studium vorheriger Offenbarungen wird als unnötig angesehen. Diese Offenbarungen sollen Mohammed übrigens von dem auch aus der Bibel bekannten und für die Sendung göttlicher Botschaften zuständigen Erzengel Gabriel übermittelt worden sein.

*Mit dem islamischen Bilderverbot nahm man es im 16. Jahrhundert, als diese Miniatur von Noah und seinen Tieren entstand, nicht so genau. Damals erlebte das Osmanische Reich unter Suleiman dem Prächtigen (1495–1566) seine größte Blütezeit. Das Kunstwerk befindet sich noch heute dort, wo die türkischen Sultane residierten, nämlich im Topkapi-Palast in Istanbul.*

# Mensch, Löwe, Stier und Adler

## Echternacher Evangeliar, Majestas Domini, um 1030

Der thronende Christus inmitten seiner Verkünder leitet das Goldene Buch von Echternach ein, eine der kostbarsten Handschriften des Mittelalters. In den Ecken sind die wichtigsten alttestamentarischen Propheten Jesaja, Jeremias, Ezechiel und Daniel zu sehen. Dazwischen findet man die Symbole der vier Evangelisten. Dass diese namentlich bezeichnet sind, ist eher ungewöhnlich, denn zur Entstehungszeit dieser Handschrift war wohl jedem geläufig, dass der geflügelte Mensch für Matthäus, der Löwe für Markus, der Stier für Lukas und der Adler für Johannes steht.

### *Rückgriff auf die Cherubim*

Die Zuordnung der Evangelisten-Symbole ist den Kirchenvätern Irenäus und Hieronymus (5. Jahrhundert) zu verdanken und gründet wohl im Wesentlichen auf den folgenden Überlegungen: Matthäus beginnt sein Evangelium mit der Menschwerdung Jesu, Markus mit dem löwengleichen Auftreten von Johannes dem Täufer, Lukas mit einem Opfer von Zacharias, dem Vater des Täufers, und Johannes mit einem poetischen Prolog, der sich adlergleich in die Höhen schwingt. Die Kombination Mensch, Löwe, Stier und Adler haben sich die Kirchenväter jedoch nicht ausgedacht. Im Alten Testament erzählt der Prophet Ezechiel (Ez 1,10) die Cherubim, himmlische, engelähnliche Wesen, hätten vier Gesichter, und zwar jeweils das eines Menschen, eines Löwen, eines Stieres und eines Adlers. Im Neuen Testament werden in der Offenbarung des Johannes (Joh 4,7) dann vier Wesen beschrieben, die um Gottes Thron stehen und ohne Unterlass seine Heiligkeit verkünden. Diese Wesen haben jeweils sechs Paar Flügel, sind über und über mit Augen bedeckt und haben die Gesichter von Mensch, Löwe, Stier und Adler.

### *Unklare Identitäten*

In der kirchlichen Tradition gilt der Evangelist Matthäus als einer der zwölf Apostel, ein Zöllner, der vor seiner Berufung Levi hieß. Johannes soll mit dem Lieblingsjünger Jesu identisch sein. Das Lukasevangelium wird dem Arzt Lukas zugeschrieben, einem Gefährten des heiligen Paulus. Der Evangelist Markus dagegen wird mit Johannes Markus, einem Begleiter des Apostels Petrus, gleichgesetzt. Die Zuordnungen stammen allesamt von frühen Kirchenlehrern etwa aus der Mitte des 2. Jahrhunderts, Beweise für ihre Auslegungen lieferten die frommen Männer jedoch nicht. Heute vertritt man daher auch überwiegend die Meinung, dass die „geschichtlichen Fakten" im Sinne der Beweisführung ausgelegt wurden, mit dem erklärten Wunsch, die Evangelien an vier namentlich bekannten Männern festzumachen. Als Argument für die Autorenschaft des Matthäus gilt zum Beispiel nur, dass er als Einziger erwähnt, dass der Apostel Matthäus früher Zöllner war. Lukas wird mit Lukas, dem Arzt, gleichgesetzt, weil er ein besonderes Interesse an Heilungen zeigt. Johannes dagegen schreibt am Ende seines Evangeliums, Jesu Lieblingsjünger sei der, der diesen Bericht geschrieben habe. Das bedeutet aber möglicherweise nur, dass der Autor Informationen hatte, die von Johannes stammten.

### *Das Scriptorium von Echternach*

**Anfang des 11. Jahrhunderts gehörte die Schreibstube des Benediktinerklosters im luxemburgischen Echternach zu den bedeutendsten Europas. Wie reich die Mönche waren, zeigt sich nicht zuletzt daran, dass sie das mit goldener Tinte geschriebene Echternacher Evangeliar (Evangelienbuch) für ihr eigenes Kloster anfertigen konnten. Die Seiten bekamen zudem einen goldenen, mit Elfenbeinschnitzereien und Edelsteinen verzierten Einband, den Kaiserin Theophanu und ihr Sohn Otto III. dem Kloster schon einige Jahrzehnte zuvor geschenkt hatten (siehe S. 182).**

*Der thronende Christus umringt von Propheten und Evangelisten leitet das Echternacher Evangeliar ein, das wegen seiner goldenen Schrift auch Codex aureus Epternacensis genannt wird. Mit 64 Bildseiten ist es eine der kostbarsten Handschriften des Mittelalters und befindet sich heute im Germanischen Nationalmuseum in Nürnberg.*

IOHANNES EVG
ISAIAS PPHETA
HIEREMIAS PPH
MARCVS
LVCAS
DANIHEL PPHET

# Viermal das Leben Jesu

## Byzantinische Buchmalerei, Evangelist Lukas, 10. Jh.

Genauso wie die Identität der Evangelisten unklar ist, steht ebenso wenig fest, wann und wo sie ihre Schriften verfassten. Die Forschung ist sich jedoch über die Reihenfolge einig. Das älteste Evangelium ist das Markusevangelium. Darauf folgten die Texte von Matthäus und Lukas, während das Johannesevangelium erst später verfasst wurde. Spätestens um 150 n. Chr. aber waren alle vier Bücher in den christlichen Gemeinden verbreitet.

### *Markus und Matthäus*

Das Markusevangelium ist das kürzeste der vier Evangelien. Einige Historiker vertreten die Auffassung, es könne bereits in den 40er-Jahren nach Christi Geburt verfasst worden sein, die Mehrheit siedelt es allerdings in den 60er-Jahren an. Es berichtet vergleichsweise schlicht und knapp und enthält eine geringere Anzahl an Predigten Jesu als die späteren Evangelien, dafür wird mehr Wert darauf gelegt, seine Taten zu schildern. Die göttliche Herkunft spielt keine große Rolle. Obwohl das Evangelium auf Griechisch verfasst wurde, geht die Wissenschaft davon aus, dass die Muttersprache des Autors eine semitische sein müsse, vermutlich Aramäisch, da jüdische Ausdrücke und Gebräuche teilweise erläutert werden. Adressaten müssen also auch Christen nicht jüdischer Herkunft gewesen sein, allerdings nicht solche, denen das Judentum vollkommen fremd war. Viele Teile des Markusevangeliums wurden vom Autor des Matthäusevangeliums fast wörtlich übernommen. Doch es gibt dort auch Predigten und Worte Jesu, die aus einer völlig anderen Quelle stammen müssen. Das Matthäusevangelium ist das längste der vier und entstand wohl in den 70er- oder 80er-Jahren nach Christi Geburt in einer vornehmlich judenchristlichen Gemeinde. Der Autor hat seinen Text kunstvoller gestaltet als Markus und legte besonderen Wert darauf, einen Bezug zwischen Jesu Leben und den Prophezeiungen des Alten Testaments herzustellen.

### *Lukas und Johannes*

Das Lukasevangelium entstand zeitgleich oder etwas später als das Matthäusevangelium. Der Autor schreibt, dass, nachdem schon viele der Überlieferung der Augenzeugen entsprechend über Jesus berichtet hätten, nun auch er den Ereignissen von Anfang an nachgegangen sei. Im Gegensatz zu Markus und Matthäus scheint er nicht jüdischer Herkunft gewesen zu sein und hatte bereits so viel Abstand zu dem Geschehen, dass er es für nötig hielt, mitunter Hilfestellungen zur zeitlichen Einordnung zu geben. Er berichtet einiges, das seine Vorgänger unerwähnt ließen, wie zum Beispiel die Ereignisse rund um die Geburt Christi. Aus welchen Quellen er dafür schöpfte, ist jedoch unbekannt. Im Johannesevangelium ist manches anders dargestellt als in den drei anderen Evangelien, zum Beispiel der Prozess Jesu. Bibelforscher gehen mehrheitlich davon aus, dass es über einen längeren Zeitraum hinweg aus mehreren Quellen zusammengestellt worden ist und zu Beginn des 2. Jahrhunderts seine endgültige Fassung erhalten hat.

### Die Nummerierung des Eusebius

**Da sich die Evangelien durchaus unterscheiden, kamen einige Theologen im 2. und 3. Jahrhundert auf die Idee, aus den vier Evangelien ein einziges zu machen. Andere wollten zumindest die Texte so umstellen, dass die Reihenfolge der Ereignisse übereinstimme und man die Texte leichter vergleichen könne. Der Kirchenvater Eusebius von Caesarea (um 260–340) hielt nichts von solchen – wenn auch gut gemeinten – Verfälschungen. Er nummerierte jedoch die einzelnen Verse der Evangelien durch und erstellte dann Tabellen, in denen die Textstellen zu den einzelnen Ereignissen aufgeführt sind.**

*So stellte sich ein anonymer byzantinischer Künstler im 10. Jahrhundert den Evangelisten Lukas bei der Arbeit an seinem Lebenswerk vor. Die kostbare Buchmalerei wird in der Nationalbibliothek von Athen aufbewahrt.*

# Die „verborgenen" Schriften

## Giotto, Die Begegnung Joachims und Annas an der Goldenen Pforte, um 1303–05

*Mit mehr als hundert Szenen aus dem Leben von Jesus und Maria malte Giotto di Bondone (um 1267–1337) von 1303 bis 1305 die Arenakapelle in Padua aus. Der berühmte Freskenzyklus, in dem auch Joachim und Anna zu sehen sind, gilt als das Hauptwerk des Wegbereiters der italienischen Renaissance.*

Erleichtert fallen sich Joachim und seine Frau Anna am Eingang des Jerusalemer Tempels in die Arme. Unabhängig voneinander ist ihnen geweissagt worden, dass ihre lange und quälende Kinderlosigkeit endlich ein Ende haben werde. Doch wer die Geschichte der Großeltern Jesu in der Bibel sucht, wird nicht fündig werden. Denn nicht wenige Motive, die Eingang in die christliche Kunst gefunden haben, stammen nicht aus der Bibel selbst, sondern aus anderen Quellen, den sogenannten „apokryphen" Schriften.

### Probleme mit der Zuordnung

Niemand kann sagen, wie viele apokryphe Schriften es gibt. Die Unklarheiten fangen bereits mit der Frage an, was den Apokryphen zuzurechnen ist. Apokryphe Schriften haben immer einen näheren Bezug zur Bibel als andere religiöse Texte. Manche Bücher, die eine Konfession in die Bibel aufgenommen hat, gelten anderen als apokryph, wie etwa die Bücher Judith und Tobit. Ein weiteres Beispiel bilden die gnostischen Evangelien, die für sich den gleichen Status als göttliche Offenbarung reklamieren wie die biblischen Schriften. Das Evangelium des Pseudo-Matthäus aus dem frühen Mittelalter, das sich mit Einzelheiten der Kindheit Jesu bis zum Alter von zwölf Jahren befasst, würde man wahrscheinlich schlichtweg als Legendensammlung abtun, hätte es der Autor nicht selbst als „Evangelium" tituliert.

### *Die Gnosis*

Der Name Apokryphen bedeutet „die Verborgenen". Manche der sogenannten apokryphen Texte waren tatsächlich lange Zeit verborgen. Man wusste von ihnen aus den Schriften der Kirchenväter, die zum Beispiel das Judas- oder das Thomasevangelium erwähnen. Doch man kannte die Texte nicht, bis sie im 20. Jahrhundert wiederentdeckt wurden. Die meisten dieser Texte werden einer speziellen Glaubensrichtung, der sogenannten „Gnosis" (griechisch: Erkenntnis), zugerechnet. Darunter versteht man eine Reihe von religiösen Bewegungen in den Jahrhunderten vor und nach Jesu Wirken. Ihnen ist gemeinsam, dass es sich um elitäre religiöse Geheimgesellschaften handelte, die sich im Besitz einer höheren Erkenntnis glaubten und dieses Exklusivwissen sorgsam nach außen abschotteten. Die Schriften der Gnostiker muten meist sehr rätselhaft und esoterisch an. Die Welt gilt ihnen als böse und muss überwunden werden. Die Lebensweise der Gruppen scheint demzufolge oft sehr asketisch und leibfeindlich gewesen zu sein. Für die frühen Christen waren die Gnostiker Irrlehrer. „Halte dich fern von unheiligen, leeren Redereien und den Widersprüchen, der fälschlich sogenannten ‚Erkenntnis'", endet zum Beispiel der erste Timotheus-Brief. Die gnostischen Geheim-Evangelien wurden von den frühen Christen als ketzerisch verdammt. Allerdings begannen die Kirchenväter im 3. und 4. Jahrhundert selbst, gnostischen Idealen wie Leib- und Lustfeindlichkeit zu huldigen. Teilweise schienen sie die Gnostiker noch übertreffen zu wollen, um die Überlegenheit des Christentums zu beweisen. Einige gnostische Schriften wurden 1945 von Bauern im ägyptischen Nag Hammadi in Tonkrügen gefunden, darunter das Thomasevangelium, eine Sammlung von Jesus-Sprüchen, die teilweise aus den biblischen Evangelien schon bekannt waren, zu einem großen Teil aber bislang nicht überliefert waren.

### *Klatsch und Tratsch*

Es gibt auch apokryphe Schriften anderer Art, die keineswegs rätselhaft sind, sondern in ihrer Thematik ziemlich alltäglich. Einige dieser „Evangelien" lesen sich wie eine Mischung aus moderner Regenbogenpresse und Märchenbüchern, aus Wundergeschichten und Klatsch rund um biblische Protagonisten. Diese „Evangelien" haben zwar den Volksglauben beeinflusst, wurden aber von Theologen nie wirklich ernst genommen.

# DAS
# ALTE TESTAMENT

# Der Anfang

## Michelangelo, Die Erschaffung Adams, 1508–12

*Die Erschaffung des Adam ist der berühmteste Teil von Michelangelos (1475–1564) Deckenfresko in der Sixtinischen Kapelle in Rom. In diesem Zyklus verknüpft er geschickt den ersten und den zweiten Schöpfungsbericht aus der Bibel.*

Giuliano della Rovere, der im Jahr 1503 unter dem Namen Julius II. Papst wurde, hatte zwei große Leidenschaften: das Militär und die Kunst. Als er Michelangelo den Auftrag erteilte, die Decke der Sixtinischen Kapelle auszumalen, war dieser alles andere als begeistert. Lieber hätte er sich ausschließlich der Bildhauerei gewidmet. Glücklicherweise gelang es ihm jedoch nicht, sich dem Willen des Papstes zu widersetzen, und so schuf er in nur viereinhalb Jahren auf fast 550 Quadratmetern einen gewaltigen Freskenzyklus rund um das Alte Testament, in dessen Mittelpunkt die Schöpfung steht.

### *Der Geist Gottes über der Urflut*

Das erste Buch der Bibel, das Buch Genesis, beginnt mit den Worten: „Im Anfang schuf Gott den Himmel und die Erde." Wie die Schöpfungsmythen vieler anderer Kulturen, so geht auch der biblische davon aus, dass es vor der Entstehung der Welt eine Urflut in tiefster Finsternis gegeben habe, über der aber der Geist Gottes schwebte. Den Beginn der Schöpfung stellen die göttlichen Worte „Es werde Licht" dar. Es folgt die bekannte Erzählung von der Erschaffung der Welt in sieben Tagen. Am ersten Tag, so heißt es, habe Gott das neugeschaffene Licht von der Finsternis getrennt und so Tag und Nacht hervorgebracht. Am zweiten wird der Himmel als festes Gewölbe gebildet. Am dritten Tag schafft Gott dann unter dem Gewölbe Meer und Land sowie alle samentragenden Pflanzen und fruchtbringenden Bäume. Der vierte Tag der Schöpfung ist der, an dem Sonne und Mond entstehen. Das mutet befremdlich an: Schließlich gab es ja längst Licht. Der biblische Erzähler sah darin offenbar keinen Widerspruch. Am fünften Tag werden Tiere geschaffen, zunächst jedoch nur die Vögel und Meerestiere. „Es sollen wimmeln die Gewässer von Lebewesen und Vögel am Himmelsgewölbe fliegen über der Erde." Beiden Gruppen gibt Gott den Auftrag, den später auch die Menschen bekommen: „Seid fruchtbar und mehret euch!"

### *Das Abbild Gottes*

Die Menschen werden am sechsten Tag zusammen mit den Landtieren geschaffen. „So schuf Gott den Menschen nach seinem Abbild, nach Gottes Abbild schuf er ihn, als Mann und Frau erschuf er sie", schreibt die Genesis. Sie sollen sich die Erde untertan machen und über alle Tiere herrschen. Anders als auf Michelangelos Gemälde gibt es hier noch keine getrennte Erschaffung von Mann und Frau. In der Bibel kommen Adam und Eva erst in einer späteren Schöpfungsgeschichte vor. In dieser ersten Geschichte endet die Schöpfung am Abend des sechsten Tages mit den Worten: „Gott sah alles, was er gemacht hatte, und fürwahr, es war sehr gut." Vollendet wird das Werk jedoch erst mit dem siebten Tag, den Gott segnet und zum Ruhetag erklärt.

### *Der Zyklus des Michelangelo*

Die zentralen Deckenfresken der Sixtinischen Kapelle zeigen nacheinander die Trennung von Licht und Dunkelheit, die Erschaffung von Sonne und Mond, die Trennung von Land und Wasser, die Erweckung des Adam und die Erschaffung Evas. Danach folgen Darstellungen des Sündenfalls, das Opfer Noahs, die Sintflut und der betrunkene Noah. Umrahmt werden die Bilder von alttestamentarischen Propheten und griechischen – also unbiblischen – Prophetinnen, den Sibyllen.

# Der Garten Eden

## Jan Bruegel der Ältere, Das irdische Paradies, um 1608

Das Paradies scheint den flämischen Maler Jan Bruegel zeit seines Lebens fasziniert zu haben. Über einhundertmal hat er den Garten Eden gemalt. Und die Bilder gleichen sich: Auf den ersten Blick scheint man eine lichte Waldlandschaft vor sich zu haben, europäisch und unspektakulär. Auf den zweiten entdeckt man allerlei bunt gemischtes Getier. In den Eichen tummeln sich Papageien und auf der sonnenbeschienenen Waldwiese schreitet ein Elefant einher. Immer im Vordergrund: Das weiße Pferd und die balgenden Leoparden. Die menschlichen Bewohner jedoch muss man meist suchen. Hier scheinen im Hintergrund Adam, Eva und Gott beieinander zu stehen.

### Familie Bruegel

Die Bruegels waren die große Maler-Dynastie der flämischen Renaissance. Vater Pieter der Ältere wurde mit ländlichen Szenerien bekannt, in denen er beispielsweise über 100 niederländische Sprichwörter oder die damals bekannten Kinderspiele versteckte. Sein älterer Sohn Pieter der Jüngere schuf groteske Fantasiegemälde, weshalb er auch Höllenbruegel genannt wird. Er wurde damit jedoch lange nicht so reich wie sein jüngerer Bruder Jan mit Blumen und Landschaften. Jans Söhne Jan der Jüngere und Ambrosius malten ähnliche, aber nicht ganz so gelungene Landschaften. Sein Enkel Abraham schließlich, ein Liebhaber von Blumenbildern und Stillleben, machte in Italien Karriere.

### *Eine zweite Geschichte*

Das Paradies kommt in der Bibel erst im zweiten Schöpfungsbericht vor, von dem die Bibelforscher nicht genau wissen, ob er jünger oder älter als der erste ist. Hier wird die Erschaffung von Himmel und Erde in wenigen Worten abgehandelt. Danach heißt es, dass Gott den Menschen aus dem Staub der Ackerscholle bildet und ihm Lebensodem in die Nase bläst. Als Heimstatt pflanzt er ihm gegen Osten einen Garten in Eden. Für Eden gibt es zwei Übersetzungen: Die hebräische bedeutet „Wonne", die mesopotamische „Steppe". Für diesen Garten werden die Pflanzen geschaffen, „lieblich zum Anschauen und gut zur Nahrung". Als Gesellschaft für den Menschen lässt Gott alle „Tiere des Feldes und alle Vögel des Himmels" entstehen und der Mensch darf ihnen Namen geben. Außerdem entspringt im Garten ein großer Fluss, der sich in vier Arme teilt. Zwei davon tragen die Namen Euphrat und Tigris. Vom dritten wird gesagt, er habe das Land Kusch (den heutigen Sudan) umflossen, der vierte das Goldland. Anhand dieser Angaben wurde immer wieder versucht, das verlorene Paradies zu lokalisieren. Meist hat man es in Mesopotamien, dem Land von Euphrat und Tigris, angesiedelt, das von Israel aus gesehen im Osten lag.

### *Altes und neues Paradies*

Die Schöpfung der verschiedensten Tiere spielt im Paradiesbericht des Buches Genesis eine große Rolle. Aber in Jan Bruegels Gemälden mit seiner starken Fixierung auf dieses tierische Durcheinander klingt noch eine ganz andere Bibelstelle an. In den Büchern des Propheten Jesaja wird immer wieder ein künftiges Friedensreich vorhergesagt, das entstehen wird, wenn der verheißene Messias erscheint. Dieses neue Paradies soll jedoch nicht auf einen eng begrenzten Garten beschränkt sein, sondern sich über die ganze Erde erstrecken.

*„Das irdische Paradies" oder „Landparadies" (Öl auf Holz) ist im Louvre zu bewundern. Biblische und mythologische Themen dienten dem flämischen Maler Jan Bruegel dem Älteren (1568–1625) vor allem als willkommener Anlass für seine Landschaftsmalerei. Sein zweites Lieblingsmotiv waren Vasen voller Blumen.*

# Mann, Frau und Schlange

## Lucas Cranach der Ältere, Adam und Eva, um 1513–15

Der sächsische Hofmaler Lucas Sunder, der sich nach seinem Geburtsort (Kronach in Oberfranken) Cranach nannte, malte verschiedene Versionen des ersten Menschenpaares. Das um 1513–15 geschaffene Bild ist wohl das erste – und zugleich das kargste. Es ist ganz auf die leuchtenden Körper von Adam und Eva fixiert. Die dunkle Umgebung mit der nackten Erde und dem kahlen Baum wirkt dagegen kaum paradiesisch. Selbst die Schlange ist erst auf den zweiten Blick zu erkennen. Während Eva auf späteren Cranach-Bildern meist verführerisch, fast verschlagen, lächelt, scheinen die beiden auf diesem frühen Werk kaum zu wissen, was sie tun.

### *Die Erschaffung der Frau*

Eva wird in der zweiten Schöpfungsgeschichte im Paradies geschaffen. Gott sieht, dass all die Tiere Adam keine Hilfe im Leben sind. Also beschließt er, einen zweiten Menschen zu schaffen. Er lässt Adam in einen Tiefschlaf versinken, entnimmt ihm eine seiner Rippen und macht aus dem Entnommenen eine Frau. Jedenfalls wird das in christlichen Bibelübersetzungen so geschildert. Manche jüdische Theologen wenden ein, es müsse statt Rippe eigentlich Seite heißen. Die Seite aber stehe für Gleichberechtigung, während eine Erschaffung aus den Füßen einen niederen Rang bedeutet hätte, eine aus dem Kopf einen höheren. Als Adam wieder aufwacht, erkennt er Eva als Bein von seinem Gebein und Fleisch von seinem Fleisch an. Während er seinen Namen (Adam = hebräisch: aus Erde) gleich zu Anfang bekam, nennt er seine Frau zunächst „Menschin", da sie von ihm, dem Menschen, genommen sei. Erst nach der Vertreibung aus dem Paradies erhält sie den Namen Eva (hebräisch: Leben).

### *Der Wunsch nach Erkenntnis*

Gott gibt Adam und seiner Frau den strikten Befehl, auf keinen Fall vom sogenannten Baum der Erkenntnis zu kosten, andernfalls müssten sie sterben. Eines Tages jedoch wendet sich die Schlange an die Frau. Von Tod könne keine Rede sein, erklärt sie. Wer von diesem Baum esse, werde stattdessen wie Gott und könne Gut und Böse erkennen. „Da sah die Frau", heißt es, „dass der Baum gut zum Essen sei und eine Lust zum Anschauen und begehrenswert, um weise zu werden." Sie isst von den Früchten und gibt auch ihrem Mann davon. Von einer Verführung oder Überredung seitens Evas ist nichts zu lesen. Ebenso wenige Informationen gibt es über die Früchte selbst. Alle europäischen Künstler haben sich jedoch auf Äpfel eingeschworen, ein Obst, das in der Bibel allerdings so gut wie keine Rolle spielt. Adam und Eva jedenfalls erkennen plötzlich ihre Nacktheit – ein Zustand, der im Alten Testament als große Schande gesehen wird. Die plötzliche Scham der beiden jedoch enthüllt Gott, was geschehen ist. Da er befürchtet, die Menschen könnten nun auch noch vom Baum des Lebens essen und damit unsterblich werden, verjagt er sie aus dem Paradies und sichert den Zugang mit mehreren Cherubim sowie einer flammenden Schwertklinge.

### *Lilith*

**Die verwirrende Tatsache, dass es zwei Schöpfungsgeschichten gibt, führte in der jüdischen Mythologie zur Legende von Lilith. Gott, so malte man sich aus, habe Adam zwei Frauen zur Seite gestellt. Die erste jedoch war ungehorsam und wollte über den Mann herrschen. Deshalb musste sie sterben. Daraufhin schuf Gott aus der männlichen Rippe die folgsame und untertänige Eva. Der „bösen" ersten Frau jedoch gab man den Namen einer mächtigen babylonischen Dämonin: Lilith. In manchen Erzählungen ist Lilith nicht tot, sondern lebt ausgestoßen in der Wüste, wo sie mit Dämonen Unzucht treibt, oder ist zur Schlange im Paradies mutiert.**

*Lucas Cranachs (1472–1553) erstes Bild von Adam und Eva (Öl auf Holz) befindet sich im Mainfränkischen Museum in Würzburg. Spätere Bilder, die mehr von der paradiesischen Umgebung zeigen, hängen in Wittenberg, Dresden, Berlin, Wien, Prag, Brüssel, Florenz und London.*

# Der Brudermord

## Guido Reni, Kain und Abel, 1. Hälfte des 17. Jh.

Der italienische Barockmaler Guido Reni hatte eine Vorliebe für ausdrucksstarke menschliche Körper und Gesichter. Kein büßender Heiliger, keine dramatische Auseinandersetzung aus mythologischen oder religiösen Erzählungen, die er nicht dargestellt hat. Kein Wunder also, dass sich in seinem Werk auch die erste Gewalttat der biblischen Geschichte findet.

### *Das Opfer der Brüder*

Adam und Eva bekommen zwei Söhne namens Kain und Abel. Kain, der ältere, wird Ackerbauer, sein jüngerer Bruder Kleinviehhirte. Eines Tages, heißt es, habe Kain von seinen Ackerfrüchten dem Herrn ein Opfer gebracht, ebenso Abel von den Erstlingen seiner Herde und ihrem Fett. Obwohl Kain offenbar als Erster die Initiative ergriffen hat, schaut Gott jedoch nur auf Abels Opfer, nicht aber auf das Kains. Warum, bleibt offen. Dass Gott Kains Charakter missfiel oder er seiner Vorliebe für Tieropfer Ausdruck verleihen wollte, sind spätere Interpretationen. Die Bibel schweigt dazu. Kain jedoch wird ob dieser Tatsache zornig. Gott wendet sich ihm nun doch zu und fragt, warum er so finster aussehe: „Wenn du gut bist, so kannst du frei aufblicken, bist du aber nicht gut, so lauert die Sünde vor der Türe." Er wirft Kain vor, dass er nach der Sünde strebe, obwohl er doch über sie herrschen solle. Doch alles gute Zureden hilft nichts. Heimtückisch lockt Kain Abel auf ein Feld und erschlägt ihn dort. Wenig später ruft Gott ihn erneut an, denn er will wissen, wo sein Bruder Abel sei. Kain behauptet, es nicht zu wissen, und reagiert mit einer Gegenfrage: „Bin ich denn meines Bruders Hüter?" Gott geht darauf nicht ein, gibt aber zu erkennen, dass er sehr wohl wisse, was geschehen ist: „Die Stimme deines Bruders schreit zu mir vom Erdboden empor." Noch mehr als seinem Vater Adam soll Kain deshalb der Erdboden zum Fluch werden. Er werde gar keine Ernte mehr einbringen können und deshalb fortan ziel- und heimatlos umherirren müssen.

*Guido Reni (1575–1642) lässt auf seinem Gemälde (Öl auf Leinwand) den wilden Kain einen Fellschurz tragen, während der zarte Abel fast nackt ist. Das Bild befindet sich in der Galleria Sabauda in Turin.*

### *Die Strafe für den Sündenfall*

Gott, so heißt es in der Bibel, vertrieb Adam und Eva in ein Land östlich von Eden – eine Formulierung, auf die John Steinbeck in seiner Familiensaga „East of Eden" („Jenseits von Eden") anspielt. Dort sollten sie und ihre Nachkommen ein hartes Leben führen, denn zur Strafe für den Sündenfall sprach Gott einen Fluch über beide aus. Die Frau solle unter zahlreichen Beschwerden leiden und mit Schmerzen ihre Kinder gebären. Ihr Mann solle über sie herrschen, sie aber trotzdem Verlangen nach ihm empfinden. Zum Mann sagte Gott, um seinetwillen habe er den Ackerboden verflucht, dass er Dornen und Gestrüpp hervorbringe. Mühsam und im Schweiße seines Angesichts solle er sich ernähren, bis er selbst zum Ackerboden zurückkehre. Hier findet sich die Bibelstelle, die bei christlichen Beerdigungen zitiert wird: „Denn Staub bist du, und zum Staub sollst du zurückkehren."

### Das Kainsmal

**In der christlichen Theologie gilt die Sünde von Adam und Eva als die Ursünde der Menschheit. Durch ihr Bestreben, sein zu wollen wie Gott, haben sie auch die Verantwortung für ihr Tun auf sich genommen. Sie und all ihre Nachkommen können nun zwischen Gut und Böse unterscheiden und sich so auch bewusst für das Böse entscheiden – wie ihr Sohn Kain beweist. Die Bibel erzählt jedoch auch, dass Gott Kain ein Mal auf die Stirn zeichnet. Dieses viel zitierte Kainsmal soll ihn nicht als Mörder diffamieren, sondern ist ein Schutzzeichen. Jeder soll wissen, dass Gott die Tat siebenfach rächen wird, sollte jemand Kain erschlagen. Die Strafe für den Brudermord obliegt allein ihm, kein Mensch hat sich da einzumischen.**

# Flut über der ganzen Erde

## Psalter des Heiligen Ludwig, Arche Noah, um 1260–70

*Das Ende der Sintflut kündigt sich an. Die Miniatur aus dem Gebetbuch des Königs Ludwig IX. von Frankreich (1214–1270) zeigt, wie Noah die Taube mit dem Ölzweig im Schnabel empfängt. Die Handschrift wird in der Bibliothèque Nationale in Paris aufbewahrt.*

Die Psalmen des Alten Testaments wurden im Mittelalter oft und viel gebetet. Zahlreiche Psalme thematisieren, dass Gott die Frevler vernichtet, die Guten und Frommen aber aus jeder Gefahr errettet. Passend dazu ließ sich der heiliggesprochene französische König Ludwig IX. in sein kostbares Psalterium Noah und seine – äußerst wohlgeordnete – Arche malen.

### *Strafe für die Sünden*

Die Tat des Kain ist in der Bibel der Auftakt für Mord und Gewalt. Irgendwann, so heißt es im Buch Genesis (Gen 6,5 f.), sei die Bosheit der Menschen so groß geworden, dass es Gott reute, sie geschaffen zu haben. Also beschließt er, sie zu vernichten. Ein einziger Mensch jedoch, betont die Bibel, sei gerecht, vollkommen und gottesfürchtig gewesen: Noah. Also offenbart Gott Noah seine Pläne und befiehlt ihm, eine Arche zu bauen. Dazu liefert er einen recht genauen Bauplan: Dreistöckig soll das Schiff werden, mit Giebeldach und einer Tür an der Seite, 300 Ellen (etwa 150 Meter) lang, 50 Ellen breit und 30 Ellen hoch. Noah wird angewiesen, es aus Nadelholz und Schilfrohr zu fertigen und mit Pech zu verkleiden. Auf diese Arche solle er seine Frau, seine drei Söhne und deren Frauen mitnehmen, außerdem zwei Exemplare von jeder Tierart (beziehungsweise sieben von jeder reinen Art wie es an einer anderen Stelle heißt) und „von allem Essbarem".

### *Ein Jahr auf dem Meer*

Die Bibel berichtet weiter, dass Noah und sein Gefolge die Arche in seinem 600. Lebensjahr am 17. Tag des zweiten Monats des Jahres betreten. Daraufhin habe sich 40 Tage und Nächte lang ein gewaltiger Regen ergossen, sodass alle hohen Berge vom Wasser bedeckt wurden. Danach stieg das Wasser weitere 150 Tage lang, bevor Gott es durch einen starken Wind wieder sinken ließ. Fünf Monate nach Betreten der Arche strandet Noah auf dem Berg Ararat. Doch damit ist das Abenteuer noch lange nicht vorbei. Das Wasser sinkt laut biblischem Bericht äußerst langsam, und es dauert Monate, bis eine Taube, die Noah ausgesandt hat, mit einem Ölblatt im Schnabel wiederkehrt. Genau ein Jahr und zehn Tage nach dem Betreten der Arche wagt Noah endlich, sie zu verlassen. Er lässt alle Tiere, bis auf einige, die er Gott als Brandopfer darbringt, frei. Beim Geruch dieses Opfers, so berichtet die Bibel, gibt Gott Noah das Versprechen, die Erde nicht noch einmal zu verfluchen. Nie wieder sollen Saat und Ernte, Frost und Hitze, Sommer und Winter, Tag und Nacht aufhören. Wie schon Adam und Eva befiehlt Gott auch Noah und seiner Familie, fruchtbar zu sein, die Erde zu bevölkern und über alle Tiere und Pflanzen zu herrschen. Er verbietet ihnen aber, blutiges Fleisch zu essen und Menschenblut zu vergießen. Dieses Abkommen mit Noah und seinen Nachkommen wird im Alten Testament als der erste Bund gesehen, den Gott mit dem Volk Israel schließt. Als Zeichen und Erinnerung für diesen Bund, heißt es, habe Gott den Regenbogen geschaffen.

### *Noah und Utnapischtim*

**Hat es die Sintflut wirklich gegeben? Diese Frage stellen sich so manche Forscher, seit der britische Assyrologe George Smith 1872 das mesopotamische Gilgameschepos aus dem 2. Jahrhundert v. Chr. übersetzte und voller Verblüffung feststellte, dass auch dort eine Sintflut thematisiert wird. Utnapischtim, ein Ahne des Helden Gilgamesch, erzählt, wie er vom Wassergott Ea aufgefordert worden sei, ein würfelförmiges Boot zu bauen, um einer Flut des Gottes Enlil zu entkommen.**

# Ein Turm sorgt für Verwirrung

## Pieter Bruegel der Ältere, Der Turmbau zu Babel, 1563

Während seiner großen Italienreise von 1552 bis 1555 weilte der flämische Maler Pieter Bruegel auch längere Zeit in Rom. Dabei muss ihn das Kolosseum besonders beeindruckt haben, denn die Architektur des antiken Bauwerks mit ihren vielen Bogen, Arkadengängen und gestuften Geschossen spiegelt sich deutlich in seinen Bildern vom Turmbau zu Babel wider. Das Thema faszinierte ihn offenbar derart, dass er es gleich mehrmals malte. Später kopierten dann andere Künstler, die dieses Thema darstellten, die Bruegel-Architektur.

### *Die Befürchtung Gottes*

Der Turmbau zu Babel ist im Buch Genesis zu Beginn des 11. Kapitels zu finden. Er steht ohne jede weitere Bindung zwischen der Geschichte Noahs und dem Stammbaum seines Sohnes Sem. Der Erzähler beginnt mit der Feststellung, dass alle Welt damals nur eine Sprache hatte, und fährt dann rätselhaft fort: „Als man vom Osten her aufbrach, fand man im Lande Sinear eine Ebene und wohnte daselbst." Er berichtet weiter, wie die ungenannten Siedler im Lande Sinear (Sumer, der südliche Teil des heutigen Irak) zunächst beschließen, Ziegel zu brennen. Als ihnen dies gelingt, kommen sie überein, eine Stadt zu gründen und einen Turm zu bauen, dessen Spitze bis zum Himmel reichen soll. Der Grund: „Wir wollen uns einen Namen machen, damit wir nicht in alle Welt zerstreut werden." Von einer Herausforderung Gottes ist nicht die Rede, doch dieser, so die Bibel, sei herabgefahren und habe sich den Turm angeschaut. Der Riesenbau lässt in ihm die Befürchtung aufkommen, dass einer geeinten Menschheit nichts unmöglich sei. Also „verwirrt" er ihre Sprache und zerstreut das Volk über die ganze Erde.

### *Der wahre Turm*

Den Turm zu Babel hat es tatsächlich gegeben. Er wurde im siebten vorchristlichen Jahrhundert begonnen und 555 v. Chr. unter König Nebukadnezar II. vollendet, zu jener Zeit also, als sich die verschleppten Israeliten in Babylon aufhielten. Möglicherweise mussten sie sogar am Bau mitarbeiten. Der Turm ähnelte dem von Bruegel gemalten allerdings nicht sehr. Er war eine sogenannte Zikkurat, eine Stufenpyramide, die es in jeder sumerischen Stadt gab. Auf der obersten Plattform befand sich das Haus des jeweiligen Stadtgottes. Die Zikkurat des Gottes Marduk in Babylon war mit rund 95 Metern die höchste dieser Pyramiden. Der riesige Bau und das Sprachengewirr der Vielvölkerstadt Babylon machen die Entstehung der Legende leicht nachvollziehbar.

### Der Manierismus

**Bruegels Bilder werden dem Manierismus zugerechnet, einer Stilrichtung an der Grenze zwischen Spätrenaissance und Barock. Die Künstler des Manierismus verzerren die klare, strenge Ordnung und Ausgewogenheit der Renaissance ins Surrealistische. Es geht um Raffinesse, Überraschung und auch Groteskes. Proportionen werden verschoben, Farben spielen ins Unnatürliche. Bruegels Turm von Babylon scheint sich dem Betrachter entgegenzuwölben und Menschen und Landschaft rund herum zu erdrücken. Das Zerstörerische, Unheilvolle dieses Turms kommt zum Ausdruck, obwohl bei näherem Blick auf der Baustelle relativ normaler Betrieb herrscht. Für Aufregung sorgt vor allem ein Besuch des Königs im Vordergrund.**

*Pieter Bruegel der Ältere (um 1525–1569) malte wohl mindestens drei Versionen des Turmbaus zu Babel (Öl auf Holz), von denen zwei erhalten sind. Diese hier ist im Kunsthistorischen Museum in Wien zu bewundern. Die zweite befindet sich im Museum Boijmans van Beuningen in Rotterdam.*

# Drei Engel bei Abraham

## Byzantinische Malerei, Abrahams Gastfreundschaft, 16. Jh.

*Im Byzantinischen Museum in Athen ist die weltweit größte Sammlung griechischer Ikonen zu finden, darunter auch die Darstellung der „Gastfreundschaft Abrahams" aus dem 16. Jahrhundert.*

In den orthodoxen Kirchen des Ostens werden geweihte Bilder religiösen Inhalts als sogenannte Ikonen verehrt. Ein goldener Hintergrund und eine würdevolle Haltung aller Dargestellten sind deshalb unabdingbar.

### Von Gott geführt

Nach Noah ist Abraham, einer seiner Nachkommen in achter Generation, die nächste wichtige Gestalt in der biblischen Geschichte. Abraham, so erzählt die Genesis (Gen 11,28 f.), lebte mit seiner Familie in Ur in Chaldäa, im Süden des heutigen Irak. Dann wandert Abraham jedoch mit seinem Vater Terach, seiner Frau Sara und seinem Neffen Lot westwärts nach Charan am Euphrat. Hier bekommt Abraham von Gott den Auftrag, seine Heimat zu verlassen und in ein Land zu ziehen, das er, Gott, ihm zeigen werde. Dort soll der Kinderlose zum Stammvater eines großen Volkes werden. Abraham gehorcht und bricht mit seiner Frau, seinem Neffen, seinem ganzen Gesinde und seinen Herden auf. Er kommt ins Land Kanaan (heute in etwa Israel, Palästina, Jordanien und Libanon), wo zu dieser Zeit eine große Hungersnot herrscht, weshalb Abraham gezwungen ist, in das kornreiche Ägypten auszuweichen. Da er fürchtet, die Ägypter könnten ihn wegen seiner schönen Frau töten, gibt er Sara als seine Schwester aus. Der Pharao wird auf Abrahams schöne Gattin aufmerksam, lässt die vermeintliche Schwester in seinen Palast bringen und belohnt Abraham dafür mit Vieh und Gesinde. Als Gott den Pharao mit schweren Plagen heimsucht und ihm eröffnet, dass er sich an der Frau eines anderen vergriffen habe, wird der ägyptische Herrscher zornig und weist Abraham aus. Seinen Reichtum jedoch darf er mitnehmen.

### Die Engel

**In der christlichen Bildersprache sind Engel an ihren Flügeln zu erkennen. Im Alten Testament jedoch treten sie in der Regel als gewöhnliche Männer auf wie Abrahams Besucher. Doch irgendwann geben sie sich zu erkennen und richten eine Botschaft Gottes aus oder Gott spricht plötzlich selbst. Zwar könnte man in der Abrahamsgeschichte angesichts dessen spontaner Gastlichkeit vermuten, dass ihm sehr wohl bewusst war, dass er keine gewöhnlichen Gäste vor sich hatte, aber einen wirklichen Hinweis gibt die Bibel nicht. Dass Menschen Engel spontan erkennen und sich vor ihnen fürchten, erzählt das Lukasevangelium. Etwa ab dem 4. Jahrhundert werden Engel dann mit Flügeln dargestellt.**

### In Mamre

Abraham kehrt nach Kanaan zurück und lässt sich bei der Rieseneiche von Mamre in der Gegend von Hebron nieder. Er ist reich, angesehen und so mächtig, dass er in die Kriege der kleinen Stadtstaaten ringsherum eingreifen kann. Aber noch immer hat er keinen Erben. Gott jedoch versichert ihm in regelmäßigen Abständen, er werde ihm Nachkommen schaffen so zahlreich wie die Sterne. Eines Tages, so berichtet die Bibel (Gen 18,1 f.), sitzt Abraham während der heißen Tageszeit im Eingang seines Zeltes, als drei Männer des Weges kommen. Abraham läuft ihnen entgegen, verbeugt sich vor ihnen und lädt sie ein, seine Gäste zu sein. Er bringt ihnen Wasser zum Waschen der Füße, bittet Sara, Kuchen zu backen, und befiehlt den Knechten, ein junges Rind zu schlachten. Das serviert er seinen Gästen dann unter den Bäumen, während Sara entgegen der byzantinischen Darstellung im Zelt verbleibt. Nach dem Mahl ertönt die Stimme Gottes, die Abraham versichert, ihn übers Jahr wieder zu besuchen. Dann würden Abraham und Sara einen Sohn haben. Danach brechen die drei Besucher auf und Abraham begleitet sie Richtung Sodom. Erst in der folgenden Geschichte bezeichnet der biblische Erzähler die Gäste Abrahams als Engel.

# Feuer über Sodom und Gomorrha

## Paolo Veronese, Lot und seine Töchter fliehen aus Sodom, um 1585

*Schimmernd weiß steht Lots zur Salzsäule erstarrte Frau zwischen Sodom und ihrer fliehenden Familie. Das Spätwerk (Öl auf Leinwand) von Paolo Cagliari aus Verona, genannt Veronese (1528–1588), ist im Kunsthistorischen Museum in Wien zu sehen.*

Die biblischen Städte Sodom und Gomorrha sind wegen ihrer Laster sprichwörtlich geworden. Doch auf Veroneses Bild liegt das Inferno, das Gott über die beiden Orte hereinbrechen ließ, schon hinter den Fliehenden. Im Mittelpunkt stehen die beiden Engel – mit weißen Gewändern und flügellos –, die Lot und seine beiden Töchter sicher ihres Weges geleiten.

### *Schandtat in Sodom*

Die Geschichte von Sodom und Gomorrha schließt sich unmittelbar an den Besuch der Engel bei Abraham an (siehe S. 27). Denn zwei der drei Engel ziehen von dort direkt nach Sodom weiter (Gen 18,16 f.). Gott aber offenbart Abraham, dass er diese Stadt und auch Gomorrha wegen der Sündhaftigkeit ihrer Einwohner vernichten wird. Abraham, dessen Neffe Lot in Sodom wohnt, gibt allerdings zu bedenken, dass in den Städten ja auch fromme Menschen leben könnten, die nicht mit den Frevlern zusammen bestraft werden dürften. Er bittet daher Gott, den Städten zu verzeihen, wenn wenigstens zehn Fromme dort lebten. Gott gibt seiner Bitte nach. Unterdessen kommen die beiden Engel nach Sodom. Dort begegnen sie Lot, der sie drängt, bei ihm zu übernachten. Doch während der Nacht rotten sich die Männer Sodoms vor Lots Haus zusammen und fordern ihn auf, seine Gäste herauszugeben, da sie sich sexuell an ihnen vergehen wollen. Lot versucht zu verhandeln, und bietet dem tobenden Mob sogar seine beiden jungfräulichen Töchter an. Er fleht die Menge an, ihn nicht zur Verletzung der heiligen Gastfreundschaft zu zwingen. Die Randalierer jedoch entgegnen ihm, er solle sich nicht so aufspielen, schließlich sei er selbst als Fremder nach Sodom gekommen. Nun greifen die Engel ein. Sie schlagen die tobende Menge mit Blindheit, sodass sie das Haus des Lot nicht mehr erkennen kann.

### *Und Gomorrha?*

**Während das gotteslästerliche Treiben in Sodom intensiv geschildert wird, schweigt sich die Bibel über Gomorrha aus. Es wird nur berichtet, dass die Sünde dort ebenfalls groß gewesen sei, weswegen es mit Sodom vernichtet wurde. Manche Archäologen vermuten, dass Erdbeben im Bereich des Toten Meeres mit Bodenverflüssigungen und brennenden Methanvorkommen die Grundlage der biblischen Vernichtungserzählung sein könnten.**

Daraufhin fordern sie Lot auf, er solle mit seiner Familie sofort die Stadt verlassen, bevor Gott sie vernichte. Lot informiert auch die Bräutigame seiner Töchter. Die jedoch halten das Ganze für einen Scherz und bleiben.

### *Der Blick ins Inferno*

Auch Lot zaudert noch, doch die Engel greifen ihn, seine Frau und seine Töchter bei den Händen und drängen sie zur Stadt hinaus. Sie verbieten allen, sich umzusehen, bis sie das Gebirge erreicht haben. Lot bittet, in der Kleinstadt Zoar Rast machen zu dürfen. Dort angekommen, lässt Gott Feuer und Schwefel auf Sodom und Gomorrha regnen. Das infernale Getöse des Untergangs muss derart gewaltig gewesen sein, dass sich Lots Frau dem Gebot der Engel widersetzt, zurückblickt und daraufhin zur Salzsäule erstarrt. Lot und seine Töchter jedoch fürchten sich, länger in Zoar zu verbleiben, und fliehen ins Gebirge.

# Inzest mit dem eigenen Vater

## Jan Massys, Lot und seine Töchter, 1563

Eine Höhle im Gebirge stellt man sich gemeinhin anders vor. Und einen frommen Vater mit seinen beiden jungfräulichen Töchtern auch. Doch die Geschichte der drei ist ungeheuerlich, und kaum ein Maler, der sich ihrer angenommen hat, konnte sich enthalten, ein Freudenhausambiente zu entwerfen.

### *Die Verschwörung der Töchter*

Nach der Flucht aus Sodom, so erzählt das Buch Genesis weiter (19,30–38), nehmen Lot und seine beiden Töchter Wohnung in einer Höhle im Gebirge, wo sie ohne Kontakt zu anderen Menschen leben. Eines Tages klagt die Ältere der Jüngeren: „Ein Mann ist nicht da, der mit uns verkehren könnte, wie es in aller Welt Brauch ist." Sie schlägt vor, den Vater mit Wein zu berauschen „und uns dann zu ihm zu legen, damit wir von ihm Nachkommen erhalten." Die Jüngere ist einverstanden: Und so wird der alte Vater betrunken gemacht und die Ältere schläft mit ihm: „Er aber spürte nichts, weder wie sie sich hinlegte, noch wie sie aufstand." In der nächsten Nacht wiederholt sich das gleiche Geschehen mit der jüngeren Tochter. Wieder wird betont, dass Lot nichts von alledem mitbekommen hat. „So empfingen die beiden Töchter Lots von ihrem Vater", heißt es nur kurz und bündig. Die Ältere habe Moab geboren, den Stammvater der Moabiter, die Jüngere Ben-Ammi, den Stammvater der Ammoniter.

### *Das Recht der Frauen auf Nachwuchs*

Die Moabiter und Ammoniter tauchen in den späteren biblischen Büchern zumeist als Feinde des Volkes Israel auf. Die Inzestgeschichte von Lot und seinen Töchtern könnte also als Versuch verstanden werden, diese Stämme mit unrühmlichen Wurzeln zu versehen. Gegen diese Deutung spricht allerdings, dass an keiner anderen Stelle an diese vermeintliche Schmach erinnert wird. Das Verhalten von Lots Töchtern wird nicht moralisch bewertet, sondern lediglich geschildert. Allein der zweimalige Hinweis, dass Lot zwei Söhne gezeugt hat, ohne das Geringste davon mitzubekommen, kann so interpretiert werden, dass der Vater selbst von einer Sünde der Töchter freigesprochen werden soll.

Die Geschichte von Lots Töchtern lässt sich vergleichen mit anderen Erzählungen des Alten Testaments, in denen Frauen ebenfalls alle Zurückhaltung fahren lassen, wenn es darum geht, sich Nachkommen zu verschaffen. Sara, Lea und Rahel führen ihren Männern Mägde zu, die stellvertretend für sie gebären sollen. Die Witwe Tamar (Gen 38,1–30) verführt als Hure verkleidet ihren Schwiegervater Juda. Als man sie wegen Unzucht verbrennen will und sie nachweisen kann, von wem sie schwanger ist, räumt Juda ein: „Sie ist gegen mich im Recht." Hat er ihr doch die Heirat mit seinem jüngsten Sohn verweigert, auf den sie als Witwe seiner älteren Brüder Anrecht gehabt hätte. Nicht zuletzt wird im Buch Deuteronomium (25,7–9) gefordert, dass eine verwitwete Frau, deren Schwager sie nicht heiraten will, diesen öffentlich vor den Ältesten anspucken und entehren soll. So streng die Moralvorstellungen im Alten Testament also häufig sind: Das Recht einer Frau auf Nachkommenschaft wird oft so hoch veranschlagt, dass es die sonst üblichen Moralvorstellungen außer Kraft setzt.

### *Wandel der Moralvorstellungen*

**Das mosaische Gesetz verbietet Geschlechtsverkehr mit Eltern, Geschwistern, Enkeln, Stiefmüttern, Tanten (auch angeheirateten), Schwägerin und Schwiegertochter, der geschiedenen eigenen Frau sowie eine Beziehung zu einer Frau und deren Tochter und die Ehe mit zwei Schwestern gleichzeitig. In den älteren Erzählungen des Buches Genesis jedoch kommen einige dieser Beziehungen noch vor, ohne getadelt zu werden.**

*Wie viele andere Künstler, die Lot mit seinen Töchtern darstellten, deutet auch der flämische Maler Jan Massys (um 1509–1575) in seinem wohl bekanntesten Werk (Öl auf Eichenholz) die Vergangenheit der drei im Bild an. Am linken Rand des Gemäldes sieht man das brennende Sodom, die zur Salzsäule erstarrte Mutter und die Engel, die als Fluchthelfer fungiert haben. Das Bild befindet sich heute in der Gemäldegalerie des Kunsthistorischen Museums in Wien.*

# Das größte Opfer

## Rembrandt, Die Opferung Isaaks, 1635

Im Jahr 1631 zog der junge holländische Maler Rembrandt van Rijn von Leiden nach Amsterdam, heiratete eine reiche Bürgerstochter und begann mit großformatigen, dramatischen Gemälden auf sich aufmerksam zu machen. Wie „Die Opferung Isaaks" eindrucksvoll zeigt, stellte er dabei nicht nur die menschlichen Emotionen meisterhaft dar, sondern tauchte die gesamte Szenerie auch noch in ein raffiniertes Spiel aus Licht und Schatten.

### *Die Forderung Gottes*

In der Bibel (Gen 22,1 f.) ist die Opferung der dramatische Höhepunkt von Abrahams Geschichte. Wie Gott ihm prophezeit hatte, wird er im Alter von 100 Jahren Vater eines Sohnes. Die Bibel betont mehrmals die große Bedeutung, die dieser unverhoffte Erbe für seine Eltern hat. Doch da ruft Gott eines Tages Abraham beim Namen und befiehlt ihm, seinen geliebten Sohn Isaak ins Land Moria zu führen und ihn dort auf einem Berg als Brandopfer darzubringen. Der biblische Erzähler lässt diese ungeheuerliche Forderung unkommentiert. Stattdessen wird ganz sachlich berichtet, wie Abraham nach Moria zieht, den von Gott auserwählten Ort erblickt und seine Diener anweist, zurückzubleiben. Isaak selbst muss das Holz für das Opfer tragen, Abraham nimmt das Feuer und das Opfermesser. Sein Sohn wundert sich allerdings und fragt nach dem Opfertier, woraufhin ihn Abraham mit der Versicherung beruhigt, Gott werde schon für ein Schaf sorgen. Am richtigen Ort angekommen, errichtet Abraham einen Brandaltar und bindet seinen Sohn darauf fest. Als er jedoch das Messer in die Hand nimmt, um zuzustechen, erscheint ein Engel, der Abraham befiehlt, innezuhalten. Der Herr habe gesehen, so der Engel, dass er ein gottesfürchtiger Mann sei, der ihm nichts vorenthalte. Als Abraham sich umschaut, entdeckt er einen Widder, der sich im Gestrüpp verfangen hat. Er befreit das Tier und bringt es als Opfer dar.

### *Vielzahl von Deutungen*

**Die Geschichte von der Beinahe-Opferung Isaaks auf dem Brandopferaltar hat in Judentum, Christentum und Islam zahlreiche Deutungen erfahren. So wurde die Erzählung im Mittelalter auch als eine Vorankündigung des Kreuzestodes Christi gelesen. In dem Widder, den Abraham anstelle Isaaks opfert, wurde das Lamm Gottes erblickt, das als Symbol für den Opfertod Christi fungiere. Zugleich weise die Rettung Isaaks durch den Engel auf die Auferstehung voraus.**

### *Absage an Menschenopfer*

In der christlichen Theologie wird immer wieder der absolute Gehorsam des Abraham hervorgehoben, der Gott nichts, aber auch gar nichts vorenthalten habe. Vermutlich jedoch hatte die Isaak-Geschichte einen anderen Sinn. Denn die Juden lehnten Kinderopfer vehement ab. Sie setzten sich damit von ihren phönizischen Nachbarn ab, die in Notzeiten ihre Erstgeborenen dem Wetter- und Fruchtbarkeitsgott Baal opferten. Dieser Brauch wird durch archäologische Funde in der phönizischen Kolonie Karthago und antike Berichte bestätigt. Die Bibel dagegen droht Eltern, die ihre Kinder für den Baal oder Moloch durchs Feuer gehen lassen, die Steinigung an. Die Geschichte des Abraham dürfte in erster Linie eine Absage an diesen Brauch gewesen sein, mit der Kernaussage: Es fehlt den Israeliten nicht an Frömmigkeit, das gleiche schreckliche Opfer zu bringen wie die Phönizier, doch Gott selbst habe diese Opfer verboten.

*1635 malte Rembrandt Harmeszoon van Rijn (1606–1669) die Opferung Isaaks zum ersten Mal. Das Gemälde (Öl auf Leinwand) hängt in der Eremitage in St. Petersburg. In der Alten Pinakothek in München findet sich ein ganz ähnliches Bild, das nur ein Jahr später, 1636, entstand. Rembrandt versuchte die Komposition weiter zu dramatisieren, überließ die Ausarbeitung aber seinen Schülern.*

# Unerwünscht und vertrieben

## Claude Lorrain, Die Verstoßung der Hagar, 1668

Mit seinen idealisierten Landschaften nahm der französische Barockmaler Claude Lorrain, der auch als Claude Gellée oder Claude Le Lorrain bekannt ist, die Romantik voraus: weiter Blick, idyllische Szenerien, vom Zahn der Zeit angenagte Architektur. Menschen scheinen Nebensache zu sein. Und doch gehören die vorzugsweise biblischen Szenen, die Lorrain malte, unabdingbar zur Stimmung seiner Landschaften. Die Vertreibung der Hagar findet im Dämmerlicht vor schon baufälligen korinthischen Säulen statt. Auf den Hügeln weiden Rinder und am Horizont erstreckt sich eine malerische Bucht. Eine denkbar friedliche Szenerie, die so gar nicht zu der Geschichte der verstoßenen Frau passen will.

### *In Gottes Hand*

Vierzehn Jahre später gebiert Sara ihren Sohn Isaak. Damit hat Ismael seine Rolle als einziger Erbe Abrahams eingebüßt und die Existenz von Mutter und Kind ist Sara endgültig ein Dorn im Auge. „Vertreibe diese Magd und ihren Sohn", fordert sie Abraham auf, „denn der Sohn dieser Magd darf nicht mit meinem Sohn Isaak erben." Diesmal widersetzt sich Abraham dem Ansinnen, doch Gott fordert ihn auf, Sara zu gehorchen, was er schließlich auch tut. Eine Geschichte, die man aus heutiger Perspektive skandalös finden kann: Eine Abhängige wird sexuell ausgebeutet und dann grausam verstoßen. Lorrain jedoch deutet das Geschehen ganz anders: Da Gott versprochen hat, für Hagar und Ismael zu sorgen, ist die Verstoßung bar jeder Dramatik. Stattdessen schwebt die Melancholie des Abschieds über der Szenerie. Hagar wendet sich Abraham noch einmal zu, und ihre Hände berühren sich sachte, bevor sie der Zukunft entgegengehen wird, die ihr und ihrem Kind bestimmt ist. Die eifersüchtige Sara ist für den Moment ausgeschlossen. Ihr bleibt nur der Blick vom Balkon des Hauses.

*Mit seinen von sanftem Licht beleuchteten Landschaften, in die er biblische oder mythologische Szenen einfügte, wurde Claude Lorrain (1600–1682) für die Maler der Romantik und des Impressionismus zum Vorbild. Das Gemälde „Die Verstoßung der Hagar" (Öl auf Leinwand) befindet sich heute in der Alten Pinakothek in München.*

### *Leihmutterschaft mit Folgen*

Die Bibel (Gen 16,1–16) erzählt, wie Abrahams Frau Sara vor Isaaks Geburt unter ihrer lang anhaltenden Kinderlosigkeit gelitten hat. Schließlich fordert sie ihren Mann auf, mit ihrer ägyptischen Magd Hagar zu schlafen: „Vielleicht lebe ich durch sie in einem Kinde weiter." Als Hagar jedoch tatsächlich schwanger wird, hat das Folgen, die Sara nicht vorausgesehen hat. Sie, die Kinderlose, verliert nun die Achtung ihrer Magd. Für Sara ist das derart unerträglich, dass sie ihren Mann anherrscht: „Das Unrecht, das ich leide, komme über dich! ... Der Herr richte zwischen mir und dir!" Abraham entgegnet, dass Hagar als Saras Magd unter deren Gewalt stehe und diese sie also auch so behandeln könne, wie ihr gutdünke. Sara schikaniert Hagar daraufhin so sehr, dass diese in die Wüste flieht. Als sie an einer Quelle rastet, spricht Gott durch einen Engel zu ihr. Er fordert sie auf, zurückzukehren und ihrer Herrin gefügig zu sein. Als Belohnung verheißt er ihr überaus zahlreiche Nachkommenschaft. Allerdings prophezeit er ihr auch, dass ihr Sohn Ismael als „Wildesel-Mensch" im fortwährenden Kampf gegen seine gesamte Umwelt leben würde.

### Die Söhne Abrahams

**Wenig bekannt ist, dass Isaak und Ismael Brüder hatten. Nach Saras Tod, so heißt es, nahm Abraham eine Frau namens Ketura und zeugte mit ihr sechs Söhne: Simran, Jokschan, Medan, Midian, Jischbak und Schuach. Er schickte sie aber alle irgendwann mit Abschiedsgeschenken fort und vermachte seinen Besitz allein Isaak. Somit wurde nur dieser Stammvater der Israeliten, während seine sieben Halbbrüder als Ahnen anderer Stämme gelten.**

# Brautschau am Brunnen

## Bartolomé Esteban Murillo, Rebekka und Elieser am Brunnen, um 1665

*Zusammen mit Diego Velázquez gilt Bartolomé Esteban Murillo (1618–1682) als bedeutendster Vertreter der volkstümlichen Malerei in Spaniens „Goldenem Zeitalter". Das Gemälde „Rebekka und Elieser am Brunnen" (Öl auf Leinwand) befindet sich heute im Museo del Prado in Madrid.*

Alltagsszenen einzufangen gehörte zu den besonderen Talenten des spanischen Barockmalers Murillo. Diese Szene am Brunnen erscheint allerdings nur auf den ersten Blick alltäglich: Das Mädchen im roten Kleid, das den dürstenden Mann aus ihrem Eimer trinken lässt, sieht verlegen weg, ihre Freundinnen dagegen schauen umso neugieriger hin. Denn tatsächlich findet hier gerade eine Brautwerbung statt. Doch der trinkende Mann ist nur der Bote.

### *Gottesurteil mit Kamelen*

Nach dem Tod seiner Frau Sara, so berichtet die Bibel (Gen 24,1–67), nimmt der hochbetagte Abraham seinem ältesten Knecht den Schwur ab, nach Charan zu ziehen und unter Abrahams Verwandten eine Braut für seinen Sohn Isaak zu suchen. Der treue Diener macht sich mit zehn Kamelen, beladen mit kostbaren Geschenken, auf. Als er mit seiner Karawane Charan erreicht und sieht, wie die jungen Frauen am Brunnen vor der Stadt Wasser holen, beschließt er, die Erwählung der Braut einem Gottesurteil zu überlassen. Er will die Mädchen um Wasser bitten und derjenigen seine Werbung vortragen, die nicht nur ihm den Krug reicht, sondern auch anbietet, seine Kamele zu tränken. Tatsächlich gibt eine der jungen Frauen, Rebekka, das erbetene Zeichen und gibt nicht nur dem Knecht, sondern auch seinen Kamelen zu trinken. Überdies ist sie von sehr schöner Gestalt, Jungfrau und als Enkelin von Abrahams Bruder Nachor auch eine Verwandte Abrahams. Sie bittet den Knecht in das Haus ihres Vaters Betuel, wo dieser von ihrem Bruder Laban empfangen wird, dem er seinen Auftrag verkündet und um die Hand Rebekkas für Isaak bittet. Für die Familie ist eindeutig, dass Gott bei der Brautschau die Geschicke gelenkt hat und sie Rebekka in das ferne Kanaan ziehen lassen muss. Am nächsten Tag bricht Abrahams Knecht mit Rebekka auf. Ihre Familie hat sie zuvor mit dem Segenswunsch verabschiedet: „O unsere Schwester, werde du zu Tausenden, ja Unzähligen, deine Nachkommen sollen das Tor ihrer Widersacher erobern!"

### *Elieser, der Diener Abrahams*

Der Name Elieser bedeutet „Gott ist (meine) Hilfe". In der Geschichte der Werbung um Rebekka trägt der Knecht keinen Namen. Die Überlieferung nennt ihn jedoch Elieser, nach einem anderen Vertrauten Abrahams. Bevor er aufbricht, fragt er, ob er Isaak nach Charan bringen solle, wenn ihm keine Frau von dort nach Kanaan folgen will. Doch Abraham verbietet dies ausdrücklich. Isaak muss in Kanaan bleiben, um den Anspruch auf das von Gott verheißene Land aufrechtzuhalten, soll jedoch keine Kanaaniterin heiraten. Ein Grund wird nicht genannt, liegt aber auf der Hand: An den „Gott Abrahams" glauben bis dahin nur dessen Verwandte in seiner alten Heimat.

### *Trägerin der Verheißung*

Mit diesem Segenswunsch wird deutlich eine Verbindung zu Abraham geschaffen, dem Gott verheißen hat: „Ich will dein Geschlecht segnen und mehren wie die Sterne am Himmel und wie den Sand am Ufer des Meeres, und deine Nachkommen sollen die Tore ihrer Feinde besitzen." (Gen 22,17) Rebekka scheint sich jedenfalls ihrer Erwählung bewusst und erweist sich nicht nur als zuvorkommend und hilfsbereit, sondern auch als eine entschlossene junge Frau, die sich im Vertrauen auf die Führung Gottes bewusst für die Ehe mit einem unbekannten Mann und den Aufbruch in ein fernes Land entscheidet. „[Isaak] gewann sie sehr lieb und tröstete sich über das Ableben seiner Mutter", verrät das Buch Genesis. Wahrlich: Der Brautwerber hat für Isaak eine vortreffliche Wahl getroffen.

# Die ungleichen Brüder

## Giotto, Die Zurückweisung Esaus, um 1290

Etwa um 1280 begannen der florentinische Maler Cimabue und seine Schüler die Oberkirche von San Francesco in Assisi mit Fresken auszumalen. Es sind die Arbeiten, die Cimabues Meisterschüler, Giotto di Bondone, berühmt gemacht haben. Ganz sicher ist sich die Kunstgeschichte nicht, doch gemeinhin wird angenommen, dass auch die beiden Darstellungen vom Segen des Isaak von Giotto stammen. Links von einem der Fenster stellte er Jakob dar, der sich den Segen listig erschlich, rechts davon seinen zu spät gekommenen Bruder Esau.

*Erdbeben und Witterungseinflüsse haben den Fresken von Giotto di Bondone (um 1267–1337) in Assisi sehr zugesetzt. Trotzdem ist noch vage zu erkennen, wie Jakob (mit Heiligenschein) am rechten Rand flieht, während sein Bruder Esau dem Vater das verlangte Mahl bringt.*

### Der Betrug

Die Zwillinge Jakob und Esau sind die Söhne Isaaks und Rebekkas. Isaak bevorzugt den älteren der Zwillinge, Esau, einen kühnen Jäger, Rebekka dagegen den jüngeren Jakob, der eher zurückgezogen lebt. Eines Tages fordert Isaak, inzwischen alt und blind geworden, Esau auf, auf die Jagd zu gehen, ein Stück Wild zu erlegen und zuzubereiten – dann wolle er ihn segnen. Rebekka hört von diesem Plan und schickt ihrerseits ihren Liebling Jakob aus, zwei Ziegenböcke zu schlachten, die sie anschließend zubereitet. Um ihren angehenden Betrug zu vertuschen, kleidet sie Jakob in Esaus Gewänder und bedeckt ihm Nacken und Hände mit den Ziegenfellen, da sein Bruder im Gegensatz zu ihm vergleichsweise behaart ist. So schickt sie ihn zu Isaak. Da dieser glaubt, Jakob an der Stimme zu erkennen, ist er zunächst misstrauisch, doch die vermeintlich behaarten Hände, der Duft von Esaus Kleidern sowie Jakobs mehrmaliges Beteuern, er sei Esau, überzeugen ihn schließlich, woraufhin er Jakob segnet. Gott solle ihm Überfluss schaffen, Völker sollen ihm dienen und er soll Gebieter über alle seine Brüder sein. Wer ihn verfluche, sei verflucht, wer ihn segne, sei gesegnet.

### Der Betrogene

Kaum hat Isaak seinen Segen gesprochen, da kommt Esau und bringt sein Wildbret. Isaak, so heißt es, wird von namenlosem Schrecken erfüllt, denn er erkennt den Betrug. Doch als Esau ebenfalls einen Segen fordert, weist ihn Isaak darauf hin, dass er Jakob schon zum Gebieter über ihn gemacht habe. Esau, tief gekränkt und um sein vermeintliches Recht gebracht, beschließt, seinen heimtückischen Bruder nach dem Tod des Vaters zur Rechenschaft zu ziehen. Rebekka erfährt auch von diesem Plan und schickt Jakob zur Sicherheit zu ihrem Bruder Laban nach Charan. Sie werde ihn heimrufen, verspricht die Mutter, wenn Esaus Groll geschwunden sei.

### Zwillingsgeburt und Linsengericht

Der Zwist der Zwillinge hat eine Vorgeschichte. Die Bibel berichtet, dass Rebekka, die Mutter der beiden, den Kampf schon während der Schwangerschaft spürte. Gott sagte ihr, sie werde Stammmutter von zwei Nationen, von denen die ältere der jüngeren dienstbar sein werde. Später „kauft" Jakob Esau das Recht der Erstgeburt ab. Er hat gerade ein Linsengericht gekocht, als sein Bruder erschöpft von der Jagd heimkehrt. Esau drängt ihn, ihm davon abzugeben, doch Jakob fordert, der Bruder solle ihm zuerst seine Rechte als erstgeborener Sohn verkaufen. Schließlich gibt Esau nach und leistet dem Bruder den Schwur, dass er auf sein Erstgeborenenrecht verzichtet.

# Offenbarung mit rätselhaftem Beiwerk

## Johann König, Landschaft mit Jakobs Traum, um 1615

*Johann König (1586–1642) wirkte vor allem in seiner Heimatstadt Nürnberg, wo er das von Elias Holl geschaffene berühmte Renaissance-Rathaus mit monumentalen Gemälden ausstattete. Den größten Ruhm erwarb sich König, dessen Schaffen von Studienreisen nach Venedig und Rom geprägt ist, jedoch durch fein gemalte Miniaturen. Seine „Landschaft mit Jakobs Traum" (Öl auf Kupfer) befindet sich im Institut Néerlandais in Paris.*

Eine Verbindung zwischen Himmel und Erde gibt es in den Mythen vieler Kulturen, zum Beispiel einen Weltenbaum wie die Esche Yggdrasil in der nordischen Mythologie oder den chinesischen Pfirsichbaum Pan Tao, in dessen Geäst sich die Tore des Himmels befinden sollen. Anderswo wird von einem Seil erzählt, über das die Menschen einst zu Gott gelangen und ihm ihre Anliegen vorbringen konnten. Doch durch Bosheit und Dummheit wurde es irgendwann zerstört. In der jüdischen Tradition findet sich ein entsprechendes Bild in einem Traum Jakobs.

### Der Traum von der Himmelsleiter

Das Buch Genesis (28,10–22) erzählt, dass sich Jakob nach seiner Flucht von Zuhause an einem Ort zum Schlafen niederlegt. Dort träumt er von einer Leiter, deren Spitze bis zum Himmel reicht und auf der Gottes Engel auf und absteigen. Ganz oben an der Spitze der Leiter aber steht Gott und spricht zu ihm: „Ich bin der Herr, der Gott deines Vaters Abraham und der Gott Isaaks." Dann verheißt er auch Jakob seinen Beistand: Er werde ihm das Land, auf dem er schläft, für seine Nachkommenschaft geben und ihn stets behüten. In Jakob und seinen Nachkommen sollen alle Geschlechter der Erde gesegnet sein. Nach dem Erwachen erschrickt Jakob: „Wie heilig ist diese Stätte! Hier ist nichts anderes als Gottes Haus, und hier ist die Pforte des Himmels." Er nimmt den Stein, auf den er seinen Kopf gebettet hat, richtet ihn zu einem Gedenkstein auf und tauft den Ort Bethel („Haus Gottes").

### Die Zikkurat

Im hebräischen Originaltext träumt Jakob von einem Gegenstand namens „sullam". Sprachforscher gehen davon aus, dass damit eher eine Treppe oder eine Rampe mit Stufen gemeint war als eine Leiter. Jakobs Traum könnte sich damit auf eine Zikkurat beziehen, einen mesopotamischen Stufenturm mit einem Tempel an der Spitze. Diese Zikkurats sollten einen Urhugel versinnbildlichen, der bei der Schöpfung der Erde aus dem Meer auftauchte, waren aber wohl auch als Verbindung zwischen Himmel und Erde gedacht, über die Menschen und Götter miteinander in Kontakt treten konnten. Erst in den griechischen und lateinischen Bibelübersetzungen wurde aus dem „sullam" schließlich eine Leiter mit Sprossen.

### Vielzählige Deutungen

Für die jüdische Theologie ist vor allem die Offenbarung Gottes als Gott Abrahams, Isaaks und Jakobs von Bedeutung. Im Neuen Testament wird das Bild der Himmelsleiter im Johannisevangelium aufgegriffen, wo Jesus zu dem Apostel Nathanael bei dessen Berufung sagt: „Ihr werdet den Himmel offen sehen und die Engel Gottes auf und niedersteigen über dem Menschensohn." (1,51) So wurde die Jakobsleiter im Christentum auch als Vorgriff auf das Kreuz gedeutet, das durch den Tod Jesu Himmel und Erde verbinde. Die Vorstellung einer Tugendleiter, über welche die Gläubigen Stufe für Stufe Gott näherkommen, war vor allem im Mittelalter populär.

# Ein Mann mit und zwischen zwei Frauen

## Joseph Führich, Jakob begegnet Rahel bei den Herden ihres Vaters, 1836

Fast meint man, Jesus vor sich zu sehen, der einer jungen Frau Trost spendet. Haar- und Barttracht sind typisch und die Schafe scheinen auf die Symbolik vom „Lamm Gottes" und „Guten Hirten" zu verweisen. Doch bei näherer Betrachtung wird deutlich, dass die Umarmung, die der Mann in Grün der Frau in Rot zukommen lässt, doch etwas zu innig ist. Sie dagegen weiß offenbar nicht so recht, wie ihr geschieht, wendet den Kopf zur Seite und stellt mit der flachen linken Hand auf seiner Brust wenigstens ein bisschen Abstand her.

*Die Gemälde des böhmisch-österreichischen Malers Joseph Führich (1800–1876) behandeln fast ausschließlich religiöse Themen, sodass der Romantiker den liebevollen Spitznamen „Der Theologe mit dem Stifte" erhielt. Sein Gemälde „Jakob begegnet Rahel bei den Herden ihres Vaters" (Öl auf Leinwand) ist heute in der Österreichischen Galerie Belvedere in Wien zu sehen.*

### *Dienst um Rahel*

Es ist Jakob, der hier seiner späteren Ehefrau Rahel begegnet – an einem Brunnen wie einst seine Mutter Rebekka dem Brautwerber Elieser. Nachdem Jakob seinen Zwillingsbruder Esau mit Hilfe seiner Mutter durch einen Betrug um den Segen des Vaters gebracht hat (siehe S. 34), hatten ihn unabhängig voneinander sowohl Isaak als auch Rebekka aufgefordert, sich nicht wie Esau mit kanaanitischen Frauen einzulassen, sondern nach Charan zu gehen und eine der Töchter von Rebekkas Bruder Laban zu heiraten. An einem Wasserloch, an dem die Kleintierhirten ihre Herden zu tränken pflegen, trifft er dort auf eine überaus schöne junge Frau, die die Schafe ihres Vaters hütet und ihm von den anderen Hirten als seine Cousine Rahel vorgestellt wird. (Gen 29,1–14) „Da küsste Jakob die Rahel", heißt es, „und weinte laut." Er sagt ihr, wer er ist, sie aber läuft weg und berichtet alles ihrem Vater Laban. Der lädt den Neffen zu sich ein. Nachdem dieser aber einen Monat bei ihm gewohnt hat, schlägt Laban ihm vor: „Willst du mir umsonst dienen, weil du mein Verwandter bist? Sage mir doch, welchen Lohn willst du haben?" Jakob bietet an, sieben Jahre für ihn zu arbeiten, wenn er dann Rahel zur Frau erhalte. Laban willigt ein und es heißt, die sieben Jahre seien Jakob „bei der Liebe, die er für sie empfand", wie wenige Tage vorgekommen. Am Tag der Hochzeit richtet Laban ein Festmahl aus und führt Jakob eine Frau zu. Der verbringt die Nacht mit ihr: „Am Morgen aber, siehe, da war es Lea!" – Rahels ältere Schwester mit den „matten Augen". Jakob beschwert sich über den Betrug, doch Laban begründet sein Vorgehen damit, dass es nicht Sitte sei, die jüngere Schwester vor der älteren zu verheiraten. Er schlägt Jakob vor, die Brautwoche mit Lea zu Ende zu feiern, dann sofort auch noch Rahel zu heiraten und ihm dann noch einmal sieben Jahre zu dienen.

### *Jakobs Kinder*

**Jakob hatte von Lea die sechs Söhne Ruben, Simeon, Levi, Juda, Issachar und Sebulon sowie die Tochter Dina, von Leas Magd Silpa die Söhne Gad und Ascher. Rahel gebar Joseph und Benjamin, ihre Magd Bilha Dan und Naphtali (siehe auch S. 41).**

### *Intrigen um das Ehebett*

Eine solche Familiengründung kann nur zu allerlei Verwicklungen führen. Zumal Gott der ungeliebten Lea Fruchtbarkeit schenkt, der geliebten Rahel aber nicht. Als die Schwester bereits vier Söhne geboren hat, fordert Rahel ihren Mann auf, mit ihrer Magd und jüngeren Halbschwester Bilha zu schlafen, damit diese an Rahels Stelle Kinder für Jakob gebären kann. Daraufhin legt auch Lea Jakob ihre Magd Silpa ins Bett. Der Reigen setzt sich fort, als Rahel, um von Lea Liebesfrüchte zu erhalten, die deren ältester Sohn Ruben vom Feld mitgebracht hat, Jakob für eine Nacht an ihre Schwester abtritt. Als Jakob bereits zu zehn Söhnen und einer Tochter gekommen ist, wird Rahel doch noch schwanger und gebiert ihm die Söhne Joseph und Benjamin.

# Nächtliches Ringen

## Gustave Doré, Jakob ringt mit dem Engel, 1865

*„Jakob ringt mit dem Engel" ist nur eine von 230 Grafiken, mit denen Gustave Doré (1832–1883) die Bibel illustrierte. Die Doré-Bibel erschien 1865 und erlebte 700 Auflagen.*

Der Franzose Gustave Doré war einer der gefragtesten Buchillustratoren des 19. Jahrhunderts. Er bebilderte unter anderem Dantes „Göttliche Komödie", Cervantes „Don Quijote", Miltons „Verlorenes Paradies", Geschichten von Edgar Allan Poe und auch die Bibel. Mit seinem düsteren, teilweise sogar bizarren Stil verleiht er gerade den dramatischen Begebenheiten die ihnen gebührende Schwere – so wie Jakobs nächtlichem Kampf mit einem Engel.

### *Angst vor dem Bruder*

Das 32. Kapitel des Buches Genesis erzählt, wie Jakob auf Weisung Gottes mit seinen beiden Frauen Lea und Rahel, seinen Kindern und seinem Vieh seinen Schwiegervater Laban verlässt, um nach 14 Jahren in der Fremde in die Heimat zurückzukehren. Doch noch immer fürchtet er den Groll seines Bruders Esau, den er einst mit Hilfe seiner Mutter betrog (siehe S. 34). Als er erfährt, dass Esau ihm mit 400 Mann entgegenkommt, schickt er ihm zur Besänftigung mehrere Knechte mit reichlich Vieh entgegen. Sie sollen die Tiere Esau als Geschenk überbringen, sobald sie ihm begegnen. Mit diesen mehrmaligen Gaben hofft Jakob, seinen Bruder milde zu stimmen. Darüber hinaus aber teilt er vorsichtshalber seinen restlichen Besitz in zwei Wanderlager auf, damit Esau und seine Leute – sollte der Versöhnungsversuch misslingen – nur eines von beiden vernichten können. Nachdem alle Vorbereitungen getroffen sind, bringt er seine Familie im Schutz der Nacht über den Jordanzufluss Jabbok (Nahr ez-Zarqa in Jordanien). Er selbst bleibt zurück. Ob das aus Angst geschieht oder Jakob sich nur mental auf die Begegnung mit dem Bruder vorbereiten will, berichtet die Bibel nicht. Stattdessen beschreibt sie knapp und nüchtern, dass ein Mann – kein Engel – erscheint und mit Jakob zu ringen beginnt.

### *Treffen mit dem Übernatürlichen*

Der Kampf der Männer dauert bis zum Hereinbrechen der Morgenröte. Doré lässt Jakob gegen einen übergroßen Engel ringen. Die Bibel jedoch schreibt: Als der Mann, der Jakob angegriffen hatte, gemerkt habe, dass er ihn nicht besiegen könne, habe er ihm auf die Gelenkpfanne der Hüfte geschlagen und das Hüftgelenk ausgerenkt. Daraufhin fordert er Jakob auf, ihn loszulassen. Jakob weigert sich. Nun will sein Gegner seinen Namen wissen. Jakob antwortet und der Fremde erklärt ihm, künftig solle er nicht mehr Jakob, sondern Israel (Gottesstreiter) heißen. „Denn mit Gott und mit Menschen hast du gestritten und dabei den Sieg erfochten." Als Jakob ihn selbst nach seinem Namen fragt, verweigert dieser die Antwort – und segnet ihn. Daraufhin, berichtet die Bibel, habe Jakob den Ort Penuel („Gottes Angesicht") genannt, da er Gott gesehen habe und dennoch am Leben geblieben sei. Am nächsten Morgen begegnet Jakob seinem Bruder. Die beiden laufen aufeinander zu und fallen sich vor Freude weinend in die Arme. Jakobs Nachkommen aber werden ab diesem Zeitpunkt als Israeliten bezeichnet.

### *Gott oder der Bruder*

**Auch wenn alle Maler Jakobs nächtlichen Gegner als Engel darstellen: Die Theologen gehen mehrheitlich davon aus, dass Jakob mit Gott selbst gerungen habe. Zwar sagt die Bibel das nicht direkt, aber immerhin spricht Jakob davon, Gott gesehen zu haben. Eine andere Interpretation meint jedoch, Jakobs nächtlicher Gegner sei niemand anderer als sein Bruder Esau gewesen. Denn als Jakob ihm später begegnet, sagt er: „Ich habe dein Angesicht geschaut, wie man Gottes Angesicht schaut; und du bist gnädig zu mir gewesen." Demnach hätten die Brüder in ihrem nächtlichen Kampf erkannt, dass Gott die Versöhnung will.**

# Jüngling in Bedrängnis

## Tintoretto, Joseph und die Frau des Potiphar, um 1544

*Für die Scuola della Trinita, eine religiöse Wohlfahrtseinrichtung in Venedig, malte Tintoretto (1518–1594) das Aufeinandertreffen von Joseph und Potiphars Weib. Das Bild (Öl auf Leinwand) befindet sich heute im Museo del Prado in Madrid.*

Die Bilder des venezianischen Malers Jacopo Robusti, genannt Tintoretto, wirken häufig wie Bühneninszenierungen. Das gilt auch für „Joseph und die Frau des Potiphar". Die nackte Schöne liegt malerisch ausgebreitet auf einem Bett und zupft eher nachlässig am Umhang eines erschrockenen jungen Mannes.

### *Arroganter Träumer*

Josephs Geschichte (Gen 37,1 ff.) beginnt in Kanaan. Der älteste Sohn der Rahel ist der Liebling seines Vaters Jakob. Bei seinen zehn älteren Brüdern ist er nicht nur deswegen unbeliebt: Auch spricht er gegenüber dem Vater schlecht über sie und hinterbringt ihm Gerüchte über sie. Eines Tages träumt er dann auch noch, dass er und seine Brüder Garben binden und die Garben seiner Brüder sich vor der von ihm gebundenen verneigen. Für diese Prahlereien weist ihn selbst sein Vater zurecht. Jahre später – er ist inzwischen siebzehn – schickt ihn sein Vater zu den Brüdern, die weit entfernt die Ziegen weiden. Als sie den „Träumer" kommen sehen, beschließen sie, den ungeliebten Bruder zu töten. Nur der älteste, Ruben, versucht ein Blutvergießen zu verhindern, indem er vorschlägt, Joseph in eine Zisterne zu werfen. Insgeheim hegt er den Plan, den jüngeren Bruder später zu befreien. Doch die anderen Brüder haben Joseph schon an eine Karawane aus Midian verkauft. Dem Vater legen sie sein mit Ziegenblut beschmiertes Gewand vor und erzählen ihm, er sei von wilden Tieren zerrissen worden.

### *Die intrigante Frau*

Die Händler aus Midian ziehen nach Ägypten, wo sie Joseph an Potiphar verkaufen, den Obersten der Leibwache des Pharao (Gen 39,1). Dort geht es ihm zunächst nicht schlecht. „Der Herr aber war mit Joseph", erklärt der Genesis-Erzähler. Alles, was Joseph im Dienst seines Herrn tut, gelingt ihm. Er steigt vom Leibdiener zum Verwalter von Potiphars Besitz auf. Der, so heißt es, überließ Joseph alles und kümmerte sich nur noch um die Speisen, die er aß. Irgendwann jedoch macht die Frau des Potiphar dem hübschen Joseph unmissverständlich Avancen. Er weigert sich mit dem Verweis auf das Vertrauen seines Herrn. Trotzdem bedrängt ihn die Frau nun ständig. Eines Tages kommt Joseph von der Arbeit heim und niemand außer der Hausherrin ist anwesend. Diese wird zudringlich und greift nach seinen Kleidern. Joseph weiß sich nicht anders zu helfen, als aus seinem Gewand zu schlüpfen und ins Freie zu fliehen. Das jedoch nützt ihm nichts. Die Frau ruft ihre Angestellten zusammen und behauptet, der Sklave sei zudringlich geworden und auf ihr Schreien hin geflohen. Gleiches erzählt sie ihrem Mann. Der wird zornig und lässt Joseph ins Gefängnis werfen.

### *Das symbolträchtige Gewand*

**Joseph ist der Lieblingssohn Jakobs, weil er ihm im hohen Alter geboren wurde. Symbol dafür ist ein Gewand, das Jakob ihm schenkt und um welches ihn seine Brüder so sehr beneiden, dass sie ihn hassen und mit ihm kein freundliches Wort mehr reden. Umso untröstlicher reagiert Jakob, als die Brüder ihm das Gewand in Blut getaucht schicken, nachdem sie Jakob in die Sklaverei verkauft haben. Auch in den Nacherzählungen der Josephsgeschichte spielt dieses Gewand immer eine bedeutende Rolle. So handelt es sich in Thomas Manns Mammutwerk „Joseph und seine Brüder" um ein wertvolles Prachtgewand, das zudem das Erstgeburtsrecht symbolisiert. In modernen Bibelübertragungen wird das Kleidungsstück meist schlicht mit „Ärmelgewand" übersetzt, in älteren Übertragungen wie der Vulgata oder der Lutherbibel als „bunter Rock".**

# Die Traumdeutungen

## Wilhelm von Schadow, Joseph im Gefängnis, 1817

*Während eines Romaufenthaltes beteiligte sich Wilhelm von Schadow (1788–1862) zusammen mit den Nazarenern Peter von Cornelius, Friedrich Overbeck und Philipp Veit von 1816 bis 1818 an der Ausmalung der Casa Bartholdy. Das dort entstandene Wandgemälde „Joseph im Gefängnis" befindet sich heute in der Alten Nationalgalerie in Berlin.*

Der Herr, so heißt es in der Bibel (Gen 39,21), bleibt auch im Gefängnis bei Joseph. Und dieser ist beliebt bei den Mitgefangenen und der Oberaufseher macht es bald wie Potiphar (siehe S. 38) – er legt die ganze Verwaltung in die Hände des geschickten hebräischen Sklaven. Doch Joseph hat noch mehr Glück, denn zwei Männer von hohem Rang werden ins Gefängnis geworfen. Dieses Ereignis zeigt das Bild, das im Umfeld der Künstlergruppierung der sogenannten Nazarener entstand.

### *Brot und Reben*

Die beiden sind der Mundschenk und der Bäcker des Pharao, die sich gegen ihren Herrn vergangen haben. Eines Tages stellt Joseph fest, dass die beiden sehr missmutig dreinblicken. Er fragt sie nach dem Grund, worauf sie ihm erzählen, dass sie sehr rätselhafte Träume gehabt hätten, die ihnen niemand deuten könne. Der Mundschenk träumte von drei Reben, deren Trauben er in einen Becher presste, den er dann dem Pharao reichte. Der Bäcker dagegen trug im Traum drei Körbe voll Backwerk für den Pharao auf dem Haupt, von dem Vögel fraßen. Joseph sagt ihnen voraus, dass der Mundschenk in drei Tagen wieder in sein Amt eingesetzt, der Bäcker jedoch hingerichtet werde. Er bittet den Mundschenk, beim Pharao für ihn Fürbitte einzulegen. Was er vorhergesagt hat, trifft ein – der Mundschenk jedoch vergisst ihn.

### *Fette und magere Kühe*

Zwei Jahre später plagen auch den Pharao bedenkliche Träume. Er sieht sieben schöne, fette Kühe aus dem Fluss steigen und im Schilf weiden. Nach ihnen aber kommen sieben magere, hässliche Kühe aus ebendiesem Gewässer und fressen die fetten auf. Trotz dieser Mahlzeit bleiben sie so hässlich und mager wie zuvor. Der Pharao wacht erschrocken auf. Nachdem er wieder eingeschlafen ist, träumt er, dass an einem Halm sieben schöne, dicke Ähren wachsen. Doch dann kommen sieben magere Ähren und vertilgen die fetten. Der Pharao ist ernstlich beunruhigt und schickt nach all seinen Priestern und den Weisen des Landes, von denen allerdings keiner seine Träume zu deuten weiß. Nun endlich erinnert sich der Mundschenk an Joseph, den der Pharao umgehend zu sich kommen lässt. Joseph erzählt ihm, dass seine Träume beide dieselbe Bedeutung hätten. Die fetten Kühe und die vollen Ähren stünden für sieben gute, fruchtbare Jahre, in denen in ganz Ägypten Überfluss herrschen werde. Danach jedoch werden sieben Dürrejahre kommen und der Hunger das Land aufreiben. Joseph, inzwischen 30 Jahre alt, schlägt vor, dass der Pharao einen Verwalter einsetzen solle, der während der fetten Jahre 20 Prozent der Ernte als Abgaben einziehen und in Getreidespeichern einlagern solle. Der Pharao ernennt Joseph zu ebendiesem Verwalter. Er wird neu eingekleidet, erhält einen Siegelring und eine goldene Kette. Der Pharao gibt ihm außerdem Asenath, die Tochter des Oberpriesters Potiphera, zur Frau.

### *Die Nazarener*

**Im Jahr 1809 gründeten sechs junge Maler an der Kunstakademie von Wien eine Vereinigung, den sogenannten Lukasbund. Ihnen fehlte bei ihrer Ausbildung, wie es ihr Wortführer, der 20-jährige Friedrich Overbeck, ausdrückte, die Empfindung und das Herz. Im Sinn der damals aufkommenden Romantik widmeten sie sich einer Erneuerung der religiösen Kunst. Ihre Bilder wirkten stilbildend für die romantische Malerei. Im Nachhinein wurde diese Art der religiösen Malerei dann als die Kunst der Nazarener bezeichnet – vermutlich nach der italienischen Bezeichnung „alla nazarena" für die „Jesus-Frisur", die einige Mitglieder trugen.**

# Die Brüder als Bittsteller

## Spanische Buchmalerei, Joseph gibt sich zu erkennen, um 1420

Es ist ein sehr ruhiges und beschauliches Wiedersehen zwischen Joseph und seinen Brüdern, das der anonyme spanische Maler aus dem 15. Jahrhundert in dieser Bibel darstellte. Nicht einmal die Standesunterschiede sind betont. Joseph trägt zwar keine Reitstiefel und zudem ein langes Gewand, aber ansonsten ist der ägyptische Beamte nicht prunkvoller gekleidet als die hebräischen Bittsteller. In der Bibel spielt sich das Aufeinandertreffen der ungleichen Brüder dagegen weit dramatischer ab.

### Josephs Brüder

Viele der Brüder Josephs treten nur in der Gruppe, nicht aber persönlich in Erscheinung. Ruben, der älteste, war allerdings derjenige, der Joseph vor dem Verkauf retten wollte. Sonst tritt er gelegentlich als Sprecher auf, bringt aber Schande über sich, als er mit einer Nebenfrau seines Vaters schläft. Simeon und Levi, die nächstälteren, sind „Männer des Schwertes" und rotten einen ganzen Stamm aus, weil der Fürstensohn ihre Schwester vergewaltigt hat. Trotzdem wird Levi Ahnherr der israelitischen Priesterkaste. Juda, Stammvater der künftigen Könige, tut sich mit seinem selbstlosen Einsatz für Benjamin hervor. Benjamin schließlich, Josephs einziger Vollbruder, scheint sehr viel jünger als die anderen gewesen und im Gegensatz zu Joseph von allen geliebt worden zu sein.

### *Kornkauf mit Hindernissen*

Die große Hungersnot, die Joseph prophezeit hat (siehe S. 39), erfasst auch das Land Kanaan. Als Jakob, Josephs Vater, hört, dass es in Ägypten noch Getreide gibt (Gen 42.1 f.), fordert er seine zehn älteren Söhne auf, dorthin aufzubrechen und Korn zu kaufen, damit die Sippe nicht verhungere. Benjamin allerdings behält er bei sich, fürchtet er doch, seinem jüngsten und letzten verbliebenen Sohn der Rahel könne etwas zustoßen. Die zehn Brüder kommen in Ägypten an, wo man sie vor Joseph führt. Dieser erkennt seine Brüder und beginnt ein listiges Spiel mit ihnen. Zunächst lässt er sie als Spione ins Gefängnis werfen. Dann nimmt er Simeon als Geisel und befiehlt den anderen, Benjamin, den sie nebenbei erwähnt haben, zu ihm zu bringen.

### *Die Falle mit dem Becher*

Als sich die Vorräte dem Ende neigen, muss der Vater schließlich nachgeben und den Brüdern Benjamin mitgeben. Zurück in Ägypten werden sie von Joseph zu einem Festmahl geladen. Erst nach dem Kornkauf und ihrem Aufbruch in die Heimat werden sie von den Dienern Josephs gestellt und beschuldigt, einen silbernen Becher gestohlen zu haben. Die Brüder erklären, man könne sie ruhig durchsuchen und sogar töten, falls man etwas fände. Doch unbemerkt haben Josephs Diener das Korn in den Säcken gegen Geld getauscht und zudem den besagten Becher in dem von Benjamin versteckt. Die Brüder werden vor Joseph gebracht, der ihnen erklärt, er wolle für das ihm ergangene Unrecht nur Benjamin als Sklaven behalten, die anderen Brüder aber könnten in die Heimat zurückkehren. Juda jedoch, der sich beim Vater für den Jüngsten verbürgt hat, fleht Joseph inständig an, ihn statt des Jungen zu behalten. Joseph ist von dessen Fürbitte derart bewegt, dass er sich den Brüdern weinend offenbart. Auch bittet er sie, sich nicht wegen ihrer Tat zu grämen, denn Gott habe ihn nach Ägypten geführt, damit er ihnen jetzt das Leben retten könne. Da fallen sie ihm um den Hals, küssen ihn und weinen gemeinsam.

*Die Miniatur „Joseph gibt sich zu erkennen" stammt aus der Bibliothek der ehemaligen Schloss- und Klosteranlage El Escorial in Spanien. Diese umfasst insgesamt 40 000 Bücher, darunter viele alte arabische und hebräische Werke, und gilt als eine der wertvollsten Handschriftensammlungen der Welt.*

# Segen für Ephraim und Manasse

## Rembrandt, Jakobssegen, 1656

*Kunsthistoriker vermuten, dass Rembrandt (1606–1669) den „Jakobssegen" (Öl auf Leinwand) für einen jüdischen Bekannten malte, weil er auch Josephs Frau Asenath mit einbezog, die in der Bibel zwar erwähnt wird, aber nur in der jüdischen Tradition eine größere Rolle spielt. Das Bild hängt in der Gemäldegalerie des Schlosses Wilhelmshöhe in Kassel.*

Rembrandt war nicht nur ein bedeutender Maler, sondern auch ein großer Kunstsammler. Im Jahr 1656 ging er darüber bankrott. Wirklich getroffen zu haben scheint ihn das allerdings nicht. Denn gerade im Alter malte er seine einfühlsamsten Porträts und Gruppenbilder. Der „Jakobssegen" gilt als eines der schönsten Beispiele dafür.

### *Jakobs Zug nach Ägypten*

Das Buch Genesis (45,9 ff.) berichtet, dass Joseph seinen wiedergefundenen Brüdern (siehe S. 40) den Auftrag gibt, seinen Vater mit all seinem Besitz nach Ägypten zu bringen, da die Hungersnot noch weitere fünf Jahre andauern würde. Doch Jakob glaubt seinen Söhnen zunächst nicht. Erst die Geschenke des Pharao überzeugen ihn, dass sein Sohn Joseph lebt. Jakob bringt Gott ein Opfer dar, der ihn ebenfalls auffordert, ohne Furcht nach Ägypten zu ziehen, denn er wolle ihn dort „zu einem großen Volke machen" und irgendwann auch sicher in die Heimat zurückbringen. Die Bibel zählt 66 Söhne und Enkel Jakobs, die sich mit ihm auf den Weg nach Ägypten machen. Joseph reist seinem Vater entgegen, trifft ihn in der Nähe des Ortes Gosen in Ägypten und feiert ein tränenreiches Wiedersehen. In Absprache mit dem Pharao gibt er seiner Familie bestes Weideland als neue Heimat.

### *Vertauschte Erstgeburt*

Nach 17 Jahren in Ägypten wird Jakob krank. Er lässt Joseph rufen und ihn schwören, ihn nicht in Ägypten zu begraben, sondern zurück nach Kanaan zu bringen. Außerdem adoptiert er Josephs älteste Söhne Manasse und Ephraim. Die Bibel schildert den Akt sehr ausführlich – und anders, als Rembrandt ihn darstellt. Joseph nimmt die beiden Söhne von seinem Schoß und stellt Manasse, den Älteren, zur Rechten seines Vaters, Ephraim aber auf die linke Seite. Jakob kreuzt seine Hände zum Segen und legt Ephraim die rechte Hand auf das Haupt, Manasse die linke. Joseph weist darauf hin, dass Manasse der Ältere sei und ihm folglich die rechte Hand gebühre. Sein Vater jedoch beharrt darauf, denn Ephraim, so Jakob, werde einst der Stammvater eines größeren Volkes werden. Danach schenkt Jakob Joseph und seinen Brüdern ein Gebiet in Kanaan. Für die biblischen Autoren ist die Segnung der Söhne Josephs deshalb so wichtig, weil Manasse und Ephraim durch die Adoption zu Jakobs Söhnen werden. Aus den beiden kleinen Halbägyptern werden damit echte Israeliten.

### *Die zwölf Stämme Israels*

Nach den Söhnen Jakobs sind die zwölf Stämme Israels benannt: Ruben, Simeon, Levi, Juda, Issachar, Sebulon, Benjamin, Dan, Naphtali, Gad und Ascher. Einen Stamm Joseph gibt es jedoch nicht, sondern nur einen Halbstamm Ephraim und einen Halbstamm Manasse. Die Bibel berichtet, dass Jakob nach dem Segen seiner Enkel auch seine Söhne zu sich ruft und über jeden einen besonderen, teils sehr rätselhaften Segensspruch ausspricht. Ausgerechnet den jungen Benjamin nennt er einen reißenden Wolf, Joseph dagegen ein Jungrind. Besonders herausgehoben wird Juda, den er einen jungen Löwen nennt und dessen Nachkommen er die Herrschaft über Israel voraussagt. Für König David und Jesus finden sich in der Bibel Ahnenreihen, die lückenlos auf Juda zurückführen.

# Der Junge aus dem Schilfkörbchen

## Sandro Botticelli, Die Prüfungen des Moses, 1481/82

*Siebenmal hat Sandro Botticelli (1445–1510) Moses auf seinem Fresko dargestellt. Die Geschichte beginnt rechts vorne, verläuft dann über die beiden Szenen rechts hinten zum Brunnen vorne und dann wieder über die Szenen links hinten nach vorne zum Auszug aus Ägypten.*

Für ein Wandgemälde in der Sixtinischen Kapelle fasste der italienische Maler Sandro Botticelli fast die gesamte Geschichte des jungen Moses in einem Bild zusammen. Rechts vorne tötet Moses (im gelben Gewand) einen ägyptischen Aufseher, muss dann nach Midian fliehen, vertreibt an einem Brunnen die Hirten, die die Töchter des Priesters Jethro am Wasserschöpfen hindern, hilft den Mädchen, wird selbst Hirte, begegnet Gott im brennenden Dornbusch und führt sein Volk aus Ägypten. Nur die berühmteste Szene aus dem Leben des jungen Moses zeigt Botticelli nicht – die Aussetzung als Baby im Schilfkörbchen. Sie ist allenfalls angedeutet durch das Aufblitzen des Flusses rechts hinten.

### *Der Befehl des Pharao*

Moses wurde in einer Zeit geboren, in der in Ägypten ein neuer König an der Macht war, der von Joseph nichts mehr wusste, erzählt das Buch Exodus, das mit Moses' Geschichte beginnt. Dem neuen Pharao missfällt, dass das Volk Israel stetig wächst, denn er fürchtet, dass es eines Tages versuchen könnte, die Macht an sich zu reißen. Deshalb versklavt er die Israeliten und lässt sie streng bewachen. Sie müssen Felder bestellen, Lehmziegel fertigen und die Proviantstädte Pitom und Ramses für den Pharao errichten. Doch je mehr er sie unterdrückt und quält, so heißt es in der Bibel, desto größer und zahlreicher wird das Volk. So befiehlt der Pharao den Hebammen der Israeliten, alle neugeborenen Jungen zu töten. Die Hebammen jedoch sind fromme Frauen und widersetzen sich diesem Befehl. Dem Pharao erzählen sie, die Geburten blieben ihnen verborgen, da die Israelitinnen ihre Hilfe nicht in Anspruch nähmen. Schließlich befiehlt der Pharao, alle hebräischen Jungen zu töten.

### *Die Sixtinische Kapelle*

In den Jahren 1473 bis 1481 ließ Papst Sixtus IV. in die Gemäuer einer antiken Kapelle neben den päpstlichen Privatgemächern die Sixtina als Hauskapelle errichten. Die Wände ließ der Papst von den besten Malern der Frührenaissance wie Sandro Botticelli, Pietro Perugino und Luca Signorelli ausschmücken. Dabei standen sich alt- und neutestamentarische Szenen gegenüber – Botticellis „Prüfungen des Moses" steht zum Beispiel der „Versuchung Christi" gegenüber. Die Decke war ursprünglich nachtblau mit goldenen Sternen – bis sie Sixtus' Neffe, Papst Julius II., dann von Michelangelo mit einem Deckenfresko ausmalen ließ, das alle anderen Bilder übertraf.

### *Die Rettung aus dem Wasser*

Eine Frau aus dem Haus Levi, so berichtet die Bibel, versteckt ihr neugeborenes Kind, einen schönen Jungen, drei Monate lang. Als dies nicht mehr geht, legt sie ihn in ein Kästchen aus Binsen und setzt es am Schilfufer des Nils aus. Ihre Tochter behält das Körbchen im Blick. Da kommt die Tochter des Pharao ans Ufer, um im Nil zu baden. Sie sieht das Kästchen, lässt es von ihren Dienerinnen herbeibringen und öffnet es. Als sie den weinenden Jungen sieht, ist ihr bewusst, dass es sich nur um ein jüdisches Kind handeln kann. Sofort kommt auch die Schwester des Moses heran und bietet der Pharaonentochter eifrig an, ihr eine hebräische Amme zu besorgen. Das Mädchen kehrt mit seiner leiblichen Mutter zurück, die den Jungen mitnehmen darf, um ihn zu stillen – sogar gegen Lohn. Als er aber heranwächst, muss sie ihn an den Hof bringen, wo ihn die Tochter des Pharao als Sohn annimmt und Moses nennt.

# Die Offenbarung auf dem Berg Horeb

## Nicolas Froment, Moses und der brennende Dornbusch, 1476

Nicolas Froment gehörte zu den wichtigsten Künstlern der Provence im ausgehenden Mittelalter. Im Auftrag des provenzalischen Grafen René dem Guten malte er für die Kathedrale St. Sauveur in Aix-en-Provence sein bedeutendstes Werk: ein Triptychon, das Moses vor dem brennenden Dornbusch darstellt – ein außergewöhnliches Motiv.

### *Ein Engel in Flammen*

Als Moses, der Ziehsohn der Pharaonentochter, herangewachsen ist, so berichtet die Bibel (Ex 2,11 ff.), habe er eines Tages gesehen, wie ein Ägypter einen hebräischen Knecht erschlagen wollte. Moses greift ein, tötet den Ägypter und flieht anschließend nach Midian, einer Region, die die Forschung auf dem Sinai oder am Ostufer des Golfs von Akaba vermutet. Dort hilft er den Töchtern des Priesters Jethro gegen Hirten, die sie von ihrem Brunnen verdrängen wollen, heiratet eine von ihnen und hütet das Vieh seines Schwiegervaters. Eines Tages sieht er auf dem heiligen Berg Horeb einen brennenden Dornbusch und in der lodernden Flamme einen Engel Gottes. Außerdem bemerkt er, dass der Dornbusch nicht verbrennt. Als Moses näher kommt, ruft ihn Gott aus dem Busch heraus an und befiehlt ihm, seine Schuhe auszuziehen, da er heiligen Boden betrete. Moses gehorcht und verhüllt zudem noch sein Gesicht, da er sich fürchtet, in das Antlitz Gottes zu schauen.

### *Der Auftrag*

Die Offenbarung, die Gott Moses im Dornbusch zuteil werden lässt, gehört zu den zentralen Grundlagen des jüdischen Glaubens. Gott gibt sich als Gott Abrahams, Isaaks und Jakobs zu erkennen und erklärt, er habe das Elend seines Volkes gesehen. Deshalb werde er es aus Ägypten herausführen und ihm ein Land zu eigen geben, in dem Milch und Honig fließen. Sein Name bei den Hebräern, so verkündet er, solle künftig Jahwe („Ich bin") sein. Er gibt Moses den Auftrag, zum Pharao zu gehen und von diesem zu fordern, dass er die Israeliten ziehen lasse. Moses jedoch zögert. Daraufhin verleiht ihm Gott die Kraft, verschiedene Wunder zu wirken, wie einen Stock in eine Schlange zu verwandeln, Aussatz zu heilen oder Wasser in Blut zu verwandeln. Moses jedoch bittet immer noch, einen anderen zu senden, da er selbst nicht redegewandt sei. Am Ende wird Gott zornig und weist Moses an, seinen Bruder Aaron für sich reden zu lassen. Daraufhin fügt sich Moses endlich, verabschiedet sich von seinem Schwiegervater und kehrt mit Frau und Sohn nach Ägypten zurück.

### Das Triptychon

**In der gotischen Kunst wurden Altarbilder häufig in Form eines Triptychons (griechisch: „dreiteilig") gestaltet. Ein Mittelbild wurde von zwei beidseitig bemalten Flügeln umrahmt, die mit Scharnieren befestigt waren, sodass man das Bild schließen konnte. Viele Triptychen wurden überhaupt nur zu hohen Festen geöffnet. Auf den Flügeln wurden oft Heilige und die Stifter (Letztere meist kleiner) dargestellt. So ist auch das Gemälde des brennenden Dornbuschs von einer Darstellung des betenden Grafen René auf der linken Seite und seiner zweiten Frau, Jeanne de Laval, auf der rechten eingerahmt. Hinter beiden stehen jeweils drei Heilige.**

*René der Gute, aus dem französischen Adelsgeschlecht Anjou, für den Nicolas Froment (um 1430–1484/85) das Moses-Triptychon malte, war zugleich König von Neapel und Herzog von Lothringen. Nach dem Tod seiner ersten Frau zog er sich in die Provence zurück und widmete sich der Förderung der altprovenzalischen Dichtung und Kunst.*

# Ein Pharao wird in die Knie gezwungen

## John Martin, Die siebte Plage, 1823

Nach der Begegnung mit Gott (siehe S. 43) gehen Moses und Aaron zum Pharao und verlangen von ihm im Namen Gottes, sein Volk zu einem Opferfest in die Wüste ziehen zu lassen (Ex 5,1 ff.). Dass sie beabsichtigen, die Israeliten ins Gelobte Land zu führen, verschweigen sie zunächst. Der Pharao jedoch sieht den Wunsch lediglich als Zeichen dafür, dass die Israeliten mit ihrer Sklavenarbeit nicht ausgelastet sind, und bürdet ihnen weitere Arbeiten auf. Als nun die Normen nicht mehr erfüllt werden, bestrafen die ägyptischen Aufseher die hebräischen Unteraufseher, die sich daraufhin bitterlich bei Moses und Aaron beklagen. Gott jedoch schickt die beiden erneut zum Pharao, um diesen zu bitten, das Volk Israel ziehen zu lassen. Die Weigerung des Pharao sieht er kommen und kündigt ein gewaltiges göttliches Strafgericht an.

### *Die zehn Plagen*

Als der Pharao stur bleibt, verwandelt Aaron das Wasser des Nils mit Hilfe eines wundertätigen Stabes in Blut, was dazu führt, dass alle Fische sterben. Da das Herz des Pharao dennoch hart bleibt, beschwört Aaron eine Froschplage herauf. Als sich die Tiere sogar in Betten und Backöfen einfinden, verspricht der Pharao Moses, die Israeliten gehen zu lassen, wenn Moses das Land nur von den Fröschen befreie. Doch er hält sein Versprechen nicht. Daraufhin senden die Brüder Stechmücken über das Land, gefolgt von Hundsfliegen. Wieder verspricht der Pharao die Freiheit für ein Ende der Plage, und wieder hält er sein Versprechen nicht. Daraufhin schickt Gott durch Aaron eine Viehpest. Anschließend werden die Menschen von Geschwüren befallen. Dann folgt Hagel. Als Nächstes schicken die Brüder Heuschreckenschwärme, die alles kahl fressen, gefolgt von einer Finsternis, die drei Tage andauert. Der Pharao bietet nun an, die Israeliten ziehen zu lassen. Als Moses jedoch fordert, dass sie ihren Besitz mitnehmen dürfen, jagt der Herrscher ihn zornig davon.

### *Pessach und Auszug*

Nun kündigt Gott Moses und Aaron an, dass die zehnte Plage die letzte sein solle. Jede israelische Familie solle am 14. des Monats ein Lamm schlachten und mit seinem Blut die Hauspfosten bestreichen. Nachts sollen sie das Fleisch über dem Feuer braten und dann im Stehen und in Reisekleidung mit ungesäuertem Brot und bitteren Kräutern ihr Mahl begehen. Währenddessen werde er durch Ägypten schreiten und alle Erstgeborenen bei Mensch und Vieh erschlagen. Nachdem dies geschehen ist, lässt der Pharao Moses und Aaron noch in der Nacht zu sich rufen und fordert sie auf, sein Reich umgehend zu verlassen. Die Bibel berichtet, dass ihnen Gott als Wolkensäule vorangezogen sei.

### *Pessach*

**Das Pessach- oder Paschafest wird von den Juden jährlich in Erinnerung an den Auszug aus Ägypten am 14. Tag des Frühlingsmonats Nisan gefeiert. Das Fest dauert sieben Tage, während derer nur Brot gegessen werden darf, das innerhalb von 18 Minuten fertiggestellt ist, damit es nicht säuert (sogenannte „Matzen"). Der wichtigste Teil ist der Sederabend, der mit einem Besuch in der Synagoge beginnt, dem ein Mahl folgt. Der Ablauf des Fests besteht vor allem aus Gebeten und einer Vielzahl symbolischer Speisen, so zum Beispiel Bitterkräutern, die an das bittere Los in Ägypten erinnern sollen.**

*Als siebte Plage sendet Gott Hagel über Ägypten. Oft wird von den „Sieben Plagen über Ägypten" gesprochen, doch das ist falsch: Ägypten wurde von zehn Plagen heimgesucht, die sieben Plagen stammen aus der Apokalypse und sollen sich vor dem Weltuntergang abspielen. Der englische Maler und Grafiker John Martin (1789–1854) bevorzugte visionäre Stoffe aus dem Alten Testament und der Apokalypse, die er mit effektvollen Lichteffekten in Szene setzte. Sein Gemälde „Die siebte Plage" (Öl auf Leinwand) befindet sich im Museum of Fine Arts in Boston.*

# Macht über Wind und Wellen

## Jüdisches Gebetbuch, Der Durchzug durch das Rote Meer, 1427

*Wie durch einen mit rotem Wasser gefüllten Canyon scheinen Israeliten und Ägypter auf dieser jüdischen Miniatur zu wandern. Sie stammt aus einem älteren Gebetbuch, das 1427 in Hamburg kopiert wurde. Die Abschrift befindet sich in der Hamburger Staatsbibliothek.*

Eine überschaubare Szenerie hat der unbekannte Maler dieses jüdischen Gebetbuches aus dem Durchzug der Israeliten durch das Rote Meer gemacht. Während vorne die Israeliten mit ihrem Vieh und ihren Wickelkindern auf dem Arm durch die Fluten waten – obwohl es in der Bibel heißt, sie wären trockenen Fußes hindurchgezogen –, folgen kaum dahinter die Ägypter auf ihren Pferden, denen das Wasser teilweise schon bis zum Hals steht. Doch obwohl das Wasser rot gezeichnet ist, sind sich die Bibelforscher inzwischen relativ sicher, dass der biblische Text das Schilfmeer meinte, ein seichtes Gewässer am nördlichen Ende des Golfes von Suez, das mit dem Roten Meer lediglich verbunden war.

### *Verfolgung durch den Pharao*

Obwohl der Pharao und sein Volk nach dem Tod der Erstgeborenen die Israeliten zum Teufel wünschten, reut sie deren Weggang, kaum dass sie erfahren haben, dass ihre Fronarbeiter wirklich aufgebrochen sind. Mit 600 auserlesenen Streitwagen und noch viel mehr gewöhnlichen, jeder mit drei Soldaten besetzt, nimmt der Pharao die Verfolgung auf (Ex 14,5 ff.). Wieder heißt es, dass der Herr sein Herz verhärtete. Die Truppen des Pharao kommen in Sicht, als das Volk Israel gerade am Ufer des Schilfmeeres lagert. Als die Israeliten sie sehen, machen sie Moses Vorwurfe: Er habe sie nur aus Ägypten herausgeholt, um sie in der Wüste sterben zu lassen. Moses wendet sich mit solcher Dringlichkeit an den Herrn, dass dieser ihm entgegnet: „Was schreist du zu mir?" Dann gibt er ihm den Befehl, die Israeliten aufbrechen und zum Meer ziehen zu lassen. Anschließend solle er seinen Stab erheben und seine Hand über das Meer strecken. Er werde das Meer teilen und die Israeliten hindurchziehen lassen, verspricht Gott. Das Herz der Ägypter aber werde er verhärten, damit sie erkennen, dass Gott der Herr ist.

### *Durchzug durch das Meer*

Als die Israeliten aufbrechen, stellen sich sowohl einige Engel als auch die Wolkensäule, die ihnen bisher vorangezogen ist, an das Ende des Zuges und verhindern, dass die Ägypter während der Nacht näher kommen. Als sie dann das Meer erreichen und Moses die Hand ausstreckt, kommt ein starker Ostwind auf. Erst schreibt die Bibel, er habe das Wasser zurückgetrieben. Im nächsten Satz jedoch heißt es, es habe sich gespalten und sei wie eine Wand zur Rechten und zur Linken gestanden, während die Israeliten auf trockenem Boden hindurchgingen. Die Ägypter ziehen ihnen nach. Doch gegen Morgen bringt Gott das Heer in Verwirrung und hemmt die Räder der Streitwagen. Die Soldaten sehen das als unheilvolles Zeichen an und versuchen zu fliehen. Gott jedoch befiehlt Moses, seine Hand wieder auszustrecken. Daraufhin flutet das Meer zurück und begräbt die gesamte Streitmacht des Pharao. Die Israeliten sehen am Morgen die Ägypter tot am Ufer des Meeres liegen.

### *Der ertrunkene Pharao*

Kein Pharao zwischen dem 15. und dem 13. Jahrhundert v. Chr., der Zeit, in der der Auszug aus Ägypten stattgefunden haben könnte, ist im Meer ertrunken. Von allen wurden bei Ausgrabungen Mumien gefunden. Trotzdem halten es viele Historiker für plausibel, dass größere Gruppen israelitischer Nomaden wegen einer Dürre nach Ägypten gezogen sind, dort zu Frondiensten herangezogen wurden und schließlich nach Kanaan weiterwanderten. Jedenfalls sind in dieser Zeit hebräische Namen in Ägypten belegt. Allgemein gilt der bauwütige Ramses II. (um 1298–1231 v. Chr.) als wahrscheinlichster Kandidat für den biblischen Pharao.

# Brot vom Himmel

## Dieric Bouts, Die Mannalese, 1464–67

Auf den ersten Blick scheinen die reich gekleideten Personen in einer öden Landschaft Perlen einzusammeln. Doch es handelt sich um die „Ernte" des Mannas, der legendären Speise, mit der Gott das Volk Israel während dessen 40-jährigen Zuges durch die Wüste gespeist haben soll. In der christlichen Theologie wird das alttestamentarische „Himmelsbrot" in Bezug zum Brot des christlichen Abendmahls gesetzt. Das tat auch der flämische Maler Dieric Bouts auf dem Altarbild, das er für die Peterskirche seiner Heimatstadt Löwen malte. In der Mitte zeigt er Jesus, der wie ein christlicher Priester im Kreise seiner Jünger den Segen über ein hostienähnliches Brotstück und einen Weinkelch spricht. Auf den Seitenflügeln sind vier „Brot-Szenen" aus dem Alten Testament zu sehen, darunter die Auffindung des Mannas.

### *Sehnsucht nach den Fleischtöpfen*

Das 16. Kapitel des Buches Exodus erzählt, dass das Volk Israel nach seinem Durchzug durch das Meer zunächst in der Oase Elim lagert, wo es reichlich Palmen und Wasserquellen gibt. Doch danach müssen die Menschen die Wüste Sin an der Westflanke der Sinaihalbinsel durchqueren. Anderthalb Monate nach dem Auszug aus Ägypten beginnt das Volk gegen Moses und Aaron aufzubegehren. Die Israeliten wünschen sich sogar, sie wären bei den sprichwörtlich gewordenen Fleischtöpfen Ägyptens geblieben. Zwar schätzen sie ihre neu erlangte Freiheit, doch meinen sie, es wäre sicher besser gewesen, durch die Hand des Herrn an jenen Fleischtöpfen zu sterben, als langsam in der Wüste zu verhungern.

### *Delikatessen in der Wüste*

Moses wendet sich an Gott, und dieser verspricht umgehend Hilfe: Er werde Brot vom Himmel regnen lassen. Am Abend solle das Volk Fleisch bekommen, am Morgen Brot. Als Moses dies dem Volk verkündet, so berichtet die Bibel, sei allen die Herrlichkeit des Herrn in einer Wolke über der Wüste erschienen. Am Abend erscheint dann, wie versprochen, ein Wachtelschwarm, der das ganze Lager bedeckt. Am darauffolgenden Morgen liegt Tau auf dem Boden. Als er verdunstet, bleibt etwas Feines, Knisterndes, Reifähnliches zurück. Die Bibel schreibt, die Israeliten hätten so etwas noch nie gesehen und einander gefragt: „Man hu?" („Was ist das?", daher das Wort „Manna") Moses gebietet dem Volk, das von Gott versprochene Brot einzusammeln, und zwar jeder einen Gomer (3,6 Liter) pro Kopf seiner Zeltgemeinschaft. Er befiehlt auch, dass nichts bis zum nächsten Morgen übrig gelassen werden soll. So will er wohl das Zutrauen in Gott prüfen. Jedenfalls erzählt die Bibel, dass heimlich gehortete Vorräte faul und wurmig geworden seien. Am sechsten Tag jedoch wird das Volk angewiesen, die doppelte Menge Manna zu sammeln. Diesmal befiehlt Moses ausdrücklich, die Reste aufzubewahren, um am nächsten Tag, dem Sabbat, zu ruhen. Als einige von ihnen trotzdem am Sabbat hinausgehen, finden sie nichts und werden von Moses getadelt.

### *Die Suche nach dem wahren Manna*

**Die Bibel berichtet, dass die Speise vom Himmel weiß wie Koriandersamen und süß wie Honig gewesen sei. Man habe sie kochen und backen können, musste sie aber im Morgengrauen sammeln, da sie geschmolzen sei, wenn es zu heiß geworden war. Zahlreiche Botaniker haben seitdem versucht, das Manna zu identifizieren. Die gängigste Vermutung ist, dass vom Saft einer Tamariskenart die Rede ist, den die Pflanze absondert, wenn sie von Schildläusen befallen wird. Andere Forscher gehen von einer essbaren Flechte aus.**

*Die „Mannalese" (Öl auf Holz) ist eines von vier Seitenbildern von Dieric Bouts' (um 1415–1475) Abendmahlsaltar, der sich in der Schatzkammer der Kirche Sint Pieter in Löwen befindet. Die anderen sind das Pessachmahl beim Auszug aus Ägypten, die Speisung des Propheten Elias in der Wüste durch einen Engel und der Besuch des Priesterkönigs Melchisedek mit Brot und Wein als Zeichen der Gastfreundschaft bei Abraham.*

# Der Berg der Gebote

## Michelangelo, Moses mit den Gesetzestafeln, um 1515

Wenige Päpste in der Geschichte haben so in weltlicher Pracht geschwelgt wie Julius II. Für seinen Nachruhm gab er schon zu Lebzeiten bei Michelangelo ein monumentales Grabmal in Auftrag, das in einer Kapelle des Petersdoms aufgestellt werden sollte. Doch aufgrund der Geldknappheit des Papstes zogen sich die Arbeiten hin, und am Ende stellte Michelangelo lange nach dem Tod des Papstes ein Monument fertig, das sehr viel kleiner geriet, als es ursprünglich geplant war. Heute sind davon zwei Sklavenfiguren und der gewaltige Moses erhalten.

### *Die Anweisungen Gottes*

Michelangelo stellt Moses nach seiner Rückkehr vom Berg Sinai dar. Der Berg ist knapp 2 300 Meter hoch und liegt im gebirgigen Süden der Sinaihalbinsel. Moses steigt auf den Berg und redet mit Gott, der dem Volk Israel einen Bund anbietet, wenn es denn getreu auf seine Stimme höre. Moses muss mehrmals hinauf- und hinabsteigen, um zwischen Gott und dem Volk zu vermitteln. Schließlich gebietet ihm Gott, seinen Bruder Aaron mit hinaufzunehmen, und trägt dann beiden die Zehn Gebote vor. Wieder im Lager hat Moses dem Volk noch zahlreiche weitere „Gesetze" zu verkünden. Es geht um den richtigen Bau von Altären, den Umgang mit Sklaven, die Bestrafung von Mord und Körperverletzung, Diebstahl, sexueller Nötigung, Zauberei und Unzucht mit Tieren. Dazu kommen Vorschriften zum Zins- und Pfandrecht, Bestimmungen über Zeugenaussagen vor Gericht und das Gebot, jährlich das Pessachfest sowie den Anfang („Schawuot") und das Ende der Ernte („Sukkot" oder Laubhüttenfest) zu feiern.

### *Bundeslade und Gesetzestafeln*

Nachdem das Volk Gottes Gesetze akzeptiert habe, so heißt es, habe Moses alle aufgeschrieben und danach ein Opfer gebracht zum Zeichen für den geschlossenen Bund zwischen Gott und den Israeliten. Anschließend sei er mit Aaron, zweien seiner Söhne und 70 der Ältesten wieder auf den Berg gestiegen, wo alle Gott schauten. Daraufhin bleibt der Sinai sechs Tage von einer Wolke verhüllt. Am siebten Tag aber weist Gott Moses an, mit seinem Diener Josua auf den Berg zu kommen. Moses bleibt diesmal 40 Tage und Nächte. Die Anweisungen, die Gott ihm gibt, füllen mehrere Seiten in der Bibel. Moses soll eine Lade aus vergoldetem Akazienholz herstellen und einen kostbaren Zelttempel. Jedes Detail wird genau beschrieben. Gott fordert außerdem, dass Aaron und seine Söhne Priester werden. Ihre Gewänder und die Opferriten, die sie ausführen sollen, werden bis ins Kleinste festgelegt. Am Ende der Rede erhält Moses zwei Steintafeln, die beidseitig „mit dem Finger Gottes beschrieben waren". Sie sollen in der Lade des Bundes aufbewahrt werden. Welche Gesetze jedoch darauf stehen – die Zehn Gebote oder alles, was auf dem Sinai gesagt wurde –, ist dem biblischen Text nicht zu entnehmen.

*Michelangelos (1475–1564) Moses sollte ursprünglich eine Seitenfigur im zweiten Stock eines päpstlichen Grabmonumentes werden. Heute ist die Skulptur in der Kirche San Pietro in Vincoli in Rom aufgestellt.*

### Die Zehn Gebote

1. Du sollst keine anderen Götter neben mir haben!
2. Du sollst den Namen Gottes nicht entweihen!
3. Du sollst den Sabbat heiligen!
4. Du sollst Vater und Mutter ehren!
5. Du sollst nicht morden!
6. Du sollst nicht ehebrechen!
7. Du sollst nicht stehlen!
8. Du sollst kein falsches Zeugnis gegen deinen Nächsten geben!
9. Du sollst nicht das Haus deines Nächsten begehren!
10. Du sollst nicht die Frau deines Nächsten begehren, nicht seinen Knecht, seine Magd, sein Rind, seinen Esel und nichts von dem, was ihm gehört!

# Gottes Worte an Stirn und Arm

## Unbekannter Künstler, Jude mit Gebetsriemen und Gebetsschal, 1699

Diese Worte, die ich dir heute befehle, seien in deinem Herzen", heißt es im 5. Buch Moses (6,4–8). „Du sollst sie als Denkzeichen an deine Hand binden und als Mahnmal zwischen deinen Augen tragen." Eine Aufforderung Gottes, die man im Judentum seit jeher wörtlich genommen hat. Aus ihr heraus sind die sogenannten Gebetsriemen, die Tefillin, entstanden.

### *Die Gebetsriemen*

„Diese Worte", auf die sich die Aufforderung bezieht, stellen das jüdische Glaubenbekenntnis dar. Es lautet: „Höre, Israel: Der Herr ist unser Gott, der Herr allein! Du sollst den Herrn, deinen Gott aus ganzem Herzen, aus ganzer Seele und mit all deiner Kraft lieben." Nach den hebräischen Anfangsworten wird dieses Bekenntnis auch als „Schma Jisrael" bezeichnet. Der Text befindet sich zusammen mit drei anderen Abschnitten der Tora, die Ähnliches aussagen, auf Pergamentstücke geschrieben in den beiden schwarzen Lederkapseln, die durch die Gebetsriemen gehalten werden. Der eine Riemen wird um die Stirn gebunden, der andere um den „schwächeren" Arm gewickelt. In früheren Zeiten wurden sie teilweise den ganzen Tag lang getragen. Heute legen auch orthodoxe und konservative Juden die Riemen meist nur noch zum Morgengebet, dem Schacharit, an, bei dem auch das jüdische Glaubensbekenntnis gesprochen wird. Im Reformjudentum dagegen kommt es vor, dass manche Frauen sie tragen, während viele Männer es nicht tun. Im übertragenen Sinne werden die Riemen als Fesselung des eigenen Egos und der sündigen Gelüste gedeutet. So erklärte der mittelalterliche Gelehrte Moses Maimonides: „Solange die Tefillin am Kopf und Arm eines Mannes sind, ist er bescheiden und gottesfürchtig und wird sich nicht von Ausgelassenheit und leerem Geschwätz verführen lassen. Er wird keine sündigen Gedanken haben."

### *Der Gebetsschal*

Auch der Gebetsschal, der Tallit, hat seine Ursprünge in der Tora. Allerdings heißt es im Buch Numeri (16,38–39) nur, dass Gott den Israeliten befiehlt, sich Quasten an die vier Zipfel ihrer Kleidung zu nähen und an jeder Zipfelquaste eine Schnur anzubringen. Dies soll sie immer daran erinnern, die Gebote des Herrn zu erfüllen. Daraus entwickelte sich der viereckige Gebetsschal. Das Wichtigste an diesem Schal sind die „Zizit" genannten geknoteten Fäden an den Ecken. Laut der Bibel soll ihre Farbe „techelet" sein. Dabei handelt es sich vermutlich um einen Blau- oder Purpurton, der im alten Israel üblich war. Da sich dies aber nicht mehr genau feststellen lässt, sind heute meist weiße Fäden üblich. Manche Juden schmücken ihren Gebetsschal mit 613 Schaufäden, die für die 613 Gebote der Tora stehen. Einige tragen auch ständig ein Untergewand mit Zizit, die unter der übrigen Kleidung hervorhängen. Im Allgemeinen wird der Gebetsschal wie die Tefillin aber nur zum Morgengebet getragen, teilweise entgegen der Tradition auch von Frauen.

### *Kippa*

**Keine biblischen Wurzeln hat das heute bekannteste religiöse Kleidungsstück der Juden, die Kippa. Das Alte Testament berichtet lediglich an mehreren Stellen, dass sich Trauernde den Kopf verhüllen. Im Lauf der Zeit bildete sich jedoch die Gewohnheit heraus, beim Gebet als Zeichen der Demut den Kopf zu bedecken. Frauen trugen früher Kopftücher, Männer Hüte. In der Frühen Neuzeit entwickelte sich daraus vielerorts der Brauch, Kippa zu tragen.**

*In früheren Zeiten trugen vor allem Rabbiner die Tefillin und den Gebetsschal ständig. Der Kupferstich „Porträt eines Juden" stammt aus dem Werk „Einführung in die Heilige Schrift" von Bernard Lamy, das 1699 in Lyon gedruckt wurde.*

# Affront gegen Gott und seinen Propheten

## Raffael, Anbetung des Goldenen Kalbes, um 1515–18

*Die „Anbetung des Goldenen Kalbes" ist eines von 52 alttestamentarischen Fresken, mit denen Raffael (1483–1520) und seine Schüler die päpstlichen Gemächer ausmalten.*

Viele von Raffaels berühmtesten Gemälden finden sich nicht auf Leinwand, sondern auf den Wänden der päpstlichen Gemächer. Von 1509 bis 1517 schmückte er vier Privaträume des Papstes Julius II., die sogenannten Stanzen (italienisch: stanze = Zimmer), mit Fresken aus. Danach versah er die Wände zweier Loggien mit Fresken aus dem Alten Testament. Die Geschichte des Moses ist dabei in auffallenden Pastellfarben gehalten. Der wütende Moses, der die Gesetzestafeln zerschmettert, droht gegenüber der Idylle um das goldene Kälbchen fast unterzugehen.

### *Das wankelmütige Volk*

Im Buch Exodus stehen die ständigen Wunder und Zeichen, die Gott durch Moses wirkt, in krassem Gegensatz zu der Reaktion des Volkes, das sich immer wieder schnell hilflos und verlassen vorkommt. So ist es auch, als Moses auf dem Sinai 40 Tage und Nächte lang Baupläne und Opfervorschriften entgegennimmt. Die Israeliten haben Zweifel, dass sie ihren Anführer je wieder zu Gesicht bekommen, und bedrängen seinen Bruder Aaron, ihnen sichtbare Götter zu schaffen (Ex 32,1 f.). Aaron befiehlt daraufhin den Israeliten, die goldenen Ohrringe ihrer Frauen und Kinder einzusammeln, und lässt daraus ein goldenes Kalb gießen, das das Volk zu seinem Gott erklärt, der es aus Ägypten geführt habe. Aaron errichtet auch einen Altar und lässt ein Fest ausrichten, das mit Opfern beginnt und in ein allgemeines fröhliches Schmausen übergeht.

### *Der Zorn des Moses*

Gott bleibt das Treiben natürlich nicht verborgen. Er sendet Moses, um dem Volk seinen Zorn zu verkünden. Auf dem Berg Sinai legt Moses noch Fürbitte für die Israeliten ein, als er jedoch im Lager angekommen ist und das Treiben sieht, zerschmettert er voller Wut die Gesetzestafeln. Dann wirft er das Kalb ins Feuer, zermahlt die Überreste zu Staub und zwingt die Menschen, diese mit Wasser vermischt zu trinken. Er stellt auch Aaron zur Rede, der sich jedoch mit der Zügellosigkeit des Volkes entschuldigt, das ihn bedrängt habe. Daraufhin lässt Moses die Leviten, seinen eigenen Stamm, 3000 der Israeliten abschlachten. Am nächsten Tag steigt er wieder auf den Berg und bittet Gott, dem verbleibenden Volk seine Schuld zu vergeben. Gott antwortet, Moses solle sein Volk nach Kanaan bringen. Gott zitiert ihn mit nochmals zwei Steintafeln ein weiteres Mal auf den Berg. Dort gibt er ihm zehn weitere religiöse Gebote, die von den meisten Juden bis heute als grundlegend für ihren Glauben angesehen werden, wie zum Beispiel, sich kein Götterbild aus Gussmetall zu machen, alle männlichen Erstgeborenen dem Herrn zu weihen, alles Männliche zu beschneiden, Fleisch und Milch nicht zu vermischen und kein Opferblut mit gesäuertem Brot darzubringen. Wieder verbringt Moses 40 Tage und Nächte auf dem Sinai und fastet, während Gott die Tafeln beschreibt.

### *Der gehörnte Moses*

**Auch bei der Skulptur Michelangelos in San Pietro in Vincoli in Rom (siehe S. 48) trägt Moses zwei kleine Hörner und ähnelt so einem Teufel oder Satyr. Diese Darstellung geht auf einen Übersetzungsfehler des heiligen Hieronymus zurück. Die Bibel schreibt, als Moses mit dem zweiten Satz Tafeln vom Berg kommt, sei sein Gesicht „queren" geworden. Dieses hebräische Wort bedeutet zum einen „strahlend" und zum anderen „gehörnt". Hieronymus jedoch kannte offenbar nur die zweite Bedeutung.**

# Vorzeichen für den Kreuzestod

## Anthonis van Dyck, Die Erhöhung der ehernen Schlange, um 1618–20

Menschen, die mit dramatischer, religiöser Inbrunst gen Himmel blicken, haben der flämische Barockmaler Anthonis van Dyck und sein Lehrmeister Peter Paul Rubens zuhauf gemalt. Die Verehrung einer Schlange allerdings scheint einen heidnischen Götzenkult zu illustrieren. Doch es ist kein Zufall, dass der Stab, um den sich das Schuppentier windet, eine wage Kreuzform aufweist.

### *Schlangenplage über Israel*

Die Geschichte der ehernen Schlange findet sich im vierten Buch Moses (Num 21,4–9). Das Volk Israel irrt auf dem Sinai umehr und versucht, das Land der Edomiter zu umgehen, die zwischen dem Golf von Akaba und dem Toten Meer siedeln. Wie schon so oft fangen die Menschen an, mit der Tatsache zu hadern, dass sie die „Fleischtöpfe Ägyptens" verlassen haben. „Kein Brot gibt es, kein Wasser gibt es, und uns ekelt diese dürftige Speise an", werfen sie Moses vor. Zur Strafe sendet Gott „giftbrennende Schlangen", und viele Israeliten sterben an deren Bissen. Sofort schlägt die Stimmung wieder um. Die Menschen kommen zu Moses und gestehen: „Wir haben gesündigt; denn wir haben geredet wider den Herrn und dich." Sie flehen ihn an, bei Gott Fürbitte zu halten, damit er die Schlangen vertreibe. Gott lässt sich noch einmal erweichen und trägt Moses auf, eine Schlange aus Erz zu fertigen und an einem Stab zu befestigen. Jeder, der von einer Schlange gebissen worden sei und zu der ehernen Schlange aufblicke, der werde am Leben bleiben, verspricht er. Moses tut wie geheißen, und in der Tat werden alle geheilt, die zu der Eisen-Schlange aufblicken.

### *Hermes und Asklepios*

**Einen Stab, um den eine Schlange gewunden ist, kennt man sonst eher aus der Medizin. Das Schlangenzepter des griechischen Heilgottes Asklepios ist noch heute als Äskulapstab Emblem der Ärzte und Apotheker. Und auch der Heroldstab des Gottes Hermes wurde ab dem 5. Jahrhundert v. Chr. umwunden mit zwei Schlangen dargestellt, deren Köpfe am oberen Ende einen Halbkreis bilden. Diesem Stab wurden magische Kräfte zugeschrieben. Er sollte etwa Schlaf bringen oder Dinge in Gold verwandeln. Manche Forscher vermuten, dass dieses häufige Auftreten des Schlangenstabes kein Zufall ist. Doch Beweise für eine gemeinsame Wurzel hat man noch nicht gefunden.**

### *Archaischer Kult oder Heilsversprechen?*

Die Erzählung mutet seltsam an: Hat doch zuvor die Anbetung des Goldenen Kalbes zu einem großen Eklat geführt und zu dem strengen Verbot Gottes, in Zukunft irgendwelche Götzenbilder aus Gussmetall anzufertigen. Nun wird die Schlange zwar nicht als Gott bezeichnet, doch die Heilungszeremonie ähnelt frappierend einer solchen Götzenverehrung. Manche Bibelforscher vermuten deshalb, dass hier ein alter Kult umgedeutet und in den jüdischen Glauben integriert werden sollte. Die Beliebtheit der Szene in der christlichen Kunst hat jedoch andere Gründe. Denn im Johannesevangelium (Joh 3,14) verkündet ein gewisser Nikodemus: „Und wie Moses die Schlange erhöhte in der Wüste, so muss auch der Menschensohn erhöht werden, damit jeder, der glaubt, ewiges Leben habe." Die Schlange auf dem Stab gilt somit als Vorzeichen für den Kreuzestod Jesu und die Heilung, die die Israeliten erfuhren, als Versprechen, dass die Anhänger Jesu durch seinen Tod von ihren Sünden geheilt werden.

*Effektvoll hat der flämische Barockmaler Anthonis van Dyck (1599–1641) die schreckenerregende Bedrohung der Menschen durch die Schlangenplage dargestellt. Sein Gemälde „Die Erhöhung der ehernen Schlange" (Öl auf Leinwand) kann heute im Museo del Prado in Madrid bewundert werden.*

# Rätsel um einen Propheten

## Rembrandt, Der Prophet Bileam und die Eselin, 1626

Bei Ausgrabungen in Deir Alla in Jordanien machten niederländische Archäologen im Jahr 1967 eine aufregende Entdeckung: Sie fanden eine Inschrift, die aus der Zeit um 800 v. Chr. stammt. Obwohl sie nicht vollständig enträtselt werden konnte, steht fest, dass hier die Vision eines Mannes namens Bileam, Sohn des Beor, beschrieben wird, „der ein Seher der Götter war". Den aber kennt man aus der Bibel.

### *Die Eselin und der Engel*

Die Geschichte, die das Buch Numeri (Num 22,1–24,25) über ihn erzählt, ist allerdings voller Ungereimtheiten. Demnach ist Bileam, der Sohn des Beor, ein Prophet, der in einer Stadt am Euphrat wohnt. Eines Tages tauchen Boten des Königs Balak von Moab auf. Sie bieten ihm reichen Lohn, wenn er nach Moab kommt und ein Volk verflucht, das von Süden her eingefallen ist und die „Oberfläche des Landes geradezu überschwemmt". Bei diesem Volk handelt es sich um die Israeliten. Ihre 40-jährige Wüstenwanderung hat sie auf Irrwegen über den Süden des Sinai und anschließend ins heutige Jordanien geführt, wo sie am Ostufer des Toten Meeres auf die Moabiter gestoßen sind.

Doch Bileam befragt daraufhin den Gott der Israeliten und lehnt auf dessen Weisung hin den Auftrag ab. Balak sendet ein zweites Mal seine Boten, um Bileam zum Kommen zu bewegen, und als dieser Gott erneut befragt, fordert der ihn auf, nach Moab zu gehen, dort aber in allem ihm zu gehorchen. Als Bileam am nächsten Tag tatsächlich seine Eselin sattelt, entbrennt jedoch der Zorn des Herrn und er schickt einen Engel mit einem Schwert, der sich Bileam in den Weg stellen soll. Im Gegensatz zu ihrem Reiter kann die Eselin den Engel sehen. Zweimal weicht sie ihm aus und wird für ihre scheinbar mutwilligen Eskapaden von Bileam geprügelt. Beim dritten Mal kann sie nicht ausweichen und legt sich nieder. Als Bileam außer sich vor Wut erneut zuschlägt, öffnet Gott dem geschundenen Tier den Mund und es spricht: „Bin ich denn nicht deine Eselin, auf der du geritten bist von jeher bis auf den heutigen Tag?", fragt sie. „Habe ich mich denn jemals so gegen dich benommen?" Da kommt ihr Reiter zur Besinnung und sieht nun auch den Engel. Der offenbart ihm, dass er ihn getötet hätte, wenn die Eselin nicht ausgewichen wäre. Bileam bereut, Gott erzürnt zu haben, und bietet an, umzukehren. Doch der Engel schickt ihn nach Moab. Anstatt es zu verfluchen, segnet er dort im Beisein Balaks das Volk der Israeliten.

Nach dieser märchenhaften Episode endet die Erzählung damit, dass Bileam seinen Auftraggeber, den König von Moab, erneut enttäuscht. Dreimal werden Opfer dargebracht, doch statt Israel zu verfluchen, segnet Bileam es jeweils auf Gottes Weisung hin. Dann vertreibt Balak ihn, muss aber noch einen vierten Segensspruch anhören

### *Authentizitätsbeweis?*

Gab es Bileam wirklich? Die Inschrift aus Deir Alla lässt das zumindest denkbar erscheinen. Sie besagt aber auch, dass der Genannte ein Seher der kanaanitischen Götter war, kein Prophet des israelitischen Jahwes. Möglicherweise also war die biblische Bileam-Erzählung der Versuch, eine bekannte heidnische Autorität zu vereinnahmen. Dafür aber brauchte es eine Bekehrungsgeschichte, die den ostjordanischen Seher zum Verehrer des Gottes der Israeliten macht.

### *Stern aus Jakob*

**In der jüdischen Bibelauslegung ist Bileam in der Regel ein zwangsbekehrter Scharlatan, obwohl er sich von Anfang an mit dem jüdischen Gott abstimmt und einen Entwicklungsprozess durchläuft, den diese negative Rezeption nicht adäquat berücksichtigt. In der christlichen Theologie wird Bileam meist besser bewertet, denn in einer seiner Segnungen sieht er einen „Stern aus Jakob aufgehen", was als Prophezeiung des Sterns von Bethlehem und der Geburt Jesu verstanden wird.**

*Die biblische Erzählung von Bileam und seiner sprechenden Eselin ist ein beliebtes Motiv in der bildenden Kunst. Rembrandts 1626 geschaffenes Gemälde (Öl auf Holz), das sich heute im Musée Cognacq-Jay in Paris befindet, ist mit seiner gleichmäßigen Beleuchtung und der noch etwas starren Darstellung der Figuren typisch für die frühen Werke des berühmten Barockkünstlers, der 1625 in Leiden sein erstes Atelier eröffnet hatte.*

# Posaunen lassen Mauern brechen

## Psalter des Heiligen Ludwig, Der Kampf um Jericho, um 1260–70

*Die Pariser Werkstatt, die das Psalter Ludwigs IX. anfertigte, stellte den Psalmentexten 78 ganzseitige Miniaturen mit Szenen aus dem Alten Testament voran. Die Eroberung Jerichos wird ungewöhnlich breit dargestellt – verständlich, wenn man weiß, dass der Auftraggeber an zwei Kreuzzügen teilnahm.*

Viele Maler versetzten biblische Szenen in die Umgebung ihrer Zeit, doch auf wenigen mittelalterlichen Miniaturen ist dies so extrem verwirklicht wie auf den Bildern aus dem Psalter von König Ludwig IX. Der Sturm auf Jericho findet in zeitgenössischen Ritterrüstungen statt, die jüdischen Priester tragen spitze gelbe Hüte, wie sie den Juden des Mittelalters 1215 vom päpstlichen Laterankonzil aufgezwungen worden waren, und alles ist von feinster gotischer Architektur umgeben.

### *Die Hilfe der Hure*

Der Kampf um Jericho ist das zentrale Ereignis im biblischen Buch Josua, das den fünf Büchern Mose folgt. Moses, so heißt es, habe zwar das Volk Israel aus Ägypten herausgeführt, aber das verheißene Land Kanaan selbst nicht betreten. Er stirbt im Land Moab, dem heutigen Jordanien, auf dem Berg Nebo. Sein Nachfolger als Führer der Israeliten wird sein Diener Josua. Der macht sich sofort daran, Jericho zu erobern, jene Stadt, die an einer Furt über den Jordan eine Art Tor zum verheißenen Land darstellt. Er sendet zwei Kundschafter aus, die im Haus einer Dirne namens Rahab einkehren. Die Bibel berichtet weiter, dass dem König dies nicht unbemerkt blieb und er Rahab aufgefordert habe, die Männer herauszugeben. Sie jedoch hat von Wundern wie dem Durchzug durch das Schilfmeer gehört und ist sich deshalb sicher, dass Gott den Israeliten Kanaan übergeben wird. Sie seilt die beiden Kundschafter heimlich an der Stadtmauer ab, lässt sich aber zuvor das Versprechen geben, sie und ihre Familie bei der Eroberung der Stadt zu verschonen. Josua versetzt unterdessen das Land in Aufregung, indem er mit seinem ganzen Heer und der Bundeslade trockenen Fußes durch den Jordan zieht – ganz ähnlich wie Moses durch das Schilfmeer.

### *Die Macht der Widderhörner*

Als Josua die zu erobernde Stadt aus der Ferne betrachtet, begegnet er einem Mann mit gezücktem Schwert. Josua fragt ihn, ob er zu ihm oder den Feinden gehöre, woraufhin der Mann erwidert, er sei ein Engel und der Anführer des Kriegsheeres des Herrn. Er gibt Josua die Anweisung, die gut befestigte Stadt sieben Tage lang mit seinem Heer, der Bundeslade und sieben Priestern mit Widderhornposaunen je siebenmal zu umkreisen. Am siebten Tag jedoch sollen die Priester in ihre Hörner blasen und das ganze Heer dazu laut schreien. Josua tut wie geheißen. Als die Priester dann am siebten Tag in ihre Hörner blasen und alle Soldaten losschreien, stürzen die wehrhaften Mauern Jerichos in sich zusammen. Die Soldaten dringen in die Stadt ein und töten alle, wie Josua es ihnen befohlen hat. Die einzigen Überlebenden sind Rahab und ihre Familie, die von den beiden Kundschaftern gerettet werden. Nach der Einnahme verflucht Josua die Stadt: Wenn je jemand sie wieder aufbaue, dann soll der Bau des Fundamentes seinen ältesten Sohn das Leben kosten, die Errichtung der Tore aber seinen jüngsten.

### *Jericho*

**Das historische Jericho wird gern als die älteste Stadt der Welt angesehen. Auf jeden Fall ist sie eine der frühesten. Beim Hügel Tell es-Sultan, einige Kilometer vom heutigen Stadtzentrum Jerichos entfernt, wurden Ruinen ausgegraben, die mindestens 11 000 Jahre alt sind. Dabei stellte man fest, dass die Stadt schon um 8000 v. Chr. einen beeindruckend hohen Steinturm hatte und früher tatsächlich von Mauern aus Stein und Lehmziegeln umgeben war, die wohl zwischen 1600 und 1400 v. Chr. zerstört worden sind – einige Jahrhunderte früher, als die meisten Archäologen die Einwanderung der Israeliten in Palästina ansetzen.**

# Zwei Frauen und ein Mord

## Salomon de Bray, Jael, Debora und Barak, 1635

Welch ein Blick! Misstrauisch, auch forschend, vor allem aber Respekt einflößend. Mit dieser Frau ist ganz sicher nicht zu spaßen. Wie eine kaltblütige Mörderin sieht sie dann aber doch nicht aus. Aber genau das ist sie. Im Buch der Richter (Ri 4,17–24) wird erzählt, wie ein geschlagener Feldherr namens Sisera auf der Flucht vor seinen Verfolgern zum Zelt der Jael kommt. Diese geht ihm entgegen und fordert ihn auf: „Kehr doch ein, Herr, kehr doch ein bei mir! Sei ohne Furcht!" Im Zelt deckt sie ihn mit einem Tuch zu und gibt ihm, als er um Wasser bittet, Milch zu trinken. Als er dann vor Erschöpfung eingeschlafen ist, nimmt sie einen Zeltpflock und schlägt ihm diesen mit einem Hammer so weit durch die Schläfe, bis er in der Erde stecken bleibt.

### Schillernde Schönheit

**In der bildenden Kunst war die Geschichte der Jael über Jahrhunderte ein beliebtes Thema, und kaum ein Maler konnte der Versuchung widerstehen, sie verführerisch schön darzustellen. Nicht so Salomon de Bray. Seine Jael ist trotz der weit entblößten Brüste eine herbe Erscheinung und ihr Blick bleibt letztendlich so rätselhaft und verstörend wie die Motive und Gefühle, die sie zu ihrer Tat bewogen haben. Ungewöhnlich ist auch, dass de Bray sie nicht mit ihrem Opfer darstellt, sondern mit Debora und Barak. Diese bleiben zwar im Schatten, liefern aber letztendlich mit ihrer Deutung, dass Jael das Volk Israel gerettet habe, die Rechtfertigung für deren Tat.**

*Salomon de Bray (1597–1664) – trotz seines jüdischen Vornamens Katholik – war Maler, Architekt, Buchautor und Dichter. Zu seinen großen Stärken zählte zweifellos, für biblische Figuren ausdrucksstarke Gesichter zu finden. Sein Gemälde „Jael, Debora und Barak" (Öl auf Holz) befindet sich heute im Museum Catharijneconvent in Utrecht.*

### *Bluttat für Israel*

So weit, so grausam. Es folgt jedoch ein euphorischer Siegeshymnus. Jael wird darin „gepriesen unter den Frauen". Denn mit Sisera hat sie einen Feind des israelischen Volkes ausgeschaltet. Das Buch der Richter erzählt dessen Geschichte nach der Ankunft in Kanaan. In dieser Zeit, so heißt es, lenkten Richter die Geschicke des Volkes. Unter ihnen „Debora, eine prophetisch begabte Frau ... Sie hielt ihre Sitzungen unter der Deborapalme zwischen Rama und Bethel auf dem Gebirge Ephraim. Die Israeliten zogen zu ihr hinauf, um ihre Entscheidung einzuholen." Die Richter führten Israel aber auch zu militärischen Siegen über seine Feinde. Zu Deboras Zeit war das Jabin, der König von Hazor. Debora rief deshalb einen israelischen Heerführer namens Barak zu sich und forderte ihn auf, gegen Jabins Feldherren Sisera zu ziehen. Gleichzeitig prophezeite sie ihm, dass er keinen Ruhm erringen werde, da Gott Sisera in eines Weibes Gewalt verkaufen werde.

### *Nachklang aus archaischen Zeiten*

Die Geschichte ist einer der ältesten Texte der Bibel. Er könnte tatsächlich schon gegen Ende des 2. Jahrtausends v. Chr. entstanden sein, als die Israeliten in ihre spätere Heimat einwanderten und sich dort gegen die Nachbarvölker durchsetzen mussten. Man erkennt das unter anderem daran, dass sowohl Debora als auch Jael auf eine Weise autonom handeln, die später bei den Israeliten für Frauen undenkbar gewesen wäre. Auch für den Mord an Sisera gibt es keine weitere Rechtfertigung, obwohl Jael damit in massiver Weise das Gastrecht verletzt – und das, obwohl sie selbst gar nicht unter Sisera zu leiden hatte, weil ihr Mann kein Israelit war und mit dem König von Hazor in Frieden lebte.

# Wunder auf Bestellung

## Nicolas Dipre, Gideon und die Schafwolle, um 1500

Dieser Mann, den der französische Maler Nicolas Dipre in eine etwas phantastische Ritterrüstung kleidet, ist nicht einfach zu überzeugen. Es handelt sich um den wenig bekannten alttestamentarischen Helden Gideon, der Israel aus der Hand der Midianiter rettet.

### *Selbstentzündendes Opfer und Himmelstau*

Zu Beginn der Erzählung haben die Israeliten bereits seit sieben Jahren unter ständigen Einfällen der Midianiter gelitten, die ihr Land mit Zerstörung und Plünderung überziehen. Gideon ist gerade dabei, Korn zu dreschen, um es vor den Midianitern zu verbergen, als ein Engel des Herrn zu ihm kommt und ihn begrüßt: „Der Herr mit dir, du starker Held!" (Ri 6,12) Gideon jedoch entgegnet geradezu dreist: „Mit Verlaub, mein Herr! Ist der Herr wirklich mit uns, wozu hat uns all dies getroffen?" Auch die Aufforderung des Engels, gegen Midian zu ziehen, um Israel zu retten, tut Gideon als unrealistisch ab. Nicht einmal das über den Engel gegebene Versprechen Gottes, er werde mit ihm sein, kann ihn überzeugen. Er fordert ein Zeichen. Der Engel lässt ihn opfern und setzt die Gaben durch die Berührung mit einem Stab in Brand. Das bringt Gideon immerhin soweit, dass er den örtlichen Altar des Baal niederreißt und die Israeliten zum Kampf gegen die Midianiter aufruft. Doch er will ein weiteres Zeichen. Er legt frisch geschorene Wolle auf der Tenne aus und versichert, er werde an den Sieg über Midian glauben, wenn am Morgen nur die Wolle, nicht aber der Boden ringsum nass von Tau sei. Dies geschieht. Gideon aber fordert noch eine Wiederholung des Wunders, bevor er endlich tatsächlich in den Krieg zieht.

### *Allegorie auf die Empfängnis Christi*

So viel Skepsis ist außergewöhnlich für einen alttestamentarischen Helden: Viele werden schon wegen weit geringerer Zweifel gestraft. Noch ungewöhnlicher aber mutet die Deutung an, die der Gideon-Erzählung im Christentum verliehen worden ist: Der heilige Bernhard von Clairvaux sah in dem Tau eine Allegorie auf die Empfängnis Christi durch den Heiligen Geist. Diese Vorstellung greift auch Nicolas Dipre in seinem Bild auf, indem er Gideon ergriffen zusehen lässt, wie ein Engel den himmlischen Tau auf ein Lammfell herunterrieseln lässt, das auf Jesus als das Lamm Gottes verweist. Im Alten Testament dagegen geht es in der Folge weiterhin um Macht und Gewalt. Nach der Vernichtung der Midianiter will das Volk Gideon zum König erheben, doch dieser lehnt ab: Nur Gott soll herrschen. Als Gideon in hohem Alter stirbt, tötet sein Sohn Abimelech seine 70 Brüder und lässt sich zum König von Sichem ausrufen. Nur sein jüngster Bruder Jotam überlebt das Massaker, weil er sich versteckt hat, und kann fliehen.

### *Die Jotamsfabel*

**Als sich Abimelech zum König von Sichem aufschwingt, erzählt sein Bruder Jotam den Bewohnern der Stadt folgende Fabel: Die Bäume wollen sich einen König wählen. Doch der Ölbaum, der Feigenbaum und der Weinstock möchten weiter segensreich Frucht bringen, anstatt zu herrschen. Nur der Stechdorn erklärt sich bereit und verkündet: „Sucht Zuflucht in meinem Schatten! Falls nicht, so bricht Feuer aus dem Stechdorn hervor und verzehrt die Zedern des Libanon." Genauso, ätzt Jotam, würden seine Zuhörer schon merken, ob sie sich an Abimelech erfreuen könnten oder ob aus seinem Bruder Feuer hervorbreche und Sichem zerstöre.**

*Nicolas Dipre (gest. 1523) verbrachte den größten Teil seines Lebens in der einstigen Papststadt Avignon. Neben Altarbildern malte er auch Dekorationen für die Stadtregierung. Sein Gemälde „Gideon und die Schafwolle" (Öl auf Holz, auf Leinwand übertragen) ist im Musée du Petit Palais ausgestellt. Dieses wurde 1976 im einstigen Bischofspalast der Stadt für Werke der „Schule von Avignon" eingerichtet, die sich dort während des Exils der Päpste zwischen 1309 und 1411 entwickelt hatte.*

# Wilder Held und heimtückische Frau

## Anthonis van Dyck, Samson und Delila, um 1618–20

*Der als „Wunderkind" gepriesene flämische Maler Anthonis van Dyck (1599–1641) war etwa 20 Jahre alt und arbeitete als Meisterschüler von Peter Paul Rubens in dessen Antwerpener Atelier, als er das Gemälde „Samson und Delila" (Öl auf Leinwand) schuf, das sich heute in der Dulwich Picture Gallery in London befindet.*

Der von seinen Feinden umgebene, arglos im Schoß seiner Frau schlafende Held Samson war eines der Lieblingsmotive der Maler des Barock. Bei wenigen jedoch schlummerte er so entspannt wie bei Peter Paul Rubens oder seinem Lieblingsschüler Anthonis van Dyck.

### Die erste Frau Samsons

Die Geschichte von Samson und Delila findet sich im Buch der Richter (13,1 f.). Samson wird in eine Zeit hineingeboren, da das Volk Israel von den Philistern unterdrückt wird. Seiner Mutter aber erscheint ein Engel, der ihr prophezeit, dass ihr Kind gottgeweiht sei und mit der Vertreibung der Philister beginnen werde, nur dürfe sie ihm nie das Haar schneiden. Samson wächst heran und zeichnet sich durch eine außergewöhnliche, schier übermenschliche Stärke aus. Er verliebt sich jedoch in eine Philisterin, die er trotz aller Einwände seitens seiner Eltern beabsichtigt zu heiraten. Während der siebentägigen Hochzeitsfeier lanciert Samson einen Rätselwettstreit mit den Brautführern seiner Frau. Sein Wetteinsatz ist hoch, da die Antwort des Rätsels nur er selbst und seine Frau kennen. Seine Frau jedoch verrät ihren Landsleuten die Lösung, woraufhin Samson derart in Rage gerät, dass er 30 Philister erschlägt und sich von seiner Frau trennt.

### Delila

Das Unheil bricht erneut herein, als sich Samson wieder in eine Philisterin, Delila, verliebt. Delilas Landsleute beknien sie mit allen Mitteln, sie möge das Geheimnis von Samsons unbändiger Kraft herausfinden und ihnen preisgeben. Delila gibt sich die größte Mühe, doch Samson hält sie zunächst über die wahren Gründe seiner Stärke im Unklaren. Delila aber macht Samson daraufhin bittere Vorwürfe, dass er ihr nicht vertraue und sie daher wohl kaum lieben könne. Die Bibel berichtet, dass Samson die Unwahrheiten gegenüber seiner Frau aufrichtig bereut und ihr schließlich verrät, worin tatsächlich das Geheimnis seiner erstaunlichen Kraft liegt – in seinem Haar. Daraufhin lässt ihn Delila auf ihren Knien in vermeintlicher Sicherheit einschlafen und ruft einen Mann herbei, der ihm die Haare abschneidet. Derart seiner Kraft beraubt, ergreifen ihn die Philister, stechen ihm die Augen aus und lassen ihn in ein Gefängnis werfen, wo er fortan Mühlsteine drehen muss. Einige Monate später aber feiern die Philister ein Opferfest für ihren Gott Dagon. Zur allgemeinen Belustigung lassen sie Samson bringen. Doch dem sind mittlerweile seine Haare nachgewachsen, er reißt die Säulen des Hauses ein und begräbt sich und 3000 Philister darunter.

### Die Philister

Vermutlich waren die Philister ein indoeuropäisches Volk und stammten aus der Ägäis. Anfang des 12. Jahrhunderts v. Chr. kamen sie nach Kanaan und eroberten die südliche Küstenregion rund um Gaza. Sie werden zu den „Seevölkern" gezählt, die etwa ab 1200 v. Chr. den östlichen Mittelmeerraum durcheinanderbrachten. Einige griffen Ägypten an, andere vernichteten das Hethiterreich in Anatolien. Die militärisch sehr gut organisierten Philister lieferten sich bis in König Davids Zeiten (um 1000 v. Chr.) schwere Gefechte mit Israeliten und Kanaanitern. Etwa im 9. Jahrhundert v. Chr. verlieren sich langsam ihre geschichtlichen Spuren als eigenständiger Volksstamm. Obwohl sie nur kurze Zeit dort gelebt haben, nannten Griechen und Römer das Land nach ihnen Palästina.

# Zwei Frauen auf sich allein gestellt

## Nicolas Poussin, Der Sommer oder Ruth und Boas, 1660–64

*Auf Nicolas Poussins (1594–1665) Sommerbild (Öl auf Leinwand) bedankt sich Ruth im Vordergrund auf den Knien bei Boas für die Wohltaten, die er ihr gewährt. Wie die anderen Jahreszeitenbilder Poussins hängt das Werk im Louvre in Paris.*

In seinen letzten Lebensjahren schuf der französische Künstler Nicolas Poussin für den Kardinal von Richelieu einen Bilderzyklus, in dem er die vier Jahreszeiten darstellte. In jedes der vier Bilder integrierte er – sehr dezent – eine alttestamentarische Geschichte. Auf dem Herbstbild sind zwei Kundschafter zu sehen, die Moses in das Land Kanaan schickt, wo sie Trauben finden (Num 13,13). Das Wintergemälde wird vom bleigrauen Wasser der Sintflut beherrscht. Der Frühling zeigt Adam und Eva im Paradies. Auf dem Sommerbild aber stellte Poussin die Geschichte der Ruth dar.

### *Mühsamer Broterwerb*

Das Buch Ruth ähnelt mehr einer literarischen Erzählung als einer religiösen Schrift. Ruth lebt zur Zeit der Richter und ist Moabiterin, also Angehörige eines Volkes, das die Israeliten meist als Feinde begriffen. Ihr Mann jedoch stammte aus Israel und war mit seiner Familie während einer Hungersnot nach Moab ausgewandert. Er starb aber, ebenso wie sein Bruder und sein Vater. Zurück bleiben drei mittellose Frauen: Ruth, ihre Schwägerin Orpa und beider Schwiegermutter Noemi. Noemi will in ihr Land zurückkehren und rät ihren Schwiegertöchtern, sich in Moab neue Männer zu suchen. Orpa gehorcht weinend, Ruth aber weigert sich schlichtweg. Was sie Noemi sagt, kommt einer Liebeserklärung gleich: „Wo du hingehst, da will auch ich hingehen, und wo du weilst, da weile auch ich. Dein Volk ist mein Volk und dein Gott ist mein Gott." So ziehen die beiden nach Bethlehem, sind jedoch bettelarm. Ruth geht deshalb auf die Felder, die gerade abgeerntet werden, um die zurückbleibenden Ähren aufzulesen. Zufällig kommt sie auf das Feld des reichen Boas, eines Verwandten ihres verstorbenen Schwiegervaters. Er hat von ihrer Treue zu Noemi gehört und sorgt dafür, dass sie Verpflegung erhält und auch sicher vor den Übergriffen der Knechte ist.

### *Nachts auf der Tenne*

Noemi jedoch wittert eine Chance. Nach jüdischer Tradition haben unverheiratete Verwandte kinderlose Witwen aus ihrer Sippe zu heiraten. Außerdem scheint Boas sehr angetan von Ruth. Sie befiehlt der Schwiegertochter, sich zu waschen, zu salben und ihre schönsten Gewänder anzulegen. So soll sie nachts auf den Scheunenboden gehen, wo Boas schläft, um sein Korn zu bewachen, und sich zu seinen Füßen legen. In der Nacht wacht Boas auf und entdeckt Ruth, die ihn daraufhin an seine Verwandtschaftspflicht erinnert. Er – offensichtlich ein schon älterer Mann – ist von ihrem Wunsch entzückt. Es gibt jedoch noch einen näheren Verwandten. Boas geht am nächsten Tag zu diesem und fragt ihn, ob er Noemi das Land ihres Mannes abkaufen und so dessen Erbe werden will. Als der Mann erfährt, dass auch Ruth zum Erbe gehört und er sie zur Frau nehmen müsste, weigert er sich. Also können Ruth und Boas heiraten.

### *Die Leviratsehe*

Nach dem jüdischen Gesetz musste ein unverheirateter Mann die Witwe seines Bruders heiraten, wenn dieser kinderlos gestorben war. Der erstgeborene Sohn galt dann als Erbe des Bruders. In der Genesis (1 Mos 38) wird sogar von Tamar erzählt, die ihren Schwiegervater verführte, weil er ihr seinen jüngsten Sohn nicht geben wollte. Ihr wird ausdrücklich Recht gegeben. Ob auch ein entfernter Verwandter wie Boas aber verpflichtet war, Ruth zu heiraten, ist nicht sicher.

# Die Berufung des letzten Richters

## Lambert Doomer, Elkana und Hanna, die Eli Samuel präsentieren, 1668

*Die Gewänder, in die der holländische Barockmaler Lambert Doomer (1624–1700) den Priester Eli kleidete, sind kein Phantasieprodukt. Abgesehen davon, dass er einen Goldton anstatt Purpur und Karmesin wählte, versuchte Doomer, ein jüdisches Priestergewand nachzuempfinden, wie es im Buch Exodus (39,1–31) beschrieben wird. Doomer war der Sohn von Rembrandts Rahmenmacher und ging bei diesem in die Lehre. Sein Porträt der Familie Wijnants hängt im Musée des Beaux-Arts in Orléans.*

Es ist eine eigentümliche Szenerie: rechts die reiche niederländische Familie, ganz in die Mode des späten 17. Jahrhunderts gekleidet, daneben der thronende Mann in orientalisch anmutenden Gewändern und zwischen ihnen als Bindeglied ein kleines Kind in schlichtem neutralen Weiß. Dieses Kind ist auch die Hauptfigur: Es soll Samuel darstellen, den letzten und bedeutendsten der alttestamentarischen Richter.

### *Ein Kind für den Tempel*

Das gleichnamige Buch Samuel beginnt mit dem Leid seiner Mutter Hanna. Diese ist eine von zwei Frauen eines Mannes namens Elkana und kinderlos, während ihre Nebenbuhlerin reichlich Nachwuchs hat. „Ihre Widersacherin kränkte sie bitterlich, um sie zu demütigen", heißt es (1 Sam 1,6). Ihr Mann, von dem ausdrücklich gesagt wird, dass er sie liebt, kann diesen Schmerz nicht verstehen: „Warum ist dein Herz so traurig?", fragt er. „Bin ich dir nicht viel mehr wert als zehn Söhne?" Beim jährlichen Opfer in Schilo, wo damals das Tempelzelt mit der Bundeslade aufgestellt ist, betet Hanna so inständig, dass der Priester Eli, der sie beobachtet, glaubt, sie wäre betrunken, und sie anherrscht. Als Hanna jedoch ihr Leid offenbart und verspricht, einen Sohn Gott zu weihen, erwidert er: „Gehe hin in Frieden! Der Gott Israels gewähre dir deine Bitte!" Tatsächlich bekommt Hanna bald einen Sohn, den sie Samuel nennt und in den Tempel zu Eli bringt, sobald er abgestillt ist. In einem langen Dankgebet lobt sie Gott als den, der die Schwachen aus dem Staub erhebt, die Frevler aber im Dunkeln verschwinden lässt, der die Unfruchtbare siebenfach gebären lässt, während die Kinderreiche dahinwelkt.

### *Nächtliche Berufung*

Elis eigene Söhne dagegen, die ebenfalls Priester sind, ziehen durch zahlreiche Frevel den Zorn Gottes auf sich. Eines Nachts hört der junge Samuel dann seinen Namen. Er geht zu Eli, doch der erklärt, ihn nicht gerufen zu haben. Als das dreimal nacheinander geschieht, wird Eli klar, dass Gott den Jungen gerufen hat. Obwohl es ausdrücklich heißt: „Des Herrn Wort war etwas Seltenes in jenen Tagen. Gesichte waren nicht verbreitet." (1 Sam 3,1) Auf Elis Geheiß antwortet Samuel beim nächsten Mal: „Rede, denn dein Knecht hört!" Daraufhin offenbart Gott, dass er Elis Haus ausrotten werde, weil der das Unrecht seiner Söhne zwar getadelt, aber nicht verhindert habe. Kurz danach kommt es zu einem Überfall der Philister. Diese töten Elis Söhne und stehlen die Bundeslade. Eli selbst trifft der Schlag, als er die Nachricht hört. Samuel aber wird sein Nachfolger als Priester und Richter.

### *Die Bilder der Familie Wijnants*

Samuels Eltern Hanna und Elkana werden auf Doomers Gemälde von dem Amsterdamer Apotheker François Wijnants und seiner Frau Alida Essingh verkörpert. Ihr zweijähriger Sohn François darf den Samuel geben, und auch für den zehnjährigen Dirck wurde noch eine Rolle gefunden. Vermutlich war die Familie der Auftraggeber des Gemäldes und wünschte sich in den biblischen Rollen, aber zeitgenössischen Gewändern porträtiert. Offensichtlich hatte das Ehepaar ein Faible dafür, sich in die Rolle biblischer Helden zu begeben: So ließen sie sich zu ihrer Silberhochzeit von dem Goldschmied Jan Lutma dem Jüngeren (1624–1685) eine Münze anfertigen, die sie als Abraham und Sara zeigt.

# Alter König und junger Hoffnungsträger

## St. Martin in Zillis, König David, um 1109–14

Mit den Büchern Samuels beginnt die Geschichte des Königtums in Israel. Wie die Richter vor ihm fungiert Samuel sowohl als religiöser wie politischer und militärischer Anführer. Er erlangt die Bundeslade von den Philistern zurück, doch sein Leben ist – ebenso wie das des ganzen Volkes Israel – von ständigen Kämpfen gegen die Nachbarvölker geprägt. Als er im Alter von seinem Amt zurücktritt und das Volk mit seinen Söhnen, die er zu Nachfolgern ernannt hat, nicht zufrieden ist, fordert es von ihm einen König, wie ihn andere Völker auch haben. Samuel missfällt dies, da er es als Affront gegenüber Gott ansieht, dem eigentlichen König des Volkes Israel. Doch Gott teilt Samuel mit, er wolle nicht länger König von Israel sein.

### *König Saul*

Auf Weisung Gottes hin salbt also Samuel Saul zum zukünftigen König, einen schönen und stattlichen jungen Mann, der den Propheten eigentlich nur wegen einiger entlaufener Eselinnen um Rat fragen wollte. Nach der Salbung lässt Samuel das ganze Volk Israel antreten und auslosen, wer König werden soll. Das Los fällt der Wahl Gottes gemäß auf Saul, und er wird gekrönt. Viel Freude hat Saul an seinem Königtum allerdings nicht, denn es ist von Kriegen und Feldzügen geprägt. Tatsächlich glauben Historiker, dass es die Konflikte mit den Nachbarn Israels, vor allem mit den Philistern, waren, die dazu beitrugen, dass die Israeliten im 11. Jahrhundert v. Chr. das Königtum einführten. Saul jedenfalls, so erzählt es die Bibel, „kämpfte ringsum gegen alle seine Feinde". Doch hält er sich nicht immer genau an Gottes Befehle. So opfert er vor einem Feldzug gegen die Philister früher, als Samuel ihm das geboten hat. Oder er spart das Vieh der Amalektiter für ein Opfer auf, obwohl er es eigentlich hätte töten sollen. Obwohl all diese Verstöße nicht schwerwiegend erscheinen, lässt Samuel Saul wissen, dass Gott sich einen König suchen werde, der sich ihm ergebener zeigen werde.

### *Der böse Geist*

Auf Befehl des Herrn salbt Samuel einen jungen Hirten namens David, den Urenkel von Ruth und Boas, heimlich zum neuen König Israels. Währenddessen trifft Saul weiterhin unglückliche Entscheidungen und verfällt mit der Zeit in Schwermut. „Der Geist des Herrn war von Saul gewichen und es beunruhigte ihn ein böser Geist", heißt es in der Bibel. Seine besorgten Diener suchen nach einem Zitherspieler, der ihn aufheitern soll. Jemand empfiehlt den jungen David, der Saul auf Anhieb gefällt. Er macht ihn zu seinem Waffenträger und ruft ihn immer dann, wenn der böse Geist ihn befällt.

### *Jonathan*

Verdient ein Held, der Befehle missachtet hat, Strafe oder Ruhm? Diese Frage provoziert in der Geschichte Sauls dessen Sohn Jonathan: Saul schwört vor einem Kampf gegen die Philister, jeder solle verflucht sein, der etwas isst, bevor es gelungen sei, an den Feinden Rache zu nehmen. Sein Sohn Jonathan vollbringt Heldentaten, stärkt sich zwischendurch aber mit etwas Honig und verleitet das erschöpfte Volk sogar dazu, Vieh zu töten und blutig zu essen, was gegen ein zentrales mosaisches Gebot verstößt. Als Saul nach seinem Sieg Gott befragt, erhält er von diesem keine Antwort mehr. Er will deshalb den Frevel rächen und schwört, den Anführer zu töten. Selbst als er feststellt, dass es sein Sohn war, der den Frevel begangen hat, will er daran festhalten. Doch das Volk ist davon überzeugt, dass Jonathan es vor den Philistern gerettet hat, und widersetzt sich der Forderung nach seiner Hinrichtung.

*Der Ausschnitt des Deckengemäldes aus der Kirche St. Martin im schweizerischen Zillis zeigt den jungen David schon als König und Nachfolger Sauls.*

# Der Held mit der Schleuder

## Michelangelo, David, 1501–04

Der „David“ gilt als eines der Meisterwerke von Michelangelo. Auch in der Bibel zeigt sich der Erzähler fasziniert von dem jungen David. Er sei ein guter Zitherspieler gewesen, außerdem ein Held, kriegstüchtig, redegewandt und von schöner Gestalt. Es war also kein kleiner, unerfahrener Hirtenjunge, der gegen Goliath antrat. Trotzdem schienen die Voraussetzungen vor diesem Kampf sehr ungleich.

### *Der Kampf*

Goliath war laut biblischen Angaben über drei Meter groß und mit einem Schuppenpanzer bekleidet, der allein 50 Kilo wog (1 Sam 17,1 ff.). Er war der Vorkämpfer der Philister und forderte die Israeliten höhnisch heraus. Wenn jemand ihn im Zweikampf besiegen würde, dann wolle sich das ganze Volk der Philister ergeben. Umgekehrt müsse das aber auch für die Israeliten gelten, falls deren Kämpfer unterliege. Das tat er 40 Abende und Morgen lang. David befindet sich zu dieser Zeit nicht am Hof, sondern bei seinem Vater Isai in Bethlehem, da seine drei älteren Brüder im Heer dienen. Eines Tages jedoch schickt der Vater David zu den Brüdern, um sich nach deren Befinden zu erkundigen. Im Kriegslager stehen sich die Schlachtenreihen der Israeliten und Philister gerade einmal wieder gegenüber. David erfährt von der Herausforderung Goliaths und dass Saul demjenigen große Reichtümer und die Hand seiner Tochter versprochen habe, der Goliath erschlage. Daraufhin begibt sich David zu Saul und erklärt ihm, er werde gegen Goliath kämpfen. Der König zögert, doch David versichert ihm, dass er schon viele Löwen und Bären besiegt habe, die seinen Herden zu nahe gekommen seien. Saul lässt David daraufhin zunächst in seine eigene Rüstung kleiden, doch David muss feststellen, dass er sich darin nicht bewegen kann, und tritt Goliath in Alltagskleidung, mit einem Hirtenstab in der einen und einer Schleuder und fünf glatten Kieseln aus einem Bachbett in der anderen Hand, entgegen. Goliath ist empört über seinen vermeintlich unbewaffneten Gegner und verflucht ihn. David hält ihm entgegen, er komme im Namen des „Herrn der Heerscharen“, des Gottes der Schlachtenreihen Israels. Als ihm der Philister entgegengeht, holt er einen Stein aus seinem Beutel und schleudert ihn direkt gegen die Stirn des Goliath. Der fällt um und David schlägt ihm mit dessen Schwert den Kopf ab, woraufhin die Philister fliehen.

### *Held Elchanan*

**Im 21. Kapitel des 2. Buches Samuel heißt es, dass in den Reihen der Philister mehrere Riesen kämpften. Der Erste habe den erschöpften David erschlagen wollen, doch Absichaj, der Sohn des Zeruja, rettet ihn. Den zweiten Riesen erschlägt Sibbechaj aus Kusch. Schließlich tritt ein dritter Riese namens Goliath aus Gat auf. Den habe Elchanan, der Sohn Jairs, erschlagen. Die meisten Bibelforscher gehen davon aus, dass diese Goliathgeschichte älter ist. Sie vermuten, dass die Heldentat erst später in die Biografie Davids eingefügt wurde.**

### *Konflikt mit Saul*

David schließt Freundschaft mit Sauls Sohn Jonathan (siehe S. 64). Saul aber beginnt, ihm seine Heldentaten zu neiden, und trachtet ihm nach dem Leben. Auch die Hand seiner jüngsten Tochter Michal, die sich in David verliebt hat, verweigert er ihm zunächst und fordert stattdessen die Vorhäute von 100 Philistern als Brautpreis. Als David ihm anstelle der 100 geforderten ganze 200 bringt, muss Saul in die Heirat einwilligen, versucht aber weiterhin, ihn zu ermorden. Das weiß Davids Frau allerdings zu verhindern. David muss fliehen, lebt eine Weile als Räuber, verbündet sich zeitweise sogar mit den Philistern und besiegt die gefährlichen Amalektiter.

*Mit dem 5,17 Meter hohen, aus einem einzigen Marmorblock gehauenen „David“ schuf Michelangelo (1475–1564) die erste Monumentalstatue der Hochrenaissance. Das Original seines lässig-selbstbewussten Helden mit der Schleuder über der Schulter befindet sich in der Kunstakademie, die Kopie vor dem Rathaus von Florenz, der Stelle, für die der David ursprünglich geschaffen wurde.*

# Innige Männerfreundschaft

## Französische Buchmalerei, David und Jonathan/David und Saul, 14. Jh.

*Jonathan, der David umarmt, Saul, der die Lanze nach ihm schleudert: Der Dominikanermönch Laurent de Bois wählte diese beiden Szenen zur Illustration von Freundschaft und Hass, als er 1279 die moralische Abhandlung „La Somme le Roi" über die verschiedenen Tugenden und Laster für sein Beichtkind, den französischen König Philipp III., verfasste. Die Handschrift, deren meisterhafte Miniaturen aus der Werkstatt des berühmten Buchmalers Maître Honoré stammen, wurde so populär, dass sie über 100 Mal kopiert wurde. Das Exemplar, aus dem die abgebildete Miniatur entnommen wurde, stammt von 1305 und befindet sich in der British Library in London.*

Die Bibel schildert den Sieg über Goliath auch als den Beginn einer tiefen Freundschaft (siehe S. 62). David wird im Anschluss zum König gerufen. „Es geschah, als David seine Unterredung mit Saul beendet hatte", erzählt das Buch Samuel (1 Sam 18,1–11), „dass sich die Seele Jonathans mit der Seele Davids verband und Jonathan ihn liebgewann wie sich selbst." Der Sohn Sauls habe sein Obergewand, das er trug, abgelegt und David geschenkt, dazu sein Waffenkleid, sein Schwert, seinen Bogen und Gürtel. König Saul dagegen habe David zwar in sein Haus aufgenommen, sei wegen dessen Erfolg und Beliebtheit aber so neidisch auf ihn geworden, dass er eines Tages einen Speer nach David schleudert, während dieser für ihn Laute spielt.

### *Tragisches Ende*

Wie seine Schwester Michal, die David ebenfalls liebt und schließlich auch heiratet, warnt Jonathan in der Folge David wiederholt vor den Ränken des Vaters und versucht, diesem gut zuzureden. Das erbost Saul derart, dass er auch gegen Jonathan eine Lanze schleudert. Der rät David nun endgültig zur Flucht: „Beide küssten einander und weinten zusammen gar heftig bis zur Erschöpfung", beschreibt die Bibel den Abschied (1 Sam 20,41). Einige Zeit später fällt Jonathan gemeinsam mit seinem Vater und zwei Brüdern gegen die Philister. Als David das hört, zerreißt er seine Kleider und stimmt ein ergreifendes Klagelied an (2 Sam1,17–27). „Ohne Erschlagener Blut, ohne der Helden Mark kehrte Jonathans Bogen nie heim; Sauls Schwert kam niemals erfolglos zurück", preist er darin seinen Freund und Feind gleichermaßen: „Wie weh ist mir um dich, mein Bruder Jonathan! Du warst mir so lieb! Köstlicher war deine Liebe mir als die Minne der Frauen."

### *Mehr als Freunde?*

All diese Formulierungen haben dazu geführt, dass der Charakter der Beziehung zwischen David und Jonathan immer wieder heiß diskutiert wird. Stehen die beiden nur für das Ideal der absoluten Freundestreue? Oder muss man doch von platonischer Liebe sprechen? Oder haben die Verfasser gar eine in der damaligen Zeit verbotene homosexuelle Beziehung in diesen Zeilen versteckt? Vielleicht aber sind Davids Abschiedworte bloß Ausweis einer durch und durch männerdominierten Gesellschaft, in der Frauen zwar die Objekte sexueller Begierden sein können, tiefere Gefühle jedoch nur zu Geschlechtsgenossen denkbar sind.

### *Bei Todesstrafe verboten*

**Homosexualität wird im Alten Testament kategorisch verurteilt. „Wohnt ein Mann seinesgleichen wie einem Weibe bei, so haben beide Abscheuliches getan, sie sollen des Todes sterben", heißt es im Buch Leviticus (20,13). Andererseits trifft genau die gleiche Verdammung alle, die Vater und Mutter schmähen, Ehebruch betreiben oder mit einer Frau während ihrer Menstruation schlafen.**

# Der Besuch bei der Hexe

## Salvator Rosa, Saul bei der Hexe zu Endor, 1668

Der Besuch bei der Totenbeschwörerin von Endor gilt als der absolute Tiefpunkt in König Sauls Leben. Die meisten Künstler haben die „Hexe" daher auch abstoßend hässlich und unheimlich dargestellt. Dabei beschreibt sie die Bibel eigentlich als eine hilfsbereite und großherzige Frau.

### *Der ratlose König*

Wieder einmal stehen sich die Heere der Philister und der Israeliten gegenüber (1 Sam 28,5 ff.). Saul hat seine letzten Reserven ausgeschöpft, als er aber das Lager der Philister sieht, wird ihm Angst und Bange. Außerdem ist da noch David, der sich gerade mit den Philistern verbündet hat. Saul wendet sich in seiner Furcht an Gott. Doch „der Herr antwortete ihm nicht; weder durch Träume, noch durch die heiligen Lose, noch durch Propheten". Da beschließt Saul, sich in seiner Not an eine Totenbeschwörerin zu wenden, um den mittlerweile verstorbenen Propheten Samuel zu befragen. Es gibt jedoch ein Problem: Nach dem Gesetz des Moses ist die Beschwörung von Toten „dem Herrn ein Gräuel". Und Saul selbst hat Totenbeschwörer und Wahrsager stets mit Eifer verfolgt. Seine Diener wissen jedoch, dass in Endor noch immer eine Totenbeschwörerin lebt.

### *Begegnung mit Samuel*

Saul zieht also verkleidet und mit zwei seiner Diener nach Endor. Bei der Totenbeschwörerin angekommen, weist diese ihn jedoch darauf hin, dass er sie mit seinem Wunsch in Lebensgefahr bringe. Als er sie auch noch bittet, Samuel zu rufen, erkennt sie den König unter der Verkleidung und erschrickt. Er jedoch schwört ihr, dass ihr nichts geschehen werde. Die Frau lässt also Samuel erscheinen – wie sie dies macht, das erzählt die Bibel nicht. Doch Samuel hat Saul nichts Gutes zu verheißen. Er bestätigt ihm, was Saul längst befürchtet: Gott hat ihn verlassen und David zum neuen König erwählt. Saul und seine Söhne würden am nächsten Tag in der Schlacht getötet werden und ganz Israel in die Hand der Philister fallen. Bei diesen Worten bricht Saul kraftlos und gebrochen zusammen. Die Totenbeschwörerin sagt daraufhin zu ihm: „Ich habe mein Leben aufs Spiel gesetzt, und deine Anordnung befolgt, die du mir gabst. Jetzt höre auch du auf deine Magd! Ich setze dir ein wenig Brot vor; nimm es zu dir, dann kommst du wieder zu Kräften und kannst deinen Weg weitergehen!" Saul weigert sich, doch die Frau lässt nicht locker. Sie nötigt Saul aufs Ruhelager, schlachtet das Mastkalb und backt eilig ein paar Kuchen. Nach dem Mahl brechen Saul und seine Diener auf. Es kommt zur Schlacht gegen die Philister, die jedoch schnell die Oberhand gewinnen. Als Saul sieht, dass die Sache aussichtslos ist und seine drei Söhne gefallen sind, tötet er sich selbst, indem er sich mit seinem Schwert durchbohrt.

### *Das Problem mit der Hexe*

**Die Hexe von Endor stellte die Theologen der frühen Kirche vor ein großes Problem. Dass sie Verbotenes trieb und man Tote nicht beschwören durfte, darin waren sich alle einig. Die Frage war: Konnten Hexen Tote beschwören – und so einiges anderes? Immerhin sagt ja die Bibel, an deren wortwörtlichen Wahrheitsgehalt man fest glaubte, in Endor sei Samuel erschienen. Trotzdem entschied man sich anfangs dagegen. Die katholische Kirche sah nicht die Hexerei selbst, sondern den Glauben an Hexerei als Sünde an. Karl der Große befahl ausdrücklich die Todesstrafe für alle, die jemanden „nach Weise der Heiden" als Hexe töten. Erst am Ausgang des Mittelalters kippte diese Überzeugung und machte einer hysterischen Angst vor Hexen Platz.**

*Der italienische Maler und Dichter Salvator Rosa (1615–1673) schuf neben großfigurigen Werken mit biblischen und mythologischen Themen dramatisch gestaltete Schlachten- und Landschaftsbilder. Sein Gemälde „Saul bei der Hexe zu Endor" (Öl auf Leinwand) ist im Louvre in Paris zu sehen.*

# Überführung mit Hindernissen

## Matthäus Merian der Ältere, Davids Tanz vor der Bundeslade, 1625–27

*Der kolorierte Kupferstich „Davids Tanz vor der Bundeslade" stammt aus der sogenannten Merian-Bibel, die im Jahr 1630 in Straßburg bei den Erben des Verlegers Lazarus Zetzner erschienen war. In dieser groß angelegten Lutherbibel waren zum ersten Mal die berühmten Kupferstiche, die Matthäus Merian der Ältere (1593–1650) für seine Bilderbibel „Icones biblicae" (1625–27) angefertigt hatte, in den biblischen Text eingefügt worden.*

Nach Sauls Tod zieht David auf Geheiß Gottes nach Hebron und lässt sich dort zum König salben. Doch seine Gegner krönen Eschbaal, einen überlebenden Sohn Sauls. Nach langen Kämpfen stirbt dieser schließlich durch Verrat. David lässt die Verräter hinrichten und erobert nun Jerusalem, das damals noch die Hauptstadt der Jebusiter ist. Als er auch noch die Philister ein weiteres Mal besiegt hat, zieht er „mit dem ganzen Volke nach Baala im Land Juda", wo die Bundeslade stationiert ist.

### *Heiligtum aus Gold*

Diese Lade soll ein goldener Kasten gewesen sein, in dem die Gesetzestafeln (siehe S. 48) aufbewahrt wurden. Nachdem Moses 40 Tage und Nächte auf dem Berg Sinai geweilt hat, befiehlt Gott ihm, bei den Israeliten Abgaben zu sammeln: „Sie sollen mir ein Heiligtum errichten, und ich will in ihrer Mitte wohnen." Es folgen detaillierte Ausführungsbestimmungen (Ex 25,10–27,21): „Verfertigt eine Lade aus Akazienholz, eineinhalb Ellen lang, eineinhalb Ellen hoch. Überzieht sie mit reinem Gold von innen und von außen und befestigt eine Leiste aus Gold ringsherum." Auch die Aufhängung der Lade an zwei vergoldeten Akazienstangen, die durch je zwei goldene Ringe gesteckt werden, ist genau vorgegeben. Weiter sollte der Deckel mit zwei geflügelten Cherubim aus getriebenem Gold geschmückt werden. Sodann war Moses aufgefordert, einen geräumigen Zelttempel herzustellen und in diesem ein separates Heiligtum für die Bundeslade aus vergoldeten Brettern und Decken aus Purpurwolle mit eingewirkten Cherubim.

### *Verheißung des Tempelbaus*

Dieses mobile Heiligtum lässt David nun auf einen Wagen stellen und Richtung Jerusalem bringen. Er selbst und „das ganze Haus Israel" tanzen unterdessen vor der Lade, begleitet vom Spiel der Klappern, Zithern, Harfen, Pauken, Schellen und Zimbeln. Unterwegs jedoch ereignet sich ein Zwischenfall (2 Sam 6,1–7,27): Als die Rinder, die den Wagen ziehen, durchzugehen drohen, fasst einer der Wagenlenker an die Lade und fällt sofort tot um. David bekommt nun Angst vor der Lade und schafft sie in das Haus eines gewissen Obed-Edom. Als dieser in der Folge erkennbar gesegnet ist, wagt der König einen neuen Anlauf. Er opfert ein Rind und einen Büffel, zieht sich bis auf ein Leinenkleid aus und tanzt wieder auf dem gesamten Weg bis Jerusalem vor der Lade. Auf diese Weise bringt er sie heil in die neue Hauptstadt, wo sie inmitten des Zelttempels aufgestellt wird. Doch dieser dünkt ihm jetzt nicht mehr angebracht. Gegenüber dem Propheten Nathan formuliert er seine Bedenken: „Siehe, ich wohne in einem Zedernhaus: die Lade Gottes aber weilt unter einer Zeltdecke." Doch Gott lässt ihm durch Nathan ausrichten, dass erst Davids Sohn einen Tempel bauen wird. Gleichzeitig verspricht er, dass der Thron des Hauses David auf ewige Zeiten befestigt sei.

### *Vorwürfe von Michal*

Den Tanz vor der Lade im Untergewand empfindet Davids erste Frau Michal (siehe S. 62 und 64) als höchst anstößig und macht ihrem Mann Vorwürfe, er habe sich damit vor den Dienstmägden seiner Untertanen bloßgestellt. Er entgegnet, dass er sich in Zukunft noch mehr vor Gott erniedrigen, dafür aber bei den Dienstmägden Ansehen genießen werde. „Michal aber", heißt es weiter, „die Tochter Sauls, blieb kinderlos bis zu ihrem Tode."

# Die Sünde des Königs

## Rembrandt, Bathseba mit König Davids Brief, 1654

*Rembrandts (1606–1669) „Bathseba mit König Davids Brief" (Öl auf Leinwand) befindet sich im Louvre in Paris. Die Bibel berichtet, dass aus der Schönen später eine ehrgeizige Mutter wurde, die eifrig intrigierte, um ihren Sohn Salomon auf den Thron zu bringen.*

Wenn Rembrandt Frauen malte, dann standen ihm meist seine eigenen Lebensgefährtinnen Modell, zunächst seine Frau Saskia, die 1642 an Tuberkulose starb, dann seine Geliebte Hendrickje Stoffels, ein Mädchen aus einfachen Verhältnissen. Im Gegensatz zu seinem Landsmann Rubens jedoch zeigte er Frauen meist bekleidet – nicht aber Bathseba, die Lieblingsfrau von König David.

### *Die Schöne im Bad*

Das Alte Testament ist schonungslos. Auch den ganz Großen wie König David bleibt die negative Berichterstattung nicht erspart. Vermutlich ist der König sogar gerade deshalb so populär geworden, weil er ein so zwiespältiger und damit menschlicher Charakter war. Während manche seiner Taten sich noch mit politischer Räson erklären lassen, lädt er in der Affäre um Bathseba ganz persönlich Schuld auf sich. Das 2. Buch Samuel (11,2 ff.) erzählt, wie David eines Abends auf dem Dach seines Königspalastes lustwandelt und dabei eine überaus schöne Frau beim Baden beobachtet. Er erkundigt sich nach ihr, erfährt, dass sie verheiratet ist, lässt sie aber dennoch in seinen Palast holen und „wohnt ihr bei". Als sie jedoch merkt, dass sie schwanger ist, sendet sie Nachricht an David. Der König lässt umgehend Bathsebas Gatten Uriah, der sich im Krieg befindet, holen, erkundigt sich leutselig nach militärischen Angelegenheiten und schickt ihn dann heim zu seiner Frau. Doch Uriah will keine Privilegien, die seinen Kriegskameraden verwehrt sind, für sich in Anspruch nehmen und schläft folgerichtig nicht mit seiner Frau, sondern vor dem Tor seines Hauses. Selbst als David ihn betrunken macht, bleibt er dem ehelichen Bett fern. Also schickt David Uriah mit einem Brief an dessen Hauptmann zurück, worin er ihn bittet, Uriah beim nächsten schweren Kampf in die vorderste Reihe zu stellen, sodass dieser umkommt. Der Hauptmann gehorcht, Uriah fällt.

### *Gottes Strafe*

Nach dem Tod Uriahs und dem Verstreichen der Trauerzeit lässt David Bathseba in seinen Palast bringen und nimmt sie zur Frau. Gott jedoch sendet den Propheten Nathan zu David, der ihn zur Rede stellt. David sieht seine Schuld ein, doch Nathan kündigt ihm an, dass Gott als Strafe für diesen Frevel Davids und Bathsebas Sohn sterben lassen wird. Als das Kind dann erkrankt, versucht David noch, das Unheil abzuwenden. Sieben Tage lang schließt er sich ein, fastet und verbringt die Nächte auf dem harten Boden. Das Kind stirbt trotzdem. Doch angesichts Davids Reue schenkt Gott ihm und Bathseba einen zweiten Sohn: Salomon.

### *König Davids Brief*

In der Bibel kommt kein Brief an Bathseba vor. Rembrandt jedoch malt sie mit einem Schreiben des Königs – in welcher Situation, das kann der Betrachter nur mutmaßen. Die Schöne ist nackt und bekommt offensichtlich gerade die Füße gereinigt. Der Maler zeigt sie also beim Bade, wie König David sie das erste Mal erblickt. Ihr Gesichtsausdruck aber offenbart Trauer, Melancholie und Betroffenheit. Entweder ist das Unheil bereits hereingebrochen oder aber Bathseba ahnt ihr Schicksal voraus. Geschickt fasst Rembrandt sämtliche Motive der Geschichte in einer Momentaufnahme zusammen: die verlockende Schönheit der Badenden, den verhängnisvollen Brief und Bathsebas Schwangerschaft, angedeutet durch das Licht auf ihrem Leib.

# Der Aufstand des Schönlings

## Giovanni Battista Viola, Landschaft mit Tod Absaloms, 1620

Der italienische Landschaftsmaler Giovanni Battista Viola zeigt den Tod Absaloms als dramatische Verfolgungsjagd: Seine Haare verfangen sich in den Ästen eines Baumes und reißen ihn aus dem Sattel. Im nächsten Augenblick schon wird er von der Lanze des Feindes durchbohrt. Ganz so hat sich das in der Bibel nicht abgespielt. Trotzdem ist die Geschichte des Absalom hoch dramatisch.

### *Die Vergewaltigung der Schwester*

Dieser ist der dritte Sohn Davids. „Einen Mann, der so schön, so rühmenswert war wie Absalom, gab es in ganz Israel nicht wieder", heißt es. Wenn er sich sein langes Haar habe scheren lassen, habe dieses 200 Schekel (etwa 2,3 Kilo) gewogen. Eines Tages jedoch vergewaltigt Amnon, ein älterer Halbbruder Absaloms, dessen Schwester Tamar (2 Sam, 13,1-39). König David, heißt es, sei darüber sehr zornig geworden. Mehr geschieht offenbar nicht. Absalom aber nimmt Tamar in sein Haus auf und redet kein Wort mehr mit Amnon. Zwei Jahre später lädt er ihn zu einem Fest und lässt ihn dort von seinen Knechten erschlagen. David bricht in Wehklagen aus, als er davon hört, und Absalom flieht zu seinem Großvater mütterlicherseits, dem König von Geschur, dessen winziges Reich um Bethsaida am See Genezareth liegt. Allmählich aber findet sich David mit dem Tod Amnons ab, sodass sein Heerführer Joab nach drei Jahren die Rückkehr des geflohenen Sohnes erwirken kann. Wieder zwei Jahre später lässt David sich erweichen, Absalom auch persönlich zu empfangen.

### *Aufstand gegen den Vater*

Alles scheint gut. Doch ohne dass ein Motiv genannt wird, fängt Absalom plötzlich an, Bittsteller, die zu seinem Vater kommen, für sich zu vereinnahmen. Nachdem er es vier Jahre so getrieben hat, lässt er sich in Hebron zum König ausrufen und kann so viele Anhänger um sich scharen, dass David aus Jerusalem flieht. Um den Vater bis aufs Äußerste aufzubringen, schläft Absalom sogar mit dessen zehn Nebenfrauen, die David zur Bewachung seines Palastes zurückgelassen hat. Trotzdem befiehlt der König vor der entscheidenden Schlacht, seinen Sohn nicht zu töten. Als Absalom dann mit seinen langen Haaren in einer Eiche hängen bleibt, verschont ihn sein Verfolger. Joab jedoch, der davon hört, nimmt drei Speere und stößt sie dem immer noch in der Eiche hängenden Absalom ins Herz. David reagiert auf die Nachricht mit tiefer Verzweiflung: „O wäre ich doch für dich gestorben, Absalom, mein Sohn, mein Sohn!"

### *Joab*

**Joab ist der Sohn von Davids älterer Schwester Zeruja, sein oberster Heerführer und ein zwielichtiger Charakter. Als während Davids Kampf gegen Eschbaal (2 Sam 3,6–39) dessen Heerführer Abner zu David überläuft, ermordet Joab ihn heimtückisch, weil Abner zuvor im Kampf Joabs Bruder getötet hat. David ist extrem aufgebracht und beschwört das Blut Abners auf Joab und seine Familie herab. „Nie soll es im Haus Joabs an solchen fehlen, die an Ausfluss und an Aussatz leiden, die Krücken festhalten, durch das Schwert fallen oder an Hunger leiden!" Aber er behält ihn als Heerführer und auch bei der Ermordung von Bathsebas General Uriah ist Joab sein Komplize. Erst als Joab nach dem Mord an Absalom mit Abfall droht, weil Davids Klage um den Sohn angeblich seine treuen Krieger beleidig, setzt ihn David – vorübergehend – ab. Nach Davids Tod wird Joab dann von Salomon getötet, obwohl er in einem Tempel Asyl gesucht hat. Doch das mosaische Gesetz befiehlt, Meuchelmörder vom Altar hinwegzureißen.**

*Giovanni Battista Viola (1576–1622) ist vor allem als Landschaftsmaler bekannt geworden, der unter anderem Claude Lorrain beeinflusste. Seine „Landschaft mit Tod Absaloms" (Öl auf Leinwand) ist im Louvre in Paris zu sehen.*

# Der weise Schiedsspruch

## Nicolas Poussin, Das Urteil des Salomon, 1649

Der Franzose Nicolas Poussin ist einer der untypischen Maler des Barock. Während es in den Werken seiner Zeitgenossen dramatisch wogt und wallt, sitzt sein König Salomon umrahmt von einer strengen Architektur auf seinem Thron und dominiert das Geschehen zu seinen Füßen. Dabei verbrachte Poussin sogar die meisten Jahre seines Lebens in Rom, wo sich der Barock besonders extrovertiert zeigte. Doch der Franzose malte für einen kleinen Kreis privater Sammler, die seinen Stil schätzten. Zunächst vor allem mythologische Motive, gegen Ende seines Lebens vermehrt auch religiöse wie Salomons Urteil.

### *Gottes Liebling*

Trotz des Frevels seiner Eltern nennt die Bibel Davids Sohn Salomon von Anfang an einen von Gott Geliebten. Als David bereits ein hohes Alter erreicht hat und seine Söhne versuchen, sich jeder seine Stellung zu sichern, setzt Bathseba durch, dass David Salomon öffentlich zu seinem Nachfolger erklären und vom Propheten Nathan salben lässt (1. Buch der Könige 1,11 f.). Der junge neue König aber, so berichtet die Bibel weiter, fühlt sich seinem Amt nicht so recht gewachsen und weiß oft weder ein noch aus. Er opfert deshalb auf der Höhe von Gibeon tausend Brandopfer. Da erscheint ihm Gott im Traum und fordert ihn auf: „Wünsche, was ich dir geben soll". Salomon bittet um ein urteilsfähiges Herz, damit er sein Volk regieren und zwischen Gut und Böse unterscheiden könne. Dieser Wunsch gefällt Gott und er verspricht: „Ich gebe dir ein weises und verständiges Herz, sodass vor dir keiner war wie du und auch nach dir niemand auftreten wird, der dir gleicht." Dazu aber werde er ihm auch geben, worum er nicht gebeten habe, nämlich Reichtum und Ehre.

### *Legendäres Urteil*

Gleich anschließend schildert der biblische Erzähler zur Untermauerung dieser göttlichen Zusage die Geschichte, mit der die Weisheit Salomons seitdem verbunden ist. Eines Tages seien zwei Dirnen zum König gekommen, die im gleichen Haus wohnten und je einen Sohn hatten. Die eine trägt nun ihre Geschichte vor: Am Morgen habe neben ihr ein totes Kind gelegen, das jedoch nicht ihr eigener Sohn war. Ihre Nachbarin müsse also ihr Kind im Schlaf erdrückt und dann gegen das ihre ausgetauscht haben. Die zweite Frau jedoch schwört, dass das lebendige Kind ihr eigenes sei. Nach einem längeren Wortgefecht befiehlt der König, ein Schwert zu holen, das Kind in zwei Hälften zu teilen und jeder Frau eine zu geben. Daraufhin bittet die Mutter, das Kind zu verschonen und es lieber der anderen Frau zu geben. Die zweite Frau jedoch findet die Teilung richtig, woraufhin Salomon befiehlt, das Kind der Frau zu geben, die es verschonen wollte. Ganz Israel, so heißt es in der Bibel, habe nun Ehrfurcht vor der Weisheit des Königs bekommen und man lebte in Sicherheit und Wohlstand.

*Nicolas Poussin (1594–1665) beeinflusste mit seinem Werk und im Besonderen mit Bildern wie dem salomonischen Urteil zahlreiche Künstler des nachfolgenden Klassizismus. „Das Urteil des Salomon" (Öl auf Leinwand) entstand im Jahre 1648/49 und befindet sich heute im Louvre in Paris.*

### *Der französische Barock*

**Nicht nur den Bildern von Nicolas Poussin fehlt die üppige und überschäumende Bewegtheit, die man gemeinhin mit dem Barock verbindet. Der Barock war in Frankreich und auch in England viel strenger und geordneter als beispielsweise in Italien, Deutschland oder den Niederlanden. Dieser vergleichsweise nüchterne Barock wird auch als Classicisme bezeichnet.**

# Das Haus des Herrn

## Julius Schnorr von Carolsfeld, Salomo baut das Haus des Herrn, 1860

*Julius Schnorr von Carolsfeld (1794–1872) gilt neben dem Franzosen Gustave Doré als der wichtigste Bibelillustrator des 19. Jahrhunderts. Seine „Bibel in Bildern", die zwischen Oktober 1852 bis Dezember 1860 in 30 Lieferungen à acht Blättern erschien und am Lieferungsende erstmals als komplettes Werk in gebundener Buchform herauskam, prägte in Deutschland über Generationen die religiösen Vorstellungen der einfachen Leute.*

Salomon hat im Judentum nicht nur als weiser Herrscher größte Bedeutung, sondern auch als der Bauherr des ersten Tempels in Jerusalem. Die Bibel berichtet (1 Kö 5,15–6,38), dass er im vierten Jahr seiner Herrschaft beschloss, das von seinem Vater David gegebene Versprechen einzulösen, Gott ein Haus zu erbauen, da endlich ringsum Ruhe herrsche und kein Widersacher und keine schlimme Heimsuchung mehr ein solches Vorhaben störe.

### *Aus den Zedern des Libanon*

Salomon beginnt sein Vorhaben mit einem Brief an den benachbarten König Hiram von Tyrus, weil er unbedingt die Zedern und Zypressen des Libanon verwenden möchte. Als Bezahlung erhält Hiram umfangreiche Weizen- und Olivenöllieferungen. Die Bibel beschreibt den Tempel als Steinbau von 27 Metern Länge, 9 Metern Breite und 13,5 Metern Höhe. Im Inneren seien Wände und Decken mit Zedernholz getäfelt worden, während die Bodendielen und Türen aus Zypressen- und die Türpfosten aus Olivenholz gefertigt worden seien. Salomon habe alles mit Schnitzereien von Cherubim, Palmen und Blütengehängen verzieren und dann vergolden lassen. Am hinteren Ende befand sich ein abgeteilter Raum von 9 Metern Länge, Breite und Höhe: das Allerheiligste, in dem die Bundeslade und zwei vergoldete Cherubim von 4,5 Metern Höhe aufgestellt wurden. Diesen Raum durfte nur der Hohepriester an Jom Kippur, dem Versöhnungstag, betreten. Umgeben war der Tempel mit gestaffelten Vorhöfen, die jeweils den Priestern, den Männern des Volkes und den Frauen vorbehalten waren. Der ganze Tempelbezirk wurde mit einer Mauer eingefasst, an deren Innenseite sich die die Kammern der Priester entlangzogen.

### *Julius Schnorr von Carolsfeld*

**In eine Malerfamilie hineingeboren, schloss sich der 24-jährige Julius Schnorr von Carolsfeld 1818 in Rom der Künstlergruppe der Nazarener (siehe S. 39) an. Wie alle Nazarener widmete er sich vorrangig religiösen Themen, konvertierte im Gegensatz zu vielen seiner Freunde allerdings nie vom protestantischen zum katholischen Glauben. Bereits in jungen Jahren schwebte ihm eine Bibel vor, in der die Bilder die Geschichten wirklich erzählen und nicht nur illustrieren. Zwischen 1852 und 1860 schuf er dann 240 Holzstiche mit Szenen aus dem Alten und Neuen Testament: Diese „Bibel in Bildern" entwickelte sich bis weit in das 20. Jahrhundert hinein zur erfolgreichsten Volks- und Kinderbibel.**

### *Zweimalige Zerstörung*

Der Tempel wurde zum zentralen Heiligtum des jüdischen Glaubens. Alle Männer waren aufgerufen, zu den drei Wallfahrtsfesten Pessach, Schawuot (Wochenfest) und Sukkot (Laubhüttenfest) nach Jerusalem zu kommen und im Tempel zu opfern. Dazu kamen Sühne- und Reinigungsopfer. 586 v. Chr. wurde der Tempel bei der Eroberung Jerusalems durch den babylonischen König Nebukadnezar II. zerstört. Nach dem Sieg der Perser über Babylon wurde er 515 v. Chr. weitaus größer wiederaufgebaut und 20 v. Chr. von Herodes umgestaltet. Im Jahr 70 n. Chr. zerstörten die Römer auch den zweiten Tempel. Geblieben ist nur ein Teil der Tempelbergbefestigung, die Klagemauer. Das Judentum jedoch vollzog eine fundamentale Wandlung von einer archaischen Opferreligion zu einer Buchreligion, in der die Beschäftigung mit den heiligen Schriften im Zentrum steht.

# Staatsbesuch aus Saba

## Hans Vredeman de Vries, Salomo und die Königin von Saba, 1601

*Hans Vredeman de Vries (1527–1609) war nicht nur Maler mit einer Schwäche für die Architektur, sondern gleichzeitig wirklich Architekt. Er arbeitete einige Zeit in Antwerpen und legte die Grachten von Wolfenbüttel an. Sein „Salomo und die Königin von Saba" befindet sich im Puschkin-Museum in Moskau.*

Hans Vredeman de Vries ist einer der Künstler, die den Stil der Renaissance, der bis dato fast nur in Italien bekannt war, auch nördlich der Alpen populär machten. De Vries' Faszination für Perspektive und Architekturen zeigt sich auch in seinem Bild von König Salomon und der Königin von Saba. Doch die pompöse Renaissance-Architektur, die de Vries entworfen hat, ist kein reiner Selbstzweck. Das exotische und mit Geschenken beladene Gefolge der Königin geht in den Prachtbauten Salomons fast unter – und genau das geschieht auch in der biblischen Geschichte.

### *Reichtum und Weisheit*

Das 1. Buch der Könige (10,1 ff.) berichtet, der Königin von Saba seien Gerüchte über Salomons Weisheit zu Ohren gekommen und sie sei zu ihm gekommen, um ihn durch Rätsel auf die Probe zu stellen. Sie hält mit einem prächtigen Gefolge und Kamelen, beladen mit Gold, Edelsteinen und Gewürzen, Einzug in Jerusalem. Karawanen aus Saba gelten auch in anderen biblischen Texten, etwa in den Psalmen, als Inbegriff von Reichtum. Bei ihrem Zusammentreffen mit König Salomon bestürmt ihn die Königin mit unzähligen Fragen, die seine Weisheit unter Beweis stellen sollen. Und tatsächlich, Salomon weiß auf jede ihrer Fragen eine Antwort. Die Königin ist tief beeindruckt von der Weisheit Salomons, aber auch von seinem prächtigen Palast, den Speisen an seiner Tafel, ja selbst von den Gewändern des Königs. Die Königin offenbart Salomon, dass sie nun sehe, dass sowohl sein Reichtum als auch seine Weisheit die Gerüchte darüber noch weit überträfen. Als Abschiedsgeschenk überreicht sie Salomon 120 Talente (knapp 7000 Kilo) Gold, Edelsteine und Gewürze.

### Antikes Traumpaar

**Für eine Liebesgeschichte zwischen Salomon und der Königin von Saba gibt es in der Bibel keine Hinweise. Doch natürlich hat es sich die Nachwelt nicht versagen können, dem weisen König und der reichen Königin eine Romanze anzudichten. Das haben nicht erst die Regisseure Hollywoods getan, sondern schon die spätere jüdische Legendenbildung. In der Legende des äthiopischen Königreichs von Aksum, das wohl zeitweise von Saba aus regiert wurde, wird die Königin Makeda genannt, die von Salomon einen Sohn gehabt haben soll, Menelik I. von Aksum. In der arabischen Tradition ist sie als Königin Bilquis bekannt, die von Salomon zur monotheistischen Religion bekehrt wurde.**

### *Das Weihrauchland im Jemen*

Historiker haben Saba als ein antikes Reich im heutigen Jemen lokalisieren können, das vor allem durch den Handel mit Weihrauch und Gewürzen Bedeutung erlangte. Allerdings stammt der erste Königsname in sabäischen Inschriften aus dem 8. Jahrhundert v. Chr., während die Königin 200 Jahre früher gelebt haben muss, wenn sie Salomon wirklich aufsuchte. Es gab in antiker Zeit arabische Königinnen, sodass eine Herrscherin von Saba durchaus denkbar ist. Hat es diesen Besuch gegeben, dann hatte die Königin mit dem Herrscher des jungen Staates Israel wahrscheinlich über Geschäftliches zu reden. Denn Salomon kontrollierte wohl zumindest Teile der wichtigen Weihrauchstraße, die vom Süden der Arabischen Halbinsel ans Mittelmeer führte. Womöglich war die Herrscherin gekommen, um über Schutz für die Karawanen und den dafür fälligen Tribut zu verhandeln.

# Ein Prophet gegen Baal

## Abraham Bloemaert, Landschaft mit dem Propheten Elias, 1610

Über der verdorrten Landschaft hängen dunkle Wolken. Doch sie werden keinen Regen bringen. Denn Ahab, der König von Israel, hat sich vor dem heidnischen Gott Baal niedergeworfen und ihm geopfert. Daraufhin lässt Gott den Propheten Elias verkünden, dass weder Tau noch Regen über Israel fallen sollen. Seinen Propheten aber versorgt er in einem versteckten Bachtal östlich des Jordans jeden Morgen und Abend durch Raben mit Brot und Fleisch.

*Die Werke des niederländischen Malers, Zeichners und Kupferstechers Abraham Bloemaert (1564–1651), der vor allem in Utrecht wirkte, beeindrucken mit ihrer eleganten Linienführung. Sein Gemälde „Landschaft mit dem Propheten Elias" befindet sich heute in der Eremitage in Sankt Petersburg.*

### *Wunder in Sarepta*

Irgendwann jedoch trocknet auch der versteckte Bach aus und Elias erhält die Weisung, in die Küstenstadt Sarepta im Süden des heutigen Libanon zu gehen. Dort trifft er auf eine Witwe und bittet sie um Essen. Sie erwidert jedoch, sie habe nicht mehr als eine Handvoll Mehl und ein bisschen Öl im Krug. Daraus wolle sie für sich und ihren Sohn noch etwas bereiten und dann mit ihm sterben. Elias fordert sie auf, zunächst ihm etwas zu backen. Wenn sie das tue, werde der Mehltopf nicht leer und das Ölgefäß nicht trocken, „bis der Tag kommt, da der Herr wieder Regen auf den Ackerboden sendet." Die Witwe tut wie geheißen und hat in der Folge tatsächlich genug Mehl und Öl, um sich, ihren Sohn und Elias zu verköstigen. Eines Tages aber wird der Sohn krank und stirbt. Elias kann nicht glauben, dass Gott dies der Frau antut, deren Gast er ist. Er fleht Gott an, den Lebensgeist des Knaben zurückkehren zu lassen: „Und der Herr erhörte die Stimme Elias und das Leben kehrte in das Kind zurück, und es wurde wieder lebendig."

### Der Entrückte

Vor allem aufgrund seiner Entrückung gilt Elias als einer der größten Propheten. Schon zu Jesu Zeiten herrschte im Judentum der Glaube, er kehre irgendwann als Vorläufer des Messias wieder. Bei der Sederfeier am Vorabend von Pessach wird ihm deshalb ein Becher hingestellt. Auch im Koran kommt er vor und in der orthodoxen wie katholischen Kirche werden ihm Kirchen geweiht, was sonst christlichen Heiligen vorbehalten ist.

### *Offenbarung im Säuseln des Windes*

Nach drei Jahren Hungersnot beschließt Gott, die Dürre zu beenden. Er schickt Elias zu Ahab, der ihn den Verderber Israels nennt. Elias fordert daraufhin eine Machtprobe auf dem Berg Karmel: Die 450 Priester des Baal sollen dort einen Stier zum Opfer herrichten und dann ihren Gott bitten, diesen zu entzünden. Sie haben jedoch keinen Erfolg. Dann opfert Elias und übergießt seinen Holzstapel auch noch mehrmals mit Wasser. Trotzdem entzündet er sich auf sein Gebet hin und das Opfer verbrennt restlos. Was folgt, ist ein Blutbad: Elias befiehlt dem Volk, die 450 Baalspriester zu ergreifen: „Und sie ergriffen sie. Und Elias führte sie hinab an den Bach Kischon und tötete sie daselbst." Erst dann bittet er Gott, es wieder regnen zu lassen. Danach muss Elias allerdings vor dem Zorn von Ahabs Gemahlin Isebel fliehen. Als er schon glaubt, in der Wüste zu verschmachten, sendet Gott ihm durch einen Engel Speise und ruft ihn zum Berg Horeb. Wie Moses wartet Elias dort auf eine Offenbarung. Er erlebt einen Sturm, ein Erdbeben und ein Feuer, erkennt aber, dass Gott in keiner dieser Erscheinungen ist. Erst als er das zarte Säuseln des Windes hört, wirft er sich nieder. Jahre später lässt Gott Elias dann trockenen Fußes durch den Jordan gehen und erhebt ihn vor den Augen seines Schülers Elischa in einem feurigen Wagen, der mit feurigen Pferden bespannt ist, gen Himmel.

# Das schreckliche Ende einer Femme fatale

## Gustave Doré, Jehu lässt Isebel zum Fenster herabstürzen, 1865

Den Tod vor Augen macht sie sich extra noch einmal schön. Die Bibel berichtet (2 Kö 9,30–37), wie Isebel, die Ehefrau Ahabs, des Königs von Israel, ihre Augen schminkt und ihr Haupt schmückt, bevor sie an das Fenster ihrer Festung tritt und von dort auf den Eroberer Jehu heruntersieht. „Geht es Simri, dem Mörder seines Herrn, gut?", spottet sie und stellt Jehu so mit einem Diener gleich, der einen der früheren Könige Israels umgebracht hat. Jehu befiehlt daraufhin den Hofleuten neben Isebel: „Stürzt sie herunter."

### *Grausamer Tod*

„Man stürzte sie hinab, und ihr Blut bespritzte die Wand", heißt es im Buch der Könige, „und die Pferde zertraten sie." Nach seinem Einzug in die Festung befiehlt Jehu, Isebel zu suchen und zu begraben, da sie immerhin eine Königstochter sei. Die Diener aber finden nur noch ihren Schädel, die Beine und die Hände. Den Rest haben bereits die Hunde gefressen, wie der Prophet Elias vorausgesagt hat: „Auf der Flur von Jesreel werden die Hunde das Fleisch Isebels fressen. Der Leichnam Isebels soll wie Mist auf dem Feld in der Flur Jesreels liegen." Das ist selbst für das Alte Testament, das in Sachen „Sex & Crime" alles andere als zimperlich ist, starker Tobak, und es ist kein Wunder, das der Name Isebel – oft auch in der englischen Schreibweise Jezebel – in der Folge zum Synonym für eine durch und durch verruchte Frau wurde: sex- und machtbesessen, skrupellos und allen bösen Mächten ergeben.

### *Willkür gegen Nabob*

Aber wer war diese Frau eigentlich? Die Bibel führt sie als eine Tochter des phönizischen Königs Etbaal ein. Sie heiratete Ahab, der etwa von 872 bis 850 v. Chr. über das Königreich Israel geherrscht haben soll. Während es anfangs in der Bibel heißt, Gott habe eine Dürre über Israel kommen lassen, weil Ahab den Gott Baal verehrte, wird später nachgeschoben, dass seine Frau Isebel die Propheten des jüdischen Gottes ausgerottet habe (siehe S. 73). Vor allem aber wird Isebel für den Justizmord an Nabot verantwortlich gemacht (1 Kö 21,1–19). Diesem gehört in der Jesreelebene im Norden Israels ein Weinberg, in dessen Besitz Ahab gelangen will. Als Nabot sich einem guten Kaufpreis verweigert, weil Landbesitz als „Erbe der Väter" in Israel nicht veräußert werden könne, wird Ahab trübsinnig. Nun inszeniert Isebel einen Komplott: Sie schreibt im Namen ihres Mannes Briefe, klagt Nabot der Gotteslästerung an und erreicht mithilfe von Falschaussagen, dass dieser verurteilt und zu Tode gesteinigt wird. Daraufhin kündigt der Prophet Elias Ahab das Ende seines ganzen Hauses an. Zu Isebel aber sagt er: „An der Stelle, wo die Hunde das Blut Nabobs geleckt haben, werden die Hunde auch dein Blut auflecken!"

### Die beiden Reiche

**Schon König Salomo soll im Alter seinen zahlreichen ausländischen Frauen erlaubt haben, ihre eigenen Götter zu verehren, und sich sogar an den Kulten beteiligt haben. Die Konsequenzen sind jedoch verhältnismäßig milde: Gott kündigt ihm lediglich an, dass zur Strafe sein Reich unter seinem Sohn Rehabeam zerfallen werde. In der Folge wenden sich aber die Könige der beiden Reiche Israel und Juda immer wieder heidnischen Göttern zu und werden dafür von Gott bestraft. Die Heirat Ahabs mit Isebel wird als eine Art Gipfelpunkt der Verderbtheit dargestellt, während Salomos Heiraten mit fremden Königstöchtern noch als Ausweis seiner großen Macht und Bedeutung galten.**

*Der Holzstich „Jehu lässt Isebel zum Fenster herabstürzen" gehört zu den 230 Illustrationen der erstmals 1865 erschienenen „Doré-Bibel", die in zahllosen Pracht- und Volksausgaben in allen europäischen Sprachen weltweit zur populärsten Bilderbibel wurde. Wie typisch für die Stiche Gustave Dorés (1832–1883), fasziniert auch diese Grafik durch ihre dramatische Zuspitzung des Geschehens und ihre effektvolle Hell-Dunkel-Wirkung.*

# Das Exil in Babylon

## Jost Amman, Auszug der Juden aus der babylonischen Gefangenschaft, 1564

*Neben der Bibelausgabe aus dem Jahr 1564, für die er den Auszug der Juden aus Babylon schuf, illustrierte Jost Amman (1539–1591) viele andere Bücher. Besonders berühmt wurden seine Tracht- und Ständebücher, weil er darin der Nachwelt detailgetreue Informationen über die Angehörigen der verschiedenen Berufe und Stände seiner Zeit hinterlassen hat.*

Das dichte Getümmel mit Wagen und Säcken lässt an einen geschäftigen Markttag in einer mittelalterlichen Stadt denken. Vermutlich hat sich der Schweizer Jost Amman auch vom Treiben in seiner Wahlheimat Nürnberg inspirieren lassen, als er für eine illustrierte Bibel den Auszug der Juden aus Babylon darzustellen hatte. Der gelernte Glasmaler aus Zürich war 1561 nach Nürnberg gekommen und erlernte in der Dürerstadt die Kunst des Holzschnittes.

### *Strafe für die Gottlosigkeit*

Das babylonische Exil gehört zu den traumatischen Erfahrungen in der Geschichte des Volkes Israel. Die Entwicklung begann schon nach dem Tod Salomons. Unter seinem Sohn Rehabeam, der von 932 bis 917 v. Chr. regierte, zerfiel das Reich in ein kleineres Südreich namens Juda mit Jerusalem als Hauptstadt und ein größeres Nordreich namens Israel. Das Nordreich hatte einen relativ hohen ausländischen Bevölkerungsanteil und seine Könige duldeten teilweise den phönizischen Baalskult. Als im Jahr 722 v. Chr. die mächtigen Assyrer Israel einnahmen und einen Großteil seiner Bewohner verschleppten, interpretierte man das in Juda als Strafe für die Vielgötterei der fremdländischen Volksstämme in Israel. Doch 609 v. Chr. wurden die Assyrer, die rund 500 Jahre lang den Nahen Osten beherrscht hatten, von einer Koalition aus Babyloniern und iranischen Medern vernichtend geschlagen. Das Machtvakuum füllte der babylonische König Nebukadnezar II. 597 v. Chr. eroberte er Jerusalem und ließ die Stadt plündern. Als neuen König setzte er Zedekia ein. Als der aber elf Jahre später mit ägyptischer Hilfe einen Aufstand gegen Babylon versuchte, machte Nebukadnezar das Land zur babylonischen Provinz und deportierte einen großen Teil der Bevölkerung nach Babylon. Im 2. Buch der Könige (25,11f.) heißt es, nur einige einfache Landwirte und Weinbauern seien zurückgeblieben.

### *Religiöse Erneuerung*

Historische Zeugnisse deuten darauf hin, dass die verschleppten Juden in Babylon weitgehend tolerant behandelt wurden. Babylon war eine multikulturelle Stadt, in der die verschiedensten Kulte und Kulturen geduldet wurden. Aber diese religiöse Vielfältigkeit und die Fruchtbarkeitskulte um die Hauptgöttin Ischtar standen in krassem Gegensatz zu der jüdischen Religiosität. Außerdem war Babylon mit seinen geschätzten 250 000 bis 400 000 Einwohnern damals die größte Stadt der Welt und wichtigster Handelsknotenpunkt. In der jüdischen Überlieferung wurde die „Hure Babylon" deshalb zum Synonym für Geschäftemacherei, Unmoral und Vielgötterei. Im Jahr 539 v. Chr. wurde Babylon dann von den Persern erobert und der neue König Kyros II. ließ die Juden in ihr Land zurückkehren. Er befahl sogar den Wiederaufbau des Tempels.

### *Die Chroniken*

Über das Schicksal der Reiche Israel und Juda berichten in der Bibel die beiden Bücher der Könige – historisch wohl ziemlich verlässlich, auch wenn ein Großteil der Aufmerksamkeit dem Kampf von Propheten wie Elias gegen die Vielgötterei gewidmet ist. Von der Zeit nach dem Exil erzählen die Bücher Esra und Nehemia. Die beiden Bücher der Chronik fassen die Ereignisse von der Erschaffung Adams bis zur Einnahme Jerusalems kurz zusammen.

# Die Reise mit dem Engel

## Andrea del Verrocchio, Tobias und der Engel, um 1470–75

Das Buch Tobit, das nur in der katholischen und orthodoxen Bibel zu finden ist, kann als eine Art Entwicklungsroman gelesen werden. Der junge Tobias, den Andrea del Verrocchio mit scheuer Verehrung zu dem Engel an seiner Seite aufschauen lässt, wird auf einer Reise mit eben jenem Engel erwachsen. Und schließlich gibt es sogar ein nahezu hollywoodreifes Happy End.

### *Verbannung und Verfolgung*

Benannt ist das Buch nach Tobias' Vater, dem frommen und rechtschaffenen Tobit. Dieser stammt aus dem Nordreich Israel, erlebt 722 v. Chr. die Eroberung durch die Assyrer und muss wie viele seiner Landsleute nach Ninive in die Verbannung gehen. Während der Herrschaft des Königs Sanherib (705–680 v. Chr.) begräbt er heimlich Tote aus seinem Volk, die der König hat hinrichten lassen. Er wird denunziert, muss fliehen und verliert sein Vermögen. Nach Sanheribs Tod wird er zwar begnadigt, erblindet aber und muss sich schließlich sogar von seiner Frau fragen lassen, wohin seine Barmherzigkeit und Gerechtigkeit ihn gebracht haben. Seinen Tod vor Augen schickt Tobit seinen Sohn Tobias nach Ektabana im heutigen Iran, wo er vor langer Zeit bei einem Mann eine große Summe Silber hinterlegt hat. Der unerfahrene Tobias sucht sich daraufhin einen ortskundigen Reisebegleiter und findet einen Mann, der sich als Verwandter Tobits ausgibt, in Wahrheit aber der Engel Rafael ist.

### Die Erzengel

**Rafael offenbart sich als einer der sieben heiligen Engel, die Zutritt zu Gott haben. Im Judentum hat man allen sieben Namen gegeben. In der katholischen Kirche beschränkt man sich auf die in der Bibel genannten Michael, Rafael und Gabriel. In der orthodoxen Kirche verehrt man auch noch einen Uriel. Auch im Islam gibt es vier Erzengel: Mikail, Dschibril, Israfil und Azrael.**

### *Sieben tote Ehemänner*

Beim Baden im Tigris droht Tobias dann von einem Fisch verschlungen zu werden, fasst aber auf Rafaels Geheiß Mut, packt den Fisch und wirft ihn an Land. Den Fisch essen die beiden, Leber, Herz und Galle aber bewahrt Rafael auf. Anschließend führt er Tobias zu einem Verwandten namens Raguel. Dessen schöne und kluge Tochter Sara ist bereits siebenmal verheiratet worden, doch alle ihre Männer starben in der Hochzeitsnacht. Inzwischen wird sie von ihrer Umgebung als Mörderin verflucht und ist so verzweifelt, dass sie sterben möchte. Auch Tobias ist entsetzt, als Rafael ihm aufträgt, um Sara zu werben. Doch er gehorcht. In der Hochzeitsnacht verbrennt er gemäß Rafaels Weisung Herz und Leber des Fisches, befreit Sara damit von dem Dämonen, der ihre Bräutigame tötet, betet gemeinsam mit Sara und verbringt erst dann die Nacht mit ihr. Unterdessen hebt sein Schwiegervater schon ein Grab aus, damit die Nachbarn nicht merken, dass schon wieder ein Mann Saras gestorben ist. Tobias jedoch überlebt und ist plötzlich auch selbstständig geworden. Er bittet Rafael, für ihn in Ektabana die Schulden einzutreiben, da er selbst während der 14-tägigen Hochzeitsfeier, die Saras überglückliche Eltern ausrichten, schlecht abwesend sein kann und er die eigenen Eltern nicht unnötig warten lassen möchte. Diese zermürben einander unterdessen tatsächlich mit Vorwürfen. Als Tobias glücklich nach Hause zurückkehrt, heilt er auch noch mit der Fischgalle die Blindheit seines Vaters. Voller Dankbarkeit will er Rafael die Hälfte des neuerworbenen Vermögens überlassen. Daraufhin gibt sich dieser als Engel Gottes zu erkennen.

*Das Gemälde „Tobias und der Engel" (Öl auf Holz) aus der Werkstatt des italienischen Renaissancekünstlers Andrea del Verrocchio (1435–1488) befindet sich heute im Bestand der National Gallery in London. Einige Kunstexperten glauben zu erkennen, dass Verocchio die Ausarbeitung einiger besonders virtuos ausgeführter Details wie etwa den Fisch, das Hündchen oder die Locken des Tobias seinem Schüler Leonardo da Vinci (1452–1519) überließ. Damit würde es sich um das früheste erhaltene Arbeitszeugnis des Renaissance-Genies handeln.*

# Die Retterin ihres Volkes

## Sandro Botticelli, Rückkehr der Judith nach Bethulia, um 1470

Melancholisch, aber selbstbewusst kehrt Judith aus dem Lager des Holofernes in ihre Heimatstadt zurück. Über typischen Botticelli-Details wie reich geflochtenem Haar und bauschigen Gewändern geraten fast die schaurigen Insignien ihrer Tat aus dem Blick: das Krummschwert in ihrer Hand und das abgeschlagene Haupt auf dem Kopf ihrer Magd.

### *Stadt in Bedrängnis*

Wie schon Jael (siehe S. 55) tötet Judith einen Feind ihres Volkes im Schlaf. Doch die Geschichte, die das Buch Judith erzählt, ist weit komplexer. Demnach hat Holofernes, der oberste Feldherr des assyrischen Königs, in einem Rachefeldzug schon viele Völker grausamst unterworfen und droht als nächstes Israel dem Erdboden gleichzumachen. Das Schicksal des gesamten Volkes hängt davon ab, ob er die Stadt Bethulia einnehmen kann, die einen engen Pass über die Berge versperrt hält. Holofernes lässt die Quellen vor der Stadt besetzen. Die Bewohner verschmachten bald vor Durst und denken an Kapitulation. Der Stadtälteste plädiert dafür, noch fünf Tage durchzuhalten und auf ein Wunder zu hoffen. Judith jedoch, eine reiche Witwe, die als überaus schön, gottesfürchtig und weise beschrieben wird, lässt die Stadtältesten in ihr Haus holen und macht ihnen deutlich, dass sie auf keinen Fall kapitulieren dürfen.

### *Betörende Schönheit*

Danach legt sie ihre Witwentracht ab, badet und salbt sich mit feinstem Öl, richtet sich die Haare, legt Festkleidung und all ihren Schmuck an und geht zum Lager des Holofernes. Sie gibt vor, überlaufen zu wollen, da die Einwohner Bethulias Gott gegen sich aufgebracht hätten. Sie will Holofernes einen anderen Weg über das Gebirge zeigen, aber erst, wenn Gott es befiehlt. Der Feldherr ist betört von ihrer Schönheit, weist ihr ein Zelt zu und befiehlt seinen Leuten, Judith und ihre Magd jede Nacht zum Beten aus dem Lager zu lassen. Nach drei Tagen jedoch kann er seine Begierde nicht mehr bezähmen und lädt Judith zu einem Festmahl, um anschließend mit ihr zu schlafen. Doch ihre Gegenwart bringt ihn so in Erregung, dass er so viel trinkt wie noch nie in seinem Leben. Als er endlich mit ihr allein ist, ist er bereits vornüber auf sein Lager gesunken. Judith aber betet und schlägt dem Feldherrn dann mit seinem Schwert den Kopf ab. Diesen verpackt sie in einen Brotbeutel und verlässt mit ihrer Magd das Lager, als wolle sie wieder beten gehen.
Die Entdeckung der Tat erfüllt die Assyrer mit Entsetzen. Als die Einwohner von Bethulia einen Ausfall machen, fliehen sie in Panik. Die Israeliten feiern Judith, diese jedoch schenkt ihren Teil der Beute dem Tempel, zieht sich wieder auf ihre Güter zurück und erhört auch keinen ihrer zahlreichen Verehrer. „Es gab niemanden mehr, der die Israeliten in Judiths Tagen und lange Zeit nach ihrem Tod in Furcht versetzt hätte“, schließt die Erzählung.

### *Verwirrung um Nebukadnezar*

**Der historische Hintergrund, vor dem die Geschichte der Judith spielt, ist unklar. Die Bibel erzählt, Nebukadnezar, der König der Assyrer, habe im zwölften Jahr seiner Herrschaft Krieg gegen den König von Ektabana führen wollen. Die Völker des Westens aber verweigern ihm die Gefolgschaft. Deshalb schickt er Holofernes, um Rache zu nehmen. Dieses Szenario krankt jedoch daran, dass es keinen Assyrer-König Nebukadnezar gab, sondern nur babylonische Könige dieses Namens, zu denen aber die beschriebene politische Konstellation nicht passt.**

*Die Enthauptung des Holofernes zählt zu den beliebtesten Themen der abendländischen Kunst. Immer wieder wurde der Kontrast zwischen Judiths großer Schönheit und der Grauenhaftigkeit der Szene neu interpretiert. Wenige Künstler jedoch zeigen Judith so bedrückt wie Sandro Botticelli (1445–1510). Obwohl sie von der Rechtmäßigkeit ihres Tuns überzeugt ist, ist der Ausdruck ihres Gesichts nicht von Triumph, sondern von sanfter Schwermut geprägt. Das nur 31 cm hohe Gemälde (Öl auf Holz) ist in den Uffizien in Florenz zu bewundern.*

# Gefährlicher Gang zum eigenen Mann

## Konrad Witz, Esther vor Ahasver, um 1435

*Konrad Witz (um 1400–1445/46) schuf den Heilsspiegel-Altar etwa um 1435. Das Werk ist heute in Einzeltafeln zersägt, von den ursprünglich 16 Tafeln sind zwölf erhalten: Neun dieser Tafeln, darunter „Esther vor Ahasver", befinden sich heute im Kunstmuseum in Basel, zwei im Musée des Beaux-Arts in Dijon und eine in der Gemäldegalerie in Berlin.*

Unscheinbar und fast ein wenig deplaziert wirkt der Stab, den der Mann in Rot gegen die Frau in Grün richtet. Doch er ist wichtig. Denn der Mann, den der oberrheinische Maler Konrad Witz in bischofsähnliche Prachtgewänder gekleidet hat, ist der persische König Ahasveros. Niemand darf ungerufen vor ihm erscheinen. Wer es dennoch wagt, ist des Todes – es sei denn, der König richtet sein goldenes Zepter gegen ihn. Auch Esther, seine Gemahlin, muss mit dem Schlimmsten rechnen, als sie das Verbot übertritt.

### Heilsspiegel

Zu den Hauptwerken des spätgotischen Malers Konrad Witz aus Rottweil in Basel zählt der Heilsspiegel-Altar, den er vermutlich für die dortige Kirche St. Leonhard schuf. Heilsspiegel waren christliche Erbauungsbücher, die sich seit dem Spätmittelalter verbreiteten und nach dem Vorbild des „Speculum humanae salvationis" (lateinisch: „Spiegel des menschlichen Heils") entstanden, einer in lateinischer Reimprosa von einem deutschen Dominikaner am Anfang des 14. Jahrhunderts geschaffenen illustrierten Heilsgeschichte für Laien, in der Ereignisse des Alten Testaments und der antiken Geschichte als Vorläufer von Ereignissen des Neuen Testaments dargestellt werden. So erscheint Esther im 33. Kapitel des Heilsspiegels, indem sie für ihr Volk bittet, als eine Präfiguration der Fürbitterin Maria.

### *Der König und die Frauen*

Die Geschichte von Esther und Ahasveros gilt als Grundlage des jüdischen Purimfestes, eines Freudenfestes, das mit Maskenumzügen, Schlemmerei und Geschenken gefeiert wird. Die Erzählung im biblischen Buch Esther beginnt damit, dass der angetrunkene Ahasveros während eines Festmahls seine Gemahlin Waschti rufen lässt, damit er ihre Schönheit allen zeigen kann. Sie jedoch weigert sich, woraufhin er sie verstößt. Denn andernfalls, so meinen seine Ratgeber, riskiere er, dass alle Männer des Reiches in den Augen ihrer Ehefrauen verächtlich würden, wenn sie von der Aufsässigkeit der Königin hören. Um eine neue Königin zu finden, lässt Ahasveros dann aus dem gesamten persischen Reich ausgewählte Jungfrauen an seinen Hof bringen und ein Jahr lang mit Balsam und Myrrhe pflegen. Aus diesen wählt er schließlich Ester.

### *Esther vor Ahasveros*

Diese aber ist, was niemand bei Hof weiß, die Pflegetochter eines Juden namens Mordekai. Der zieht den Hass von Ahasveros' oberstem Ratgeber Haman auf sich, weil er nur vor Gott, jedoch nicht vor Haman die Knie beugt. Aus Rache redet Haman Ahasveros ein, dass die Juden im ganzen Reich sich renitent gegen den König zeigen. Mit der zusätzlichen Aussicht auf reiche Beute für die königliche Schatzkammer ringt er Ahasveros die Erlaubnis ab, an einem Lostag – Pur – alle Juden im persischen Reich vernichten zu lassen. Mordekai erfährt von dem königlichen Erlass und lässt Esther ausrichten, sie müsse unbedingt beim König die Rücknahme erwirken. Als diese auf die damit verbundene Lebensgefahr hinweist, erwidert er, dass sie in einer Zeit wie dieser nicht stumm bleiben könne. Esther bittet alle Juden in der Stadt, mit ihr drei Tage lang zu beten und zu fasten, dann fasst sie sich ein Herz und geht zum König. Das Buch Esther schildert die Szene zweimal. In der zweiten Fassung (Esther 15,1–17) fällt sie in Ohnmacht und erweicht erst so das Herz ihres Gemahls. Es gelingt ihr dann aber, den König von Hamans Intrige zu überzeugen. Er wird an dem Pfahl aufgehängt, den er für Mordekai hat errichten lassen, und statt seiner wird Mordekai oberster Ratgeber. Die Juden im Perserreich aber erhalten die Erlaubnis, an dem Tag, der für ihre Vernichtung vorgesehen war, ihrerseits gegen ihre Feinde vorzugehen.

# Judas, der Hammer, und seine Brüder

## Bible de Saint-Jean d'Acre, Illustrationen zum Buch der Makkabäer, 1250–54

Die Kreuzzüge standen offenkundig Pate für die Illustrationen der „Bible abregé de Saint-Jean d'Acre", und das ist auch kein Wunder, denn vermutlich wurde diese Kurz-Bibel in der Stadt Akkon für den französischen König Ludwig IX., den Heiligen, gemalt. Akkon war unter seinem damaligen Namen Saint-Jean d'Acre nach dem Verlust Jerusalems noch bis 1291 Hauptstadt des Königreichs Jerusalem und Ludwig der Heilige der letzte der europäischen Monarchen, der die Kreuzzugsidee aufrechterhielt. So liegt es auf der Hand, dass zu den 20 Büchern des Alten Testaments, die für die Akkon-Bibel illustriert wurden, auch das der Makkabäer gehört, die ebenfalls einen erbitterten Kampf um das „Heilige Land" führten.

*Der unbekannte Illustrator der Akkon-Bibel zeigt, wie die Seleukiden den Tempel schänden und die Bevölkerung niedermetzeln. Dann jedoch töten die Makkabäer die Königsgesandten und einen Juden, der dem Götzenbild opfert, was schließlich zum offenen Kampf führt. Die Bibel befindet sich heute in der Bibliothèque de l'Arsenal in Paris.*

### Der Freiheitskampf des Judas Makkabäus

Dieser Kampf brach im Jahr 168 v. Chr. zwischen der Partei der Makkabäer und den Truppen von König Antiochos IV. (um 215–164 v. Chr.) aus. Antiochos war Herrscher über das riesige Seleukidenreich, das aus dem Erbe Alexanders des Großen hervorgegangen war und von Kleinasien bis ins heutige Afghanistan reichte. Seit 200 v. Chr. gehörte auch Israel dazu. Das 1. Buch der Makkabäer, das nur in der katholischen und orthodoxen Bibel, nicht aber in der protestantischen und dem jüdischen Tanach enthalten ist, schreibt, dass Antiochos Jerusalem niederbrannte, den Tempel plünderte und mit Götzenbildern schändete und die israelitischen Bräuche verbot. Frauen, die ihre Kinder beschneiden ließen, seien samt dem Kind und allen Angehörigen, die davon gewusst hätten, getötet worden. Ein Priester namens Mattatias weigert sich dennoch, den heidnischen Göttern zu opfern. Als ihn Abgesandte des Antiochos aufsuchen, tötet er diese ebenso wie einen Landsmann, der das befohlene Opfer vollziehen will. Dann zieht er mit seinen fünf Söhnen und seinen Anhängern in die Berge. Es ist nun vor allem der mittlere Sohn Judas, genannt Makkabäus (der Hammer), der den Kampf gegen die Seleukiden anführt und im Jahr 165 v. Chr. Jerusalem einnehmen kann, wo er den Tempel neu weihen lässt. Die Erinnerung daran wird im Judentum mit dem Chanukka-Fest gefeiert.

### Die Hasmonäer

**Simon Makkabäus wurde nach seinem Sieg zum Priesterkönig von Judäa. Auf ihn geht die Dynastie der Hasmonäer zurück. 63 v. Chr. wurde das Land unter Aristobulos II. von den Römern erobert. Die Hasmonäer verloren das Königtum, durften aber ihr Priesteramt behalten. Im Jahr 40 v. Chr. erhoben die Römer jedoch ihren Statthalter Herodes zum König. Der ließ drei Jahre später den letzten Hasmonäer Aristobulos III. ertränken – obwohl dieser der Bruder seiner zweiten Gemahlin Mariamne war.**

### Sieg über die Seleukiden

Ein Jahr später werden die Makkabäer jedoch wieder aus Jerusalem vertrieben und es kommt erneut zu jahrelangen Kämpfen. 160 v. Chr. fällt Judas Makkabäus. Doch sein jüngster Bruder Jonathan führt den Kampf weiter. 143 v. Chr. gerät dieser in einen Hinterhalt und wird ermordet. Nun übernimmt der zweitälteste Bruder Simon und erreicht 142 v. Chr., dass die Seleukiden die Unabhängigkeit Judäas anerkennen. Die Historiker gehen allerdings davon aus, dass der Aufstand der Makkabäer weniger den seleukidischen Herrschern direkt galt als vielmehr jenen Schichten im eigenen Land, die die Einführung heidnischer Kulte und einen hellenistischen Lebensstil nicht nur duldeten, sondern gegen ihre konservativeren, streng religiösen Landsleute durchzusetzen versuchten. Unumstritten ist der letztendliche Sieg der Makkabäer-Partei.

# Prügelnde Engel

## Eugène Delacroix, Vertreibung des Heliodor, 1838

Der französische Maler Eugène Delacroix liebte Schlachten und andere dramatisch bewegte Szenen, sein Revolutionsgemälde „Die Freiheit führt das Volk" zum Ruhme der Julirevolution von 1830 ist eines der berühmtesten Bilder Frankreichs. Und doch sollte ausgerechnet er die Kapelle der Heiligen Engel in der Pariser Kirche Saint-Sulpice ausmalen, die während der Revolution stark beschädigt worden war. Ein Widerspruch? Nicht für Delacroix! Er fand genügend Engel, die in spannungsreiche Szenen verstrickt waren, auch wenn er dafür auf wenig bekannte biblische Geschichten wie die Vertreibung des Heliodor aus dem Tempel von Jerusalem zurückgreifen musste.

### *Die Rache des Tempelvorstehers*

Die Erzählung beginnt mit einem für das Alte Testament ungewöhnlichem Zustand: „Die heilige Stadt lag in tiefstem Frieden", heißt es (2. Makk 3,1). Dank der Frömmigkeit des Hohepriesters Onias habe man die Gesetze gewissenhaft eingehalten. Sogar Könige wie Seleukos von Asien wären in den Tempel gekommen und hätten ihn mit überaus wertvollen Geschenken bedacht. Aber diese Idylle ist nicht von Dauer. Ein Tempelvorsteher namens Simeon streitet sich mit Onias wegen der Marktordnung. Als er den Kürzeren zieht, wendet er sich an den Oberbefehlshaber über den Nahen Osten und schwärmt ihm von den unvorstellbaren Schätzen des Tempels vor. Dieser gibt die Nachricht an König Seleukos IV. weiter, der seinen Minister Heliodor aussendet, um den Tempelschatz zu konfiszieren.

### *Der Auftritt der Engel*

Heliodor kommt also nach Jerusalem und fordert dort die Herausgabe des Schatzes. Onias aber verweist darauf, dass im Tempel Gelder von ehrbaren Bürgern, auch Witwen und Waisen, hinterlegt seien. Heliodor jedoch lässt sich nicht erweichen. Als er sich mit seinen Bewaffneten aber gerade in der Schatzkammer befindet, stürmt ein Ross mit einem Reiter in goldener Rüstung in den Tempel, flankiert von zwei prachtvoll gekleideten Jünglingen von ungewöhnlicher Stärke und Schönheit. Sie schlagen auf Heliodor ein, bis er besinnungslos zu Boden geht. Die Begleiter des Sterbenden bitten Onias, für dessen Leben zu bitten, was dieser auch tut, um die Juden nicht in den Verdacht zu bringen, den königlichen Beamten ermordet zu haben. Heliodor wird geheilt, opfert Gott und erklärt König Seleukos IV., er solle nur noch Menschen nach Jerusalem senden, die er durchgeprügelt oder tot wiederhaben wolle.

### *Das 2. Buch der Makkabäer*

**Die Geschichte des Heliodor spielt einige Jahre vor dem Beginn des makkabäischen Aufstandes. Trotzdem ist sie im 2. Buch der Makkabäer zu finden. Das liegt daran, dass dieses Buch keine Fortsetzung, sondern eine Ergänzung des ersten ist. Allerdings eine, die an vielen Stellen im Widerspruch zum ersten stehen. Es gibt sogar noch ein 3. und ein 4. Buch, die aber nur in der Bibel einiger orthodoxer Kirchen zu finden sind. Im 3. Buch kommen die Makkabäer nicht einmal vor. Stattdessen erhält es legendenhafte Erzählungen über eine Verfolgung der Juden in Alexandrien durch den ägyptischen König Ptolemaios IV. Das 4. Buch beleuchtet die Ereignisse aus dem 2. Buch aus dem Blickwinkel der Stoiker.**

*Die „Vertreibung des Heliodor" (Öl auf Leinwand) aus dem Jahr 1838 ist nur ein Entwurf, ein sogenanntes Bozzetto, für eines der beiden großen Fresken, mit denen Eugène Delacroix (1798–1863) von 1858 bis 1861 die erste Südkapelle der Kirche Saint-Sulpice in Paris schmückte. Das Bozzetto befindet sich heute in der Nationalgalerie in Prag.*

# Gebete für jede Gelegenheit

## Vivian-Bibel Karls des Kahlen, König David mit Musikanten, um 845

*Die Illustration der karolingischen Vivian-Bibel zeigt König David umringt von anderen Musikern, die im Buch der Psalmen als Liedautoren genannt werden: Asaf, Heman, Etan und Jedutun. Neben David sind Angehörige der Krethi und Plethi zu sehen, zweier Volksgruppen, aus denen sich seine Leibwache rekrutierte. Das Instrument des Asaf links unten gilt als erste europäische Darstellung einer Leier mit Zupfbrett (Rotta). Die Bibel ist nach dem französischen Grafen Vivian benannt, der Mitte des 9. Jahrhunderts Laienabt von St. Martin von Tours war. Dort ließ er sie für König Karl den Kahlen erstellen, der sie dann wohl der Kathedrale von Metz stiftete. Heute wird sie in der Bibliothèque Nationale in Paris aufbewahrt.*

### *Psalmkompositionen*

Später dienten die Psalmen den Kirchenmusikern oft als Grundlage für eigene Kompositionen. So wurde der Psalm 130 (De profundis – Aus der Tiefe schreie ich zu dir) etwa von Orlando di Lasso, Johann Sebastian Bach, Christoph Willibald von Gluck, Felix Mendelssohn Bartholdy, Franz Liszt, Arvo Pärt, Krzysztof Penderecki und vielen anderen vertont. Und Psalm 23 (Der Herr ist mein Hirte) inspirierte Musiker wie Heinrich Schütz, Franz Schubert, Antonin Dvorak, Leonard Bernstein und natürlich wieder Johann Sebastian Bach.

Was ging in König David vor, als er vor seinen Feinden fliehen musste? Glaubt man dem Buch der Psalmen (56,5), dann betete er: „Auf Gott, dessen Wort ich preise, auf Gott vertraue ich ohne Furcht. Was kann mir ein Sterblicher antun?" 72 der 150 Psalmen der Bibel werden David zugeschrieben, teils mit Vermerken wie „als der Prophet Nathan zu ihm kam, nachdem er sich mit Bathseba vergangen hatte" oder „als er vor Saul in die Höhle floh". Andere Psalmen dagegen tragen Vermerke wie „Wallfahrtslied" oder „zum Weihrauchopfer". Wieder andere sind mit teils nicht mehr verständlichen musikalischen Hinweisen versehen wie „Mit Saitenspiel auf der Achten", „Zum Flötenspiel", „Nach Hinde der Morgenröte" oder „Nach der gitischen Weise".

### *Rätsel um König David*

Das Wort Psalm geht auf das griechische Wort „Psalmós" zurück, das „Saitenspiel" bedeutet und auf den Zusammenhang zwischen Psalmen und Musik verweist. Die Psalmen sind religiöse Lieder, die Lob, Dank, Hoffnung, Gottvertrauen, Freude und Trost, aber auch Klage, Verzweiflung oder Reue ausdrücken und offensichtlich meist mehrstimmig und mit Instrumentalbegleitung vorgetragen wurden. Die Bibelhistoriker gehen davon aus, dass die meisten erst in der Zeit nach dem babylonischen Exil entstanden, also ab dem späten 6. Jahrhundert v. Chr. Es ist jedoch möglich, dass einige deutlich älter sind und vielleicht sogar tatsächlich von König David stammen, den ja auch die anderen Schriften als leidenschaftlichen Musiker ausweisen, der seinen Gefühlen oft mit einem selbst verfassten Lied oder Zitherspiel Ausdruck verlieh.

### *Inspiration für Buchmaler und Komponisten*

Die Psalmen werden nicht nur im Judentum bis heute in den Gottesdiensten benutzt. Auch im frühen Christentum war das Buch der Psalmen lange Zeit das Gebets- und Gesangbuch schlechthin. Die Stundengebete der Ordensleute sind zum Beispiel weitgehend aus verschiedenen Psalmentexten komponiert, und auch viele Fürsten ließen sich in den Klöstern prachtvoll illustrierte Psalter erstellen: Gebetbücher, die entweder die Texte aller 150 Psalmen enthielten oder aber die Stundengebete samt aller Varianten, die zu verschiedenen Festtagen im Gebrauch waren. Im Widerspruch zur ursprünglichen Bedeutung des Namens Psalm und allen Anweisungen im Buch der Psalmen verzichtete das Christentum jedoch völlig auf instrumentale Begeleitung jeder Art. Stattdessen wurden die Verse der Psalmen im Wechsel gesungen oder auch durch eingeschobene Kehrverse ergänzt.

# Der aufsässige Dulder

## Werkstatt Lucas Cranach, Der aussätzige Hiob wird von seiner Frau verspottet, 1524

*„Mein Leib ist umkleidet von Maden und Krusten von Staub", klagt Hiob in der Bibel. „Meine Haut schrumpft und nässt." So drastisch stellte Lucas Cranach der Ältere (1472–1553) den Geschlagenen auch für eine Lutherbibel aus dem Jahr 1524 dar.*

Lucas Cranach betrieb eine erfolgreiche Werkstatt, die rund 5 000 Werke hervorbrachte, von denen man oft nicht genau weiß, ob sie vom Meister selbst stammen oder von seinen Schülern. 1522 gingen aus dieser Werkstatt die Illustrationen für Martin Luthers Neues Testament hervor, zwei Jahre später diejenigen für ein Altes Testament, für das Luther bis dahin die fünf Bücher Moses, die historischen Bücher und die poetischen wie das Buch Hiob übersetzt hatte.

### *Von Satan geschlagen*

Das Buch Hiob gilt als eines der großen Werke der Weltliteratur. Die Erzählung um den frommen Hiob befasst sich mit der Frage, wie es sein kann, dass Gott Leid zulässt. Hiob, so beginnt die Geschichte, war ein reicher und glücklicher Mann, darüber hinaus ein Musterbeispiel an Frömmigkeit, jedem Bösen fern. So viel Frömmigkeit wäre jedoch kein Wunder, erklärt Satan Gott eines Tages, schließlich habe Hiob ja alles im Überfluss. „Aber strecke einmal deine Hand aus und taste alles, was sein ist, an! Ob er dir dann nicht ins Angesicht flucht?" Gott nimmt die Herausforderung an und gesteht Satan zu, Hiob alles zu nehmen, nur töten dürfe er ihn nicht. Als Erstes lässt Satan Hiobs reiche Viehbestände und seine zehn Kinder umkommen. Hiob ist verzweifelt, in seinem Glauben aber bleibt er standhaft: „Der Herr hat gegeben, der Herr hat genommen, gepriesen sei der Name des Herrn." Daraufhin schlägt Satan ihn von der Fußsohle bis zum Scheitel mit Aussatz und Geschwüren. Hiob, so heißt es nun, sitzt in der Asche und schabt seine geschundene Haut mit einer Scherbe. Sein Leben ist ihm zum Ekel geworden.

### *Cranach in Wittenberg*

**Lucas Cranach kam 1501 nach Wittenberg und wurde dort einige Jahre später Hofmaler von Kurfürst Friedrich dem Weisen. Außerdem fungierte er erst als Kämmerer und später als Bürgermeister der Stadt. Die Cranach-Werke werden in dieser Zeit wohl mehr und mehr von seiner Werkstatt hergestellt, die zwei seiner Söhne leiteten. Cranach war mit den Reformatoren Melanchthon und Luther befreundet und war auch Luthers Trauzeuge. Gleichzeitig arbeitete er aber auch für Luthers großen Gegenspieler, den Kardinal Albrecht von Brandenburg.**

### *Das Unverständnis der anderen*

Besonders trifft es Hiob, dass unter seinem Unglück auch die menschlichen Beziehungen leiden. Seine Frau rät ihm höhnisch: „Fluche Gott und stirb!" Hiob jedoch nennt sie eine Törin, denn wenn man das Gute von Gott annehme, müsse man auch bereit sein, das Schlechte anzunehmen. Allerdings fällt auch ihm dies zusehends schwerer. Als drei seiner Freunde zu ihm kommen, beklagt er ausgiebig seine Lage. Die Freunde raten ihm zwar nicht, von Gott abzufallen, meinen aber, dass Hiob irgendetwas verbrochen haben müsse, da ihn Gott so strafe: „Bedenke doch, wer ging je schuldlos unter, und wo sind Redliche vernichtet worden?" Hiob jedoch bleibt hartnäckig. Er flucht Gott nicht, aber er beharrt auf seiner Unschuld: „An meiner Gerechtigkeit halte ich fest und lasse sie nicht". Gott jedoch sei allmächtig und könne auch den Gerechten bestrafen, den Frevler aber am Leben lassen. Hiob jedoch möchte wissen, warum Gott gerade ihn so schlägt, und fragt sich, ob Gott Leid nach menschlichen Maßstäben beurteile. Schließlich tritt Gott selbst auf. Hiob unterwirft sich und erklärt, er habe über Dinge geredet, die ihm nicht begreiflich seien. Gott akzeptiert das und gibt Hiob alles zurück, was ihm zuvor genommen wurde. Die drei Freunde aber tadelt er wegen ihrer falschen Reden und lässt sie nur auf Hiobs Fürbitte am Leben.

# Alles hat seine Zeit

## Edwaert Collier, Vanitas-Stillleben, um 1680

Schon das erste Wort des Buches Kohelet gibt Rätsel auf: Das hebräische Wort „häväl" bedeutet eigentlich Windhauch. „Windhauch der Windhauche, alles ist Windhauch", beginnt damit das Buch wörtlich. Für die lateinische Bibel wurde die Wendung „Vanitas vanitatum ommnia vanitas" gewählt (lateinisch „vanitas" = Leere, leerer Schein; eitles Vorgeben, nichtiges Treiben). Martin Luthers Übersetzung verwendet eitel im ursprünglichen Sinne von nichtig, er schrieb: „Es ist alles ganz eitel."

### *Suche nach dem Sinn des Lebens*

Diese Nichtigkeit bzw. die Mahnung an die Vergänglichkeit alles Irdischen ist das Grundmotiv des Buches Kohelet oder Prediger: „Was bleibt dem Menschen bei all seiner Mühe?", fragt es. „Alle Dinge hetzen sich müde, kein Mensch kann sagen wozu. Das Auge wird vom Sehen nicht satt, das Ohr vom Hören nicht voll. Was war, wird wieder sein, was geschah, wird wieder geschehen, und nichts Neues gibt es unter der Sonne." Der Text wird König Salomo in den Mund gelegt, stammt aber vermutlich erst aus dem 3. und 4. Jahrhundert v. Chr. Er stellt auch keineswegs eine einheitliche Abhandlung dar, die zu einem Ergebnis führt. Mal verfällt er in schwärzesten Nihilismus und beneidet die Toten (4,2), dann erklärt er, Gott habe alles auf Erden recht eingerichtet (3,11). Einmal werden der Wunsch nach Weisheit und das Grübeln über alle Dinge eine schlimme Plage Gottes genannt, die nur Eitelkeit und Jagen nach dem Wind sei (1,13–14), dann wieder heißt es, die Weisheit mache den Weisen stärker als zehn Gewaltige (7,19). Es wird dazu aufgefordert, das Leben auch im Diesseits zu genießen (9,7–10), andererseits gewarnt, sein Herz nicht an Materielles zu hängen: „Wer Geld liebt, bekommt nie Geld genug, und wer großen Reichtum liebt, nie Einkünfte genug." (5,9)

### *Ergebung in das Unabänderliche*

Dass die verschiedenen Erkenntnisse nebeneinanderstehen dürfen und die Widersprüche nicht aufgelöst werden, gehört zum Charakter des Buches. Im Gegensatz zu den meisten anderen Schriften der Bibel erhebt es auch keine radikalen Forderungen. Im Gegenteil: „Sei nicht allzu gerecht und übertrieben weise!", legt es seinen Lesern ans Herz (7,16-17): „Warum solltest du Enttäuschung erfahren?" Andererseits heißt es auch: „Frevle nicht allzu sehr und sei kein Tor!" Während andere biblische Bücher äußerst gottesfürchtige Helden präsentieren, stellt Kohelet fest: „Wahrlich, kein Mensch ist so gerecht auf Erden, dass er nur Gutes tut, ohne zu sündigen." (7,20). Letztlich empfiehlt das Buch Ergebung in jene Dinge, die man weder verstehen noch beeinflussen kann: „Alles hat seine Stunde, und es gibt eine Zeit für jegliche Sache unter der Sonne", heißt es im vielleicht bekanntesten Abschnitt (3,1–8), „Eine Zeit für die Geburt und eine Zeit für das Sterben, ... eine Zeit zu weinen und eine Zeit zu lachen, eine Zeit zu klagen und eine Zeit zu tanzen."

### *Die Weisheitsbücher*

**Das Buch Kohelet wird zusammen mit den Psalmen, dem Buch Hiob, dem Hohelied, dem Buch der Sprüche, dem Buch der Weisheit und dem Buch Jesus Sirach zu den Weisheitsbüchern der Bibel gezählt. Die drei letzteren allerdings führen ein Schattendasein, da sie nicht die zeitlose Relevanz und die literarische Qualität der vier anderen besitzen.**

*Vanitas-Stillleben waren vor allem im sinnenfrohen, aber auch gewaltsamen 17. Jahrhundert in Mode. Zahllose Künstler ergänzten in immer neuen Kompositionen auf kunstvolle Weise optisch reizvolle und/oder kostbare leblose Gegenstände mit Sinnbildern der Vergänglichkeit. Auch der Niederländer Edwaert Collier (1642–1708) erinnert die Betrachter mit dem Beginn des Kohelet-Buches, der Aufforderung „Memento mori" (lateinisch: Gedenke des Sterbens) und dem Totenschädel an die eigene Sterblichkeit.*

# Im Taumel der Liebe

## Domenico Morelli, Das Hohelied, 1890

Das Hohelied nimmt eine Sonderstellung in der Bibel ein, der Text ist ein Taumel aus Suchen und Finden, erfüllter Liebe und Sehnsucht, handfester Erotik und zarter Poesie. „Mit den Küssen seines Mundes küsse er mich! Ja, deine Liebe ist köstlicher als Wein." – Welche religiöse Schrift beginnt schon mit solchen Worten?

### *Eine Sammlung von Liebesliedern*

Das im hebräischen Original als „Lied der Lieder", von Martin Luther als „Das Hohelied Salomonis" benannte Buch findet sich in der sogenannten Weisheitsliteratur des Alten Testaments. Es wird manchmal als Liebesgeschichte zwischen König Salomo und einem Hirtenmädchen namens Sulamith gedeutet, da beide Namen im Text vorkommen. Im Grunde aber handelt es sich um eine Zusammenstellung verschiedener Liebeslieder, die wahrscheinlich bearbeitet wurden, um eine gewisse Einheitlichkeit zu erzielen. Viele der Texte besingen die Schönheit des Liebespartners, oft im Wechsel zwischen Mann und Frau. Dabei wird auch die Beschreibung von Schoß und Brüsten nicht gescheut. Andere Stellen beschreiben die quälende Sehnsucht nach dem Geliebten, wieder andere preisen die Freuden erfüllter Liebe. Die meisten sind aus der Sicht der Frau heraus geschrieben.

### *Verschlossener und geöffneter Garten*

Dass ein solcher Text überhaupt Eingang in die Bibel gefunden hat, liegt zum einen daran, dass er König Salomo zugeschrieben wurde. Im Jahr 90 diskutierte eine jüdische Synode dann seine Zugehörigkeit zur Tora. In der Folge setzte sich immer mehr die Deutung durch, dass das Lied eine Umschreibung der Liebe Gottes zu seinem auserwählten Volk sei, eine Sichtweise, die auch vom Christentum übernommen wurde. Besonders beliebt war das Hohelied im Mittelalter, als viele Mystiker ihre Gottesliebe in den glühendsten Farben ausmalten und dabei auch vor erotischen Bildern nicht zurückschreckten. Auch in die Marienverehrung wurden Bilder aus dem Hohelied aufgenommen, etwa der Vergleich der Braut mit einem verschlossenen Garten. Während zahlreiche Künstler aber die unberührte Schönheit Marias inmitten eines solchen „Hortus conclusus" darstellten, heißt es im Hohelied: „Mein Geliebter streckte die Hand durch den Spalt, da bebte mein Herz in Sehnsucht nach ihm." Die Braut verheißt, den Garten zu öffnen, der Bräutigam verspricht zu kommen und dort alle Freuden zu genießen.

*Der italienische Maler Domenico Morelli (1826–1901) gilt als einer der bedeutendsten neapolitanischen Künstler des 19. Jahrhunderts. Sein Gemälde „Das Hohelied" (Öl auf Leinwand) befindet sich heute in der Galleria Nazionale d'Arte Moderna in Rom.*

### *Die Kirche als Braut Christi*

Die Auslegung des Hoheliedes als Beschreibung der Liebe zwischen Jesus und der Kirche als seiner Braut in der christlichen Tradition liegt zum Beispiel auch dem Text einer der bekanntesten Kantaten von Johann Sebastian Bach zugrunde, „Wachet auf, ruft uns die Stimme", die der Barockkomponist 1731 schuf. Leitmotiv des Textes, der auf dem gleichnamigen Choral von Philipp Nicolai aus dem Jahr 1599 basiert, in dessen Strophen der unbekannte Dichter Rezitative und Arien einfügte, die auf Motive des Hohelieds anspielen, ist die bildliche Gleichsetzung der Verbindung zwischen Jesus und der gläubigen Seele mit einer Hochzeit.

# Der Verkünder des Messias

## Michelangelo, Der Prophet Jesaja, um 1509

*Michelangelo Buonarroti (1475–1564) flankierte sein großartiges Deckengemälde in der Sixtinischen Kapelle in Rom mit einem Wechsel von alttestamentarischen Propheten und römischen Wahrsagerinnen, sogenannten Sibyllen. Außer Jesaja hat er Jeremia, Ezechiel, Daniel, Joel, Jona und Sacharja ausgewählt.*

Der sprachgewaltige Jesaja gilt als der König der Propheten, als derjenige, der den Messias verkündet hat. „Das Volk, das in Finsternis wandelt, erschaut ein gewaltiges Licht", heißt es (Jes 9,1–6). „Jeder Soldatenstiefel, der polternd einher stampft, jeder Mantel, im Blut geschleift, wird verbrannt und im Feuer verzehrt. Denn ein Kind wird uns geboren, ein Sohn wird uns geschenkt, auf dessen Schulter die Herrschaft ruht." Worte, die im Christentum als eine Vorhersage der Geburt Christi gelten. Aber auch für die Juden ist die Prophezeiung über das Kind, das auf dem Thron Davids eine ewige Friedensherrschaft errichten wird, die älteste Ankündigung einer endzeitlichen Erlösergestalt.

### *Ein neuer Himmel und eine neue Erde*

Der Schreiber, Jesaja, der Sohn des Amos, lebte mit seiner Frau und zwei Söhnen im 8. Jahrhundert v. Chr. im Königreich Juda. Seine Berufung zum Propheten will er im Todesjahr des Königs Usija erhalten haben, das bedeutet etwa 740 v. Chr. Damals ging auch eine lange Friedenszeit zu Ende. Unter Usijas Nachfolgern geriet Juda von vielen Seiten unter Druck. Wie die meisten alttestamentarischen Propheten geißelt auch Jesaja die Sünden seiner Landsleute und ruft zu Umkehr und Buße auf. Dann werde auch Gott wieder bessere Zeiten kommen lassen, verspricht er. Doch er verkündet nicht nur vorübergehende Besserung, sondern prophezeit einen „neuen Himmel und eine neue Erde", ein Friedensreich, in dem „beim Lamm wird verweilen der Wolf, der Leopard lagert beim Böcklein." (11,6) Diese universale Friedensvision unterscheidet sich deutlich von älteren alttestamentarischen Texten, in denen es meist nur um einen Sieg des Volkes Israel über seine Feinde geht.

### *Eins, zwei oder drei?*

**Der historische Jesaja wirkte bis kurz vor 700 v. Chr. und erlebte so noch die Eroberung des Königreiches Israel durch die Assyrer. Passagen des Buches Jesaja handeln jedoch vom babylonischen Exil und der Befreiung durch den Perserkönig Kyros. Wenn man nicht tatsächlich von hellseherischen Fähigkeiten des Propheten ausgeht, muss ein Teil des Buches trotz des einheitlich wirkenden Stils also sehr viel später ergänzt worden sein. Manche Forscher gehen sogar von drei Autoren aus.**

### *Der Gottesknecht*

Auch die Gestalt des angekündigten Messias entspricht keinen gängigen Heldenklischees. Er wird nicht nur als Kind eingeführt, sondern auch als „Gottesknecht", der anfangs von allen verkannt und verachtet wird: „Von Menschen gemieden, ein Mann der Schmerzen, mit Krankheit vertraut", heißt es (53,3–12). „Man misshandelte ihn, und er beugte sich; er tat seinen Mund nicht auf wie das Lamm, das zur Schlachtbank geführt wird." Auch sein Wirken wird als sanft beschrieben: „Er schreit nicht und erhebt nicht seine Stimme, lässt sich nicht hören auf der Straße. Geknicktes Rohr zerbricht er nicht, glimmenden Docht löscht er nicht aus; in Treue bringt er das Recht." (42,3–4) Die christlichen Evangelien sind deutlich von dem Versuch gekennzeichnet, diese wohlbekannten Prophezeiungen auf Jesus zu beziehen. Auch die Jungfrauengeburt (7,14) und der stellvertretende Tod für die Sünden anderer finden sich schon bei Jesaja: „Und doch wurde er durchbohrt für unsere Frevel, zerschlagen wegen unserer Missetaten. Züchtigung für unser Heil lag auf ihm, durch seine Wunden wurde uns Heilung zuteil." (53,5)

# Die Katastrophe vor Augen

## Rembrandt, Jeremias, über die Zerstörung Jerusalems trauernd, 1630

Ein Mann ist gescheitert. Mit leerem Blick sitzt er neben Schätzen, die ihm nichts bedeuten. In der Ferne sind Krieg und Zerstörung zu erahnen, die Schreie der Verfolgten und der beißende Gestank der Feuer. Doch er schaut nicht hin, ist ganz versunken in seinem Schmerz. Rembrandt hat den Titel dieses Gemäldes nirgendwo festgehalten, die Kunsthistoriker gehen jedoch überwiegend davon aus, dass es den Propheten Jeremia bei der Zerstörung Jerusalems darstellen soll.

### *Zwischen Ägypten und Babylon*

Jeremia wirkte von etwa 626 bis 585 v. Chr. im Königreich Juda. Wie die meisten Propheten geißelt er die Verehrung fremder Götter und vergleicht die Reiche Israel und Juda mit treulosen Frauen. Als Strafe prophezeit er Juda, genauso unter Fremdherrschaft zu geraten, wie es Israel bereits geschehen ist. Nach dem Tod des frommen Königs Josia im Kampf gegen ägyptische Invasoren spitzt sich die Lage im Jahr 609 v. Chr. tatsächlich zu. Der neue König Jojakim ist innenpolitisch ein Despot und außenpolitisch glücklos. Nachdem er sich zunächst der Oberherrschaft Ägyptens unterwerfen muss, wird Juda 605 v. Chr. von den Babyloniern erobert, die kurz zuvor die lange so allmächtigen Assyrer ausgeschaltet haben. Jojakim muss sich nun in die Rolle eines babylonischen Vasallenkönigs fügen. Als vier Jahre später der babylonische König Nebukadnezar II. aber eine Niederlage gegen Ägypten erleidet, glaubt Jojakim die Tributzahlungen an Babylon einstellen zu können. Jeremia übt heftigste Kritik an diesem König und wird dafür verfolgt und misshandelt. Den Propheten Uria, der wie Jeremia Jerusalem und Juda Unheil ankündigt, lässt Jokakim sogar hinrichten.

### *Das babylonische Joch*

Im Jahr 597 v. Chr. schlagen die Babylonier zurück. Sie erobern Jerusalem, plündern einen Teils des Tempelschatzes und nehmen viele Vornehme als Geiseln. Jeremias erklärt diesen, all das sei Gottes Wille. Sie sollen sich in ihr Los schicken und in Babylon ein frommes, aber normales Leben führen. Irgendwann werde Gott sie wieder befreien. Außerdem legt er sich selbst ein hölzernes Joch auf den Nacken und ruft auch die verbliebene Bevölkerung Judas auf, sich unter das Joch Babylons zu beugen. Ein anderer Prophet namens Chanaja jedoch verkündet, Gott werde innerhalb von zwei Jahren Babylon stürzen und den Tempelschatz zurückbringen. Er nimmt Jeremia das symbolische Joch ab und zerbricht es. Der neue König, Jojakims Bruder Zedekia, schlägt Jeremias Warnungen ebenfalls in den Wind und versucht eine Allianz mit Ägypten gegen Babylon zu schmieden. Jeremia aber wird eingekerkert und kann die Katastrophe, die er vorausgesehen und beklagt hat, nicht mehr verhindern. Im Jahr 586 v. Chr. erobert Nebukadnezar II. Jerusalem erneut, zerstört den Tempel und führt nun einen Großteil der Bewohner in Gefangenschaft. Jeremia bleibt in Juda zurück. Rembrandt zeigt ihn als einen, der auf seine wiedererworbene Freiheit genauso wenig gibt wie auf die Geschenke, die er bei seiner Freilassung von Nebusaradan, dem Leibwachenkommandanten Nebukadnezars, erhalten hat.

### *Die Klagelieder*

**Dem Buch Jeremia folgen in der Bibel die Klagelieder. Sie sind im Versmaß der jüdischen Totenklage verfasst und beweinen den Fall Jerusalems. Traditionell werden sie ebenfalls Jeremia zugeschrieben, was in der neueren Forschung jedoch kaum mehr Zustimmung findet. Der Verfasser könnte allerdings tatsächlich ein Augenzeuge der Zerstörung gewesen sein.**

*Für die Figur des greisen Jeremia ließ Rembrandt (1606–1669) seinen eigenen Vater Modell sitzen, der kurz nach der Vollendung des Bildes verstarb. Das Gemälde (Öl auf Holz) befindet sich seit 1939 im Rijksmuseum in Amsterdam.*

# Der große Visionär

## Tobias Fendt, Die Vision Ezechiels, 1565

*„Die Vision Ezechiels" (Öl auf Buche) gilt als das Meisterwerk von Tobias Fendt (um 1525/30–1576), der in den Niederlanden geboren wurde, seine Ausbildung in Lüttich erhielt und spätestens ab 1565 in Breslau lebte. Das Bild war Bestandteil eines Epitaphs, das für eine Frau namens Magdalena Mettel in der Magdalenenkirche in Breslau gestaltet wurde, und befindet sich heute im Nationalmuseum der Stadt.*

### *Verbotene Lektüre*

**Wegen seiner zahlreichen rätselhaften Visionen und Gleichnisse spielt das Buch Ezechiel eine herausragende Rolle in der Kabbala, der jüdischen Mystik, in der mündlichen jüdischen Überlieferung und in der christlichen Mystik. Traditionell ist die Lektüre im Judentum nur Gläubigen erlaubt, die mindestens 30 Jahre alt sind.**

Welch ein Gewimmel aus nackten Leibern! Männer und Frauen, Alte und Junge durcheinander, manche noch schlafend, andere sich windend, als würden sie ihren Körper und seine Funktionen erst erproben müssen, dazwischen totes Gebein. Ebenso seltsam und eindrucksvoll ist die zugrundeliegende Bibelstelle im Buch Ezechiel (37,1–14). Der Prophet berichtet, wie Gott ihn im Geist in ein Tal führt, das mit verdorrten Gebeinen übersät ist. Auf Weisung des Herrn streckt Ezechiel die Hand aus und befiehlt den Knochen, wieder lebendig zu werden. „Da entstand ein Rascheln, während ich weissagte, und siehe da, es gab ein Rauschen; die Gebeine rückten aneinander, Knochen zu Knochen. Ich schaute, und siehe, Sehnen bildeten sich an ihnen, Fleisch wuchs empor, und Haupt spannte sich oben darüber." Als Ezechiel das zweite Mal die Hand ausstreckt, strömt auch wieder Geist in die toten Körper.

### *Begegnung mit der Herrlichkeit des Herrn*

Der Prophet will seine Berufung im Jahr 592 v. Chr. in einem Flusstal bei Babylon erhalten haben, also zwischen der ersten und der endgültigen Eroberung des Königreichs Juda durch die Babylonier. Er beschreibt auf das Eindrucksvollste, wie ihm die Herrlichkeit Gottes, getragen von Cherubim, inmitten von Sturm, Wolken und loderndem Feuer erschienen sei und ihm den Auftrag gegeben habe, den abtrünnigen Söhnen Israels zu predigen. Auch nach diesem Auftakt entwickelt sich die Mission weiter sehr dramatisch. Ezechiel wird von einem Engel an seinem Haarschopf gepackt und nach Jerusalem entrückt, verstummt auf Zeit und muss immer wieder symbolische Handlungen vollziehen – wie eine Buchrolle essen, von unreiner Speise leben oder seine Barthaare auf verschiedenste Weise vernichten –, um zu demonstrieren, wie Gott mit den Sündern verfahren wird.

### *Religiöse Reform*

An vielen Stellen des Buches zeigt sich jedoch schon der Wandel, den das Judentum im babylonischen Exil durchlaufen hat: weg vom Tempel- und Opferkult hin zu einer verstärkten Diskussion der Schriften und den sich daraus ableitenden Forderungen an die persönliche Gerechtigkeit. Der Gerechte verzichte nicht nur auf Götzendienst, sondern schände auch nicht die Frau seines Nächsten, sagt Ezechiel (18,6-9), unterdrücke niemanden, begehe keinerlei Raub, sondern spende den Hungrigen Brot und bekleide die Nackten. Er leihe nicht auf Zins, begehe keinen Frevel und spreche wahrheitsgetreu Recht zwischen den Parteien. Gott aber werde niemanden für die Sünden seiner Väter, sondern immer nur für eigene Vergehen strafen. Auch werde der Herr als guter Hirte einst die Gerechten wieder aus der Zerstreuung sammeln und auf fette Weide in die Berge Israels bringen. Die Erweckung der Totengebeine wird als die Wiederbelebung der erstorbenen Hoffnung gedeutet. Das Buch schließt mit einer detailreichen visionären Beschreibung eines neuen Jerusalems mit neuem Tempel und neuen Gesetzen, die etwa auch Fürstenwillkür beschränken.

# Unter wilden Tieren

## Hosios-Lukas-Kloster, Der Prophet Daniel in der Löwengrube, um 1030

*Das im Jahr 946 gegründete Hosios-Lukas-Kloster in der Nähe von Delphi gehört zum Weltkulturerbe der UNESCO. Außer dem Propheten Daniel sind auf den Mosaiken (um 1030) auch seine drei Freunde im Feuerofen verewigt.*

### *Die drei Männer im Feuerofen*

Es gibt noch eine weitere Geschichte aus dem Buch Daniel, die häufig dargestellt wurde (3,1 f.). Eines Tages lässt der launische König Nebukadnezar ein goldenes Standbild anfertigen, vor dem sich jeder niederwerfen muss. Daniels Freunde Chananja, Mischael und Asarja, in Babylon auch Schadrach, Meschach und Abednego genannt, tun dies jedoch nicht und werden in einen glühenden Feuerofen geworfen. Nebukadnezar ist so wütend, dass er den Ofen derart anfeuern lässt, dass die Schergen, die die drei Freunde dort hineinwerfen, dabei sterben. Die vermeintlichen Opfer aber wandeln in den Flammen umher und loben Gott, da ein Engel ihnen Kühlung verschafft.

Daniel in der Löwengrube ist ein beliebtes Motiv in der Kunst des Mittelalters und der Frühen Neuzeit. Die byzantinischen Künstler im griechischen Hosios-Lukas-Kloster legten bei ihrer Darstellung auf einen anbetungswürdigen Propheten Wert. Die beiden demütigen kleinen Löwen zu Füßen Daniels fungieren vor allem als Attribut, um Daniel zweifelsfrei zu identifizieren.

### *Der Traumdeuter*

Daniel war noch ein Knabe, als Nebukadnezar Jerusalem eroberte. Zusammen mit anderen adeligen israelitischen Jungen wird er an den königlichen Hof geholt, um dort zu arbeiten. Daniel gewinnt schnell die Gunst des Königs, da er seine Träume deuten kann. Eine Bildsäule aus Edelmetall mit tönernen Füßen deutet Daniel beispielsweise als das morsche babylonische Weltreich. Daniel wird auch gerufen, als eines Tages plötzlich die Schrift „Menetekel" an der Wand des Palastes von Nebukadnezars Nachfolger Belsazar erscheint. Daniel sagt ihm daraufhin sein baldiges Ende voraus.

### *Die Falle der Neider*

Nach der prophezeiten Eroberung Babylons durch den Perser Kyros II. wird Daniel Beamter seines Nachfolgers Darius (Dan 6,1 ff.) und übertrifft alle anderen Beamten am königlichen Hof. Daraufhin drängen diese Darius, einen seltsamen Befehl zu erlassen: Jeder, der innerhalb der nächsten 30 Tage etwas von einem Menschen oder Gott erbitte, mit Ausnahme des Königs selbst, solle in die Löwengrube geworfen werden. Daniel aber betet trotz dieses Erlasses täglich zu Gott, woraufhin sich der König gezwungen sieht, ihn trotz aller Zuneigung zu opfern. Darius, so heißt es, habe unter Fasten die Nacht verbracht und nicht schlafen können. Am Morgen läuft er gleich zur Löwengrube und ruft mit schmerzerfüllter Stimme: „Daniel, Diener des lebendigen Gottes! Konnte dein Herr, dem du so unablässig dienst, dich vor den Löwen erretten?" Daniel antwortet, Gott habe einen Engel gesandt, der den Löwen die Rachen verschlossen habe. Daraufhin bekennt sich auch Darius zum christlichen Gott. Es gibt im Kapitel 14 jedoch noch eine zweite Variante der Geschichte: Hier ist Daniel Beamter von Darius' Vorgänger Kyros II. Als er einen Drachen tötet, den die Babylonier verehren, verlangt das Volk seinen Tod. Kyros wirft Daniel sieben Tage lang in eine Grube mit sieben Löwen, die den Propheten jedoch auf Gottes Geheiß hin verschonen. Außerdem bringt ein Engel den Propheten Habakuk mit Essen zu Daniel, damit dieser nicht hungern muss. Auch Kyros befiehlt anschließend seinem ganzen Volk, den Gott der Israeliten zu fürchten. Tatsächlich waren aber sowohl Darius als auch Kyros fromme Zarathustra-Anhänger.

# Abrechnung mit den Voyeuren

## Rembrandt, Susanna und die beiden Alten, 1636

Susanna, so berichtet das Buch Daniel (Dan 13,1–64), war die schöne und gottesfürchtige Frau eines angesehenen Mannes namens Jojakim. Zwei hoch angesehene alte Richter, die Jojakim oft aufsuchen, erblicken sie beim Spaziergang in ihrem Garten, „entbrannten in Begierde nach ihr" und lauern ihr fortan regelmäßig auf. An einem heißen Tag nun beschließt Susanna im Garten zu baden. Sie schickt ihre Mägde weg, ihr Öl und Salben zu bringen, und befiehlt ihnen noch, den Garten zu verschließen, damit sie unterdessen ungestört ist. Kaum sind die Dienerinnen verschwunden, kommen die beiden Alten aus ihrem Versteck und drohen unverblümt: „Wir haben heftige Begierde nach dir, darum sei uns zu Willen und lass dich mit uns ein! Falls nicht, so werden wir gegen dich bezeugen, dass ein Jüngling bei dir war." Susanna jedoch schreit um Hilfe. Die Männer tun dergleichen und machen so ihre Drohung wahr.

### *Dramatische Wendung vor Gericht*

Sie zerren Susanna vor Gericht, lassen sie dort entschleiern, „um sich an ihrer Schönheit zu laben", und schildern detailreich, wie sie ihr Opfer in flagranti mit ihrem Liebhaber ertappt hätten, dieser aber, „weil er uns an Kraft übertraf", entkommen konnte. „Die versammelte Gemeinde aber", heißt es, „schenkte ihnen als den Ältesten und Richtern des Volkes Vertrauen." Trotz ihres bislang makellosen Rufes wird Susanna zum Tode verurteilt. Sie befindet sich schon auf dem Weg zur Hinrichtung, als Gott ihr Flehen erhört und „den heiligen Geist eines noch jungen Mannes, der Daniel hieß", erweckt. Dieser macht den Israeliten heftige Vorwürfe, dass sie ohne sichere Feststellung eine der ihren verurteilen. Tatsächlich erreicht er eine Wiederaufnahme des Verfahrens. Dort lässt er sich von beiden getrennt den angeblichen Ehebruch schildern, und als der eine auf Nachfrage beschwört, der Frevel habe unter einem Mastixbaum stattgefunden, der andere aber eine Eiche nennt, sind die beiden Schurken überführt. Statt Susanna werden nun sie hingerichtet.

### *Der Betrachter als Voyeur*

Nicht weniger als etwa 1400 Werke der bildenden Kunst widmen sich dem Thema der schönen Susanna im Bade: Ließen sich doch zahllose Künstler verschiedener Epochen die Möglichkeit nicht entgehen, das biblische Motiv als einen legitimen Anlass zur Aktdarstellung zu nutzen. Doch wo befinden sich auf Rembrandts 1636 geschaffenem Gemälde die beiden lüsternen alten Männer? Während der Betrachter noch im Dunkel hinter Susannas Rücken nach ihnen sucht, wird mit einem Mal deutlich, dass der erschreckte Blick und die abwehrende Geste der jungen Frau natürlich den Eindringlingen gelten, sich diese also genau dort befinden, wo man selbst steht. Unversehens wird der Kunstliebhaber zum Voyeur und muss sich fragen, ob sein Blick wirklich der Fertigkeit des Malers gilt oder nicht doch vielmehr den Reizen der Abgebildeten. Gut zehn Jahre später, 1647, vollendete Rembrandt ein weiteres Susanna-Bild, das sich heute im Besitz der Berliner Gemäldegalerie befindet: Auf diesem nähern sich die beiden Alten Susanna in ihrem Rücken, der Blick der jungen Frau aber ist weiterhin auf den Betrachter des Bildes gerichtet, der erneut in verstörender Weise zum Voyeur nun der gesamten Szene wird.

### *Bibel oder nicht?*

**Die Geschichte von Susanna und den beiden Alten ist in der katholischen Bibel ein Anhang zum Buch Daniel. Den Juden und Protestanten dagegen gilt sie als apokryphe Schrift, die nicht zur Bibel gehört, obwohl sie einen der biblischen Propheten zum Helden hat.**

*Indem Susanna ihren abwehrenden Blick auf den Betrachter von Rembrandts (1606–1669) meisterhaftem Gemälde richtet, wird dieser an die Stelle der beiden Alten versetz, die die junge Frau lüstern bedrängen. Das Bild (Öl auf Holz) ist im Mauritshuis in Den Haag zu bewundern.*

# Der widerspenstige Prophet

## Brevier Ferdinands des Katholischen, Jonas und der Wal, um 1515

*„Wegen mir herrscht dieser Sturm", sagt Jonas auf dem Spruchband im Hintergrund des Bildes, „In vierzig Tagen wird Ninive zerstört", auf dem vorderen. Das Brevier des Königs Ferdinand (1452–1516) befindet sich heute im Diözesanmuseum von Köln.*

Ferdinand von Aragon wurde berühmt, weil er zusammen mit seiner Frau, Isabella von Kastilien, Kolumbus Richtung Amerika schickte und Spanien endgültig aus der Hand der Mauren befreite. Er war ein frommer, aber auch skrupelloser Herrscher, der nicht nur die spanischen Moslems, sondern auch die Juden verfolgen ließ und sich anschickte, auch deren Kultur zu zerstören. Kurz vor seinem Tod ließ er sich ein kostbares Brevier (auch „Stundenbuch") malen. Die Darstellung des Propheten Jonas enthält gleich mehrere Szenen seiner dramatischen Geschichte.

### Flucht vor Gott

Das Buch Jonas ist der vierte Teil im Buch der zwölf kleinen Propheten, das das Alte Testament abschließt. Zu Beginn erhält Jonas von Gott den Auftrag, nach Ninive zu gehen und dort wider die Stadt zu predigen, da ihre Bosheit zu Gott heraufgedrungen sei. Der Auftrag behagt dem Berufenen ganz und gar nicht, sodass er zunächst versucht, auf einem Schiff nach Tarsis zu fliehen. Doch Gott lässt dieses in einen schweren Sturm geraten. Die Besatzung wirft Lose, um vom Schicksal den Schuldigen für diese Heimsuchung des Schiffs zu erfragen. Das Los fällt auf Jonas als Grund des Übels. Der gesteht seine Schuld auch ein und schlägt demütig vor, man solle ihn ins Meer werfen. Die Seeleute versuchen jedoch zunächst aus eigenen Kräften wieder an Land zu kommen. Doch als der Sturm immer heftiger wird, beten sie zu Gott, dass er ihnen Jonas' Tod nicht anrechnen möge, und werfen ihn über Bord. Der Sturm ebbt schlagartig ab. Jonas aber wird von einem großen Fisch verschlungen.

### Das Stundenbuch

**Mitte des 13. Jahrhunderts kamen bei frommen Laien neue Gebetsbücher in Mode. Statt der bis dahin üblichen Psalter mit den Texten der Psalmen ließ man sich jetzt Breviere oder Stundenbücher anfertigen. Breviere waren eigentlich für Geistliche gedacht, damit diese die Stundengebete der Mönche mitbeten konnten. Später gab es sogar eine Verpflichtung für alle katholischen Priester, täglich ihr Brevier zu lesen. In den Stundenbüchern der Laien dagegen wurden die Texte der acht Gebetszeiten oft nur teilweise übernommen, aber dafür mit anderen Gebeten für bestimmte Anlässe ergänzt. Besonders beliebt waren Marien- und Totenandachten sowie Heiligenlitaneien und Leidensmeditationen.**

### Drohung gegen Ninive

Im Bauch des Fisches betet Jonas drei Tage und Nächte lang, bevor er wieder an Land gespuckt wird. Der Prophet geht nun nach Ninive und verkündet, dass die Stadt in 40 Tagen untergehen wird. Die Bewohner erschrecken, rufen ein Fasten aus und legen Bußgewänder an. Sogar der König setzt sich in den Staub und verkündet, dass selbst das Vieh fasten und in Bußgewänder gehüllt werden solle. Da reut Gott seine Drohung und er nimmt sie zurück. Jonas jedoch macht die vermeintliche Inkonsequenz Gottes zornig. Er argumentiert zudem, er habe nur deshalb fliehen wollen, weil er schon zuvor gewusst hätte, dass Gott zu barmherzig und langmütig sei, Ninive wirklich zu vernichten. Während dieses „Diskurses" sitzt er unter einer Rizinusstaude, die ihm Schatten spendet. Gott jedoch lässt die Staude verdorren und schickt seinem Propheten zudem einen glühend heißen Ostwind. Als Jonas zu sterben wünscht, stellt ihn Gott schließlich zur Rede: Jonas sei über das Ende des Rizinus empört, den er noch nicht einmal selbst habe wachsen lassen, ihm selbst aber solle es nicht leidtun um Ninive mit seinen 120 000 Bewohnern? Jonas muss sein Unrecht daraufhin einsehen.

DISCIPVLIS
ERAT VENTVS CONTRARIVS
ET ASCENDIT IHC
AD ILLOS IN NAVI
ET CESSAVIT
VENTVS.

# DAS NEUE TESTAMENT

# Aus der Wurzel Jesse

## Ingeborg-Psalter, Die Wurzel Jesse, um 1210

Im Zentrum des Neuen Testaments steht Jesus von Nazareth. Aber es beginnt nicht mit seiner Geburt, sondern mit seiner Abstammung. Der Evangelist Matthäus präsentiert eine lückenlose Ahnenreihe, die über 40 Stationen von Abraham zu Jesus Vater Joseph führt. Isaak und Jakob sind darin ebenso vertreten wie Juda und Tamar sowie Boas und Ruth. Von diesen setzt sich der Stammbaum fort zu den Königen David, Salomon, Rehabeam, Usija, Josia und Jojakim. Der Evangelist Lukas geht sogar bis Adam zurück, führt die Abstammung Josephs aber nicht auf Salomon, sondern auf dessen Bruder Natan zurück. Matthäus und Lukas berichten allerdings beide, dass Joseph gar nicht Jesu leiblicher Vater gewesen sein soll. Warum also halten sie dessen Abstammung trotzdem der Erwähnung wert?

### *Verweis auf die Propheten*

Die Antwort findet sich im Buch des Propheten Jesaja. Dieser kündigt den Messias mit den Worten an: „Doch wächst hervor ein Reis aus Isais Stumpf, ein Schößling bricht aus seinen Wurzeln hervor." (Jes 11,1) Isai aber war der Vater von König David. Sein korrekter hebräischer Name lautet Yishai, woraus in den griechischen und lateinischen Bibelübersetzungen Isai bzw. Jesse wurde. Nach allgemeiner Überzeugung sollte also der angekündigte Messias aus dem Geschlecht Davids stammen, weshalb es Matthäus und Lukas wichtig ist zu betonen, dass dies bei Jesus der Fall ist – auch wenn Joseph nur sein gesetzlicher Vater sei. Auch an anderen Stellen verweisen die vier Evangelisten, insbesondere Matthäus, immer wieder auf das Alte Testament, um zu zeigen, dass die Vorhersagen der Propheten auf Jesus zutreffen. Immer wieder heißt es auch: „Das tat er, damit sich die Schrift erfüllte."

### *Auflösung der Widersprüche*

Vor allem in der mittelalterlichen Buchmalerei war die „Wurzel Jesse", die sich als Stammbaum dekorativ gestalten ließ, ein außerordentlich beliebtes Motiv. Die Ungereimtheiten versuchte man argumentativ aufzulösen. Zum Beispiel erklärte bereits der Kirchenvater Eusebius von Caesarea im 3. Jahrhundert die Widersprüche zwischen den Ahnentafeln bei Matthäus und Lukas damit, dass der Vater von Joseph mütterlicherseits einen älteren Halbbruder gehabt haben müsse, dessen Witwe er geheiratet habe. Damit habe Joseph nach alter jüdischer Tradition auch als Nachkomme von diesem älteren Bruder gegolten, der väterlicherseits von einer anderen David-Linie abgestammt habe. Andere Deutungen gingen dahin, dass auch Maria aus dem Haus Davids gestammt habe. Da sie eine Erbtochter ohne Brüder gewesen sei, habe Joseph – ebenfalls nach alter mosaischer Vorschrift – ihre Familie als die seine annehmen müssen. Der anonyme Künstler des Ingeborg-Psalters jedenfalls lässt aus dem schlafenden Jesse einen Baum erwachsen, der David, Salomon, Maria und Jesus trägt. Joseph ist nach rechts unten neben Jesse verbannt.

### *Wer ist das Röslein?*

Auch das Weihnachtslied „Es ist ein Ros entsprungen" thematisiert die „Wurzel Jesse". In der ursprünglichen katholischen Version von 1599 heißt es in der 2. Strophe: „Das Röslein, das ich meine, davon Jesaja sagt, ist Maria die reine, die uns das Blümlein bracht." In der protestantischen Fassung von 1609 aus der Feder von Michael Praetorius dagegen heißt es: „Das Röslein, davon Jesaja sagt, hat uns gebracht alleine, Marie die reine Magd." Im katholischen Urtext ist also Maria das „Röslein" – wobei im Rahmen der Marienverehrung deren Jungfrauschaft besonders betont wird („Maria die reine") –, in der evangelischen Umdichtung ist das Röslein Jesus.

*Flankiert von den Propheten Amos, Daniel und Malachias, zwei Engeln, einer Sibylle, dem Propheten Ezechiel und Joseph zeigt das Ingeborg-Psalter die vier wichtigsten Nachkommen Jesse. Es wurde in Nordfrankreich für Königin Ingeborg (um 1175–1236), die dänische Gemahlin des französischen Königs Philipp II. August, angefertigt und gilt wegen seiner ausdrucksvollen Figuren als ein Meisterwerk der Frühgotik. Heute wird es im Musée Condé in Chantilly aufbewahrt.*

# Ein Mann für die Jungfrau

## Raffael, Die Vermählung der Maria, 1504

*Raffaels (1483–1520) Gemälde „Die Vermählung der Maria" (Öl auf Holz), das heute in der Pinacoteca di Brera in Mailand zu sehen ist, ist deutlich von seinem Lehrer Perugino (um 1445–1523) beeinflusst. Dieser wiederum war ein Schüler von Piero della Francesca (1420–1492), der als Erster die Probleme der perspektivischen Darstellung in der Malerei löste.*

Maria, die Mutter Jesu, war das Lieblingsmotiv des berühmten italienischen Renaissancemalers Raffael Santi. Er hat sie in den unterschiedlichsten Varianten gemalt. Zu seinen frühen Meisterwerken gehört die „Vermählung Marias" für die Kirche San Franceso in dem umbrischen Städtchen Città di Castello.

### Informationsbedarf wird gedeckt

Die abgebildete Szene ist nicht Gegenstand der biblischen Überlieferung. Auch in der Bibel selbst ist wenig über Maria zu erfahren. Matthäus und Lukas erwähnen, dass sie mit einem Zimmermann namens Joseph verlobt war, bevor der Engel Gabriel zu ihr kam. Als sie dann schwanger wurde, so Matthäus, habe Joseph zuerst die Verlobung lösen wollen, Maria auf Geheiß eines Engels aber schließlich doch geheiratet. Ob sie eine glückliche Ehe führten und was für Menschen Jesu Eltern eigentlich waren, interessierte die Evangelisten nicht. Ihnen ging es vor allem darum, den Heilsplan Gottes darzustellen. Umso begieriger war man in späterer Zeit, mehr über jene Frau zu erfahren, die Gottes Sohn zur Welt gebracht haben soll. In vielen der sogenannten „apokryphen" Evangelien, die von der Kirche offiziell nicht anerkannt werden, geht es bevorzugt um Maria. Die wichtigste Quelle, auf die sich Künstler wie Raffael beriefen, ist das Protoevangelium des Jakobus, das wohl in der zweiten Hälfte des 2. Jahrhunderts entstand.

### Das Mädchen im Tempel

Jakobus, oder wie immer der Verfasser dieser Schrift wirklich hieß, beginnt mit der Geburt Mariens. Ihre Eltern Joachim und Anna sind fromme, aber kinderlose Leute – ein Zustand, der von ihrer Umgebung als Strafe Gottes interpretiert wird. Beide beten verzweifelt um Nachwuchs und weihen ihn dem Tempel. Als Maria dann geboren wird, wird von Anfang an großes Aufheben um sie gemacht. Anna baut ihr ein Heiligtum in ihrem Schlafgemach, damit sie mit nichts Unreinem in Berührung kommt, und Joachim lädt zu ihrem ersten Geburtstag das ganze Volk Israel ein. Als Maria drei Jahre alt ist, wird sie in einer feierlichen Prozession in den Tempel gebracht. Dort wächst sie als das schönste, tugendhafteste und gehorsamste Mädchen heran, wird von allen geliebt und von einem Engel gespeist. Als sie aber zwölf Jahre alt geworden ist, suchen die Priester für sie einen Mann, damit sie mit ihrer Monatsblutung nicht den Tempel verunreinigt. Sie rufen alle rechtschaffenen Witwer zusammen und wählen Joseph, auf dessen Stab sich eine Taube niedersetzt. Der will eigentlich gar nicht heiraten, doch die Priester weisen darauf hin, wie Menschen gestraft wurden, die sich Gottes Willen widersetzen. Joseph nimmt Maria also zur Frau, schwört aber, sie niemals anzurühren.

### Joseph

**Auf Raffaels Gemälde ist Joseph bei der Eheschließung mit Maria ein rüstiger Mann. Verbreiteter ist hingegen die Darstellung Josephs als alter Mann, die auf das sogenannte Protoevangelium des Jakobus zurückgeht, in dem Joseph etwa von sich sagt: „Ich bin ein alter Mann und habe Söhne." In der Bibel erfährt man nichts über Josephs Alter, er wird lediglich als Bauhandwerker aus Nazareth vorgestellt und daher in der christlichen Tradition als „der Zimmermann" bezeichnet.**

# Gabriel bei Maria

## Fra Angelico, Verkündigung, um 1430

Der Dominikanermönch Fra Giovanni aus dem Kloster in Fiesole bei Florenz wurde wegen seiner frommen, zart gemalten Bilder auch „Angelico", der „Engelsgleiche", genannt. Papst Johannes Paul II. hat ihn 1982 seliggesprochen und zum Patron aller christlichen Künstler ernannt. Maria war sein Lieblingsmotiv, und die Verkündigung durch den Engel Gabriel hat er häufig gemalt. Es existieren sehr nüchterne, geradezu minimalistische Versionen des Themas, in denen sich Maria und der Engel in kahler Architektur gegenüberstehen. Dieses um 1430 entstandene Bild ist dagegen eines der komplexesten und war ursprünglich Teil eines Altaraufsatzes, der ein Marienleben zeigte.

*Fra Angelico (um 1386/1400–1455) hat diese Verkündigung um 1430 als zentrales Bild (Öl auf Holz) eines Altaraufsatzes für die Kirche San Domenico in Fiesole gemalt. Heute befindet sich das Bild im Museo del Prado in Madrid. Unter der Szene der Verkündigung Mariä hat er noch weitere Szenen aus dem Marienleben dargestellt.*

### *Die Botschaft des Engels*

Gabriel tritt bei Maria ein und begrüßt sie mit den Worten: „Sei gegrüßt, Begnadete, der Herr ist mir dir." Sie werde einen Sohn gebären, den sie Jesus nennen solle. Er werde groß sein und „Sohn des Höchsten" genannt werden. Gott werde ihm den Thron Davids geben und er werde ewig über das Haus Jakob herrschen. Maria erkundigt sich, wie das geschehen solle, worauf Gabriel ihr erklärt, der Heilige Geist werde über sie kommen und die Kraft des Höchsten sie erleuchten. In der Kunst wurde das Geschehen wie bei Fra Angelico meist mit einem goldenen Strahl angedeutet oder der Taube als Symbol des Heiligen Geistes. Maria erwidert auf die Eröffnung des Engels: „Siehe, ich bin die Magd des Herren, mir geschehe nach deinem Wort." Mit ihrem Gehorsam wird sie in der christlichen Kirche als positives Gegenstück zur Urmutter Eva gesehen. Aus diesem Grund integrierte Fra Angelico auch die Vertreibung aus dem Paradies in sein Verkündigungsbild. Die Botschaft: Maria macht es mit ihrer Zustimmung zur Geburt Christi möglich, dass Jesus die Menschheit von der Erbsünde befreit, sodass diese am Ende der Zeiten wieder ins Paradies zurückkehren kann.

### *Zwei Verkündigungen*

Von der Begegnung zwischen Maria und dem Engel Gabriel wird nur im Lukasevangelium berichtet. Sein Evangelium beginnt mit dem Auftritt des Engels und der Verkündigung einer Geburt. Doch zunächst handelt es sich nicht um Jesus. Der fromme, aber kinderlose Priester Zacharias erhält die Weissagung, dass seine Frau Elisabeth trotz ihres hohen Alters noch einen Sohn gebären wird: Johannes den Täufer. Im Vergleich zu der Ausführlichkeit, mit der Lukas Zacharias beschreibt, wird Maria nur sehr knapp vorgestellt. Als Elisabeth im sechsten Monat schwanger ist, so schreibt Lukas, wird der Engel Gabriel nach Nazareth zu ihrer Verwandten gesandt, einer Jungfrau namens Maria.

### Das Ave Maria

„Sei gegrüßt, Maria" heißt auf Lateinisch „Ave Maria". So kam das berühmteste Mariengebet der Kirche zu seinem Namen. Es beginnt mit dem leicht abgewandelten Gruß des Engels „Sei gegrüßt Maria, voll der Gnade". Der nächste Teil, „Gebenedeit bist du unter den Frauen und gebenedeit ist die Frucht deines Leibes", stammt auch aus dem Lukasevangelium. Zu welcher Zeit das Gebet entstanden ist, weiß man nicht. Man datiert die Entstehung mit einiger Wahrscheinlichkeit auf das 11. Jahrhundert. Bei einem Rosenkranz werden 50 Ave Maria gebetet, was eine meditative Wirkung haben soll.

# Die Zusammenkunft der werdenden Mütter

## Jacopo da Pontormo, Die Heimsuchung, um 1530

Zwei Frauen begegnen einander und umfassen sich voll Innigkeit. Auch aus ihren Blicken spricht tiefe Zuneigung. Es sind die jugendliche Maria und ihre gealterte Base Elisabeth – die eine schwanger mit Jesus, die andere mit Johannes dem Täufer –, die im Haus des Zacharias im Bergland von Galiläa zusammenkommen.

*Warum zeigt Jacopo Carruci (1494–1557), der sich nach seinem Heimatort da Pontormo nannte, auf seinem Andachtsbild vier Frauen? Viele Kunstexperten meinen, dass der Maler Maria und Elisabeth quasi gedoppelt hat, um ihre Persönlichkeiten noch stärker zu betonen. Zur Stilrichtung des Florintiner Manierismus, zu deren Hauptvertretern Pontormo zählt, würde ein solcher verrätselnder Kunstgriff in jedem Fall passen. Das Gemälde (Öl auf Holz) gehörte vermutlich der Florentiner Familie der Pinadori und gelangte um 1740 in die Pfarrkirche San Michele in Carmignano bei Florenz.*

### Die Verkündigung an Zacharias

Zacharias, der Vater des Johannes, wird im Lukasevangelium als Priester vorgestellt (Lk 1,5–25). Obwohl er und seine Frau Elisabeth „gerecht vor Gott" sind und untadelig nach den Geboten und Satzungen des Herrn leben, bleiben sie bis ins hohe Alter kinderlos. Eines Tages aber wird Zacharias, als er im Tempel das Rauchopfer darbringt, vom Engel Gabriel aufgesucht. Dieser verkündet ihm die Geburt eines Sohnes, der viele in Israel bekehren und so dem Herrn ein wohlgeordnetes Volk bereiten werde. Weil er dem Engel nicht glaubt, wird Zacharias stumm und kann erst wieder sprechen, als er zur Beschneidung seines Sohnes dem von seiner Frau vorgeschlagenen Namen Johannes zustimmt (Lk 1,57-80). „Und du Kind", prophezeit er dem Sprössling, „wirst Prophet des Höchsten genannt werden, denn du wirst einhergehen vor dem Herrn, seine Wege zu bereiten."

### *Die erste Zeugin*

Das Lukasevangelium berichtet, dass Maria erst während ihrer eigenen Verkündigung durch den Engel Gabriel auch von der Schwangerschaft ihrer als unfruchtbar geltenden Base erfahren hat. Sehr bald macht sie sich dann auf „und ging eilends in das Gebirge in eine Stadt Judas. Sie trat in das Haus des Zacharias und begrüßte Elisabeth." (Lukas 1,39) In diesem Augenblick hüpft das Kind in Elisabeths Leib voll Freude und sie selbst wird vom Heiligen Geist erfüllt. „Gebenedeit bist du unter den Frauen, und gebendeit ist die Frucht deines Leibes", spricht sie Maria fast mit denselben Worten an, wie es zuvor der Engel getan hat. „Woher geschieht mir dies, dass die Mutter meines Herrn zu mir kommt?", fragt sie anschließend und ist damit die erste Person in der Bibel, die die Göttlichkeit Jesu erkennt und bezeugt.

### *Das Magnifikat*

Maria entgegnet: „Meine Seele preist die Größe des Herrn, und mein Geist jubelt über Gott meinen Retter." Der folgende Lobpreis ist aus Versen des Alten Testaments zusammengesetzt, vornehmlich aus den Psalmen und dem ersten Buch Samuel. Als „Magnifikat"

(nach dem lateinischen Beginn des Hymnus: „Magnificat anima mea dominum") ist der Text einer der bedeutendsten Lobgesänge der christlichen Kirchen. Er wurde von zahlreichen Komponisten vertont und ist Bestandteil der Vesper, der traditionellen Abendandacht. Das Lukasevangelium erzählt weiter, dass Maria drei Monate bei Elisabeth blieb, also wohl bis kurz nach deren Niederkunft. Deshalb finden sich in den Marienzyklen zuweilen Darstellungen von der Geburt Johannes des Täufers, in denen Maria ihren neugeborenen Neffen auf dem Arm hält.

# Pflichtbesuch in Bethlehem

## Pieter Bruegel der Ältere, Die Volkszählung zu Bethlehem, 1566

*Das religiöse Thema ist auf Pieter Bruegels (um 1525–1569) „Volkszählung" von 1566 erst auf den zweiten Blick zu erkennen. Man sieht in dem Paar mit den Reittieren in der Mitte unten Maria und Joseph. Das Gemälde (Öl auf Holz) befindet sich heute im Musée Royaux des Beaux-Arts in Brüssel.*

Der Maler Pieter Bruegel der Ältere hatte zwar nicht gerade eine Vorliebe für religiöse Themen, doch griff er immer wieder auf sie als Inspirationenquelle für die von ihm bevorzugte Landschaftsdarstellung zurück.

### Quirinius lässt das Volk zählen

„In jenen Tagen geschah es, dass ein Befehl erging, von Kaiser Augustus ...", beginnt die Weihnachtgeschichte des Evangelisten Lukas. Alle Welt sollte sich in Steuerlisten eintragen lassen, heißt es. Es ist die wohl berühmteste Volkszählung der Welt und laut Lukas auch die erste. Sie habe stattgefunden, als Quirinius Statthalter von Syrien war. Damals habe sich auch Joseph aus Nazareth mit seiner schwangeren Verlobten Maria auf den Weg nach Bethlehem begeben, weil er aus dem Geschlecht Davids stammte, das dort seine Ursprünge hatte, und sich deshalb an jenem Ort in die Listen eintragen lassen musste. Die historischen Quellen untermauern den Wahrheitsgehalt der Weihnachtsgeschichte. Publius Sulpicius Quirinius (etwa 45 v. Chr. – 21 n. Chr.), der Statthalter von Syrien, ist historisch belegt. Er übte sein Amt ungefähr im Zeitraum 3 bis 12 n. Chr. aus und ließ im Jahre 6 n. Chr. eine Steuerschätzung in seiner Provinz durchführen. Diese brachte einige Unruhen mit sich, da viele Juden diesem Verwaltungsakt der römischen Besatzer ausgesprochen skeptisch, ja feindselig gegenüberstanden. Allerdings stimmen die historischen Tatsachen nicht mit den Aussagen des Matthäusevangeliums überein, in dem es heißt, Jesus sei zur Regierungszeit des Königs Herodes geboren, denn Herodes starb im Jahr 4 v. Chr. Einige Historiker mutmaßen daher, Quirinius, über dessen früheren Werdegang nur spärliche Informationen erhalten sind, könne während einer anderen Steuerschätzung, die im Jahr 8 v. Chr. stattfand, schon einmal Statthalter in Syrien gewesen sein.

### Zensus in Rom

**Von welcher Steuerschätzung auch immer Lukas spricht, es war keineswegs die erste und sie galt längst nicht für alle Bewohner der Provinz. Im Römischen Reich waren Steuerschätzungen seit dem 6. Jahrhundert v. Chr. üblich. Sie galten allerdings zunächst nur für Personen mit römischem Bürgerrecht, das die beiden Juden Joseph und Maria nicht besaßen. Solch umfassende Steuerschätzungen auch in den Provinzen hat tatsächlich erst Kaiser Augustus eingeführt, der von 31 v. Chr. bis 14 n. Chr. regierte. Das bedeutet also, dass die ersten Steuerschätzungen in Judäa um Jesu Geburt herum stattgefunden haben könnten.**

### Gott auf Seiten der Armen

Theologisch betrachtet hat die Steuerschätzung an sich keine tiefere Bedeutung. Sowohl Lukas als auch Matthäus ist es aber wichtig, dass Jesus in Bethlehem, der Stadt Davids, zur Welt gekommen sein soll. Matthäus erinnert an ein Wort des Propheten Micha, Bethlehem sei keineswegs die geringste unter den Fürstenstädten Judas, denn aus ihr werde ein Führer des Volkes Israel hervorgehen. In der kirchlichen Tradition haben vor allem die mit der Volkszählung verbundenen Umstände der Geburt eine große Bedeutung. Lukas schreibt, Maria habe ihr Kind in eine Krippe gelegt, da kein Platz in der Herberge gewesen sei. Damit wird von Anfang an unterstrichen, dass Gott bevorzugt zu den Armen und Ausgestoßenen kommt.

# Geburt im Stall

## Robert Campin, Die Geburt Christi, um 1425

Die meisten Kunstwerke, die vor dem 15. Jahrhundert entstanden, stammen von anonym gebliebenen Künstlern. Kunst war damals vor allem ein Handwerk, und die „Künstler" sahen noch keine Notwendigkeit, ihre Arbeiten zu signieren. Deshalb wurde der Schöpfer der unsignierten „Geburt Christi" zunächst mit dem Notnamen Meister von Flémalle bezeichnet. Heute wird dieser Künstler allgemein mit dem flämischen Maler Robert Campin identifiziert, von dem die gesamte südniederländische Malerei ausging.

### *Mehrere Quellen*

Weihnachten ist in der Bibel lediglich eine Randnotiz. Markus und Johannes schweigen sich fast gänzlich darüber aus. Matthäus schreibt, dass Maria zur Zeit des Königs Herodes in Bethlehem ihren Sohn geboren und ihm den Namen Jesus gegeben habe. Lukas erzählt, Maria habe ihren Sohn in Windeln gewickelt und in eine Krippe legen müssen, weil in der Herberge kein Platz gewesen sei. Die Szene, die wir heute mit diesem Ereignis verbinden, wurde aus mehreren Quellen kombiniert. Da Lukas von einer Krippe spricht, geht man gemeinhin davon aus, Jesus sei in einem Stall geboren worden. Das apokryphe Evangelium des Pseudo-Matthäus aus dem 8. oder 9. Jahrhundert berichtet dagegen, Jesus sei in einer Höhle zur Welt gekommen. Doch Maria habe ihn nach drei Tagen in einen Stall gebracht und in eine Krippe gelegt, wo Ochse und Esel sich ehrfürchtig um ihn scharten. Damit sollte das Wort des Propheten Jesaja erfüllt werden, der geschrieben hatte: „Der Esel kennt seinen Besitzer und der Ochse die Krippe seines Herrn."

### *Weihnachten im Wandel der Zeit*

Die Engel, die auch Robert Campin in seinem Gemälde um die Krippe versammelt, stammen dagegen wiederum aus dem Lukasevangelium. Sie erscheinen dort allerdings nicht im Stall, sondern den Hirten auf dem Felde. Der traditionelle Stern von Bethlehem, den das Matthäusevangelium erwähnt, fehlt auf der Darstellung freilich. Andererseits sind zwei Frauen mit weißen Hauben zu sehen, die man nicht von gängigen Krippendarstellungen kennt. Es handelt sich um zwei Hebammen, die im apokryphen Protoevangelium des Jakobus Erwähnung finden. Gemäß diesem Text holt Joseph eine Hebamme, als bei seiner Frau die Wehen einsetzten. Jene berichtet später einer befreundeten Hebamme von dem Wunder, dass sie eine Jungfrau entbunden hätte. Das glaube sie nur, wenn sie es mit eigenem Finger überprüfen könnte, erklärt diese daraufhin. Als sie den Gegenbeweis antreten will, verdorrt ihr jedoch die Hand und wird erst durch eine Berührung des Kindes wieder geheilt. Hebammen waren auf früheren Krippendarstellungen kein ungewöhnliches Motiv, doch 1545 wurden auf dem Konzil von Trient alle unbiblischen Elemente auf Weihnachtsdarstellungen verboten. Die Hebammen verschwanden zwar, Ochse und Esel hielten sich jedoch hartnäckig, obwohl auch sie nicht in der Bibel erwähnt werden.

### *Die flämischen Primitiven*

**Robert Campin gilt als einer der frühesten Vertreter einer Gruppe von Malern, die oft als flämische Primitive oder altniederländische Maler bezeichnet werden. Sie waren allerdings weder primitiv noch altmodisch, im Gegenteil: Sie waren diejenigen, die die gotische Malerei mit ihren meist sehr starren Darstellungen überwanden, sich um Realismus in der Malerei bemühten und damit auch religiöse Darstellungen menschlicher und „volksnaher" gestalteten. Der berühmteste Vertreter dieser Richtung ist Jan van Eyck (um 1390–1441).**

*Kunstexperten schätzen an der in Öl auf Holz festgehaltenen „Geburt Christi" von Robert Campin (um 1375–1444) besonders die Gestaltung des Hintergrundes, die das Gemälde zu einer der ersten ausgefeilten Landschaftsdarstellungen in der europäischen Kunst werden ließ. Das Bild befindet sich heute im Musée des Beaux-Arts in Dijon.*

# Verkündigung auf dem Feld

## Francesco Bassano der Jüngere, Die Anbetung der Hirten, um 1580

*Die „Anbetung der Hirten" (Öl auf Leinwand) von Francesco Bassano (1549–1592) ist in der Berliner Gemäldegalerie zu sehen. Ganz ähnliche Bilder seines Vaters Jacopo Bassano (um 1510/15–1592) befinden sich unter anderem in der Galeria Nazionale in Rom, der Galeria dell'Accademia sowie der Kirche San Giorgio Maggiore in Venedig und im Museo Civico in Bassano del Grappa.*

Das Motiv der Anbetung der Hirten entlehnte Francesco Bassano einem der berühmten Gemälde seines Vaters Jacopo Bassano. Dieser hatte eine Vorliebe für biblische Themen. Dabei kam es ihm aber nicht so sehr auf die Darstellung von Glanz und Herrlichkeit an, er malte bevorzugt Tiere und Menschen – oft knorrige, bäuerliche Typen. An dem Thema der Anbetung der Hirten hat er sich mehrmals versucht. Die Personen – Maria im roten Kleid, die kräftigen Hirten, der weißbärtige Joseph und das Kind auf dem weißen Tuch – sind stets dieselben, ebenso die Tiere und die Kulisse, die sich aus Ruinenelementen und einem Schutz spendenden Strohdach zusammensetzt. Lediglich die Anordnung hat er dabei immer wieder variiert. Sein Sohn Francesco griff das Motiv auf, platzierte aber im Gegensatz zum Vater die Randfiguren und Tiere mehr in den Hintergrund und richtete den Fokus auf Maria und ihr Kind.

### Die Bassanos

**Die Malerfamilie Bassano hieß eigentlich da Ponte und stammte aus dem kleinen Ort Bassano in der Nähe von Venedig. Großvater Francesco der Ältere (um 1475–1539) war ein einfacher Maler, der kaum über die Grenzen des Dorfes hinaus Bekanntheit erlangte. Vater Jacopo gilt als der begabteste Künstler der Familie und entwickelte sich zum gefragten Renaissancemaler. Seine vier Söhne malten nach seinem Stil und arbeiteten in einer Art Familienbetrieb für den Vater. Francesco (1549–1592), der älteste, ging etwa 1578 nach Venedig und eröffnete dort eine eigene Werkstatt.**

### *Die Erscheinung der Engel*

Über die Hirten, die Jesus als Neugeborenen aufsuchen, berichtet nur der Evangelist Lukas. Er erzählt, sie hätten in der Gegend von Bethlehem auf dem freien Feld gelagert und Nachtwache bei ihren Schafen gehalten, als plötzlich ein Engel zu ihnen tritt. Im Gegensatz zu den alttestamentarischen Engeln erscheint dieser „umstrahlt von der Herrlichkeit des Herrn", und die Hirten ängstigen sich zunächst vor ihm. Der Engel jedoch spricht: „Fürchtet euch nicht. Denn ich verkünde euch eine große Freude, die dem ganzen Volk zuteil werden soll." In der Stadt Davids, führt er aus, sei der Retter geboren, der Messias, der Herr. Er nennt den Hirten auch ein Zeichen, wie sie den neugeborenen Heiland erkennen können: Sie würden das Kind in Windeln gewickelt in einer Krippe finden. Nachdem der Engel geendet hat, erscheint eine „große Schar des himmlischen Heeres". Sie stimmen einen Lobpreis Gottes an mit den Worten: „Ehre sei Gott in der Höhe und auf Erden Friede den Menschen seiner Liebe und Gnade."

### *Begegnung in Bethlehem*

Lukas berichtet weiter, dass die Hirten beschlossen, in die Stadt Bethlehem zu gehen, um nach dem Kind zu suchen. Davon, dass die Hirten das Kind anbeteten, nachdem sie es im Stall fanden, spricht er jedoch nicht. Stattdessen ist es ihm wichtig zu erwähnen, dass die Hirten einen genauen Bericht von der Erscheinung der Engel und ihrer Verkündigung gaben. Danach kehren die Hirten zu ihren Herden zurück und loben Gott für alles, was sie gesehen haben.

# Die Huldigung der Magier

## Bartholomäus Bruyn der Ältere, Die Anbetung der Könige, um 1515–20

*Das Tafelbild „Anbetung der Könige" (Öl auf Holz) von Bartholomäus Bruyn (1493–1555) befindet sich heute im Wallraf-Richartz-Museum in Köln.*

Der Kölner Renaissancemaler Bartholomäus Bruyn war nicht nur einer der bedeutendsten Porträtmaler seiner Zeit, er wurde auch durch seine zahlreichen Altargemälde bekannt. Das querformatige Tafelbild mit dem Titel „Anbetung der Könige" zeigt die kostbar gewandeten Könige, die dem Christuskind ihre Geschenke – Gold, Weihrauch und Myrrhe – überbringen.

### *Ein neugeborener Herrscher*

Die Geschichte, die der Legende von den Heiligen Drei Königen zugrunde liegt, ist die Anbetung Jesu durch die drei weisen sogenannten „Magier aus dem Morgenland", von der Matthäus im zweiten Kapitel seines Evangeliums berichtet. Die sternkundigen Männer aus dem Orient, so erzählt er, kommen eines Tages zu Herodes und erkundigen sich nach dem neugeborenen König der Juden. Sie hätten einen Stern gesehen, der dessen Geburt anzeigen solle, und seien gekommen, ihm zu huldigen. Der ob dieser Nachricht erschrockene König sammelt sogleich alle seine Priester und Gelehrten um sich und fragt, wo sie den Geburtsort dieses künftigen Königs vermuten. Eine Voraussage des Propheten Micha lässt die Gelehrten auf Bethlehem kommen. Herodes sendet daraufhin die Besucher aus dem Orient dorthin. Auf ihrem Weg, so berichtet Matthäus, zieht der Stern vor ihnen her und bleibt schließlich über dem Ort stehen, wo sich das Kind befindet. Die weisen Männer huldigen daraufhin Maria und dem Kind und bringen ihm Gold, Weihrauch und Myrrhe als Geschenke dar. Anschließend kehren sie in ihre Heimat zurück.

### *Der Stern von Bethlehem*

**Die positive Darstellung der Sterndeuter aus dem Osten ist für die biblische Überlieferung ungewöhnlich. Denn das jüdische Volk setzte sich ansonsten sehr bewusst von der Sternengläubigkeit seiner Nachbarn, vor allem der Babylonier, ab. Der Autor des Matthäusevangeliums jedoch zieht von allen Evangelisten am häufigsten mystische Zeichen und Voraussagen als Belege für die göttliche Sendung Jesu heran. Die Erwähnung des Sterns war möglicherweise als Referenz an seine nicht jüdischen Leser gedacht. Dies könnte durchaus auf nachweisbaren Ereignissen beruhen: Der Astronom Johannes Kepler stellte als Erster fest, dass es im Jahr 7 v. Chr. eine außergewöhnliche Konstellation von Jupiter und Saturn am Sternenhimmel gab, an die sich die Menschen zur Zeit des Matthäus noch recht gut erinnert haben werden.**

### *Vom Sterndeuter zum König*

Das Wort „Magier" stammt aus dem Persischen und stand dort für die Priester der Zarathustra-Religion. Möglicherweise sind diese auch bei Matthäus gemeint. Es könnten jedoch auch Sterndeuter aus Chaldäa, dem Süden Mesopotamiens, gewesen sein. Dass es drei gewesen sein sollen, schloss man aus der Zahl der Geschenke. Aus den „Magiern" wurden, wohl wegen ihres großzügigen und prunkvollen Auftretens, schließlich Könige. Ausgehend von den Anfangsbuchstaben des Segensspruchs „Christus mansionem benedicat" (lateinisch: „Christus segne dieses Haus") verlieh man ihnen die Namen Caspar, Melchior und Balthasar und sie wurden als Greis, Jüngling und Mann mittleren Alters dargestellt. Im 14. Jahrhundert begann man zudem, sie als Vertreter der drei damals bekannten Erdteile Europa, Asien und Afrika darzustellen.

# Flucht vor Herodes

## Philipp Otto Runge, Die Ruhe auf der Flucht, 1805–08

Philipp Otto Runges Werk entsprang den seinerzeit verbreiteten mystischen Naturvorstellungen der Romantik. Runge schrieb Gedichte, war mit den Brüdern Grimm und Clemens Brentano befreundet und malte vor allem Kinderporträts. Dabei berief er sich auf die „reine Empfindung" als Leitlinie seiner Kunst. So wundert es auch nicht, dass er für eines seiner wenigen religiösen Bilder eine Szene wählte, die so in der Bibel gar nicht geschildert wird: eine idyllische Rast der Heiligen Familie in einer Landschaft mit blühenden Bäumen.

### *Der Befehl des Engels*

Die Flucht Josephs und Marias mit ihrem Kind nach Ägypten hat durchaus einen biblischen Ursprung. Sie kommt jedoch nur im Matthäusevangelium vor. Nachdem die Sterndeuter gegangen sind (siehe S. 105), erscheint Joseph im Traum ein Engel. Dieser befiehlt ihm, umgehend mit dem Kind und seiner Frau nach Ägypten aufzubrechen. Dort sollten sie so lange bleiben, bis die Gefahr vorüber sei. Als Grund für diese Maßnahme nennt der Engel Joseph, dass Herodes dem Kind nach dem Leben trachte. Trotz dieser bedrohlichen Situation berichtet Matthäus von keinerlei Dramatik. Er beschreibt nüchtern, dass Joseph tat, wie ihm befohlen, und noch in der Nacht mit seiner Familie aufbrach. Nicht einmal der Esel, den viele Künstler als Transportmittel für Maria und das Kind heranziehen, wird erwähnt.

### *Die Flucht in den Apokryphen*

In den apokryphen Evangelien finden sich einige fantasievolle Ausschmückungen der Flucht. Im Evangelium des Pseudo-Matthäus zum Beispiel beabsichtigen Maria und Joseph, die von einigen Kindern begleitet werden, in einer Höhle zu rasten. Diese wird jedoch von Drachen bewohnt, die die Kinder bedrohen. Da steigt Jesus vom Schoß seiner Mutter, woraufhin die Drachen ihn anbeten. In einer weiteren Version der Fluchtgeschichte macht die Heilige Familie ermattet von der Sonnenhitze unter einer Palme Rast. Maria möchte gern von den Früchten dieser Palme essen, doch diese hängen leider viel zu hoch. Da fordert das Jesuskind die Palme auf, sich zu neigen und Maria mit ihren Früchten zu erfrischen.

### *Der Sohn aus Ägypten*

Über den Aufenthalt in Ägypten berichtet Matthäus nur, dass die Heilige Familie bis zum Tod des Herodes – historisch gesehen war dies im Jahr 4. v. Chr. – in Ägypten blieb. Nachdem sich der Kindermord zu Bethlehem ereignet hat, erscheint Joseph abermals der Engel. Diesmal fordert er ihn auf, zurück nach Israel zu gehen, denn alle, die dem Kind nach dem Leben getrachtet hätten, seien nun tot. Joseph kehrt daraufhin mit seiner Familie nach Israel zurück. Als er aber hört, dass Archelaus, der Sohn des Herodes, seinem Vater als Herrscher in Judäa nachgefolgt ist, beschließt er, sich im galiläischen Ort Nazareth niederzulassen. Im Gegensatz zum Lukasevangelium, in dem Maria und Joseph von Nazareth nach Bethlehem reisen, kommt die Heilige Familie bei Matthäus nun erstmals nach Nazareth. Die Flucht nach Ägypten schildert Lukas nicht. Matthäus schreibt dieser Flucht jedoch noch eine tiefere Bedeutung zu als nur die Rettung vor Herodes. Dies alles sei geschehen, damit sich das Wort des Propheten Hosea erfüllte: „Aus Ägypten rief ich meinen Sohn."

*Die Ruhepausen auf der Flucht von Maria und Joseph bleiben in der Bibel zwar unerwähnt, waren aber dennoch ein beliebtes Motiv in der Malerei. Philipp Otto Runges (1777–1810) Gemälde „Die Ruhe auf der Flucht" (Öl auf Leinwand) ist heute in der Hamburger Kunsthalle zu sehen.*

# Das Massaker des Herodes

## Peter Paul Rubens, Der bethlehemitische Kindermord, um 1638

*Das Gemälde „Der bethlehemitische Kindermord" (Öl auf Holz) von Peter Paul Rubens (1577–1640) ist nahezu zwei Meter hoch und über drei Meter breit. Zu sehen ist das eindrucksvolle Kunstwerk in der Alten Pinakothek in München.*

### Herodes der Große

Der Kindermord von Bethlehem bestimmt das Bild von Herodes dem Großen in der Bibel. Mit den Augen des Historikers gesehen, ist er eine äußerst zwiespältige Figur. Er stammte aus einer Familie, die engen Kontakt mit den römischen Besatzern pflegte, und wurde im Jahr 40 v. Chr. von den Römern zum König von Judäa gemacht. Der Großteil seiner Untertanen betrachtete ihn weder als legitimen Herrscher noch als echten Juden. Zwar leistete Herodes für die Wirtschaft und Verwaltung des Landes Großes, doch kam es während seiner Regierungszeit auch immer wieder zu blutigen Auseinandersetzungen mit dem Volk. Selbst in der eigenen Familie herrschte Herodes gnadenlos und ließ seine Frau Mariamne, drei seiner Söhne sowie weitere Verwandte hinrichten.

Der Kindermord zu Bethlehem, eine der grausamsten Geschichten des Neuen Testaments, inspirierte die Kunstschaffenden epochenübergreifend. Die frühesten Darstellungen finden sich in den Evangeliaren um das 10. Jahrhundert wie dem Trierer „Codex Egberti". Rund 700 Jahre später nahm sich auch Peter Paul Rubens mit seiner Begeisterung für bewegte Massenszenen des biblischen Themas an.

### Weinen und Wehklagen

In der Bibel ist Matthäus der einzige Evangelist, der von der Ermordung der Kinder zu Bethlehem berichtet. Schließlich steht sie in unmittelbarem Zusammenhang mit dem Besuch der orientalischen Sterndeuter bei der Heiligen Familie und der Flucht nach Ägypten. Obwohl die „Magier" nicht zu Herodes zurückkehrten, hat dieser kaum daran gezweifelt, dass in Bethlehem tatsächlich ein Kind geboren wurde, das zum künftigen König von Judäa bestimmt sein sollte. Herodes entschließt sich zu einer radikalen Lösung: Er gibt seinen Soldaten den grausamen Befehl, alle in Frage kommenden Knaben im Alter von bis zu zwei Jahren in Bethlehem und Umgebung zu töten. Matthäus verweist dabei auf ein Prophetenwort aus dem Alten Testament, das auf das blutige Ereignis vorausweist. Dieses findet sich im 3. Kapitel des Buches Jeremias und besagt, dass viel Weinen und Wehklagen gehört werde, wenn Rahel ihre verlorenen Kinder beweinen werde. Die jüdische Stammmutter Rahel aber, die Frau des Jakob, soll in der Nähe von Bethlehem begraben worden sein.

### Keine Spuren der Bluttat

Die Kirche feiert das „Fest der unschuldigen Kinder", das an den Kindermord erinnert, drei Tage nach Weihnachten. Die meisten Historiker sind jedoch davon überzeugt, dass es das grausame Massaker nie gegeben hat. Wichtigster Zeuge dafür ist der jüdische Geschichtsschreiber Flavius Josephus, der etwa von 37 bis 100 n. Chr. lebte. In seinem Werk hat er sich mit König Herodes auseinandergesetzt und dabei auch die Untaten des höchst umstrittenen Herrschers aufgelistet. Ein Massaker an Kleinkindern weist er aber weder ihm noch seinem Nachfolger Herodes Archelaus nach. Auch sonst gibt es außerhalb des Matthäusevangeliums kein Indiz dafür, dass eine solche Bluttat je stattgefunden hat. Das Motiv des Kindermordes findet sich dagegen ebenfalls in der Überlieferung anderer Kulturen, beispielsweise in der hinduistischen Mythologie. Dort will ein König mit einem ähnlichen Massaker das Heranwachsen des göttlichen Kindes Krishna verhindern.

# Prophezeiung über Heil und Schmerzen

## Rogier van der Weyden, Die Darbringung Jesu im Tempel, um 1455

Genau 40 Tage nach Jesu Geburt suchen seine Eltern den Tempel von Jerusalem auf, um dort nach jüdischem Brauch zwei Gebote zu erfüllen. Dass dieser „Routinebesuch" dem Evangelisten Lukas einen ausführlichen Bericht wert ist, hat seinen Grund darin, dass es dort zu einer außergewöhnlichen Begegnung mit zwei Propheten kommt, die Jesus segnen und als Heilsbringer preisen.

### *Reinigung der Mutter und Darbringung der Erstgeburt*

Gemäß dem mosaischen Gesetz galt jede Frau nach der Geburt ihres Kindes durch ihren Blutfluss als unrein. Wenn das Kind ein Sohn war, hatte sie 40 Tage, wenn es eine Tochter war, sogar 80 Tage zuhause zu bleiben und durfte nichts Heiliges berühren. Danach hatte sie ein einjähriges Lamm und eine Taube als Opfer darzubringen, um wieder gereinigt zu werden (Leviticus 12,1–8). Dass die Magd, die Maria und Joseph auf Rogier van der Weydens Altarbild in den Tempel begleitet, nur ein Körbchen mit Tauben trägt, lag an einem Armenrabatt: Eine Frau, die sich kein Lamm leisten konnte, musste nur zwei Tauben opfern. Ein Hinweis also, dass Jesu Eltern arm waren – auch wenn die edel erscheinende Kleidung, die ihnen der Maler umlegt, einen anderen Eindruck erweckt.

War das erste Kind ein Junge, galt noch eine weitere Pflicht. Als Dank dafür, dass Gott die Erstgeburt Ägyptens erschlagen und somit dem Volk Israel die Flucht ermöglicht hat (siehe S. 44), wurde auch alle männliche Erstgeburt – sowohl bei Mensch wie Tier – bei den Israeliten als Eigentum Gottes angesehen (Exodus 13,11–16). Reine Tiere mussten geopfert, menschlicher Nachwuchs im Alter von etwa einem Monat im Tempel symbolisch „dargebracht" und dann für 5 Schekel ausgelöst werden (Numeri 4,16).

### *Lobpreis durch Simeon und Hanna*

Als nun Jesu Eltern in den Tempel kommen, tritt ihnen ein alter Mann namens Simeon entgegen. Wie Lukas berichtet (2,21–39), war diesem vom Heiligen Geist offenbart worden, dass er nicht sterben werde, bevor er den Messias gesehen habe, der das jüdische Volk erlösen werde. Simeon nimmt Jesus in seine Arme und erklärt: „Nun lässt du, Herr, deinen Knecht, wie du gesagt hast, in Frieden scheiden. Denn meine Augen haben das Heil gesehen, das du vor allen Völkern bereitet hast, ein Licht, das die Heiden erleuchtet, und Herrlichkeit für dein Volk Israel." Dieser Lobgesang ist bis heute unter dem lateinischen Namen „Nunc dimittis" („Nun lässt du") Bestandteil des traditionellen christlichen Abendgebetes, der Komplet. Lukas berichtet zudem von einer alten Prophetin, der betagten Witwe Hanna, die sich Tag und Nacht im Tempel aufgehalten habe, um dort mit Fasten und Beten Gott zu dienen – auf van der Weydens Bild steht sie hinter Simeon. Wie dieser erkennt auch sie in Jesus den verheißenen Messias und spricht „über das Kind zu allen, die auf die Erlösung Jerusalems warteten".

### *Darstellung und Lichtmess*

**Bereits im 3. Jahrhundert wurde am 40. Tag nach Weihnachten, dem 2. Februar, das Fest „Darbringung des Herrn" gefeiert. Mit dem Aufkommen der Marienfrömmigkeit wurde es zu „Mariä Reinigung" bzw. wegen des Brauches, an diesem Tag eine Lichterprozession abzuhalten, zu „Mariä Lichtmess". Mit der Liturgiereform der 1960er-Jahre wurde diese Verschiebung des Schwerpunkts des Darstellungsfests von Jesus auf die Jesus-Mutter Maria wieder rückgängig gemacht und der Tag nach dem biblischen Zeugnis wieder als Fest der „Darstellung des Herrn" gefeiert.**

*Der flämische Maler Rogier van der Weyden (1399–1464) fertigte seine „Darbringung im Tempel" (Öl auf Holz) als Teil eines Triptychons für die Kirche St. Columba in Köln an. Auf dem linken Flügel ist die Verkündigung an Maria zu sehen, auf dem zentralen Mittelstück die Anbetung der Könige und rechts die Tempelszene. Heute ist der Columba-Altar in der Alten Pinakothek in München zu bewundern.*

# Verworrene Familienverhältnisse

## Raffael, Die heilige Familie aus dem Hause Canigiani, um 1505/06

Begleitet vom heiligen Joseph treffen sich die Basen Maria und Elisabeth mit ihren Kindern Jesus und Johannes auf einer Wiese. Raffael komponiert die Mitglieder der Heiligen Familie in der strengen Form einer Pyramide, die Blicke, welche die Figuren einander zuwerfen, unterstreichen auf kunstvolle Weise den Eindruck von familiärer Innigkeit und Geschlossenheit.

### *Das Verschwinden der Brüder*

Die Bibel schildert hingegen das Verhältnis Jesu gegenüber seiner Familie weit weniger harmonisch, nachdem sein öffentliches Auftreten Konflikte mit dieser hervorgerufen hat. So heißt es im Markusevangelium, dass Jesu Verwandte versucht haben, ihn zurückzuhalten, und erklärten: „Er ist von Sinnen." (Mk 3,21) Als später seine Mutter und seine Brüder zu ihm kommen und ihn sehen wollen, spricht er zu dem Volk, das um ihn im Kreise sitzt: „Wer ist meine Mutter und meine Brüder? … Siehe, das ist meine Mutter und das sind meine Brüder! Denn wer Gottes Willen tut, der ist mein Bruder und meine Schwester und meine Mutter." (Mk 3,33–35) Auch darüber hinaus werden Jesu ständige Begleiter, die Jünger und „die Frauen", in den Evangelien als eine Art Ersatzfamilie gezeichnet, während seine leiblichen Verwandten kaum eine Rolle spielen. So berichtet zum Beispiel nur Johannes, dass Jesu Mutter bei seiner Kreuzigung zugegen gewesen sei.

Nach Markus hatte Jesus vier Brüder und einige nicht benannte Schwestern: „Ist er nicht der Zimmermann, der Sohn der Maria und der Bruder des Jakobus und des Joses und des Judas und des Simon? Und sind nicht auch seine Schwestern hier bei uns?", heißt es bei Markus (6,3). Allerdings ließen sich Geschwister nicht mit dem Glauben vereinbaren, Maria sei „immerwährende Jungfrau" gewesen, auf den sich die christliche Kirche auf dem Konzil von Ephesos im Jahr 431 endgültig festgelegt hatte. Daher wurde argumentiert, dass das in den Evangelien verwendete Wort „adelphoi" nicht nur Brüder, sondern auch Vettern und Cousinen umfassen könne.

### *Anna und die drei Marien*

Vor diesem Hintergrund konstruierte man Jesus eine neue Familie. Da in den Evangelien im Rahmen der Kreuzigung eine Anhängerin namens Maria, die Mutter des Jakobus und des Joses, erwähnt wird, und bei Johannes die Schwester von Jesus Mutter, „Maria, die Frau des Klophas", vorkommt, wurden die vier erwähnten Brüder zu den Kindern von Maria und Klophas erklärt und zudem mit den Jüngern Simon Zelotes, Judas Thaddäus und Jakobus dem Jüngeren sowie einem in der Apostelgeschichte genannten Joseph Barnabas gleichgesetzt. Im Frühmittelalter kam dann überdies die Legende auf, Marias Mutter Anna sei dreimal verheiratet gewesen und habe drei Töchter desselben Namens gehabt: die Mutter Jesu, die Frau des Klophas und eine Maria Salome, die mit Zebedäus verheiratet und Mutter der Jünger Jakobus des Älteren und Johannes gewesen sei. Alle zusammen wurden gern als „Heilige Sippe" dargestellt. Gleichfalls sehr populär waren Bilder der „Anna selbdritt". Dahinter verbirgt sich eine Dreiergruppe, die aus Anna, ihrer Tochter Maria und deren Sohn Jesus besteht.

## Die Heilige Familie

**Im 17. Jahrhundert wurde als Heilige Familie zunehmend nur noch die von Joseph, Maria und dem Jesuskind gebildete Kernfamilie verstanden, die seitdem in der katholischen Tradition als Vorbild für christliche Familien verehrt wird. 1893 führte Papst Leo XIII. in der katholischen Kirche offiziell das Fest der Heiligen Familie ein, das seit 1969 am Sonntag nach Weihnachten gefeiert wird.**

*Raffael (1483–1520) malte das großformatige Andachtsbild (Öl auf Holz) für den Florentiner Kaufmann Domenico Canigiani. Als Geschenk der Medici gelangte das Werk 1691 an den Düsseldorfer Hof und von dort schließlich 1806 nach München, wo es in der Alten Pinakothek zu bewundern ist.*

# Diskussion im Tempel

## Psalter der Königin Mary, Der zwölfjährige Jesus im Tempel, um 1310–20

*Der Psalter der Königin Mary wurde vermutlich in East Anglia nördlich von London gefertigt. Im 16. Jahrhundert war er im Besitz der protestantischen Grafen von Rutland. Als jedoch die katholische Königin Mary Tudor (1516–1558) an die Regierung kam, beschlagnahmte ein Zolloffizier das kostbare Buch und übergab es der Königin. Heute wird es in der British Library in London aufbewahrt.*

### *Christuslegenden*

**Wieder sind es die apokryphen Evangelien, die das Fehlen von Nachrichten aus der Kindheit Jesu auf ihre Art ausgleichen. Es gibt sogar Schriften, die sich vorrangig mit den Kindertagen Jesu befassen, wie etwa das Kindheitsevangelium des Thomas, das armenische und das arabische Kindheitsevangelium. Ein Großteil dieser Evangelien besteht aus Wundererzählungen, wie etwa der, dass Jesus Spatzen aus Lehm formt und sie dann zum Leben erweckt. Aber es gibt auch konträre Erzählungen, wie jene, in der Jesus einen Jungen, der ihn anstößt, tot umfallen lässt. Gemeinsam ist allen Episoden, dass sie die Überlegenheit des künftigen Heilands bezeugen sollen. Viele dieser Geschichten wurden von der schwedischen Nobelpreisträgerin Selma Lagerlöf in ihren „Christuslegenden" nacherzählt.**

Der Psalter der Königin Mary zählt zu den herausragenden Werken der hochgotischen Buchmalerei Englands und enthält eine große Anzahl von außergewöhnlichen Darstellungen. Der zwölfjährige Jesus im Tempel ist darin zweimal abgebildet. Auf der ersten Abbildung legt Maria ihrem Sohn die Hände auf die Schultern, als wolle sie ihn wegführen. Auf dem zweiten Bild sitzt Jesus im Zentrum des Geschehens lehrend auf einer Säule; selbst die Statuen der Propheten in ihren Nischen neigen sich ihm zu.

### *Auf der Wallfahrt verschwunden*

Die Erzählung vom zwölfjährigen Jesus im Tempel ist die einzige Begebenheit aus der Kindheit Jesu, die sich im Kanon der biblischen Erzählungen findet. Lukas (2,41 f.) berichtet, Jesus sei mit seinen Eltern zum Pessachfest nach Jerusalem gezogen. Pessach ist neben Schawuot und Sukkot eines der drei Feste, die zu feiern Gott seinem Volk auf dem Berg Sinai geboten haben soll (siehe S. 48). Zu diesen drei Festen war es Tradition, dass jeder Jude, der dazu in der Lage war, nach Jerusalem zog und dort im Tempel opferte. Auch Maria und Joseph folgten jährlich diesem Brauch, wie Lukas seinen nichtjüdischen Lesern erklärt. Maria und Joseph sind zunächst nicht beunruhigt, als sie den Jungen auf dem Heimweg aus den Augen verlieren, da sie ihn in der großen Gruppe der Pilger vermuten. Sie legen also eine Tagesreise zurück und suchen ihn bei Bekannten und Verwandten. Als sie ihn jedoch nirgends finden können, kehren sie nach Jerusalem zurück und forschen dort nach ihm. Nach drei Tagen finden sie ihn schließlich im Tempel.

### *Im Haus des Vaters*

Auf Bildern wird diese Geschichte oft so dargestellt, als habe Jesus im Tempel gelehrt. Doch das schreibt Lukas nicht, vielmehr berichtet er, Jesus habe mitten unter den Lehrern gesessen, ihnen zugehört und sie befragt. Sowohl seine Gesprächspartner wie alle Umstehenden seien erstaunt über sein großes Verständnis gewesen. Maria und Joseph dagegen reagieren sehr betroffen und stellen ihren Sohn zur Rede: „Siehe, dein Vater und ich haben dich mit Schmerzen gesucht", hält ihm Maria vor. Jesus jedoch reagiert mit Unverständnis: „Wusstet ihr nicht, dass ich in dem sein muss, was meines Vaters ist?" Das wiederum verstehen Maria und Joseph nicht. Lukas berichtet, Jesus sei daraufhin mit seinen Eltern wieder nach Nazareth gezogen und sei ihnen fortan gehorsam gewesen.

# Taufe am Jordan

## Gerard David, Die Taufe Jesu, um 1505

*„Die Taufe Jesu" von Gerard David (um 1460–1523) ist das Mittelstück eines Flügelaltars, der heute im Groeningemuseum in Brügge zu sehen ist. Auf der Innenseite des linken Flügels ist Jean de Trompes mit seinem Sohn Philipp und seinem Schutzheiligen, dem Apostel Johannes, zu sehen. Auf der Innenseite des rechten Flügels kniet die Ehefrau des Stifters mit ihren vier Töchtern und ihrer Namensheiligen, Elisabeth von Thüringen.*

Um ihr Seelenheil in der Ewigkeit zu sichern, stifteten im Mittelalter und der Frühen Neuzeit viele Adelige und reiche Bürger den Kirchen und Klöstern kostbare Altarbilder. An den Seiten waren sie meist selbst in betender Haltung dargestellt, in der Mitte ein Motiv, das ihnen besonders am Herzen lag. Den Johannesaltar von Brügge mit der Taufe Christi gab der Schatzkämmerer der Stadt, Jean de Trompes, beim damaligen Stadtmaler Gerard David in Auftrag. David wird zum Künstlerkreis der sogenannten flämischen Primitiven gerechnet. Die sorgsam ausgearbeitete Anatomie des fast nackten Jesus einerseits und seine starre Haltung andererseits sind typisch für sein Werk.

### *Wilder Mann in der Wüste*

Dem Evangelium des Lukas zufolge war Johannes der Täufer ein entfernter Vetter Jesu. Lukas beginnt sein Evangelium sogar mit der Geburt des Täufers. Die anderen drei Evangelisten erzählen dagegen nichts von dieser Verwandtschaft, wenngleich auch bei ihnen der Täufer eine wichtige Rolle spielt. Sein Namensvetter, der Evangelist Johannes, schreibt im poetischen Prolog seines Evangeliums: „Ein Mann trat auf von Gott gesandt, sein Name war Johannes." Matthäus und Markus schildern sein Leben ausführlicher: Johannes habe in der Wüste von Judäa nördlich des Toten Meers am Jordan gelebt, ein gegürtetes Gewand aus Kamelhaar getragen und sich von Heuschrecken und wildem Honig ernährt. Im Lukasevangelium wird berichtet, dass Johannes weder Brot noch Wein zu sich genommen habe und von einigen Menschen als Dämon verschrien worden sei. Nach Lukas trat der Täufer im 15. Regierungsjahr des Kaisers Tiberius auf, also im Jahr 28 oder 29 n. Chr. Für die Evangelisten ist Johannes der „Rufer in der Wüste", der auffordert, dem Herrn den Weg zu bereiten – eine Gestalt aus den Prophezeiungen des Jesaja. Diesem Ruf folgen viele Menschen. Sie ziehen in die Wüste, bekennen ihre Sünden und lassen sich als Zeichen der Vergebung ihrer Sünden durch Gott mit Wasser aus dem Jordan taufen.

### *Wunder am Jordan*

Im Lukasevangelium fragt das Volk Johannes den Täufer, ob er der verheißene Messias sei. Dieser jedoch antwortet, nach ihm werde einer kommen, der nicht mit Wasser, sondern mit heiligem Geist taufe. Er selbst sei es nicht wert, diesem die Riemen seiner Schuhe zu lösen. Als Jesus selbst dann eines Tages am Jordan erscheint und Johannes um die Taufe bittet, ist dieser erschrocken, da er glaubt, dass es vielmehr an Jesus sei, ihn zu taufen. Jesus besteht jedoch auf seinem Wunsch und wird schließlich von Johannes getauft. Bei der Taufe Jesu tut sich der Himmel auf, der Geist Gottes wird in Gestalt einer Taube sichtbar und eine Stimme vom Himmel weist Jesus als Sohn Gottes aus.

### Johannes bei Flavius Josephus

Johannes der Täufer wird in den Schriften des jüdischen Historikers Flavius Josephus recht ausführlich behandelt. Josephus schreibt, Johannes sei ein guter Mann gewesen, der das Volk aufforderte, tugendhaft, gerecht gegeneinander und fromm gegenüber Gott zu leben. Die Taufe habe er nicht als wundertätiges Ereignis gesehen, sondern als Zeichen dafür, dass der betreffende Mensch sich vorher durch Buße von seinen Sünden gereinigt habe. Da Johannes aber einen so großen Einfluss auf breite Kreise des Volks gewonnen habe, habe Herodes Antipas gefürchtet, dass der Mann Gottes eine Rebellion gegen ihn würde auslösen können. Deshalb habe er Johannes ins Gefängnis werfen und ihn dort dann kurze Zeit später hinrichten lassen.

# Begegnung mit dem Widersacher

## Kathedrale von Troyes, Versuchung in der Wüste, um 1225

Die gotischen Kathedralen des Mittelalters waren Ehrfurcht gebietender, als man sich das heute vorstellen kann. Die farbigen Fenster erzeugten in der Dunkelheit ein juwelengleiches Funkeln. Die einzelnen Glasflächen waren jedoch so klein, dass man die Feinheiten der Darstellung, wie etwa die furchterregende Fratze des grünen Teufels, der Jesus in Versuchung führen will, von unten aus sicher nur schwer erkennen konnte.

### *40 Tage in der Wüste*

Im Gegensatz zu den mittelalterlichen Künstlern interessierten sich die Evangelisten nicht für das Aussehen des Teufels. Matthäus, Markus und Lukas berichten lediglich, dass Jesus ihm direkt begegnet und von ihm versucht wird. Gleich nach seiner Taufe im Jordan geht Jesus in die Wüste, wo er 40 Tage und 40 Nächte fastet. Ähnliche Bußübungen sind auch schon aus dem Alten Testament bekannt. Moses beispielsweise fastet genauso lange auf dem Berg Sinai. Der Evangelist Markus berichtet nur sehr knapp, Jesus habe in dieser Zeit bei wilden Tieren gelebt und sei vom Satan versucht worden. Lukas und Matthäus werden ausführlicher und erzählen von einer dreimaligen Konfrontation mit dem Teufel.

### *Alle Macht der Welt*

Satan taucht zu einem Zeitpunkt auf, da Jesus von großem Hunger geplagt wird. Wenn Jesus Gottes Sohn sei, so die erste Versuchung des Teufels, dann solle er doch aus den Steinen ringsumher Brot machen. Jesus jedoch antwortet mit einem Spruch aus dem Deuteronomium: „Der Mensch lebt nicht vom Brot allein, sondern von jedem Wort, das hervorgeht aus Gottes Mund." Daraufhin bringt ihn der Teufel nach Jerusalem, stellt ihn auf die Zinnen des Tempels und fordert ihn auf, sich in die Tiefe zu stürzen. Diesmal gibt sich auch der Teufel bibelkundig und erinnert an den Psalm 91, in dem es heißt, Gott werde seinen Engeln befehlen, seine Gläubigen auf Händen zu tragen. Jesus dagegen greift als Antwort wieder zum Deuteronomium: „Du sollst den Herrn, deinen Gott, nicht versuchen." Der Teufel aber probiert es ein drittes Mal. Er versetzt Jesus auf einen Berg und zeigt ihm die Reiche der Welt. Alles wolle er ihm geben, wenn er nur vor ihm niederfalle und ihn anbete. Diesmal wird Jesus deutlicher. Er befiehlt: „Weiche von mir, Satan!" Daraufhin, berichten die Evangelisten, lässt der Teufel von Jesus ab. Stattdessen erscheinen Engel, um dem Sohn Gottes zu dienen.

### Der Teufel

**Im Hebräischen wird der Teufel als Satan bezeichnet, was „Widersacher" oder „Ankläger" bedeutet. „Satan" wird ebenso als Wort für das böse Prinzip verwendet. In anderen Texten taucht Satan wie in der Versuchungsgeschichte als reale Person auf. So zum Beispiel im Buch Hiob, wo er als einer von Gottes Söhnen beschrieben wird. Es wird angenommen, dass die Vorstellung vom Teufel als einer Person im 6. Jahrhundert v. Chr. durch die persische Zarathustra-Religion beeinflusst wurde, in der sich guter und böser Geist gegenüberstehen. Auch Jesus behandelt Satan teils als Person, wie im Gleichnis von dem Bösen, der nachts heimlich Unkraut zwischen den Weizen sät (Mt 13,24 f.), teils aber auch als „das Böse" an sich, wie in der Vaterunser-Bitte „Bewahre uns vor dem Bösen".**

*Die „Versuchung in der Wüste" gehört zu den ältesten Glasfenstern aus der Kathedrale in Troyes, der wirtschaftlich bedeutenden Hauptstadt der wohlhabenden Grafen der Champagne. Im Gegensatz zu Fenstern aus späteren Epochen befindet es sich heute nicht mehr an Ort und Stelle, sondern im Victoria and Albert Museum in London.*

# Die Berufung der Fischer

## Sant'Apollinare Nuovo in Ravenna, Die Berufung der Jünger, 6. Jh.

*Die Bibelmosaiken in der Basilika Sant'Apollinare Nuovo in Ravenna sind nicht ganz einfach zu betrachten, denn sie befinden sich hoch oben unter der Decke.*

Im 6. Jahrhundert regierte in der italienischen Stadt Ravenna der Gotenkönig Theoderich der Große. Er war der Statthalter des Kaisers von Byzanz. In der lokalen Kunst ist der byzantinische Einfluss deutlich sichtbar, was Ravenna wunderbare Goldmosaiken bescherte. In der Kirche Sant'Appollinare Nuovo, die Theoderich errichten ließ, wird auf 26 Bildern das Neue Testament dargestellt. Im Mittelpunkt stehen die Wunder Jesu und die Berufung seiner Jünger.

### Die Zwölf

**Christliche Theologen gehen davon aus, dass die meisten der zwölf engsten Vertrauten Jesu Fischer aus Galiläa waren. Bei Lukas heißen die zwölf Jünger Simon Petrus, Andreas, Jakobus, Johannes, Philippus, Bartholomäus, Matthäus, Thomas, Jakobus, der Sohn des Alfäus (Jakobus der Jüngere) sowie Simon der Zelot (Eiferer), Judas, der Sohn des Jakobus, und Judas Iskariot. Matthäus nennt Simon den Zeloten allerdings Simon den Kananäer und führt statt Judas, den Sohn des Jakobus, einen Taddäus auf, was in der kirchlichen Tradition in späteren Zeiten dann zu Judas Taddäus verschmolzen wurde.**

### *Begegnung am See*

Der Evangelist Matthäus (4,12 f.) berichtet, dass Johannes sehr bald nach der Taufe Jesu verhaftet worden sei. Daraufhin habe sich Jesus nach Galiläa zurückgezogen und in Kafarnaum seinen Wohnsitz genommen. Er habe begonnen, dort zu predigen, und forderte seine Zuhörer auf: „Bekehrt euch, denn das Himmelreich ist nahe." Dabei sei er am Ufer des Sees Genezareth zwei Brüdern begegnet, Simon und Andreas, die gerade beim Fischen gewesen seien. Er habe sie aufgefordert, mitzukommen, um sie zu „Menschenfischern" zu machen. Matthäus schreibt weiter, sie hätten daraufhin ihre Netze verlassen und wären Jesus gefolgt. Das Gleiche sei geschehen, als Jesus zwei anderen Brüdern, Jakobus und Johannes, den Söhnen des Zebedäus, begegnete. Sie ließen ihren Vater im Boot bei den Netzen zurück und schlossen sich Jesus an. Wie er sie dazu bewegte, sich von ihrem bisherigen Leben abzukehren, darüber schweigt die Bibel.

### *Das Fischwunder*

Auch der Evangelist Lukas suchte offenbar nach einer Erklärung für diese spontane Gefolgschaft und berichtet von einem Wunder (Lk 5,1 f.): Jesus habe am See gepredigt und sei von Leuten bedrängt worden. Da habe er Simon, der gerade seine Netze wusch, gebeten, ihn mit seinem Boot auf den See zu fahren. Von dort aus, so Lukas, sprach er zu der Volksmenge. Nachdem er seine Predigt beendet hatte, forderte er Simon auf, weiter hinauszufahren und die Netze auszulegen. Dieser folgte der Bitte Jesu. Als Simon die Netze wieder einholen wollte, waren sie so voll, dass er ein zweites Boot zur Hilfe rufen musste. Simon habe dies Angst gemacht, und auch seine Kameraden Jakobus und Johannes verharrten, so berichtet Lukas, in Staunen und Furcht. Jesus aber habe ihnen erklärt, er wolle sie zu „Menschenfischern" machen. Im Johannesevangelium wird eine ganz andere Geschichte erzählt (1,35 f.). Gemäß Johannes' Ausführungen folgte Andreas, der hier ein Jünger des Täufers ist, Jesus nach dessen Taufe. Seinem Bruder Simon erzählte er, er habe den Messias gefunden. Diese beiden hätten nun wieder Philippus, der wie sie aus Bethsaida stammte, und Philippus habe Nathanael angesprochen. Letzterer wird in der kirchlichen Tradition mit Bartholomäus gleichgesetzt.

# Das erste Zeichen

## Paolo Veronese, Die Hochzeit zu Kana, um 1562/63

Paolo Veroneses „Hochzeit zu Kana" gehört zu den Gemälden mit biblischer Thematik, bei denen die religiöse Aussage zugunsten der Inszenierung stark zurücktritt. So befindet sich die Figur Jesu Christi zwar genau im Zentrum des Geschehens und ist mit einem Heiligenschein eindeutig gekennzeichnet, doch geht sie inmitten der groß angelegten Monumentalarchitektur und einer riesigen Menschenmenge regelrecht unter. Bereits für die Evangelien ist die Geschichte der Hochzeit zu Kana eher untypisch. Alltagsbezogene Wunder wie dieses sind sonst eher in den apokryphen als in den kanonischen Schriften zu finden.

### *Wunder im kleinen Kreis*

Obwohl außer den Vertrauten Jesu auch die Diener das Wunder miterlebt haben müssen, ist es den restlichen Personen verborgen geblieben. Der Tafelmeister jedenfalls geht zum Bräutigam und stellt ihn zur Rede, warum dieser erst den schlechteren Wein aufgetischt, den guten aber für das Ende der Feier aufgehoben habe, wo jeder andere es doch umgekehrt mache. Johannes berichtet, dies sei der Anfang der Zeichen gewesen, die Jesus in Galiläa wirkte und mit denen er seine Herrlichkeit bewiesen habe.

*Paolo Cagliari aus Verona, genannt Veronese (1528–1588), malte „Die Hochzeit zu Kana" (Öl auf Leinwand) für den Speisesaal des Klosters San Giorgio Maggiore in Venedig. Er versetzte die Hochzeit aus dem galiläischen Städtchen in eine prächtige Kulisse der Spätrenaissance. Außerdem porträtierte er in vielen der abgebildeten Figuren seine Freunde sowie Honoratioren von Venedig. Das Bild ist heute im Louvre in Paris zu sehen.*

### *Wasser zu Wein*

Überdies wird die Hochzeit nur im Johannesevangelium erwähnt. Dort wird erzählt, wie Jesus nach der Berufung seiner ersten Jünger mit diesen nach Galiläa zieht (Joh 2,1 f.). Dort findet eine Hochzeit statt, die er zusammen mit seiner Mutter, seinen Brüdern und seinen neu gewonnenen Anhängern besucht. Im Verlauf der Feier geht der Festgesellschaft schließlich der Wein aus, worauf Maria Jesus aufmerksam macht. Dieser entgegnet ihr jedoch abweisend: „Frau, was willst du von mir? Meine Stunde ist noch nicht gekommen." Maria aber zeigt sich unbeeindruckt und erklärt den Dienern, sie sollen tun, was Jesus ihnen sagen werde. Trotz seiner vorherigen Ablehnung fordert dieser nun die Diener auf, sechs große steinerne Krüge mit Wasser zu füllen. Nachdem die Diener die Krüge bis zum Rand gefüllt haben, fordert er sie auf, daraus zu schöpfen und dem Tafelmeister zum Kosten zu bringen. Der aber stellt fest, dass sich in den Gefäßen nun Wein befindet.

### *Paolo Veroneses „Abendmahl"*

Veronese liebte Festgesellschaften vor prachtvoller architektonischer Kulisse. Bereits 1573 malte er für das Kloster San Paolo e Giovanni in Venedig eine Darstellung des letzten Abendmahls von fast 13 Metern Länge. Darauf ist Jesus deutlich zu erkennen. An seiner Seite herrscht ein ähnlich buntes Treiben wie auf der Hochzeit zu Kana. So wurde Veronese auch gleich nach der Fertigstellung des Gemäldes vor das kirchliche Inquisitionsgericht gerufen, wo man ihm Blasphemie vorwarf. Veronese erklärte den Inquisitoren, dass er natürlich glaube, dass nur Jesus und die zwölf Apostel am Abendmahl teilgenommen hätten. Allerdings sei auf dem Bild noch freier Platz zu füllen gewesen. Trotz seiner Erklärung verurteilte das Gericht ihn dazu, das Gemälde auf eigene Kosten auszubessern. Veronese korrigierte nur den Titel und taufte das Bild in „Gastmahl im Haus des Zöllners Levi" um.

# Die große Predigt

## James Tissot, Die Bergpredigt, 1886–94

Der Franzose James (eigentlich Jacques Joseph) Tissot wurde mit Bildern von eleganten Damen in mondäner Umgebung berühmt. Doch nach dem Selbstmord seiner an Schwindsucht erkrankten Lebensgefährtin Kathleen Newton zog sich der gefragte Gesellschaftsmaler nach Palästina zurück und begann, Szenen aus dem Leben Jesu ins Bild zu setzen. 1896 stellte er in Paris 350 Aquarelle aus. Die ungewöhnlichen Bilder erregten Aufsehen, hatte es doch kaum ein Künstler zuvor gewagt, Jesus in der Landschaft des Nahen Ostens und in zeittypischen Gewändern auftreten zu lassen.

### *Die Seligpreisungen*

Von allen Predigten Jesu ist die Bergpredigt die berühmteste. Matthäus berichtet zu Beginn seines Evangeliums (5,1 f.), dass Jesus angesichts der Menschenmassen, die ihm zuhören wollen, auf einen Berg steigt, sich dort – anders als Tissot es darstellt – setzt und zu predigen beginnt. Den Anfang machen die Seligpreisungen. Jesus würdigt die geistig Armen, die Trauernden, die Machtlosen, die Gerechten, die Barmherzigen, die Friedensstifter und diejenigen, die um ihrer Gerechtigkeit willen verfolgt werden. Ihnen allen verspricht er ein Ende ihrer Leiden und großen Lohn im Himmelreich. Ähnliche Seligpreisungen gibt es auch im Lukasevangelium (6,20 f.). Lukas jedoch berichtet, Jesus habe auf einem ebenen Platz gepredigt, wo viel Volk zusammengekommen sei. Lukas' Seligpreisungen sind auch weniger spirituell als die des Matthäus. Bei ihm werden die Armen, die Hungernden, die Weinenden und die Verfolgten gepriesen. Sie würden im Himmelreich jubeln sowie reich und satt sein. Die Reichen und Glücklichen aber hätten ihren Teil schon gehabt und würden am Ende hungern und klagen – eine Aussage, die es bei Matthäus nicht gibt.

### *Aufruf zur Nächstenliebe*

Nach diesen Seligpreisungen fordert Jesus seine Zuhörer auf, ihre Feinde zu lieben und ihnen Schlechtes mit Gutem zu vergelten. Sie sollen nicht selbstgerecht sein und nicht über andere urteilen, die eigenen Fehler aber übersehen. Matthäus geht sogar noch weiter. Bei ihm finden sich die wichtigsten Predigten Jesu, die in den anderen Evangelien verstreut sind, in dieser einen Ansprache zusammengefasst. Jesus belehrt seine Zuhörer über rechtes Almosengeben, richtiges Beten und Fasten. Er verurteilt das Ansammeln von weltlichen Gütern und warnt vor unnötiger Sorge. Gegen Ende der Predigt stellt er die bekannte sogenannte goldene Regel auf: „Alles nun, was ihr von den Menschen erwartet, sollt auch ihr ihnen tun."

### *Der Berg der Seligpreisungen*

**Man kann ihn besteigen, den Hügel, auf dem Jesus seine Bergpredigt gehalten haben soll. Er liegt am Nordufer des Sees Genezareth, nahe der Ortschaft Tabgha. Man sollte sich jedoch nicht zu sicher sein, dass Jesus dort wirklich gepredigt hat, denn Matthäus spricht schlicht von einem Berg. Die meisten Zuordnungen biblischer Geschichten zu konkreten Plätzen stammen von der römischen Kaiserin Helena, die im Jahr 326, im Alter von etwa 76 Jahren, nach Palästina reiste und dort unter anderem das Kreuz Christi und die Gebeine der Heiligen Drei Könige gefunden haben will.**

*Ein Pariser Verlag zahlte James Tissot (1836–1902) 1886 über eine Million Franc für seinen Bilderzyklus zum Neuen Testament. Anschließend begann der Maler mit der Arbeit am Alten Testament, starb aber, bevor er sein Werk vollenden konnte. Die meisten Bilder dieses Zyklus befinden sich heute in der Sammlung des Brooklyn Museum in New York.*

# Demütiger Vertreter der Macht

## Paolo Veronese, Christus und der Hauptmann von Kafarnaum, um 1585

*Paolo Caliari (1528 bis 1588), der nach seinem Geburtsort Veronese genannt wurde, war seit 1553 in Venedig tätig, wo er zum bevorzugten Maler der venezianischen Aristokratie avancierte (siehe S. 115). Sein Spätwerk „Christus und der Hauptmann von Kafarnaum" (Öl auf Leinwand) ist heute im Kunsthistorischen Museum in Wien zu sehen.*

Der Renaissancemaler Paolo Veronese lässt den Hauptmann nicht sehr martialisch erscheinen. Im Gegensatz zu seinen Begleitern trägt er weder Helm noch Waffen. Allenfalls der Brustpanzer ist zu erahnen. Und doch ist der Rang wichtig. Denn es handelt sich nicht einfach um einen würdigen alten Mann, der in dieser Szene Jesus zu Füßen sinkt und mit einer Geste der Ergebenheit die Arme ausbreitet. Es handelt sich um einen römischen Centurio, einen Vertreter der ebenso gefürchteten wie verhassten Besatzungsmacht in Israel.

### *Heilung aus der Ferne*

Der Evangelist Matthäus schildert (8,5–13), dass Jesus nach der Bergpredigt nach Kafarnaum weiterzog, das in kurzer Entfernung am Nordufer des Sees Genezareth lag. Dort sei ein Hauptmann vor ihn getreten und habe ihn gebeten, seinen Knecht zu heilen, der zu Hause liege und große Qualen leide. Dabei erkennt der Hauptmann an, dass sich Jesus in den Augen seiner Landsleute durch das Betreten eines römischen Hauses unrein machen würde: „Herr, ich bin nicht würdig, dass du eingehst unter mein Dach, aber sprich nur ein Wort, so wird mein Knecht gesund." Dieser Satz wird in der katholischen Messe bis heute vor der Kommunion gebetet, nur dass es dort statt Knecht Seele heißt. Lukas (7,1–10) geht in seiner Darstellung der Ereignisse noch weiter. Hier schickt der Hauptmann zuerst Älteste der Juden mit der Bitte um Heilung seines sterbenskranken Dieners. Diese erklären Jesus: „Er ist es wert, dass du ihm das gewährst, denn er liebt unser Volk und hat uns die Synagoge erbaut." Als Jesus sich dann dem Haus nähert, schickt der Hauptmann Freunde, durch die er bitten lässt, den Knecht aus der Ferne zu heilen. Er sei nicht einmal würdig, selbst zu kommen, heißt es hier.

### *Diener oder Sohn?*

War es wirklich nur ein Diener, dessentwegen sich der römische Hauptmann so erniedrigt? Das Johannesevangelium erzählt, Jesus habe in Kana den Sohn eines römischen Beamten, der sterbend in Kafarnaum gelegen habe, aus der Ferne geheilt (4,46-54). Auch Matthäus verwendet für den Kranken in seiner Geschichte das griechische Wort Pais, das sowohl Diener wie Kind, aber auch Liebhaber bedeuten kann. Nur Lukas sagt eindeutig, es habe sich um einen Knecht gehandelt, der dem Hauptmann sehr teuer gewesen sei.

### *Mahnung an Israel*

Sowohl Matthäus wie Lukas jedoch berichten, dass Jesus erstaunt gewesen sei, dass der Hauptmann ihm eine Fernheilung zugetraut habe. „Wahrlich, ich sage euch, einen so großen Glauben fand ich bei keinem in Israel", erwidert er, bevor er dem Hauptmann die Heilung seines Knechtes zusagt. Bei Matthäus schließt sich noch eine deutliche Warnung an, dass letztendlich der Glaube, nicht die Herkunft zähle: „Viele werden von Osten und Westen kommen und sich zu Tisch legen mit Abraham, Isaak und Jakob im Himmelreich, die Söhne des Reiches aber werden hinausgeworfen werden in die Finsternis."

# Die Salbung

## Tintoretto, Gastmahl im Hause Simons, 1562

Die Geschichte von der Frau, die Jesus mit kostbarem Öl salbt, wird von den Evangelisten recht unterschiedlich beschrieben und gedeutet. Der venezianische Maler Tintoretto hat sich für die Version aus dem Lukasevangelium entschieden, in der es eine stadtbekannte Sünderin ist, die Jesus die Füße salbt.

### *Die größere Liebe*

Lukas (6,36f.) berichtet in seinem Evangelium, dass Jesus von einem Pharisäer namens Simon zum Essen eingeladen wird. Als man zu Tisch sitzt, tritt eine Frau herein, die von Lukas als Sünderin bezeichnet und gemeinhin als Hure betrachtet wird. Weinend tritt die Sünderin vor Jesus und beginnt, seine Füße mit ihren Tränen zu benetzen. Anschließend trocknet sie die derart befeuchteten Füße Jesu mit ihren Haaren, küsst und salbt sie mit Öl aus einem kostbaren Alabastergefäß. Die anderen Gäste beobachten verwundert das Geschehen, denn sie sind der Meinung, dass, wäre Jesus wirklich ein Prophet, er doch wissen müsse, wer ihn da berühre. Jesus aber begegnet den fragenden Blicken seines Gastgebers mit einem Gleichnis: Ein Gläubiger habe zwei Schuldner. Der eine sei ihm 500 Denare, der andere nur 50 schuldig. Beiden erlässt er die Schuld. „Wer von diesen wird ihn wohl mehr lieben?", fragt Jesus den Pharisäer. Simon antwortet, vermutlich der, dem er mehr erlassen habe. Daraufhin weist Jesus Simon darauf hin, dass er selbst ihm nicht einmal Wasser zum Waschen seiner Füße angeboten habe, während die Frau ihm die Füße sogar mit ihren Tränen reinigte. „Darum sage ich dir", so Jesus, dem Pharisäer zugewandt, „vergeben sind ihre vielen Sünden, denn sie hat viel geliebt, wem aber wenig vergeben wird, der liebt auch wenig."

### *Vorbereitung auf den Tod*

Markus (14,3 f.) und Matthäus (26,6 f.) erzählen eine andere Variante der Salbungsgeschichte: Jesus sitzt demnach im Hause Simons, des Aussätzigen, in Bethanien zu Tisch. Während des Essens erhebt sich unter den Gästen eine Frau und übergießt sein Haupt mit kostbarem Nardenöl, dem duftenden Öl einer indischen Pflanze. Die Tischgenossen stoßen sich hier nicht an der Moral der Frau, sondern an ihrer Verschwendung, denn sie meinen, man hätte für das Öl gut 300 Denare bekommen und diese den Armen geben können. Jesus aber nimmt die Frau in Schutz. Die Armen hätten sie allezeit um sich und könnten ihnen so viel Gutes tun, wie sie nur wollten, „mich aber habt ihr nicht allezeit." Bei Johannes (12,1 f.) ist es Maria von Bethanien, die Jesus die Füße salbt und mit ihrem Haar trocknet. Die Kritik der Verschwendung kommt dabei von Judas. Johannes betont aber, Judas habe diese nicht aus Mitleid mit den Armen getadelt, sondern weil er selbst den Jüngern Geld unterschlagen habe.

### Die Pharisäer

**In der Bibel gelten die Pharisäer als die Hauptkontrahenten Jesu und sind derart negativ besetzt, dass ihr Name zum Synonym für Heuchlerei wurde. Doch die Wissenschaft zweifelt an der historischen Richtigkeit dieses negativen Bildes. Nach allem, was man weiß, müssten vielmehr die Sadduzäer, die Vertreter des Tempelkultes, an Jesus Anstoß genommen haben. Den Pharisäern dagegen ging es weniger um den Tempel selbst als vielmehr um die Einhaltung der jüdischen Gesetze im Alltag. Vor allem der pharisäische Schriftgelehrte Rabbi Hillel, der etwa zeitgleich mit Christus lebte, vertrat viele Lehren, die denen Jesu ähneln, zum Beispiel die der Nächstenliebe. Die Historiker vermuten daher, dass sich die Feindschaft den Pharisäern gegenüber erst in der Zeit der Evangelisten verfestigt habe.**

*Jacopo Tintoretto (1518–1594) zeigt Jesus fast erschrocken über die Geste der Sünderin zu seinen Füßen. Seine Tischgenossen scheinen jedoch noch nichts von dieser Geste bemerkt zu haben. Das „Gastmahl im Hause Simons" (Öl auf Leinwand) ist heute im Museo Civico in Padua zu besichtigen.*

# Die Wahl des Zöllners

## Jan van Hemessen, Die Berufung des Matthäus, 1536

*Das Gemälde „Die Berufung des Matthäus" (Öl auf Holz) befindet sich in der Alten Pinakothek in München. Es ist nur eines von vielen Werken von Jan van Hemessen (um 1500–1563/66) mit biblischer Thematik. Der Künstler orientierte sich dabei an seinem Lehrer Hendrik van Cleve, Quintin Massys und Pieter Breugel dem Älteren.*

Jan van Hemessen gehört zu den Mitbegründern der niederländischen Genremalerei, die gewöhnliche Alltagsszenen zum Gegenstand der Kunst machte. So scheint auch seine „Berufung des Matthäus" auf den ersten Blick das normale Treiben in einer Wechselstube des 16. Jahrhunderts einzufangen. Der Fokus ist auf die glänzenden Münzen auf dem Tisch, die gierig zupackende Hand und das nüchtern geschäftsmäßige Gebaren der Frau im Vordergrund gerichtet.

### Zöllner und Sünder

**Immer wieder berichten die Evangelisten vom Unverständnis der rechtschaffenen und wohlsituierten Bürger, dass Jesus mit Sündern verkehre. Er erwidert daraufhin: „Nicht die Gesunden bedürfen des Arztes, sondern die Kranken. Ich bin nicht gekommen, Gerechte zu berufen, sondern Sünder." Zu den Sündern werden stets die Zöllner gerechnet, die bei den Juden als unehrlich galten und von vielen Israeliten als Kollaborateure angesehen wurden – eine politische Dimension, die die Evangelisten verschweigen.**

### *Matthäus oder Levi*

Alle Evangelisten berichten, dass einer der zwölf Jünger Matthäus hieß, aber nur einer erzählt von seiner Berufung – Matthäus. Es gibt jedoch in der Geschichte keinen Hinweis, der darauf schließen lässt, dass der Evangelist hier aus seinem eigenen Leben berichtet. Die Berufung des Matthäus (Mt 9,1 f.) wird genauso lakonisch erzählt wie zuvor die Berufungen der Fischer. Es heißt, Jesus habe den in seinem Zollhaus sitzenden Matthäus mit Namen angerufen und aufgefordert: „Folge mir nach." Daraufhin sei Matthäus mit ihm gekommen. Die Berufung des Matthäus im gleichnamigen Evangelium ist jedoch fast identisch mit einer Geschichte, die Markus erzählt. Nur heißt der Zöllner dort nicht Matthäus, sondern Levi. In der kirchlichen Tradition geht man deshalb davon aus, dass der Berufene eigentlich Levi hieß und als Apostel den Namen Matthäus annahm, eine griechische Form des hebräischen Namens Mattitjahu („Geschenk Gottes"). Lukas (5,29 f.) fügt noch hinzu, dass Levi nach seiner Berufung ein großes Gastmahl gegeben habe, zu dem viele Zöllner kamen. Die Zöllner jedoch, die für die verhasste römische Staatsmacht die Steuern eintrieben, waren den jüdischen Pharisäern ein Dorn im Auge. Die Pharisäer und Schriftgelehrten machten deshalb Jesus den Vorwurf, dass er sich mit Sündern an einen Tisch setze.

### *Der kleine Zachäus*

Im Lukasevangelium gibt es noch eine andere, prägnantere Zöllnergeschichte (19,1 f). Ihr Protagonist ist diesmal ein reicher Oberzöllner in Jericho namens Zachäus. Als Jesus nach Jericho kommt, will Zachäus diesen unbedingt sehen. Weil er aber sehr klein ist und ihm die versammelte Volksmenge den Blick versperrt, klettert er auf einen Baum. Als Jesus schließlich auf dem Platz erscheint, fordert er den Zöllner auf, vom Baum zu steigen, damit er am Abend bei ihm einkehren könne. Zachäus, heißt es, habe ihn voller Freude in sein Haus aufgenommen. Das Volk jedoch begehrt auf, da Jesus ausgerechnet bei einem Sünder einkehrt. Zachäus jedoch verspricht, die Hälfte seines Besitzes den Armen zu geben und jedem, dem er zu viel abgenommen habe, dieses vierfach zurückzuerstatten.

# Disput am Jakobsbrunnen

## Angelika Kauffmann, Christus und die Samariterin am Brunnen, 1796

Es ist ein intensives Gespräch auf Augenhöhe, das die Schweizer Malerin Angelika Kauffmann gestaltet hat. Jesus spricht zu der Frau am Brunnen mit eindringlicher Gestik, doch ihr kritischer Blick und die ausholende Bewegung ihrer linken Hand zeigen deutlich, dass sie nicht gewillt ist, sich mit bloßem Zuhören zu begnügen – tatsächlich führen beide eine handfeste theologische Diskussion.

*Nach dem Tod ihres Mannes im Jahr 1795 widmete sich Angelika Kauffmann (1741–1807) in ihrer Malerei immer häufiger religiösen Themen. Ihr Gemälde „Christus und die Samariterin am Brunnen" (Öl auf Leinwand) wurde 1829 durch König Ludwig I. von Bayern aus dem Nachlass der Künstlerin erworben und befindet sich heute in der Neuen Pinakothek in München.*

### Der Jakobsbrunnen

Den Jakobsbrunnen, an dem sich das Geschehen abgespielt haben soll, kann man noch heute in der Nähe der palästinensischen Stadt Nablus besichtigen. Zu Jesu Zeiten hieß die Gegend Samaria und der Brunnen galt als ein Geschenk des Stammvaters Jakob an seinen Lieblingssohn Joseph, auf dessen Söhne Ephraim und Manasse sich die Samariter zurückführten.

### Die Samariterin

Das Johannesevangelium (4,5–42) erzählt, dass Jesus erschöpft an diesem Brunnen sitzen bleibt, während seine Jünger gehen, um Essen zu kaufen. Er bittet eine Frau, ihm Wasser zu schöpfen. Diese wundert sich, dass er sie anspricht, da die Juden normalerweise keinen Verkehr mit den Samaritern haben. Jesus antwortet: „Wenn du wüsstest, was Gott den Menschen schenken will und wer es ist, der dich jetzt um Wasser bittet, dann hättest du ihn um Wasser gebeten und er hätte dir lebendiges Wasser gegeben." Die Frau entgegnet, wenn dem so wäre, dann müsse er größer als „unser Vater Jakob" sein. Als Jesus ihr aber ihren Familienstand nennen kann – sie hat fünf Männer gehabt und lebt jetzt in wilder Ehe –, ist sie überzeugt, dass er ein Prophet ist – und legt ihm ein theologisches Problem vor: „Unsere Väter haben auf diesem Berg Anbetung gehalten, und ihr sagt, in Jerusalem sei der Ort, wo man anbeten müsste." Darauf erwidert Jesus, es breche die Zeit an, wo es nicht mehr auf den Ort ankomme, sondern darauf, Gott in Geist und Wahrheit anzubeten. Während die zurückgekehrten Jünger tatsächlich Anstoß daran nehmen, dass Jesus mit der Samariterin geredet hat, holt sie die Bewohner ihres Dorfes zusammen. Johannes schreibt, Jesus sei zwei Tage geblieben und viele seien zum Glauben gekommen.

### Angelika Kauffmann

**Die Tochter des österreichischen Malers Joseph Johann Kauffmann wurde schon früh als zeichnerisches Wunderkind gefeiert und avancierte zu einer der begehrtesten Porträtmalerinnen ihrer Zeit. Mit ihrem Vater, den sie bereits als Sechzehnjährige bei offiziellen Aufträgen unterstützte, bereiste sie vor allem Italien, bevor sie 1766 nach England übersiedelte und sich in London ein repräsentatives Atelier einrichtete. Nach der Heirat mit dem Maler Antonio Zucchi ließ sie sich 1782 in Rom nieder, wo ihr Salon und ihr Atelier zu einer wichtigen Anlaufstelle für berühmte Rom-Besucher wie Johann Wolfgang von Goethe, Anna Amalia von Sachsen-Weimar, den österreichischen Kaiser Joseph II. und Johann Gottfried Herder wurde.**

# Reiche Frucht

## Vincent van Gogh, Sämann bei untergehender Sonne, 1888

*Das kleinformatige Bild „Sämann bei untergehender Sonne" (Öl auf Leinwand) befindet sich im Kröller-Müller-Museum nahe der Ortschaft Otterlo, das mit knapp 90 Gemälden und über 180 Zeichnungen des Malergenies die zweitgrößte Van-Gogh-Sammlung der Welt nach dem Van Gogh Museum in Amsterdam besitzt.*

Man hat ihn Maler des Lichts genannt: den genialen Autodidakten Vincent van Gogh, für den der Sämann bei der Erntearbeit, den er immer wieder gezeichnet und gemalt hat, als Symbol ewiger Wiederkehr und steten Neubeginns die „Sehnsüchte nach (dem) Unendlichen" verkörperte.

### *Das Gleichnis vom Sämann*

Die Geschichte vom Sämann ist das erste von zahlreichen Gleichnissen in den Evangelien. Jesus erzählt dem versammelten Volk von einem Sämann, der Samen ausstreut. Ein Teil davon wird von den Vögeln gefressen, ein anderer Teil verdorrt in der Sonne, weil der Grund so steinig ist, dass die Samen keine Wurzeln schlagen, und ein weiterer Teil wird von Dornen erstickt. „Anderes jedoch fiel auf gutes Erdreich und brachte Frucht, das eine hundertfach, das andere sechzigfach, das andere dreißigfach." (Mt 13,8) Die Jünger wollen daraufhin wissen, warum Jesus in Gleichnissen rede. Dieser antwortet, er tue das, damit nur die verstehen, denen es gegeben ist, nicht aber jene, deren Herzen verstockt seien. Dann erklärt er das Gleichnis: Der Same sei das Wort Gottes. Manche von denen, die es hörten, ließen es sich vom Bösen wieder rauben. Andere hätten in sich keine Wurzeln und würden es nicht ertragen, „wenn um des Wortes willen Drangsal oder Verfolgung entstehen". Bei wieder anderen würde es durch die Sorgen der Welt und trügerischen Reichtum erstickt und bleibe so wirkungslos. Schließlich aber gäbe es jene, die das Wort verstünden und reiche Frucht daraus entstehen ließen.

### *Senfkorn und Sauerteig*

Im Matthäusevangelium schließt sich eine Reihe weiterer Gleichnisse an. Mit dem Reich Gottes sei es wie mit einem Acker, auf den der Besitzer Weizen, sein Feind aber Unkraut gesät habe. Um nicht den Weizen zusammen mit dem Unkraut auszureißen, müsse man beides bis zur Zeit der Ernte wachsen lassen und erst dann das Böse verwerfen. Auch sei das Himmelreich wie ein Senfkorn, das als kleinstes unter den Samenkörnern doch zu einem großen Baum heranwachse, oder wie Sauerteig, der eine ganze Schüssel mit Mehl durchsäuern könne. Bei Markus (4,21–25) folgen Vergleiche, die sprichwörtlich wurden: Dass man Licht nicht unter den Scheffel stellt; dass man nicht mit zweierlei Maß messen soll und dass dem, der hat, gegeben wird – Bilder, die sich um den Ertrag der Saat drehen und deren Botschaft lautet: Dort, wo diese auf guten Boden trifft, vermehrt sie sich weit über das Ursprüngliche hinaus.

### *Van Goghs Sonne*

An der Schwelle zur Moderne stehend, können van Goghs vielschichtig deutbare Bilder nicht mehr im traditionellen Sinn als religiöse Malerei gelten: Religion wird in ihnen über die Landschaft und das Symbol vermittelt. „Wer nicht an die Sonne glaubt, der ist gottlos", schrieb der Künstler, der die Sonne liebte, einmal. So sehen manche Interpreten in den meist kreisrunden, strahlenden Sonnen, die zahlreiche Bilder des tiefgläubigen Malers prägen, den Ausdruck des Glaubens und der Hoffnung, dass über allem Dunklen und Leidvollen der menschlichen Existenz das helle Licht Gottes steht.

# Ein verhängnisvoller Tanz

## Bernardino Luini, Salome empfängt das Haupt Johannes des Täufers, um 1525–30

Die Enthauptung von Männern durch verhängnisvolle junge Frauen ist ein biblisches Thema, das seit jeher Künstler fasziniert. Sowohl die alttestamentarische Judith als auch die Salome des Neuen Testaments gehören seit Jahrhunderten zu ihren Lieblingsmotiven. Doch während Judith, die den feindlichen Hauptmann Holofernes enthauptet, als Heldin dargestellt wird, gilt Salome, die den Tod von Johannes dem Täufer verschuldet haben soll, im Allgemeinen als dämonische Verführerin. Zahlreiche Künstler unterstellen ihr morbide Begierden oder eine Hassliebe zu Johannes. Selten ist sie dabei so sanft und ruhig dargestellt worden wie von Leonardo da Vincis Schüler Bernardino Luini.

Während Bernardino Luini (um 1480–1532) Salomes Gefühle angesichts der Enthauptung des Johannes nicht verrät, hat er etwa um die gleiche Zeit auch ihre Mutter Herodias dargestellt, die die Schale mit dem Haupt des Täufers mit einem befriedigten Lächeln hält. Die „Salome" (Öl auf Leinwand) ist im Louvre in Paris zu sehen, „Herodias" in den Uffizien in Florenz.

### *Verstoß gegen das mosaische Gesetz*

Die Evangelisten Markus (6,14 f.) und Matthäus (14,1 f.) berichten, wie Salome ihren Stiefvater Herodes umgarnt und von diesem das Haupt des Täufers fordert. Herodes Antipas war ein Sohn Herodes' des Großen und regierte in Galiläa. Wie die Evangelisten berichten, hatte er sich in Herodias, die Frau seines Halbbruders, verliebt. Beide verließen ihre jeweiligen Ehepartner und heirateten. Johannes kritisiert ihn dafür heftig, denn nach dem mosaischen Gesetz (Lev 18,16; 20,21) ist es einem Mann verboten, die Frau des Bruders zu heiraten.

Nach Matthäus lässt Herodes Johannes ins Gefängnis werfen und hätte ihn gern getötet, jedoch mögliche Unruhen des Volkes gefürchtet. Laut Markus ist es Herodias, die den Tod des Täufers will. Herodes dagegen habe gewusst, dass Johannes ein gerechter und heiliger Mann sei.

### *Die Verführung des Herodes*

Am Geburtstag des Herodes tanzt die Tochter der Herodias inmitten der Gäste – Würdenträger, Offiziere und Adlige aus Galiläa. Die Überlieferung hat daraus einen höchst verführerischen Schleiertanz gemacht. Herodes jedenfalls ist angetan und verspricht ihr, was immer sie haben wolle, und sei es die Hälfte seines Reiches, wenn sie nur für ihn tanze. Das Mädchen berät sich mit seiner Mutter und fordert auf deren Wunsch das Haupt des Täufers. Herodes kann angesichts seines öffentlichen Schwurs nicht von seinem Versprechen zurücktreten. Er lässt Johannes enthaupten und sich seinen Kopf in einer Schale bringen.

### *Die historische Salome*

**Der Name der Tochter der Herodias bleibt in der Bibel unerwähnt, er ist jedoch aus geschichtlichen Quellen bekannt: Salome. Die historische Salome war allerdings beim Tod des Täufers vermutlich schon über 30 Jahre alt. Die Evangelisten jedoch bezeichnen sie als junges Mädchen. Möglicherweise ist die ganze Geschichte nur eine Erfindung, eventuell verbirgt sich hinter der geheimnisvollen Tänzerin aber auch eine andere Person. Im „Codex Sinaiticus" aus dem 4. Jahrhundert, der ältesten vollständig erhaltenen Version des Neuen Testaments, heißt es bei Markus nämlich nicht, dass „die Tochter der Herodias" vor Herodes getanzt habe, sondern „seine Tochter Herodias". Ein kleiner, aber entscheidender Unterschied: Denn wenn diese Stelle mehr als ein Schreibfehler ist, würde das bedeuten, Herodias hätte eine gleichnamige junge Stieftochter gehabt, die sie für ihr Vorhaben, den Täufer zu töten, manipulierte.**

# Das Brot des Lebens

## Hendrick de Clerck, Speisung der Fünftausend, um 1590

Vorne fünf Brote und zwei Fische, von einem eifrigen kleinen Jungen in einem Körbchen gebracht, im Hintergrund 5000 hungrige Menschen, dazwischen Jesus und seine Jünger: So präsentiert der flämische Maler Hendrick de Clerck die Zutaten der Geschichte von der wunderbaren Brotvermehrung, die alle vier Evangelien erzählen.

Der flämische Künstler Hendrick de Clerck (um 1570–1629) war als Hofmaler in Brüssel tätig. Sein Schaffen war bestimmt von der katholischen Gegenreformation, die dem protestantischen Vernunftglauben barocke Emotionalität entgegenzusetzen versuchte. Das Gemälde „Speisung der Fünftausend" (Öl auf Leinwand) befindet sich heute im Kunsthistorischen Museum in Wien.

### Die Speisung der Fünftausend

Die Erzählung beginnt mit Trauer und Flucht. Jesus hört vom Tod Johannes des Täufers und will sich mit einem Boot an einen einsamen Ort zurückziehen. Doch die Menschen ziehen ihm nach und haben sich schon versammelt, als er aus dem Boot steigt. „Als er nun ausstieg, sah er die Menschen und bekam Mitleid mit ihnen, weil sie wie Schafe waren, die keinen Hirten haben, und er begann, sie vieles zu lehren", heißt es bei Markus (6,34). Als aber der Tag fast vorüber ist, machen ihn seine Jünger darauf aufmerksam, dass es spät geworden sei und er gut daran täte, die Menschen wegzuschicken, damit sie es noch bis zu den Höfen und Dörfern schaffen, um sich Essen zu kaufen. Jesus jedoch lehnt das ab. Stattdessen lässt er sich die fünf Brote und zwei Fische geben, die die Jünger haben zusammentragen können, blickt zum Himmel, segnet sie und gibt sie seinen Jüngern zum Austeilen. Die Texte sind sich uneins, ob nur 5000 Menschen davon satt wurden oder 5000 Männer, die Frauen und Kinder nicht eingerechnet. Aber sie betonen, dass man zwölf Körbe mit Resten eingesammelt habe.

### Verweis auf das Abendmahl

Bei Markus, Matthäus und Lukas steht diese Geschichte für sich. Bei Johannes hingegen wird die wundersame Brotvermehrung bereits in den Kontext des letzten Abendmahls gestellt. Er schreibt, dass die Menschen am nächsten Tag Jesus wieder aufsuchen (Jo 6,26f.). Dieser aber fordert sie auf, nicht weiter nach dem vergänglichen Brot zu suchen, sondern nach der Speise, die ewiges Leben bringt. Als sie wissen wollen, wie sie diese finden können, erklärt er: „Ich bin das lebendige Brot, das vom Himmel herabgekommen ist. Wenn einer von diesem Brot isst, wird er leben in Ewigkeit, und das Brot, das ich geben werde, ist mein Fleisch für das Leben der Welt." Das Evangelium schildert, wie diese kryptischen Worte Unwillen unter den Zuhörern hervorrufen. Jesus aber wiederholt sie noch zweimal. Er fordert auch, an ihn zu glauben. „Denn ich bin vom Himmel herabgekommen, nicht um meinen Willen zu tun, sondern den Willen dessen, der mich gesandt hat. Das aber ist der Wille dessen, der mich sandte, dass ich von allen, die er mir gab, keinen verlorengehen lasse, sondern sie auferwecke am Jüngsten Tag." (Jo 6,38–39)

### Noch einmal Viertausend

**Markus und Matthäus berichten noch von einer zweiten, fast gleichlautenden Wundergeschichte. Wieder geht Jesus in die Einsamkeit. Wieder kommen zahlreiche Menschen zu ihm und bringen Lahme, Krüppel, Blinde, Stumme und viele andere, die sie ihm vor die Füße legen, damit er sie heilen soll. Nach drei Tagen erklärt Jesus seinen Jüngern, er wolle die Menschen nicht ohne Essen ziehen lassen. Sie könnten sonst auf dem Heimweg ermatten. Diesmal sind es sieben Brote und ein paar Fische, die seine Jünger ihm geben können. Wieder segnet er sie, wieder essen alle und wieder bleiben sieben Körbe voller Reste. Diesmal sollen es 4000 Menschen gewesen sein, die satt geworden sind.**

# Der Gang über das Wasser

## Speyerer Evangeliar, Jesus wandelt auf dem See Genezareth, um 1045

*Das Evangeliar Heinrichs III. wird wegen seiner goldenen Schrift auch Codex aureus (lateinisch: goldenes Buch) genannt. Da es heute in der Bibliothek des Escorial bei Madrid verwahrt wird, ist es mit dem Zusatz „Escorialensis" versehen.*

Kaiser Heinrich III. ließ für den Speyerer Dom, die Grablege seiner Dynastie, im Kloster Echternach eines der prunkvollsten Evangeliare überhaupt anfertigen. Vollständig mit goldener Tinte geschrieben und reich geschmückt, berichtet es unter anderem vom armen Wanderprediger Jesus und seinen Jüngern beim Fischen auf dem See Genezareth.

### *Nächtliche Vision*

Die Evangelisten berichten, dass sich Jesus mit seinen Jüngern oft und gern am See Genezareth in Galiläa aufhielt und auch immer wieder mit ihnen zum Fischen auf den See hinausfuhr. Der wunderbare Gang über das Wasser, den die Miniatur aus dem Evangeliar Heinrichs III. darstellt, soll sich nach der ebenso wunderbaren Speisung von 5000 Menschen mit lediglich fünf Laiben Brot und zwei Fischen abgespielt haben. Nach Matthäus (14,22 f.) bleibt Jesus auf dem Berg bei der versammelten Menge, während es seine Jünger drängt, mit dem Boot ans andere Ufer des Sees zu fahren. Nachdem er das Volk verabschiedet hat, steigt auch Jesus selbst vom Berg herab und sucht die Einsamkeit zum Beten. Seine Jünger sind zwischenzeitlich weit auf den See hinausgefahren. Mitten in der Nacht – es herrscht starker Sturm – entdecken sie plötzlich, dass eine Gestalt über das Wasser auf sie zukommt. Zunächst sind sie verängstigt, doch dann erkennen sie Jesus, der sie auffordert, sich nicht zu fürchten. Markus (6,45 f.) schreibt, Jesus sei zu den Jüngern ins Boot gestiegen, woraufhin sich der Wind gelegt habe. Bei Johannes (6,16 f.) befindet sich das Boot, das eben noch mitten auf dem See war, plötzlich wunderbarerweise am gegenüberliegenden Ufer.

### *Der zweifelnde Petrus*

Bei Matthäus geht die Geschichte weiter. Petrus ruft: „Herr, wenn du es bist, so lass mich hinkommen zu dir über das Wasser." Jesus fordert ihn daraufhin auf, zu ihm zu kommen, und auch Petrus, nachdem er das Boot verlassen hat, wandelt auf dem See. Doch plötzlich wird er sich des starken Sturmes bewusst, bekommt es mit der Angst zu tun und beginnt in den Fluten zu versinken. Er ruft Jesus um Hilfe, woraufhin ihm dieser die Hand reicht, aber auch tadelt: „Du Kleingläubiger! Warum hast du gezweifelt?" Als Jesus und Petrus schließlich das Boot wieder bestiegen haben, legt sich der Wind. Die Jünger, die im Boot geblieben sind, aber fallen vor Jesus nieder und erklären: „Wahrlich, du bist Gottes Sohn!"

### Stürme als Glaubensprobe

Der 21 Kilometer lange und bis zu zwölf Kilometer breite See von Genezareth – auch See von Tiberias genannt – spielt in den Evangelien immer wieder eine bedeutende Rolle. Jesus war zeit seines Lebens rund um diesen See aktiv, bis er dann kurz vor seinem Tod nach Jerusalem zog. Auf dem See selbst müssen die Jünger immer wieder erleben, dass ihr Glaube auf die Probe gestellt wird, wie der des Petrus beim Gang über das Wasser. Sowohl Matthäus (8,23 f.) als auch Lukas (8,22 f.) berichten von einer weiteren Begebenheit, bei der Jesus mit seinen Jüngern auf den See hinausfährt. Wiederum während eines Sturmes schläft Jesus ein. Seine Jünger aber beginnen, um ihr Leben zu fürchten. Sie wecken ihn, woraufhin er den Sturm beruhigt, sie aber fragt, wo ihr Glaube geblieben sei.

# Simon, der Felsen

## Perikopenbuch Heinrichs II., Schlüsselübergabe an Petrus, um 1007–12

*Die Übergabe des Himmelsschlüssels an Petrus ist eine von 40 Abbildungen im Perikopenbuch Heinrichs II., das in der Münchner Staatsbibliothek aufbewahrt wird. Heinrich II. schenkte dem Bistum Bamberg auch noch eine ebenso prächtige Ausgabe der „Apokalypse".*

Die Stiftung des Erzbistums Bamberg war Kaiser Heinrich II. ein großes Anliegen. Aus diesem Grund schenkte er dem Bistum zur Weihe des Doms am 6. Mai 1012 ein überaus kostbares Buch aus der berühmten Reichenauer Schreibschule. Es handelt sich um ein sogenanntes Perikopenbuch, das die Evangelienabschnitte enthält, wie sie im Lauf des Jahres in der Messe vorgelesen werden. Das Geschenk des Kaisers hat 40 ganzseitige Abbildungen, darunter auch die Schlüsselübergabe an Petrus – ein Bild, das nicht ganz zur Politik von Heinrich II. passte. Denn so fromm er sich privat auch gab: Um die Päpste in Rom scherte er sich wenig, sondern regierte die Kirche im Reich nach eigenem Gutdünken.

### Petrus, der Felsen

Die Schlüsselübergabe an Petrus wird als symbolische Geste für die Legitimation des Papsttums angesehen. Eine tatsächliche Übergabe aber kommt in der Bibel nicht vor. Die Evangelisten berichten, dass Jesus seine Jünger eines Tages, als er mit ihnen allein war, gefragt habe, für wen ihn die Leute halten. Seine Jünger antworteten, einige würden ihn für Johannes den Täufer halten, andere für den wiedergeborenen Propheten Elias, andere wiederum für Jeremias oder einen der anderen Propheten. Daraufhin stellt Jesus ihnen die Frage: „Ihr aber, für wen haltet ihr mich?" Es ist Simon, der daraufhin antwortet: „Du bist der Messias, der Sohn des lebendigen Gottes." Bei Lukas und Markus ist die Szene damit abgeschlossen. Matthäus (16,13 f.) jedoch berichtet, Jesus habe Simon seliggepriesen, da nicht Fleisch und Blut, sondern der Vater im Himmel ihm dieses offenbart habe. Danach habe er ihm als Vermächtnis erklärt: „Du bist Petrus, der Felsen, und auf diesen Felsen werde ich meine Kirche bauen." Er werde Petrus die Schlüssel zum Himmelreich übergeben, sei Jesus laut Matthäus fortgefahren. „Was er auf Erden binden werde, das solle auch im Himmel gebunden sein. Was er lösen werde, das solle auch im Himmel gelöst sein."

### Vollmacht für die Fischer

Im Johannesevangelium (20,21 f.) erteilt Jesus allen seinen Jüngern die Vollmacht, zu binden und zu lösen. Er erscheint ihnen nach seinem Tod, haucht sie an, damit sie den Heiligen Geist empfangen, und erklärt ihnen: „Denen ihr die Sünden vergebt, für die sind sie vergeben; denen ihr die Sünden belasst, denen sind sie belassen." Später, im 22. Kapitel, wird Petrus noch einmal besonders beauftragt. Jesus fragt ihn, ob er ihn mehr liebe als alle anderen, was Petrus bejaht. Jesus gibt ihm daraufhin den Auftrag: „Weide meine Schafe!" Diese Szene wiederholt sich noch zwei weitere Male, wobei Petrus zusehends trauriger wird – eingedenk der Tatsache, dass er Jesus bei seiner Gefangennahme dreimal verleugnet hat. Daraufhin prophezeit ihm Jesus in einer recht rätselhaften Ansprache, dass er als alter Mann dort hingeführt werde, wohin er nicht wolle. Anschließend fordert er ihn auf: „Folge mir!"

### Kephas, der Felsen

Petrus hieß eigentlich Simon, genauer Simon, Sohn des Johannes. Doch die Evangelisten berichten, dass Jesus ihm den Beinamen Kephas, der Felsen, gegeben habe. So dürfte er ihn auch genannt haben, da er Aramäisch sprach. Die vier Evangelien jedoch wurden in Griechisch geschrieben und verwenden folglich die griechische Übersetzung: Petros. Während Matthäus die Namensgebung mit der Vollmachtserklärung verbindet, behauptet Johannes, Jesus habe Simon diesen Namen gleich am See Genezareth gegeben.

# Die Regelung der Nachfolge

## Albrecht Dürer, Vier Apostel, 1526

*Die „Vier Apostel" von Albrecht Dürer (1471–1528) sollen auch Verkörperungen der vier Temperamente sein. Relativ klar ist, dass Petrus dabei den Phlegmatiker und Markus den Choleriker darstellt. Johannes dürfte den melancholischen Typ repräsentieren und Paulus den Sanguiniker. Die Tafeln (Öl auf Lindenholz) befinden sich heute in der Alten Pinakothek in München.*

Wenn von den zwölf Aposteln nur vier zu sehen sind, dann geht man gemeinhin davon aus, dass damit die vier Erstberufenen gemeint sind, die Brüderpaare Simon Petrus und Andreas sowie Jakobus und Johannes. Doch Albrecht Dürer hat für die lebensgroßen Tafeln „Vier Apostel", die er als Geschenk für das Nürnberger Rathaus malte, andere Personen gewählt: Auf der linken Seite sind tatsächlich Petrus und Johannes zu sehen. Petrus ist gut an seinem Attribut, dem großen goldenen Himmelsschlüssel, zu erkennen. Johannes wird, wie traditionell üblich, jung und bartlos dargestellt. Der bärtige, untersetzte Mann rechts hinten aber stellt Markus, den ersten Evangelisten, dar, die Figur im Vordergrund mit Halbglatze und hellem Gewand Paulus, einen der ersten christlichen Missionare.

### *Die Beauftragung der Apostel*

Wenn von Markus und Paulus als Aposteln die Rede ist, obwohl sie nicht zu den zwölf Jüngern Jesu gehörten, die gemeinhin als die zwölf Apostel bezeichnet werden, so geschieht dies dennoch nicht zu Unrecht. „Apostel" ist ein griechisches Wort und bedeutet „Gesandter". Die Evangelisten berichten davon, dass Jesus seine Lieblingsjünger ausdrücklich zu seinen Gesandten machte. Markus (6,7 f.) erzählt, er habe die Zwölf zusammengerufen und ihnen die Kraft gegeben, unreine Geister auszutreiben und Krankheiten zu heilen. Dann schickt er sie zu je zweien los und gibt ihnen die Anweisung, kein Geld, kein Brot, keinen zweiten Rock und keine Tasche für Besitztümer auf ihre Reise mitzunehmen. Matthäus berichtet ebenfalls von dieser Aussendung (10,1 f.). Zudem lässt er Jesus eine Rede führen, die mit der zukünftigen Mission der Zwölf zu tun hat. Er prophezeit ihnen, dass er sie wie Schafe unter die Wölfe sende. Um seinetwillen würden sie verfolgt und vor Statthalter und Könige gezerrt werden. Er rät ihnen, klug zu sein, um Feindseligkeiten zu entgehen, fordert sie aber auf, furchtlos Bekenntnis abzulegen, wenn man sie verhört.

### *Petrus und Paulus*

Die Zwölf sind aber nicht die einzigen Apostel. Lukas (10,1 f.) behauptet, schon Jesus habe 72 Jünger ausgesandt. Nach seinem Tod aber werden alle, die den neuen Glauben verkünden, als Apostel bezeichnet. Vor allen anderen aber gilt Paulus als Apostel, der nach den Zeugnissen der Apostelgeschichte der eifrigste aller Missionare war. Während sein Wirken sehr gut belegt ist, weiß man über das der zwölf ursprünglichen Apostel recht wenig. Das gilt auch für Petrus. Den Briefen des Paulus und der Apostelgeschichte lässt sich entnehmen, dass er einer der Leiter der Urchristengemeinde Jerusalems war, aber auch Missionsreisen in umliegende Gegenden wie Samaria oder Antiochia unternahm. Nach der kirchlichen Überlieferung kam er später nach Rom, wo er die dortige Gemeinde leitete und um 65 hingerichtet wurde.

### *Die Legitimation der Päpste*

**Das katholische Papsttum beruft sich darauf, dass die Päpste als Bischöfe von Rom Nachfolger von Petrus sind und dieser von Jesus höchstselbst mit der Leitung seiner Kirche beauftragt worden sei. Ob Petrus jedoch jemals in Rom war, ist äußerst strittig. Als Beleg gilt ein Gruß aus „Babylon" im sogenannten Petrusbrief in der Bibel, wobei man Babylon als Decknamen für Rom interpretierte, das aufgrund seiner Unmoral analog zum biblischen „Sündenbabel" auch als „neue Hure Babylon" bezeichnet wurde. Zudem behaupten verschiedene Kirchenväter etwa ab der Mitte des 2. Jahrhunderts, Petrus sei in Rom gestorben. Die Bischöfe von Rom bezeichnen sich ab dem 4. Jahrhundert als Päpste.**

# Verklärung mit Moses und Elias

## Raffael, Jesu Verklärung (Transfiguration), 1516–20

Die drei Apostel Petrus, Johannes und Jakobus der Ältere erschrecken, als sie auf einem Berg Jesus Christus eingerahmt von den Propheten Moses und Elias in besonderer, verklärter Form erleben: Raffaels monumentales Altarbild, das in seinem oberen Teil dieses Offenbarungsereignis in Szene setzt und dieses wie auch die christliche Kirche als einen Vorgriff auf Tod, Auferstehung und Himmelfahrt Jesu deutet, gilt als spirituelles Vermächtnis des berühmten Meisters der Hochrenaissance.

### *Die erste Leidensankündigung*

Die Erzählung findet sich in den Evangelien des Matthäus, Markus und Lukas. Nach dem Bekenntnis des Petrus: „Du bist der Messias!" (siehe S. 126), offenbart Jesus seinen Jüngern das erste Mal, dass ihn die Schriftgelehrten und Ältesten töten werden, er am dritten Tage aber auferstehe. Anschließend fordert er sie auf: „Wenn einer mit mir gehen will, der verleugne sich selbst, nehme täglich sein Kreuz auf sich und folge mir nach. Denn wer sein Leben retten will, wird es verlieren; wer aber sein Leben um meinetwillen verliert, wird es retten. Denn was nützt es dem Menschen, wenn er die ganze Welt gewinnt, sich selbst aber verliert oder zu Schaden bringt?" (Lk 9,23–25).

### *Ein Aufscheinen der göttlichen Natur*

Einige Tage später – Markus und Matthäus sprechen von sechs, Lukas von etwa acht – nimmt Jesus Petrus, Johannes und Jakobus den Älteren mit sich, um auf einem Berg zu beten. Seit frühchristlicher Zeit wird dieser in den Evangelien nicht lokalisierte Berg mit dem Berg Tabor am Nordostrand der Jesreelebene identifiziert. Auf dem Berg beginnt Jesus sich plötzlich zu verwandeln. „Sein Angesicht glänzte wie die Sonne, und seine Kleider wurden leuchtend hell wie das Licht", schreibt Matthäus (27,2). Neben Jesus erscheinen Moses und Elias – Gesetzesordnung und Prophetie des Alten Bundes Gottes mit dem Volk Israel verkörpernd – und reden mit ihm, laut Lukas „von seinem Ende, das er in Jerusalem erfüllen sollte". Petrus schlägt vor, drei Hütten zu bauen – einige Exegeten sehen in diesem Vorschlag eine Stütze für ihre Deutung, dass die Verklärung Jesu am letzten Tag des Laubhüttenfestes stattgefunden habe. In diesem Moment aber kommt eine Wolke, die alles überschattet und aus der eine Stimme spricht: „Dieser ist mein geliebter Sohn, an dem ich Wohlgefallen habe; auf ihn sollt ihr hören." Unmittelbar danach ist alles vorbei. Jesus ist wieder allein, hat sein normales Aussehen zurückgewonnen und verbietet seinen Jüngern, über das Ereignis zu reden, bis er von den Toten auferstanden ist.

### *Der mondsüchtige Knabe*

**In kunstvoller Weise verknüpft Raffael die Verklärung Christi mit der darauffolgenden Erzählung von seiner Heilung eines mondsüchtigen Knaben, der im unteren Bildteil von seinem verzweifelten, grün gewandeten Vater zu den nicht mit auf den Berg gekommenen Jüngern gebracht wird, die mit ihren Gesten auf Jesus weisen. Vergeblich versuchen diese, in Jesu Abwesenheit den Jungen zu heilen, der immer wieder von einem Geist überfallen wird, der an ihm zerrt und ihn zum Schreien und Toben bringt. Der zurückgekehrte Jesus treibt den Geist schließlich durch einen strengen Befehl aus und tadelt die Jünger anschließend für ihren mangelnden Glauben in die eigenen Fähigkeiten.**

*„Jesu Verklärung" (Öl auf Holz) ist das letzte Gemälde Raffaels (um 1483–1520). Er malte es im Auftrag von Kardinal Giulio de'Medici, den späteren Papst Clemens VII., für die Kathedrale in Narbonne. Giulio schickte aber nur eine Kopie nach Narbonne und behielt das Bild für sich selbst, das er schließlich 1823 der Kirche San Pietro in Montorio in Rom stiftete, wo es den Hauptaltar schmückte. 1797 wurde das Bild mit vielen anderen Kunstwerken von Napoleon konfisziert und nach Paris verbracht, nach seinem Sturz 1816 aber nach Italien zurückerstattet. Heute ist das Bild in der Vatikanischen Pinakothek zu bewundern.*

# Die Frage nach der Schuld

## Rembrandt, Christus und die Ehebrecherin, 1644

Die Dramatik dieser Szene hat der Künstler auf seinem Gemälde mit extremen Lichtverhältnissen unterstrichen. Während die Ehebrecherin – in unschuldigem Weiß – ganz im Mittelpunkt steht, kann man die Pracht des Tempels und der Tempelgelehrten nur mit Mühe erahnen. Wie eine Bedrohung schimmern sie aus dem Dunkel auf.

### *Die Herausforderung der Schriftgelehrten*

Die Geschichte von Jesus und der Ehebrecherin findet sich nur im Johannesevangelium (8,1 f.). Jesus hält sich zu jener Zeit in Jerusalem auf, da er am Laubhüttenfest (Sukkot) teilgenommen hat. Eines Morgens, die Nacht zuvor verbrachte er betend auf dem Ölberg, begibt er sich dann in den Tempel. Schnell versammelt sich dort eine große Menschenmenge um ihn. Anders als bei Rembrandt dargestellt, soll er sich hingesetzt und zu lehren begonnen haben. Plötzlich jedoch drängen sich einige Schriftgelehrte und Pharisäer zwischen seine Zuhörer. Sie führen eine Frau mit sich, die beim Ehebruch ertappt worden ist, und stellen sie in die Mitte vor Jesus. Sie erklären ihm, dass die Schuld der Frau zweifelsfrei bewiesen sei und sie nach dem Gesetz des Moses gesteinigt werden müsse. „Was sagst du dazu?", fragen sie Jesus. Johannes, der im Gegensatz zu den drei anderen Evangelisten dazu neigt, die Motive der verschiedenen Parteien zu erläutern, damit seine Leser diese auch wirklich verstehen, fügt hinzu, dass die Gelehrten die Frage nur deshalb vor Jesus bringen, um ihn auf die Probe zu stellen. Denn schließlich müsse Jesus entweder gegen das Gesetz des Moses sprechen, dann hätten sie Grund für eine Anklage gegen ihn, oder er müsse seinen eigenen Lehren widersprechen, in denen er fordert, Sündern zu vergeben, anstatt über sie zu urteilen.

### *Eine entwaffnende Antwort*

Johannes berichtet weiter, Jesus hätte sich zunächst einmal gebückt und mit dem Finger auf die Erde geschrieben. Da die Gelehrten weiterhin unablässig auf ein Antwort drängen, richtet er sich endlich wieder auf und erwidert: „Wer von euch ohne Sünde ist, werfe den ersten Stein." Dann kümmert er sich nicht weiter um sie, bückt sich erneut und fährt fort, in den Sand zu schreiben. Johannes weiß weiter zu berichten, dass sich seine Zuschauer zerstreut hätten, einer nach dem anderen, die Gelehrten zuerst, dann das Volk. Offensichtlich fühlten sich auch diejenigen unter ihnen, die eigentlich nichts mit dem Vorfall zu tun hatten, ob dieser Antwort beschämt. Später dann ist Jesus mit der Frau allein. Er schaut auf und fragt sie, wo die anderen hingegangen seien. „Hat dich niemand verurteilt?" Sie antwortet: „Keiner, Herr!" Darauf entgegnet Jesus, auch er werde sie nicht verurteilen, trage ihr aber auf, künftig nicht mehr zu sündigen.

*Rembrandt Harmenszoon van Rijn (1606–1669) fertigte nicht nur ein Gemälde, sondern auch mehrere Zeichnungen mit dem Sujet der „Ehebrecherin" an. Auf eine schrieb er: „Sie waren so eifrig, Jesus in einen Widerspruch zu verstricken, dass sie seine Antwort kaum abwarten konnten." Anfang des 19. Jahrhunderts wurde das Bild (Öl auf Holz) nach England geschmuggelt und befindet sich heute in der National Gallery in London.*

### Die Frage nach der Authentizität

**Es ist nicht unumstritten, ob die Geschichte von Jesus und der Ehebrecherin wirklich authentisch ist. Zum einen ist sie nur bei Johannes zu finden und fehlt in frühen Abschriften des Evangeliums selbst dort. Zum anderen hatten die Juden zur Zeit Jesu Christi gar nicht das Recht, die Frau zu steinigen, denn Todesstrafen durften ausschließlich die Römer aussprechen. Genau genommen aber berichtet das Evangelium nicht, dass die Schriftgelehrten wirklich vorhatten, die Frau zu steinigen. Möglicherweise wollten sie Jesus nur dazu bringen, zuzugeben, dass die Steinigung in diesem Falle als Strafe angebracht wäre – auch wenn sie gemäß römischem Recht nicht hätte vollzogen werden können.**

# Der Wunderheiler

## El Greco, Die Heilung des Blinden, um 1570

*Gemessen an der düsteren Expressivität, die viele Bilder von Doménikos Theotokópoulos, genannt El Greco (1541–1614), auszeichnet, ist „Die Heilung des Blinden" (Öl auf Holz) nahezu konventionell gehalten. Das Gemälde befindet sich heute in der Galerie Alter Meister in Dresden, während zwei spätere Varianten des Themas aus El Grecos Hand in Parma und New York zu sehen sind.*

Eines Tages, so berichtet das Johannesevangelium (9,1–41), begegnen Jesus und seine Jünger einem Mann, der von Geburt an blind ist. Die Jünger fragen: „Meister, wer hat gesündigt, dieser oder seine Eltern?" Jesus jedoch erklärt, der Mann sei nicht wegen irgendeiner Sünde blind, sondern um die Wunder Gottes offenbar werden zu lassen. Dann bestreicht er ihm die Augen mit einem Brei aus Erde und Speichel und schickt ihn zu einem nahegelegenen Teich, um sich zu waschen. Daraufhin vermag der Mann wieder zu sehen.

### Heilung im Vorübergehen

Heilungsgeschichten spielen in den Evangelien eine große Rolle. Sowohl bei Markus, Matthäus und Lukas finden sich jeweils rund ein Dutzend Erzählungen, wie Jesus Dämonen austreibt, Lahme, Blinde oder Taube heilt und sogar Tote wiederauferweckt. Daneben wird immer wieder berichtet, dass Jesus bei einer bestimmten Gelegenheit alle Kranken und Besessenen kuriert, die zu ihm gebracht werden. Im Gegensatz zu den Predigten und Gleichnissen nehmen die Heilungsgeschichten allerdings nicht viel Raum ein. Sie werden meist nur kurz, oft fast beiläufig erzählt. Auch machte Jesus im Gegensatz zu den Wunderheilern anderer antiker Berichte offenbar um sein Wirken kein großes Aufheben. Manchmal beschränkt er sich auf die Worte: „Deine Glaube hat dir geholfen." Markus, Matthäus und Lukas halten auch immer wieder fest, dass Jesus den Geheilten verboten habe, über ihre Heilung zu reden. Damit stehen sie im Gegensatz zu Johannes, der die Blindenheilung zum Gotteserweis erklärt und eine ausführliche Erzählung anschließt, in der die Pharisäer die Heilung nicht glauben wollen, inquisitorisch nachforschen und den Geheilten schließlich voller Wut ausstoßen.

### Bethsaida oder Jericho

**Während Johannes seine Geschichte bei Jerusalem spielen lässt, berichten die anderen Evangelien jeweils von einer Heilung in Bethsaida am See Genezareth und einer in Jericho. Ob El Grecos „Heilung des Blinden" eindeutig einem dieser Orte zugeordnet werden kann, ist umstritten. Während die einen Argumente für eine dieser Varianten anführen, argumentieren andere, dass El Grecos Werk Elemente der verschiedenen Überlieferungen aufnimmt und vereint.**

### Die Frage nach der Sünde

Bei Johannes finden sich zudem nur sehr wenige Heilungsgeschichten. Auch folgt bei ihm den Wunderheilungen in der Regel eine ausführliche Belehrung, die das Geschehene in die Heilsbotschaft Jesu einordnet. So ist er auch der einzige der Evangelisten, der die damals gängige Vorstellung, dass eine Krankheit eine Strafe Gottes für begangene Sünden sei, deutlich zurückweist. In den drei anderen Evangelien spielt dagegen die Frage nach eventuellen Sünden zumeist keine Rolle. Lediglich in einem einzigen Fall, bei der Heilung eines Gelähmten, der im Tragbett vor Jesus gebracht wird, berichten Markus, Matthäus und Lukas einstimmig, dass Jesus gesagt habe: „Mein Sohn, deine Sünden sind dir vergeben." Als ihm die Schriftgelehrten daraufhin Lästerung vorwerfen, erklärt er (Mt 9,5-6): „Was ist denn leichter? Zu sagen: Vergeben sind deine Sünden, oder zu sagen: Steh auf und geh? Ihr sollt aber wissen, dass der Menschensohn Macht hat, Sünden zu vergeben auf Erden." Anschließend fordert er den Gelähmten auf, sein Bett zu nehmen und nach Hause zu gehen, was dieser umgehend befolgt.

# In weiblicher Gesellschaft

## Jan Vermeer, Christus bei Maria und Martha, um 1655

*Der niederländische Barockmaler Jan Vermeer van Delft (1632–1675) gilt als Meister der Alltagsbeobachtungen. Der Umfang seines Gesamtwerks ist mit heute bekannten 37 Bildern aus seiner Hand sehr klein: „Christus bei Maria und Martha" (Öl auf Leinwand) ist eines der ersten Gemälde des Künstlers und mit 160 Zentimetern Höhe und 142 Zentimetern Breite das größte der bekannten Werke. Das Bild gehört zur Sammlung der National Gallery of Scotland in Edinburgh.*

Viele Maler, die sich der Geschichte von Martha und Maria angenommen haben, stellen Martha als eher einfältige Hausfrau dar, während ihre Schwester Maria die deutlich Jüngere und Hübschere ist. Nicht so bei Jan Vermeer: Er spielt die Schwestern nicht gegeneinander aus, sondern bei ihm sind beide einfach gekleidete Bauernmädchen, die sich intensiv ihrem Gast zuwenden. Dass Maria die Bevorzugte sein soll, geht aus dem Bild nicht hervor. Zwar gilt die Geste Jesu ihr, doch sein Blick ist ganz bei Martha.

### *Das eine Notwendige*

Die Geschichte der beiden Schwestern findet sich nur im Lukasevangelium. Dort heißt es (10,38–42), Jesus sei von einer Frau namens Martha in ihr Haus aufgenommen worden. Während diese nun voll damit beschäftigt ist, für ihren Gast zu sorgen, sitzt ihre Schwester Maria Jesus zu Füßen und lauscht seinen Worten. Martha wird das irgendwann zu viel. „Herr", will sie wissen, „kümmert es dich nicht, dass meine Schwester mich allein ließ in der Bewirtung? Sag ihr doch, sie möge mir helfen." Jesus jedoch entgegnet: „Martha, Martha, du machst dir Sorge und Unruhe um vieles; eines nur ist notwendig, Maria hat den guten Teil erwählt; der wird nicht genommen werden von ihr." Manche Interpreten haben versucht, aus dieser Bibelstelle eine Bewertung von unterschiedlichen weiblichen Rollenmustern – einerseits aktive Hausarbeit im Hintergrund, andererseits stilles Zuhören – herauszulesen. Doch damit wird die Erzählung missverstanden: Jesus betont lediglich den Vorrang des Seelenheils vor allen irdischen Sorgen. Das tut er konsequent – auch Männern gegenüber: „Macht euch nicht Sorge um euer Leben, was ihr essen, noch um euren Leib, was ihr anziehen sollt. Denn das Leben ist mehr als die Speise und der Leib mehr als die Kleidung", predigt er (Lk12,22–23).

### *Die Jüngerinnen*

Auch Johannes erzählt von Maria und Martha, die außerdem noch einen Bruder namens Lazarus haben, und schreibt: „Jesus aber hatte Martha lieb und ihre Schwester und Lazarus." (Jo 11,5) An dieser Stelle sei festgehalten, dass alle herabsetzenden Stellen aus der Bibel über die Rolle der Frau entweder aus dem Alten Testament oder den Apostelbriefen stammen. Bei Jesus gibt es sie nicht. Er redet mit Männern und Frauen, gibt sich mit Sündern und Sünderinnen ab, heilt beide Geschlechter gleichermaßen, erzählt Gleichnisse aus der Lebenswelt der Männer und der Frauen. Wenig bekannt ist auch, dass sich in seiner ständigen Begleitung mehrere Frauen befanden: „Maria, genannt Magdalena, von der sieben Dämonen ausgefahren waren, und Johanna, die Frau des Chuza, eines Verwalters des Herodes, und Susanna und viele andere, die ihnen dienten mit ihrem Vermögen" (Luk 8,2–3). Die Apostelgeschichte berichtet weiter, dass nach Jesu Tod die Jünger und die Frauen zusammengeblieben seien.

### *Martha und Maria*

**Bei Lukas sind die beiden Schwestern schlicht zwei Frauen in einem namentlich nicht genannten Dorf, durch das Jesus kommt. Im Johannesevangelium dagegen werden sie und ihr Bruder Lazarus als gute Freunde von Jesus eingeführt, die in Bethanien in der Nähe von Jerusalem wohnen. Aus beiden Erzählungen wird jedoch deutlich, dass Martha die Hausherrin ist. Das drückt bereits ihr Name aus, der im Aramäischen „Herrin" bedeutet. Unmittelbar vor seinem Einzug in Jerusalem (Jo 12,1–3) besucht Jesus die drei Geschwister noch einmal. Wieder bedient Martha ihn und seine Jünger, während Maria ihm die Füße salbt.**

# Totenerweckung in Bethanien

## Aelbert van Ouwater, Die Auferweckung des Lazarus, um 1450–60

Ein Mann steigt aus seinem eigenen Grab: In den Evangelien finden sich mehrere Totenerweckungen, die Jesus zugeschrieben werden, die der Tochter eines Synagogenvorstehers namens Jairus und die eines Jünglings in dem Ort Nain. Doch die eindrucksvollste Schilderung ist zweifellos die Erzählung von der Auferstehung des Lazarus, die sich in einem Höhlengrab vor den Toren Bethaniens abgespielt haben soll, von dem flämischen Maler Aelbert van Ouwater aber in das Innere einer christlichen Kirche verlegt wird.

### *Die Nachricht vom Freund*

Die Geschichte spielt in Bethanien nahe Jerusalem und findet sich nur bei Johannes. Grundsätzlich fällt auf, dass dieser mehr von Ereignissen in Judäa, der Gegend rund um Jerusalem, berichtet als die anderen drei Evangelisten, die auf Jesu Wirken im nördlichen Galiläa konzentriert sind. Lazarus, so heißt es bei Johannes, sei der Bruder von Martha und Maria gewesen. Eines Tages (Joh 11,1–44) sei Lazarus krank geworden, woraufhin seine Schwestern nach Jesus schicken und ihm ausrichten lassen: „Herr, siehe, den du liebst, er ist krank." Als Jesus aufbrechen will, warnen ihn seine Jünger, denn sie befürchten, dass er in Judäa angegriffen und sogar gesteinigt werden könnte. Jesus jedoch beharrt auf seiner Absicht und begibt sich nach Bethanien. Dort angekommen, berichtet ihm Martha, dass Lazarus seit vier Tagen tot sei und schon in seinem Grab liege. Indirekt drängt sie Jesus dazu, dem toten Bruder zu helfen, doch wirklich kann sie nicht an dessen Auferstehung glauben. Jesus jedoch beruhigt sie mit den Worten: „Ich bin die Auferstehung und das Leben. Wer an mich glaubt, wird leben, auch wenn er gestorben ist."

### *Ein Leichnam kommt aus dem Grab*

Danach kommt auch Maria mit der gesamten Trauergemeinde vor das Dorf. Sie wirft sich Jesus zu Füßen und weint. Johannes schreibt, Jesus sei dadurch tief erschüttert und voll innerer Erregung gewesen. Er fragt sie daraufhin, wo Lazarus liege, und sie führen ihn zu dessen Grab. Dort angekommen, bittet Jesus die Umstehenden, den Stein, der die Höhle versperrt, beiseite zu schieben. Jesus jedoch betet und ruft dann, an Lazarus gerichtet, er solle herauskommen, woraufhin der Verstorbene sein Grab verlässt – Füße und Hände mit Binden umwickelt und über dem Gesicht ein Schweißtuch. Johannes schreibt, viele Juden, die diesen Geschehnissen beigewohnt hätten, hätten an der Göttlichkeit Jesu nicht länger gezweifelt, die Hohenpriester und Pharisäer aber wären durch die Totenerweckung so erschüttert gewesen, dass sie Jesu Tod beschlossen.

*Aelbert van Ouwater (um 1415–1475) wird zu den sogenannten flämischen Primitiven gezählt. Das Gemälde „Die Auferweckung des Lazarus", das in der Gemäldegalerie in Berlin zu bewundern ist, ist das einzige Werk, das von der Kunstwissenschaft heute weitgehend zweifelsfrei diesem Meister zugeschrieben wird, der zu seinen Lebzeiten besonders für seine Landschaftsdarstellungen hoch geschätzt wurde.*

### *Aelbert von Ouwater*

Über den um 1415 geborenen und 1475 verstorbenen Maler ist wenig bekannt. Er war ab etwa 1440 in Haarlem tätig und galt als bedeutender Landschaftsmaler. Ironischerweise jedoch gibt es nur ein einziges Bild, das nach Ansicht der Kunstexperten zweifelsfrei ihm zugeschrieben werden kann, und auf diesem ist kein bisschen Landschaft zu sehen. Im Gegenteil: Ouwater verlegt die Auferstehung des Lazarus, die sich laut Bibel in einem Höhlengrab vor den Toren Bethaniens abgespielt haben soll, in das Innere einer christlichen Kirche.

# Anwalt der Geringsten

## Fritz von Uhde, Lasset die Kindlein zu mir kommen, 1884

*„Lasset die Kindlein zu mir kommen" (Öl auf Leinwand) ist das erste religiöse Gemälde von Fritz von Uhde (1848–1911), dem viele weitere folgten, in denen er mit naturalistischen Darstellungen eines „Arme-Leute-Jesus", der die Menschen seiner Zeit, vor allem Arbeiter und einfache Leute, besucht, auf sich aufmerksam machte. Das Bild befindet sich heute im Museum der Bildenden Künste in Leipzig.*

Viele seiner Zeitgenossen nahmen an dem naturalistischen, ärmlichen Ambiente Anstoß, in dem Fritz von Uhde den Gottessohn in einer Bauernstube des 19. Jahrhunderts Hof halten lässt. Damit jedoch traf der Künstler den Nerv der Geschichte von Jesus und den Kindern. Denn in den Evangelien stehen diese nicht für harmlose Niedlichkeit. Stattdessen gehören sie zu den „Geringsten", jenen Menschen, die sich schutzlos und oft missachtet am untersten Ende der sozialen Hackordnung befinden.

### *Die Segnung der Kinder*

Sowohl im Markus- wie im Matthäus- und Lukasevangelium wird berichtet, dass man Kinder zu Jesus brachte, damit er ihnen die Hände auflegen sollte. „Die Jünger jedoch wiesen sie zurück", heißt es (Mk 10,13). „Als Jesus das sah, wurde er unwillig und sagte zu ihnen: ‚Lasst die Kinder zu mir kommen und wehrt es ihnen nicht; denn gerade für sie ist das Gottesreich. Wahrlich, ich sage euch: Wer das Reich Gottes nicht annimmt wie ein Kind, wird nicht hineinkommen.' Und er schloss sie in die Arme, legte ihnen die Hände auf und segnete sie." Die Vorstellung von einer natürlichen Unschuld der Kinder entsprach aber keineswegs der damaligen Gedankenwelt. Vielmehr war man überzeugt davon, dass jeder von Geburt an durch die Sünden seiner Väter belastet sei und sich erst durch aktive Buße, Opfer und gute Taten davon reinigen müsse.

### *Der Größte im Himmelreich*

Noch deutlicher wird Jesus in einer anderen Szene, die sich in Kafarnaum zugetragen haben soll (Mt 18,1–14). Als sich seine Jünger streiten, wer von ihnen einmal der Größte im Himmelreich sein wird, ruft er ein Kind herbei, stellt es in ihre Mitte und spricht zu ihnen: „Wenn ihr euch nicht bekehrt, und nicht werdet wie die Kinder, werdet ihr nicht in das Himmelreich eingehen. Wer sich klein macht wie dieses Kind, der ist der Größte im Himmelreich. Wer solch ein Kind aufnimmt in meinem Namen, der nimmt mich auf." Erneut erklärt Jesus die Unschuld der Kinder als vorbildhaft. Die Engel „dieser Kleinen" würden immerfort Gottes Angesicht schauen, und dieser wolle nicht, dass eines von ihnen verlorengehe. Schließlich droht er: „Wer aber einem von diesen Kleinen, die an mich glauben, Ärgernis gibt, für den wäre es gut, dass ein Mühlstein um seinen Hals gehängt und er versenkt würde in die Tiefe des Meeres."

### *Die Heilige Familie am Bahngleis*

**Indem Fritz von Uhde das biblische Geschehen in zeitgenössischer Szenerie und im Milieu der Arbeiterschicht darstellt, wollte er ein neues religiöses Empfinden wecken. So versetzt er in seinem Gemälde „Die Flucht nach Ägypten" (um 1895) das Geschehen ins trostlose Dachauer Moos, wo der Zimmermann Joseph mit seiner Frau Maria und dem Kind Jesus zwischen einem Bewässerungskanal und Bahngleisen wandert.**

# Die Pflichten des guten Hirten

## Lucas Cranach der Jüngere, Der gute Hirte, 1573

Jesus als guter Hirte wurde im Umfeld der Reformation im 16. Jahrhundert zu einem außergewöhnlich beliebten Motiv, spiegelte es doch die protestantische Überzeugung wider, dass das menschliche Seelenheil allein vom Glauben in die Gnade Gottes – „sola fide" (lateinisch: „allein durch Glauben") – abhängt. Der Vergleich Gottes mit einem fürsorglichen Hirten ist freilich sehr viel älter. Bereits im alttestamentarischen Psalm 23 heißt es: „Der Herr ist mein Hirt, mir wird nichts mangeln. Auf grünen Auen lässt er mich lagern; an Wasser mit Ruheplätzen führt er mich. Labsal spendet er mir. Er leitet mich auf rechter Bahn um seines Namens willen."

### *Das Gleichnis vom verlorenen Schaf*

Im Matthäus- und Lukasevangelium greift Jesus dieses Bild auf und spitzt die Fürsorge des Hirten noch zu. Er fragt: „Wer von euch, der hundert Schafe hat und eines davon verliert, lässt nicht die neunundneunzig in der Wüste und geht dem verlorenen nach, bis er es findet?" (Lk 15,1–7) Habe er es aber gefunden, dann sei die Freude über dieses eine verlorene Schaf größer als über die neunundneunzig anderen, heißt es. Lukas schließt eine Mahnung an die Pharisäer und Schriftgelehrten an, die Jesu Umgang mit Sündern angeprangert haben. „Ich sage euch: Ebenso wird Freude im Himmel sein über einen einzigen Sünder, der sich bekehrt, mehr als über neunundneunzig Gerechte, die der Umkehr nicht bedürfen."

*Das Epitaph „Der gute Hirte", das Lucas Cranach der Jüngere (1515–1586) für die Wittenberger Familie Drachstedt mit Stifterbildnissen gefertigt hat, ist im Altarraum der Wittenberger Stadtkirche zu sehen.*

### *Stifterbilder*

**Lucas Cranach der Jüngere schuf das Epitaph „Der gute Hirte" im Auftrag des Wittenberger Notars Friedrich Drachstedt aus Anlass des frühen Todes seiner Ehefrau Margarethe im Jahr 1573. Die dargestellte Familie Drachstedt gehörte zur Prominenz der Stadt. Friedrich Drachstadt stammte aus einer wohlhabenden Eislebener Familie, die mit Luther befreundet war. Seine Frau Margarethe war die Tochter des Rektors der Wittenberger Universität, Georg Major. Wie es für die im 15. Jahrhundert aufkommenden Stifterbilder typisch ist, sind die männlichen Familienmitglieder links aufgereiht, die weiblichen rechts. Bereits Verstorbene werden durch kleine Kreuze oder wie hier durch weiße Kleidung gekennzeichnet. Durch die Stiftung eines religiösen Kunstwerkes erhoffte man sich Gnade im Jenseits. Die Auswahl des Motivs spiegelte dabei die Vorlieben des Stifters wider. Auf katholischen Stifterbildern wurde gern auch der eigene Namenspatron als Fürsprecher bei Gott abgebildet.**

### *Ein Hirt, eine Herde*

Während hier das Hirtenbild gebraucht wird, um den Einsatz für das Verlorene zu betonen, findet sich bei Johannes (10,1–21) eine Rede, in der Jesus sich selbst als den guten Hirten bezeichnet, der sich bis zur Hingabe des eigenen Lebens für die Herde einsetzt: „Ich bin der gute Hirte. Der gute Hirte lässt sein Leben für die Schafe." Die Schafe wiederum kennen ihren Hirten, vertrauen und folgen ihm: „Sie werden auf meine Stimme hören, und es wird eine Herde sein, ein Hirt." Auf diese Bibelstelle geht die spätere Selbstbezeichnung der christlichen Pfarrer und Würdenträger als Hirten zurück (lateinisch „pastor" = Hirt).

# Die Barmherzigkeit des Außenseiters

## Vincent van Gogh, Der barmherzige Samariter, 1890

Gut ein Jahr vor seinem Tod ließ sich der manisch-depressive Maler Vincent van Gogh auf Anraten seines Arztes in eine Nervenheilanstalt bei Arles einweisen. Im Sommer malte er noch expressive Naturbilder wie die „Sternennacht" oder die „Olivenbäume". Im Winter flüchtete er sich dann in die Isolation seiner Zelle und fertigte eine Reihe von Bildern nach Schwarz-Weiß-Drucken anderer Künstler an, die ihm sein Bruder Theo geschickt hatte. Erstmals beschäftigte er sich auch mit religiösen Themen.

### *Die Frage des Rabbis*

Das Gleichnis vom barmherzigen Samariter findet sich nur im Lukasevangelium (10,25 f.). Jesus ist auf dem Weg von Galiläa nach Jerusalem, um dort zu predigen. Da tritt eines Tages ein Gesetzeslehrer mit der Frage an ihn heran, was er tun solle, um das ewige Leben zu erlangen. Jesus antwortet mit einer Gegenfrage. „Was steht geschrieben im Gesetz?" Der Rabbi zitiert zwei Stellen aus den Büchern Moses. Zum einen, dass man Gott mit ganzem Herzen, aus ganzer Seele, mit aller Kraft und dem ganzen Denken lieben solle (Dtn 6,5), zum anderen, dass man seinen Nächsten lieben solle wie sich selbst (Lev 19,18). Jesus lobt die Antwort und prophezeit dem Rabbiner ein langes Leben. Doch dieser möchte nun von Jesus wissen, wer sein Nächster sei, und Jesus erzählt ihm das Gleichnis von einem Mann, der auf dem Weg von Jerusalem nach Jericho unter die Räuber gerät. Diese plündern ihn aus und lassen ihn halbtot zurück. Nach einiger Zeit kommt ein Priester des Wegs, kümmert sich aber nicht um den Verletzten, ebenso wenig wie ein Levit (Jude aus dem Stamm Levi). Erst ein vorbeikommender Samariter erbarmt sich des Verletzten, versorgt notdürftig dessen Wunden und bringt den Mann auf seinem Reittier zu einer Herberge, wo er dem Wirt überdies genügend Geld für dessen Pflege hinterlässt, bevor er weiterzieht. Natürlich fällt dem Rabbi die Antwort auf die Frage, wer als Nächster des Verwundeten gehandelt habe, nicht schwer. Daraufhin fordert ihn Jesus auf, ebenso zu handeln.

### *Jesus bei den Samaritern*

Die positive Rolle des verachteten Samariters in diesem Gleichnis muss für viele Juden eine Provokation dargestellt haben. Andererseits berichtet Matthäus, auch Jesus habe seine Apostel bei ihrer Aussendung angewiesen, nicht in die Dörfer der Heiden und Samariter zu gehen. Dagegen steht die Begegnung Jesu mit der Samariterin am Brunnen, von der im Johannesevangelium erzählt wird (siehe S. 121). Und im Lukasevangelium (10,51–56) erteilt Jesus seinen Jüngern einen strengen Verweis, als diese ihn bitten, die Einwohner eines samaritanischen Dorfes zu strafen, die sie nicht aufnehmen wollten.

### *Die Samariter*

**Samariter wurden jene Juden rund um die Stadt Samaria genannt, die nach der Zerstörung des Nordreichs Israel nicht durch die Assyrer deportiert worden waren. Als Jahrhunderte später die verschleppten Judäer aus Babylon zurückkehrten, sahen sie die Samariter vielfach als unrein an. Erstens hatten sich diese teilweise mit den Kanaanitern und Assyrern vermischt und zweitens eine religiöse Praxis entwickelt, die sich in vielem von dem unterschied, was die judäischen Juden im babylonischen Exil praktiziert hatten.**

*Für seinen „Barmherzigen Samariter" (Öl auf Leinwand) nahm Vincent van Gogh (1853–1890) ein Bild des französischen Romantikers Eugène Delacroix zum Vorbild. Das Werk befindet sich im Kröller-Müller-Museum bei Otterlo in den Niederlanden.*

# Verlorener Sohn und barmherziger Vater

## Hieronymus Bosch, Der verlorene Sohn, um 1510

Hieronymus Bosch ist einer der rätselhaftesten und eigenwilligsten Künstler an der Schwelle vom Mittelalter zur Neuzeit. Auch seine Darstellung des „Verlorenen Sohnes" ist alles andere als das, was man von diesem Thema erwarten würde. Während die meisten Künstler das Wiedersehen zwischen Vater und Sohn als Sujet wählten, interessiert Bosch die Verlorenheit des Rebellen.

*Das Gemälde „Der verlorene Sohn" (Öl auf Holz) des Hieronymus van Aken aus Hertogenbosch, genannt Bosch (um 1450–1516), befindet sich im Museum Boijmans van Beuningen in Rotterdam.*

### *Die Freude über das Verlorene*

Das Gleichnis vom verlorenen Sohn, das sich nur im Lukasevangelium findet, ist eingebettet in eine Reihe weiterer Gleichnisse (15,1 f.). Jesus erzählt sie, nachdem er nochmals von den Pharisäern und Schriftgelehrten wegen seines nachgiebigen Umgangs mit Sündern zur Rede gestellt worden ist. Alle diese Gleichnisse illustrieren die Freude darüber, wenn verloren Geglaubtes wiedergefunden wird. Zum Beispiel berichtet Jesus von einem Hirten, der 100 Schafe besitzt, aber 99 in der Wüste zurücklässt, nur um eines wiederzufinden (siehe S. 135). Als er es schließlich gefunden hat, fordert er alle Freunde und Nachbarn auf, sich mit ihm zu freuen. „Ebenso, sage ich euch", erklärt Jesus seinen Zuhörern, „wird Freude sein bei den Engeln Gottes über einen einzigen Sünder, der sich bekehrt."

### *Rückkehr von den Schweinetrögen*

Im Gleichnis vom verlorenen Sohn stellt Jesus einen Mann vor, der zwei Söhne hat. Der Jüngere fordert eines Tages seinen vorgezogenen Erbteil, reist in ein fernes Land und vergeudet sein Geld durch ein ausgelassenes Leben. Dann kommt jedoch eine Hungersnot über das Land, und er weiß sich nicht mehr anders zu helfen, als sich als Schweinehirt zu verdingen. Dennoch leidet er derart großen Hunger, dass er selbst die Schweine um ihr Futter beneidet. Da beschließt er, zu seinem Vater zurückzukehren und sich diesem als Tagelöhner anzudienen. Der Vater jedoch fällt ihm um den Hals und küsst ihn. Dann befiehlt er den Knechten, ein Mastkalb für ein Freudenfest zu schlachten, „denn dieser mein Sohn war tot und wurde wieder lebendig, war verloren und wurde wieder gefunden". Als der ältere Sohn vom Feld kommt, hat er jedoch kein Verständnis dafür, dass für seinen missratenen Bruder ein Kalb geschlachtet werden soll, während er selbst nie auch nur ein Böcklein bekommen habe. Der Vater erwidert jedoch: „Mein Sohn, du bist allezeit bei mir, und alles, was mein ist, das ist dein. Du solltest aber fröhlich und guten Mutes sein, denn dieser dein Bruder war tot und ist wieder lebendig geworden; er war verloren und ist wieder gefunden." Ebenso wie das Gleichnis vom guten Hirten zeigt auch die Geschichte vom verlorenen Sohn, dass Gott nicht zwischen denen, die seit jeher an ihn glauben, und Bekehrten oder zum Glauben Zurückgekehrten unterscheidet. Die Gläubigen sollen die Freude über diese „verlorenen Kinder Gottes" nicht als Ungerechtigkeit ansehen, sondern vielmehr als Zeichen der Güte Gottes.

### Triptychen des Hieronymus Bosch

**„Der verlorene Sohn" ist fast die Kopie einer Figur, die Hieronymus Bosch 1490 für das Triptychon „Der Heuwagen" malte. Auf den Außenflügeln dieses Triptychons stellt er einen Hausierer auf dem „Pilgerweg des Lebens" dar. Im Inneren zeigt er einen riesigen Heuwagen, der von dämonischen Tieren gezogen wird. Gemäß dem flämischen Sprichwort „Die Welt ist ein Heuhaufen, ein jeder pflückt davon, so viel er kann", stellt Bosch rundherum auf bizarre Weise die Gier der Welt dar, gerade auch der kirchlichen Würdenträger.**

# Gnade statt menschlicher Gerechtigkeit

## Moritz von Schwind, Die Arbeiter im Weinberg, 1835

Die einen arbeiteten bereits seit Stunden, lesen Steine und fällen Bäume. Die anderen kommen gerade erst und werden an der Pforte vom Herrn des Weinbergs empfangen. Und genau darin liegt das Anstößige des Gleichnisses von den Arbeitern im Weinberg, das im Matthäusevangelium (Mt 20,1–16) erzählt wird.

### *Gleicher Lohn für alle*

Voran geht eine Frage des Petrus. Er will wissen, was sie, die alles verlassen haben, um Jesus nachzufolgen, einst zu erwarten haben (Mt 19,27). Jesus versichert, jeder werde ein Vielfaches empfangen und das ewige Leben erlangen. Aber er fügt der Zusage einen rätselhaften Satz bei: „Viele Erste aber werden Letzte sein und Letzte Erste." Dann vergleicht er das Himmelreich mit einem Gutsherrn, der am Morgen Arbeiter für seinen Weinberg anwirbt und mit ihnen einen Denar Tageslohn vereinbart. Während diese tätig sind, sucht er zur dritten, sechsten und neunten Stunde nochmals nach Arbeitern. Selbst zur elften Stunde stößt er noch auf Leute. Auf die Frage, warum sie müßig herumstehen, antworten sie, es habe sie keiner gedungen. Daraufhin schickt er auch sie in seinen Weinberg. Am Abend lässt er seinen Verwalter dann den Lohn auszahlen. Die zuletzt Gedungenen bekommen als Erstes ihr Geld: einen Denar. Die zuerst Angeworbenen spekulieren unterdessen auf mehr. Als auch sie am Ende nur den vereinbarten Denar erhalten, protestieren sie, dass sie zwölf Stunden in der Last und Hitze des Tages ausgehalten haben, währen die Letzten nur eine Stunde gearbeitet hätten.

### *Endziel Erlösung*

Der Gutsherr erklärt jedoch, er tue niemandem Unrecht, da er jedem das Vereinbarte zahle. Mit seinem Vermögen aber könne er tun, was er wolle, auch allen den gleichen Lohn zahlen. „Oder ist dein Auge böse, weil ich gut bin?", fragt er. Das Gleichnis über diese scheinbare Willkür bringt eine ähnliche Lehre zum Ausdruck wie das vom verlorenen Sohn im Lukasevangelium. Jesus macht deutlich, dass die Gnade Gottes letztendlich über menschlicher Gerechtigkeit steht. Seine Botschaft: Gott will, dass sich alle Menschen bekehren, und sei es noch so spät. Die Belohnung aber ist für alle gleichermaßen das ewige Leben. Eine Rangfolge nach Verdiensten wird es im Himmel nicht geben. Von den zuerst Gekommenen wird sogar erwartet, dass sie ihre „Arbeit im Weinberg des Herrn" letztlich nicht um des Lohnes, sondern um des großen Endziels willen, der Erlösung der ganzen Welt, tun.

*Der österreichische Maler und Zeichner Moritz von Schwind (1804–1871) illustrierte außer Bibelstellen viele Märchen und Sagen. Daneben schuf der bedeutende Meister der deutschen Spätromantik auch monumentale Wandgemälde. Die Grafik „Die Arbeiter im Weinberg" befindet sich heute im Kupferstichkabinett des Kunstmuseums Basel.*

### *Die bösen Winzer*

Ein zweites Weinberg-Gleichnis erzählt von einem Weinberg, der an Winzer verpachtet wurde. Als der Herr seine Knechte schickt, um die Pacht zu kassieren, misshandeln die Pächter diese und bringen einige sogar um. Schließlich töten sie auch den Sohn des Herrn, um den Weinberg ganz an sich zu bringen (Mt 21,33–45). Die Geschichte stellt eine Mahnung an die Hohenpriester und Pharisäer dar, dass Gott den einst Auserwählten den Weinberg wegnehmen wird, wenn sie seine Propheten und seinen Sohn misshandeln.

# Reicher Prasser in der Unterwelt

## Echternacher Evangeliar, Gleichnis vom reichen Prasser, um 1030

Feinstes Kalbspergament, Goldschrift, über 60 Prunk- und Zierseiten, dazu ein Einband aus Gold, Juwelen und Perlen: Das Evangeliar des Klosters Echternach gehört zu den wertvollsten Büchern aus ottonischer Zeit (siehe S. 14). Ob sich der unbekannte Illustrator der Ironie der Situation bewusst war, als er ausgerechnet für dieses Buch die Geschichte des armen Lazarus malte, die eine eindringliche Warnung vor Reichtum und Luxus ist?

### *Der Reiche und der arme Lazarus*

Das Gleichnis findet sich nur im Lukasevangelium. Erzählt wird von einem reichen Mann, der sich in Purpur und feinstes Leinen kleidet und sich Tag für Tag seines prunkvollen Lebens freut (Lk 16,19–32). Vor seiner Tür aber liegt ein armer Mann namens Lazarus, der von Geschwüren bedeckt ist. Er hofft auf die Reste, die vom Tisch des Reichen fallen, bekommt aber nichts. Stattdessen kommen die Hunde und lecken seine Geschwüre. Als der Reiche stirbt, erleidet er im Totenreich große Qualen. Wenn er seine Augen hebt, kann er Lazarus sehen, der ebenfalls verstorben ist und nun in Abrahams Schoß sitzt – nach jüdischer Vorstellung der Ort, an dem die Gerechten auf die Ankunft des Messias warten. Der Reiche bittet Abraham, Lazarus zu ihm zu senden, damit dieser ihn wenigstens durch etwas Wasser von seinen Fingerspitzen erfrische. Doch Abraham erklärt, dass der Reiche in seinem Leben schon sein Gut empfangen habe, Lazarus aber nur Schlechtes. „Nun wird er hier getröstet, und du leidest Pein." Er weigert sich auch, Lazarus zu den fünf Brüdern des Reichen zu senden, um sie vor ihrem möglichen Schicksal zu warnen. Das hätten Moses und die Propheten auch bereits getan: Wer aber nicht auf diese höre, werde sich auch nicht von einem Toten überzeugen lassen, der wiederaufersteht.

### *Warnung vor Reichtum*

In den anderen Evangelien findet sich die Lazarus-Erzählung zwar nicht, wohl aber ähnlich nachdrückliche Verurteilungen von Reichtum und mangelnder Nächstenliebe. Bei Matthäus etwa hängt das Schicksal der Menschen beim Jüngsten Gericht (Mt 25,31–46) ausschließlich von karitativen Taten ab. Außerdem schildern sowohl Matthäus als auch Markus und Lukas die Begegnung Jesu mit einem jungen Mann, der fragt, wie er das ewige Leben erlangen werde (Mt 19,16–26). Alle Gebote habe er von Jugend an eingehalten. Darauf fordert Jesus ihn auf, alles, was er habe, zu verkaufen, den Erlös den Armen zu schenken und ihm nachzufolgen. „Als der junge Mann dieses Wort vernahm", heißt es, „ging er traurig davon, denn er besaß viele Güter." Jesus aber warnt, dass eher ein Kamel durch ein Nadelöhr als ein Reicher ins Reich Gottes gelange.

### *Das Kamel und das Nadelöhr*

**Das paradoxe Bild vom Kamel und dem Nadelöhr hat eine Fülle von Deutungsversuchen nach sich gezogen. Um die Radikalität des Bildes abzumildern, wurde zum Beispiel die Vermutung verbreitet, dass ein besonders enges Tor in Jerusalem, das ein Kamel nur durchqueren konnte, wenn es kniete und nicht mit zu viel Gütern beladen war, im Volksmund Nadelöhr genannt worden sei. Auch die Jünger Jesu erschraken bei seinem Vergleich und fragten: „Wer kann dann gerettet werden?", worauf Jesus entgegnet: „Für Menschen ist das unmöglich, aber nicht für Gott; denn für Gott ist alles möglich." (Mk 10,26–27)**

*Der Reiche weist den armen Lazarus vor der Tür ab, der sich nach seinem Tod in Abrahams Schoß wiederfindet, während der Reiche in der Unterwelt qualvolle Schmerzen leidet: So erzählt im Evangeliar von Echternach eine ganzseitige gerahmte Bildseite in drei übereinanderliegenden Zonen die drei zentralen Begebenheiten des Gleichnisses.*

# Triumphaler Einzug

## Cappella Palatina in Palermo, Der Einzug in Jerusalem, um 1150

*Bildfolgen mit dem Leben Jesu galten im Mittelalter als „Bibeln der Armen", die der Schriftsprache nicht mächtig waren – auch wenn sie aus prächtigen Goldmosaiken bestanden wie „Der Einzug in Jerusalem" in der Palastkapelle von Palermo.*

Lange Zeit gehörte der südlichste Zipfel Italiens zum byzantinischen Reich. Im 11. Jahrhundert wurde Sizilien dann von den Normannen erobert und erlebte unter König Roger II. von Sizilien (1095–1154) eine kulturelle wie wirtschaftliche Blüte. Als dieser 1132 an den Palazzo Reale in Palermo eine Kapelle anbauen ließ, wurde diese vollständig mit Goldmosaiken im byzantinischen Stil ausgeschmückt. Während in der Kuppel Christus als Weltenherrscher thront, sind an den Seitenwänden Darstellungen aus dem Alten Testament und dem Leben Jesu zu sehen. In einer Seitenkapelle ist der Einzug Jesu in Jerusalem dargestellt.

### *Dem Schicksal entgegen*

Lange Zeit lehrte Jesus nur in Galiläa, rund um den See Genezareth. Doch eines Tages eröffnet er seinen Jüngern, er müsse nach Jerusalem ziehen. Matthäus (20,17 f.) schreibt, er habe ihnen auch gesagt, dass er dort von den Hohepriestern und Schriftgelehrten verfolgt und schließlich von den Heiden getötet werden würde.

### *Himmlischer Goldglanz*

**Goldgründige Mosaiken waren stilbildend für die byzantinische Kunst des frühen Mittelalters. Sie sollten zwischen Diesseits und Jenseits vermitteln. In Westeuropa finden sie sich vor allem dort, wo es regen Handel mit dem oströmisch-byzantinische Reich gab, beispielsweise in Sizilien und Unteritalien, in Venedig und in Ravenna. Im 19. Jahrhundert kamen die Mosaiken als neobyzantinischer Stil vielfach wieder in Mode, dienten aber vielmehr dem Prunk als der frommen Andacht.**

Markus (10,32 f.) berichtet, als Jesus – einige Zeit vor dem Pessachfest – schließlich wirklich nach Jerusalem zieht, seien seine Anhänger ihm voller Furcht gefolgt. Als sie sich Jerusalem nähern, schickt Jesus zwei seiner Jünger voraus und teilt ihnen mit, sie würden in der Nähe eine Eselin mit einem Fohlen finden, die sie ihm bringen sollten. Die beiden tun wie ihnen geheißen, und Jesus reitet auf dem bescheidenen Transporttier gen Jerusalem. Johannes (12,12 f.) und Matthäus zitieren dazu die Propheten Jesaja und Zacharias, die verkündet hatten: „Fürchte dich nicht, Tochter Zion! Siehe dein König kommt friedfertig auf einem Esel reitend."

### *Palmzweige und Hosanna*

Matthäus schreibt, als Jesus nach Jerusalem kam, hätten viele aus der Volksmenge ihre Kleider vor ihm ausgelegt, andere Palmzweige abgeschnitten – seit jeher auch Symbole für die Unabhängigkeit des Volkes Israel – und vor ihm auf dem Weg ausgebreitet. Dabei rufen sie: „Hosanna dem Sohne Davids! Gepriesen sei, der da kommt im Namen des Herrn!" Auch Johannes spricht von der Volksmenge, die sich schon für das Pessachfest versammelt hatte. Bei Lukas (19,28 f.) jedoch wird Jesus von einer großen Jüngerschar begleitet. Sie ist es, die vor ihm hergeht, ihm den Weg bereitet und zujubelt. Die Begrüßung Jesu stammt aus dem 118. Psalm (Vers 25 und 26), der zur jüdischen Pessach-Liturgie gehört. Aber der Ruf „Hosanna" birgt auch politische Brisanz. Er bedeutet nämlich „Herr errette doch!" und zeigt, dass seine Anhänger besondere Erwartungen, wie zum Beispiel eine Befreiung von der römischen Besatzung, mit Jesu Auftreten in Jerusalem verknüpften. Lukas schreibt an gleicher Stelle, einige Pharisäer hätten Jesus aus Angst vor den Besatzern angewiesen, seine Jünger zum Schweigen zu bringen, was dieser jedoch als sinnlos zurückwies.

# Angriff auf das religiöse Establishment

## El Greco, Christus vertreibt die Wechsler aus dem Tempel, um 1600

Der Maler Doménikos Theotokópoulos, genannt El Greco, ist für seine düsteren Bilder bekannt. Die Vertreibung der Händler aus dem Tempel malte er gleich mehrmals. Vermutlich sah er in den Bildern auch einen Angriff auf das religiöse Establishment seiner Zeit, denn immer wählt er Kirchen als Kulissen. Bei seinem letzten Bild verlegte er sogar das Geschehen vom Eingang in das Innere einer Kirche. Dort sind aber keine religiösen Symbole zu sehen, sondern ein Kunstwerk, das möglicherweise ein Grabmal darstellt, die Statue eines nackten Jünglings und darunter ein Relief, das in Analogie zur Vertreibung der Wechsler aus dem Tempel die Vertreibung der ersten Menschen aus dem Paradies thematisiert.

### *Abgesegnete Geschäftemacherei*

Der Tempel in Jerusalem war das zentrale Heiligtum der Juden. Jeder, der dazu in der Lage war, musste zu den Wallfahrtsfesten dort erscheinen und genau festgelegte Opfer darbringen. Außerdem waren Opfer zur Entsühnung nach einer Verfehlung, bei der Geburt des ersten Sohnes und zu diversen anderen Anlässen vorgeschrieben. Auch wichtige Gebetsanliegen begleitete man mit Opferungen, um Gott gnädig zu stimmen. Dargebracht wurden verschiedene Tiere, Mehl, Öl, Wein und Räucherwerk. Alles musste von makelloser Qualität sein und wurde von Händlern oder im Tempelvorhof verkauft. Da Bilder im Zusammenhang mit der jüdischen Religionsausübung streng verboten waren, durften die Opfergaben nur mit bilderlosen Münzen bezahlt werden. Die geläufigen griechischen und römischen Münzen mussten daher zunächst gewechselt werden.

### *Die Austreibung*

Dass Jesus mit seiner Lehre eine ganz andere und völlig neue Praxis der Religionsausübung beabsichtigte, zeigt er sehr drastisch: Alle vier Evangelisten berichten, dass der sonst so sanfte Prediger und Heiler angesichts dieses weltlichen Treibens in geheiligter Umgebung von großer Wut ergriffen wird. Mit einer Geißel aus Stricken treibt er die Händler samt ihrer Schafe und Stiere aus dem Tempelbezirk und stößt die Tische der Geldwechsler um. Er beschuldigt die Händler, aus dem Haus seines Vaters, das ein Bethaus sein solle, eine Räuberhöhle gemacht zu haben, und demonstriert damit, dass die Geldmacherei auf Kosten der Gläubigen nichts mit dem Zwiegespräch zwischen den Menschen und Gott zu tun habe. Die gewalttätige Reaktion Jesu könnte der Tropfen gewesen sein, der das Fass der Ressentiments der Oberhäupter der jüdischen Gemeinde in Jerusalem gegen den unerwünschten Unruhestifter zum Überlaufen brachte. Markus (11,15 f.) jedenfalls erklärt, die Hohepriester und Schriftgelehrten hätten, als sie von den Geschehnissen erfuhren, darauf gesonnen, den machtpolitischen Gegner zu töten. Lukas (19,45 f.) schreibt aber, die Hohepriester hätten zunächst nichts gegen ihn ausrichten können, da das ganze Volk den Lehren Jesu zugetan war.

### *Die Tempelwächter*

**Der Tempel wurde zur Zeit Jesu von der politisch-religiösen Gruppe der Sadduzäer dominiert, die aus den obersten Gesellschaftsschichten stammten. Der Tempeldienst und die Einhaltung der mosaischen Gesetze waren für sie der wichtigste Teil der jüdischen Religion. Die Sadduzäer stellten auch die meisten Mitglieder des Sanhedrin, des Hohen Rates. Diese Versammlung aus 71 Priestern, Ältesten und Schriftgelehrten war vor der römischen Besatzung höchstes Entscheidungsgremium sowohl in religiösen als auch in Rechtsfragen, hatte aber in religiösen Dingen auch noch zu Lebzeiten Jesu großen Einfluss. Vorsitzender des Sanhedrins war der von den Römern ernannte Hohepriester.**

*El Grecos (1541–1614) letztes Gemälde der Vertreibung aus dem Tempel (Öl auf Leinwand) hängt in der Kirche San Gines in Madrid. Frühere Werke sind in der National Gallery in London, der Frick Collection in New York, dem Institute of Arts in Minneapolis und der National Gallery of Art in Washington zu sehen.*

# Zehn Jungfrauen in Erwartung des Himmelreichs

## Peter von Cornelius, Die fünf klugen und die fünf törichten Jungfrauen, 1813–19

Die klugen und die törichten Jungfrauen gehörten zum beliebtesten Skulpturenschmuck mittelalterlicher Kathedralen. Man findet sie vielerorts aufgereiht: an den Kathedralen von Paris, Reims und Straßburg, an den Domen von Magdeburg, Minden, Paderborn und Erfurt, dem Freiburger Münster, der Lübecker St. Annen-Kirche oder den Marienkirchen von Mühlhausen, Osnabrück und Worms. Auf der einen Seite fünf fröhlich lachende Mädchen, auf der anderen fünf klagende. Den Düsseldorfer Maler Peter von Cornelius dagegen interessierten nur die klugen Mädchen, die mit ihren brennenden Lampen vor Jesus niederknien, während die törichten in die Dunkelheit im Hintergrund des Bildes verbannt sind.

*Der Düsseldorfer Maler Peter Cornelius (1783–1867) ging 1811 nach Rom, wo er sich der Malergruppe der Nazarener anschloss. Dort entstand auch sein auf der linken Bildseite unvollendet gebliebenes Gemälde „Die Fünf klugen und die fünf törichten Jungfrauen" (Öl auf Leinwand), das 1861 vom Kunstmuseum Düsseldorf erworben wurde, wo es sich bis heute befindet.*

### *Die ungewisse Ankunft des Bräutigams*

Anders als auf Cornelius' Gemälde tritt Jesus in der Geschichte von den zehn Jungfrauen jedoch nicht selbst auf: Vielmehr ist er es, der dieses Gleichnis erzählt, das zum Sondergut des Matthäusevangeliums (25,1–13) gehört und Teil der letzten Lehren ist, die Jesus seinen Jüngern kurz vor seinem Tode gibt. Er vergleicht das Himmelreich mit zehn Jungfrauen, die dazu ausersehen sind, bei einer Hochzeit mit ihren Lampen dem Bräutigam Geleit zu geben. Doch nur fünf von ihnen nehmen auch einen Krug mit Öl mit. Als der Bräutigam auf sich warten lässt, schlafen alle ein, werden aber irgendwann durch den Ruf geweckt: „Seht der Bräutigam; geht hinaus, ihm entgegen!" Die törichten Jungfrauen bitten nun die vorausschauenden, ihnen von ihrem Lampenöl abzugeben, was diese jedoch mit dem Argument, es reiche nicht für alle, ablehnen. Also versuchen die törichten, noch schnell Öl zu kaufen, verpassen darüber aber die Ankunft des Bräutigams und klopfen schließlich vergeblich an der bereits geschlossenen Türe des Festsaales. Der Bräutigam erwidert: „Wahrlich, ich sage euch: Ich kenne euch nicht."

### Naherwartung

**Dem Gleichnis von den Jungfrauen geht bei Matthäus eine Weissagung über das Ende der Welt voraus (24,1-51). Jesus prophezeit seinen Jüngern Verfolgung, Kriege, falsche Propheten und Verführer. Nach der Drangsal jener Tage werde sich die Sonne verfinstern, die Sterne vom Himmel fallen und der Menschensohn auf den Wolken des Himmels mit großer Macht und Herrlichkeit kommen. „Wahrlich, ich sage euch", heißt es, „dieses Geschlecht wird nicht vergehen, bis all das geschieht." Die christlichen Urgemeinden gingen dann tatsächlich davon aus, die Wiederkunft Jesu am Jüngsten Tag noch zu erleben.**

### *Vorbereitet auf das Jüngste Gericht*

Das Gleichnis geht der Ankündigung des Jüngsten Gerichts (siehe S. 174) voraus. Auch die Reden, in die es eingebettet ist, machen seine Botschaft hinreichend klar: Die Jungfrauen symbolisieren die Gläubigen, die aufgefordert werden, sich auf das Ende der Welt vorzubereiten. „Jenen Tag aber, und jene Stunde weiß niemand", sagt Jesus, „auch nicht die Engel des Himmels, auch nicht der Sohn, nur der Vater allein." (Mt 24,36) Wer dann nicht vorbereitet sei, indem er dem Willen Gottes gemäß gelebt habe, der werde nicht ins Himmelreich kommen, wie die törichten Jungfrauen, die glauben, schnell noch Öl kaufen zu können.

# Die Geste der Demut

## St. Martin in Zillis, Die Fußwaschung, um 1109–14

Ein ganz besonderer Bilderzyklus zum Neuen Testament ist in der Kirche St. Martin in Zillis im Schweizer Kanton Graubünden zu finden. Hier hat ein unbekannter Künstler des 12. Jahrhunderts auf den Kassetten der Holzdecke das Leben und Wirken Jesu dargestellt. Die 153 Bildtafeln gaben ihm genügend Raum, um nicht nur die entscheidenden Stationen im Leben Jesu, sondern auch kleinere Szenen wie die Fußwaschung vor dem letzten Abendmahl darzustellen.

*Die 153 biblischen Szenen in Zillis wurden zu Beginn des 12. Jahrhunderts auf mit Gips grundierte Tannenholzbretter gemalt. Die meisten dieser Kassettengemälde sind, ebenso wie die „Fußwaschung", dem Neuen Testament gewidmet.*

### *Disput mit Petrus*

Von der Begebenheit der Fußwaschung berichtet nur der Evangelist Johannes (13,1 f.). Er leitet seine Erzählung mit den Worten ein: „Da Jesus wusste, dass seine Stunde gekommen war, um hinüberzugehen, aus dieser Welt zum Vater, zeigte er den Seinen, die er in dieser Welt liebte, die Liebe bis zur Vollendung." Während des Pessachmahls mit seinen Jüngern steht Jesus auf, legt sein Obergewand ab und bindet sich ein Leintuch um die Hüften. Dann gießt er Wasser in eine Schüssel und beginnt seinen Jüngern der Reihe nach die Füße zu waschen und sie mit dem Leintuch abzutrocknen. Das Alte Testament betont es als Zeichen der Gastfreundschaft, wenn jemandem Wasser zum Waschen der Füße angeboten wird. So wird beispielsweise besonders hervorgehoben, dass Abraham den drei Engeln, die ihn besuchten, persönlich das Wasser brachte. Nirgends steht jedoch, dass jemand den Gästen die Füße gewaschen habe. Scheinbar sträubt sich dennoch nur Petrus gegen diese ungewohnte Behandlung, denn Johannes berichtet, dieser habe mit den Worten insistiert: „Du wirst mir in Ewigkeit nicht die Füße waschen." Jesus jedoch erklärt ihm, dass die Fußwaschung ein Zeichen der Gemeinschaft zwischen Jesus und seinen Jüngern sei. Dies anerkennend, fordert der Apostel nun Jesus auf, auch seine Hände und sein Haupt zu waschen. Jesus aber entgegnet, bis auf einen seien alle seiner Jünger rein, sodass sie nichts weiter zu waschen bedürften als ihre Füße.

### *Vorbild für die Jünger*

Nachdem Jesus die Waschung beendet, sich wieder angezogen und bei Tisch niedergelassen hat, erklärt er den Jüngern seine Tat: „Versteht ihr, was ich euch getan habe?" Wenn er als Herr und Meister ihnen die Füße wasche, dann seien auch sie verpflichtet, als Zeichen der gleichberechtigten Gemeinschaft einander die Füße zu waschen. In der Liturgie der katholischen Kirche ist es daher vorgesehen, dass der Priester am Gründonnerstag in Erinnerung an Jesus zwölf Laien die Füße wäscht. Tatsächlich durchgeführt wird dieses Ritual nach wie vor in Mönchsgemeinschaften und im Vatikan.

### St. Martin und St. Michael

Wer die Decke von St. Martin gemalt hat, weiß man nicht. Anhand der grafischen Gestaltung geht man davon aus, dass es sich um einen professionellen Buchmaler gehandelt haben muss. Außerdem belegt die Verwendung regionaler volkstümlicher Motive, dass er wohl aus Graubünden stammte. Außer der bemalten Holzdecke von St. Martin ist in Mitteleuropa nur eine einzige weitere farbig gefasste romanische Holzdecke erhalten geblieben. Es handelt sich um die Decke von St. Michael in Hildesheim. Hier stellte um 1200 ein ebenfalls anonymer Künstler die alttestamentarischen Figuren dar, die als Vorfahren Jesu gelten.

# Jesus feiert mit seinen Jüngern das Abendmahl

## Leonardo da Vinci, Das Abendmahl, 1494–98

Der italienische Künstler Leonardo da Vinci schuf das rund 40 Quadratmeter große „Cenacolo", eine Darstellung des letzten Abendmahls Christi mit seinen Jüngern, auf der Nordwand des Speisesaals des Dominikanerklosters Santa Maria delle Grazie in Mailand. Sein Auftraggeber war Ludovico Sforza, der Herzog der Stadt, der das Kloster zur Grabstätte seiner Familie ausbauen ließ. Leonardo, der seit 1483 als Künstler und Ingenieur im Dienst des Herzogs stand, verband in seiner Abendmahlsdarstellung einen nüchternen, strengen Bildraum, der renaissancetypisch die perspektivische Tiefe betont, mit der äußerst lebhaften Szenerie, die sich rund um die lange Tafel abspielt.

### *Das Sakrament der Eucharistie*

Alle vier Evangelien berichten, wie Jesus am Abend vor seinem Tod mit seinen zwölf engsten Vertrauten das jüdische Pessachmahl beging. Der aus theologischer Sicht wichtigste Aspekt ist dabei der Augenblick, in dem Jesus seinen Jüngern Brot und Weinkelch mit den Worten reicht: „Nehmt und esst, das ist mein Leib. – Trinkt alle daraus, das ist mein Blut." Diese Handlung gilt in der christlichen Theologie als der Beginn eines Bundes zwischen Gott und den Gläubigen und bildet die Grundlage des Sakraments der Eucharistie, das heute noch in christlichen Gottesdiensten begangen wird und an das Sterben von Jesus Christus erinnert.

*Leonardo da Vinci (1452–1519) gestaltete sein „Abendmahl" in Temperafarben auf der Nordwand des einstigen Speisesaals der Mönche. Der schlechte Erhaltungszustand des Bildes ist unter anderem auf das Aufbringen der Farbe auf den bereits trockenen Putz zurückzuführen, das ein Abblättern der Farbschichten begünstigte.*

### *Die Jünger bei Leonardo*

Da die Bibel so wenig über die Reaktionen der Jünger erzählt, musste Leonardo seine Fantasie spielen lassen, um die Szenerie ins Bild zu setzen. Er rückt die unverhüllten Emotionen der Menschen in den Mittelpunkt. Am linken Ende der Tafel sind Bartholomäus, Jakobus der Jüngere und Andreas ungläubig aufgesprungen. Ganz rechts reden Matthäus und Taddäus auf Simon Zelotes ein, als könne dieser ihnen eine Erklärung für den angekündigten Verrat geben. In der Mitte rechts bedrängen Thomas, Jakobus der Ältere und Philippus Jesus selbst. Zugleich scheint Johannes, zu Jesu Linken und sein Lieblingsjünger, der Ohnmacht nahe. Neben diesem wendet wiederum der erzürnte Petrus seine Aufmerksamkeit ganz Jesus zu. Er nimmt nicht wahr, wie der ertappte Verräter, Judas Iskariot, beim Griff nach dem Brot erstarrt.

### *Die Ankündigung des Verrats*

Da Vinci stellt jedoch eine Szene dar, die die Jünger mehr bewegt haben dürfte als die rätselhaften Worte. Kurz vor oder nach dem eigentlichen Abendmahl – da sind sich die Evangelisten uneinig – eröffnete Jesus seinen Gefährten, dass ihn einer von ihnen an seine Feinde verraten würde. Die Reaktionen der Apostel werden in den Evangelien auf unterschiedliche Weise beschrieben. Im Matthäusevangelium fragt Judas, ob er gemeint sei, was Jesus ihm bestätigt. Beim Evangelisten Markus hingegen reagieren die Jünger betrübt, und jeder bittet um die Zusicherung von Jesus, dass er nicht der Verräter sein werde. Das Lukasevangelium berichtet indessen von erregten Debatten unter den Jüngern, wen von ihnen Jesus meinen könnte. Dem Evangelisten Johannes zufolge drängt Petrus schließlich auf eine Antwort, woraufhin Jesus sich an Judas mit den Worten richtet: „Was du tust, das tue bald", und ihn somit als den Verräter kennzeichnet.

# Die Einsamkeit vor dem Tod

## Giovanni Bellini, Gebet Christi im Garten Gethsemane, um 1465

Der betende Christus am Ölberg ist eines der frühen Werke des Renaissancemalers Giovanni Bellini. Vermutlich schuf er das Gemälde als Andachtsbild für einen reichen Bürger namens Giacomo Marcello. Solche Andachtsbilder waren neben Porträts der zweite große Schwerpunkt im Werk Bellinis. Sie sollten nicht in erster Linie ein Ereignis illustrieren oder der Dekoration eines Raumes dienen, sondern zum Nachdenken und Beten einladen. In diesem Fall soll der Betrachter die Einsamkeit und Verzweiflung Jesu vor seinem Tode nachempfinden können, aber auch den Trost des Engels erfahren und die Hoffnung auf das ewige Leben erkennen.

### *Das Versprechen der Jünger*

Die Evangelien des Matthäus, Markus und Lukas berichten, wie Jesus nach dem letzten Abendmahl mit seinen Jüngern zum Ölberg östlich von Jerusalem geht. Dabei prophezeit er ihnen, sie alle würden sich noch in derselben Nacht von ihm abwenden. Denn beim Propheten Zacharias stehe geschrieben: „Ich will den Hirten schlagen, und die Schafe zerstreuen." Petrus will das Gesagte nicht wahrhaben und beteuert, auch wenn alle sich von Jesus abwenden würden, er selbst werde immer zu ihm stehen. Daraufhin sagt ihm Jesus voraus, dass er ihn gar dreimal verleugnen werde, ehe am Morgen der Hahn krähe. Schließlich gelangen sie an einen Garten mit Namen Gethsemane, der am Fuße des Ölbergs liegt. Jesus fordert seine Jünger auf, sich niederzulassen, während er weitergehen wolle, um allein zu beten. Nur Petrus, Jakobus und Johannes nimmt er mit. Auf seinem Weg, schreibt Lukas, habe er zu zittern und zu zagen begonnen. Zu seinen drei Jüngern sagt er: „Meine Seele ist betrübt bis in den Tod." Er bittet sie, bei ihm zu bleiben und zu wachen. Dann geht er ein Stück weiter, wirft sich zu Boden und betet.

### *Der Beginn der Renaissance*

**Die Renaissance, die Rückbesinnung auf Stil und geistige ideale der griechisch-römischen Antike, begann in Italien Anfang des 15. Jahrhunderts. Wichtige Vertreter dieser Epoche sind der Architekt Filippo Brunelleschi (1377–1446) und Andrea Mantega (1431–1506). Damit ging ein Streben nach Ordnung und Vernunft einher, und der Mensch als Individuum rückte in den Fokus der Betrachtung. In der Malerei bemühte man sich um eine naturalistische Wiedergabe von Menschen und Landschaften sowie vor allem um die richtige Darstellung der Perspektive.**

### *Die schlafenden Jünger*

Jesus bittet Gott, den Kelch des bevorstehenden Todes, wenn es denn möglich sei, an ihm vorübergehen zu lassen. Als er schließlich zu seinen Jüngern zurückkehrt, findet er diese schlafend vor. Er weckt Petrus und fragt ihn, ob er nicht einmal eine einzige Stunde mit ihm wachen könne. Sie sollten wachen und beten, um nicht in Versuchung zu fallen, denn „der Geist ist zwar willig, aber das Fleisch ist schwach". Dann geht er erneut beten, diesmal voller Ergebung: „Mein Vater, wenn dieser Kelch nicht vorübergehen kann, ohne dass ich ihn trinke, so geschehe dein Wille." Wieder schlafen seine Jünger bei seiner Rückkehr. Jesus weckt sie diesmal nicht, sondern betet ein drittes Mal. Dann geht er zu den Jüngern und erklärt ihnen, dass nun die Stunde gekommen sei, „da der Menschensohn den Händen der Sünder überliefert werde".

*Das Gemälde „Gebet Christi im Garten Gethsemane" (Öl auf Holz) von Giovanni Bellini (um 1430–1516) ist deutlich von der harschen, strengen Malweise seines Schwagers und Lehrers Andrea Mantegna beeinflusst, einem der bedeutendsten italienischen Maler der Frührenaissance. Das Bild hängt heute in der National Gallery in London.*

# Der Verrat des Vertrauten

## Giotto, Der Judaskuss, um 1303–05

Der Bankier und Kaufmann Enrico Scrovegni war zu Beginn des 14. Jahrhunderts einer der reichsten Männer Paduas. Das hatte er seinem Vater Reginaldo zu verdanken, der als Wucherer so berüchtigt war, dass ihn Dante in seiner „Göttlichen Komödie" in die Hölle verbannte. Im Jahr 1300 begann sein Sohn Enrico nicht nur, einen neuen Palast für die Familie zu bauen, sondern auch eine Kapelle. Der Bau ist äußerlich sehr schlicht gehalten, jedoch ließ Scrovegni ihn von Giotto di Bondone, dem damals wohl gefragtesten Künstler Italiens, vollständig mit Fresken ausmalen. Eine große Rolle spielt dabei die Darstellung von Lastern und Tugenden sowie Jesu Leiden und Tod. Der „Judaskuss" gehört zu den bekanntesten Bildern dieses Zyklus.

### Die Suche nach dem Motiv

**In neuerer Zeit sieht man Judas nicht mehr so negativ wie früher. Einige Historiker interpretieren seinen Beinamen „Iskariot" als Verballhornung der „Sikarier", einer militanten antirömischen Gruppierung. Sie meinen, Judas könne Jesus verraten haben, um einen Volksaufstand gegen die Römer zu provozieren. Erstaunlicherweise gab es bereits im 2. Jahrhundert eine Sekte, für die Judas sogar ein Held war. Im sogenannten Judasevangelium, das aus ebendieser Zeit stammt und erst 1978 gefunden und 2006 vollständig übersetzt wurde, ist Judas der Vertraute Jesu und verrät ihn auf dessen Wunsch hin, um den Heilsplan Gottes durchzuführen. Einige Theologen aber meinen, die ganze Judasgeschichte sei so ungereimt und gespickt mit Verweisen auf die Erfüllung von Prophetenworten, dass sie kaum wahr sein könne.**

### *Ein Kuss inmitten von Waffen*

Nach den Berichten der Evangelisten Matthäus, Markus und Lukas sucht Judas Iskariot, einer der zwölf Jünger Jesu, eines Tages die jüdischen Hohepriester auf und fragt sie, welchen Lohn er bekomme, wenn er ihnen Jesus ausliefere. Ob bloße Geldgier oder andere Motive dem Verrat zugrunde liegen, bleibt unerwähnt. Lukas und Johannes berichten lediglich, der Teufel habe von Judas Besitz ergriffen. Die Priester versprechen ihm 30 Silberlinge – und der Handel wird besiegelt. Nachdem Jesus in Gethsemane seine Gebete beendet hat, stößt Judas mit einer großen Schar bewaffneter Männer zu Jesus, geht auf ihn zu, begrüßt und küsst ihn. Dies ist das vereinbarte Zeichen für die Knechte der Hohepriester, denn nun wissen sie, wen sie vor sich und festzunehmen haben. Jesus lässt sich widerstandslos ergreifen. Einer der Jünger – nur Johannes benennt Petrus – versucht noch, die Festnahme zu verhindern, und schlägt bei dem Gemenge einem der Knechte ein Ohr ab. Jesus jedoch ruft ihn zur Ordnung. Im Johannesevangelium fehlt die Kussszene, dort fragt Jesus die von Judas angeführte Schar, wen sie suchten. Als sie antworten: „Jesus, den Nazarener!", gibt Jesus selbst sich zu erkennen und fordert sie dazu auf, ihn festzunehmen.

### *Der Verräter*

Über das weitere Schicksal des Judas berichtet nur Matthäus (27,3 f.): Nach dem über Jesus verhängten Todesurteil kommt Reue über Judas, und er will den Priestern den Lohn seines Verrats zurückzahlen, denn er habe einen Unschuldigen verraten, wie er sagt. Die Priester zeigen sich jedoch völlig unberührt von Judas' später Umkehr, woraufhin dieser die 30 Silberlinge in den Tempel wirft und sich erhängt.

*Als Giotto di Bondone (um 1267–1337) die Fresken für die Arenakapelle in Padua malte, hatte er es bereits zu einiger Berühmtheit gebracht. Als erster Künstler löste er sich von der steifen, goldgrundigen Malerei des Mittelalters und schuf menschlich anrührende Szenen in zarten Farben.*

# Verhör bei Nacht

## Bachiacca, Christus vor Kaiphas, 1535

Der Mann mit den extravaganten roten Schuhen auf Bachiaccas Gemälde ist Joseph, genannt Kaiphas. Er war im Jahr 18 n. Chr. von den Römern als Hohepriester eingesetzt worden und stand in dieser Funktion auch dem Hohen Rat, dem Sanhedrin, vor, der obersten jüdischen Autorität. In das Haus dieses Kaiphas wird Jesus direkt nach seiner Festnahme gebracht. Dort sind die Ältesten und Schriftgelehrten versammelt und versuchen, ihn in die Enge zu treiben. So geordnet wie auf Bachiaccas Gemälde scheint es dabei aber nicht zugegangen zu sein.

### *Falsche Zeugen, Misshandlung und Spott*

Matthäus erzählt, dass Kaiphas und die anderen Versammelten eifrig versucht hätten, Belastungsmaterial gegen Jesus zu erhalten, aber nichts gefunden hätten. „Sie erreichten aber nichts, obwohl viele falsche Zeugen auftraten", berichtet Matthäus (26,60). Jesus aber hätte die ganze Zeit geschwiegen. Schließlich fragt Kaiphas ihn: „Ich beschwöre dich bei dem lebendigen Gott, dass du uns sagst, ob du der Messias bist, der Sohn Gottes?" (Mt 26,63) Nun antwortet Jesus: „Du hast es gesagt!", und fügt noch hinzu: „Von nun an werdet ihr den Menschensohn sehen sitzend zur Rechten der Kraft und kommend auf den Wolken des Himmels" – zwei Bilder, die aus den Psalmen und dem Buch Daniel stammen. Daraufhin zerreißt Kaiphas sein Gewand und erklärt: „Er hat gelästert. Was brauchen wir noch Zeugen?" Auch die anderen Anwesenden inszenieren empörte Erregung, erklären Jesus des Todes schuldig, spucken ihm ins Gesicht und misshandeln ihn. Andere – bei Lukas sind es Soldaten, die Jesus bewachen sollen – schlagen ihn und fordern ihn spöttisch auf, zu weissagen, wer gerade zugeschlagen habe.

### *Souveräner Auftritt bei Hannas*

Johannes dagegen schreibt, das Verhör habe sich im Haus von Hannas zugetragen, dem Schwiegervater des Kaiphas, der selbst von 6 bis 15 n. Chr. Hohepriester war. Bei Johannes (18,19–24) schweigt Jesus nicht, sondern bietet seinen Anklägern souverän die Stirn. Er erklärt, er habe immer öffentlich in der Synagoge und im Tempel gelehrt, nie im Verborgenen. „Was fragst du mich?", will er vom Hohepriester wissen. „Frag jene, die gehört haben, was ich zu ihnen redete." Einem der Diener ist das zu impertinent. Er schlägt Jesus ins Gesicht: „So antwortest du dem Hohenpriester?" Der Angeklagte jedoch lässt sich weder provozieren noch einschüchtern: „Habe ich Unrecht geredet, so bezeuge das Unrecht", fordert er, „wenn aber Recht, was schlägst du mich?" Hannas jedoch lässt Jesus gefesselt zu Kaiphas bringen, der ihn in den frühen Morgenstunden bei Pontius Pilatus, dem römischen Präfekten, abliefert.

### *Kaiphas*

**Kaiphas gehört zu den Gestalten, die auch aus außerbiblischen Quellen bezeugt sind. In den Schriften des jüdischen Historikers Flavius Josephus ist nachzulesen, dass er im Jahr 36 n. Chr. durch einen römischen Legaten namens Lucius Vitellius abgesetzt worden sei, im gleichen Jahr, in dem Pontius Pilatus seinen Posten als Präfekt von Judäa und Samaria verlor. Das könnte darauf hindeuten, dass die beiden sehr eng zusammengearbeitet haben.**

*„Christus vor Kaiphas" (Öl auf Holz) gehört zu den herausragenden Werken des italienischen Renaissancemalers Francesco Ubertini, genannt Bachiacca (1494–1557), der in Florenz am Hof Cosimos I. de' Medici tätig war. Das Gemälde ist heute in den Uffizien in Florenz zu bewundern.*

# Verleugnung vor dem Hahnenschrei

## Duccio, Christus vor Hannas, um 1308–11

*Das Verhör Jesu und die Verleugnung des Petrus sind nur zwei Bilder der „Maestà", die Duccio di Buoninsegna (um 1255–1319) für den Dom von Siena schuf. Als das Werk fertig war, wurde es in einer feierlichen Prozession, an der die ganze Stadt teilnahm, in den Dom gebracht. Im 18. Jahrhundert wurde es demontiert und nahm dabei Schaden. Die meisten Tafeln befinden sich heute im Dommuseum von Siena.*

Im Jahr 1308 bekam Duccio di Buoninsegna den Auftrag, einen fünf Meter hohen Altaraufsatz für den Dom von Siena zu schaffen. In dessen Zentrum sollte eine „Maestà", eine thronende Maria, als Königin der Stadt zu sehen sein. Doch das war längst nicht alles: Insgesamt fertigte Duccio für diesen Altaraufsatz über 60 Bilder. Auf der Rückseite stellte er in 26 Szenen den Leidensweg Christi dar. Die meisten Tafeln baute er in zwei Ebenen auf, sodass er zum Beispiel das Verhör Jesu und die Verleugnung des Petrus in einem Bild zusammenfassen konnte.

### Im Hof des Gerichtsgebäudes

Alle vier Evangelisten berichten, wie Petrus im Hof des Gebäudes wartet, in dem Jesus verhört wird. Während der Hohe Rat versucht, Jesus in die Enge zu treiben, sitzt Petrus vor dem Gebäude. Da kommt eine Magd auf ihn zu, erkennt ihn und wirft ihm vor, dass auch er mit Jesus zusammengewesen sei. Petrus entgegnet ihr, er wisse nicht, wovon sie rede. Vorsichtshalber geht er hinaus, wo mehrere Leute versammelt sind. Dort wird er von einer weiteren Frau auf seine Beziehung zu Jesus angesprochen. Dieses Mal behauptet er sogar, Jesus gar nicht zu kennen.

### Die Tränen des Apostels

Wenig später dann kommen einige aus der vor dem Gebäude wartenden Menschenmenge direkt auf Petrus zu und werfen ihm vor, ihm nicht zu glauben, schließlich verrate allein seine Sprache seine Zugehörigkeit zu Jesu Gefolgschaft. Wieder schwört Petrus, dass er Jesus nicht kenne – unmittelbar darauf kräht der Hahn. Petrus erinnert sich an das, was ihm Jesus auf dem Ölberg prophezeit hat, flieht aus dem Gebäude und beginnt fürchterlich zu weinen. Bei Lukas spielt sich die Szene ein wenig anders ab: Die Soldaten, die Jesus gefangenen genommen haben, stehen noch mit ihm im Hof vor dem Gebäude und warten darauf, ihn vor den Hohen Rat führen zu können. Lukas schreibt, Petrus habe sich an ein Feuer gesetzt, das die Knechte des Hohepriesters dort im Hof entzündet hatten. Dabei wird er dreimal angesprochen und leugnet jedes Mal; danach kräht der Hahn. „Da wandte sich der Herr um", berichtet Lukas, „blickte Petrus an und Petrus erinnerte sich an die Worte des Herrn, da er zu ihm gesagt hatte: ‚Ehe der Hahn heute kräht, wirst du mich dreimal verleugnen.' Und er ging hinaus und weinte bitterlich."

### Florenz versus Siena

Im Gegensatz zu seinem Zeitgenossen Giotto malte der Sieneser Duccio noch im byzantinischen Stil, mit kräftigen Farben und viel Gold. Seine Figuren sind jedoch lebendiger als in der traditionellen mittelalterlichen Malerei und der „Erzählstil" seiner Bilder muss sich nicht hinter dem Giottos verstecken. Duccio ist einer der bekanntesten Vertreter der „Sieneser Schule", einer Malereibewegung, die ihren Ursprung im italienischen Siena der Zeit zwischen dem 13. und 15. Jahrhundert hatte. Dieser Stil ist mehr von der Gotik geprägt als der der zeitgleichen „Florentiner Schule". Kunsthistoriker weisen den Einfluss der leicht mystisch angehauchten, konservativen „Sieneser Schule" Duccios noch bis ins 17. Jahrhundert nach, während die „Florentiner Schule" Giottos als Wegbereiterin der Renaissancemalerei gilt.

# Die Unschuldsgeste des Mächtigen

## Albrecht Altdorfer, Handwaschung des Pilatus, um 1509–16

*Von Albrecht Altdorfers (um 1480–1538) Sebastianaltar mit der „Handwaschung des Pilatus" (Öl auf Holz) sind nur noch wenige Tafeln erhalten. Sie befinden sich teils in der Kirche St. Florian in Linz, teils im Kunsthistorischen Museum in Wien.*

Der heilige Sebastian, der Legende nach ein römischer Offizier, der im 3. Jahrhundert den Märtyrertod erlitt, ist eines der Lieblingsmotive in der christlichen Kunst. Auf einem Altarbild für die Klosterkirche St. Florian in Linz stellte der Regensburger Renaissancekünstler Albrecht Altdorfer das Martyrium des Sebastian dem Jesu Christi gegenüber. Auf der Außenseite der Seitenflügel ist in acht Szenen das Martyrium des Heiligen zu sehen, auf den Innenseiten das Leiden Jesu.

### *Pilatus*

**Pontius Pilatus, der in den Jahren 26 bis 36 n. Chr. Statthalter von Judäa war, wurde in der Kirchengeschichte oft erstaunlich positiv behandelt. In der orthodoxen Kirche gilt er sogar als Heiliger, weil er Jesus als Messias erkannt haben soll. Die jüdischen Historiker Flavius Josephus (etwa 36/37–100 n. Chr.) und Philo von Alexandria (um 15/10 v. Chr.–40 n. Chr.) beschreiben Pilatus dagegen als einen überaus harten Regenten. Im Jahr 36 n. Chr. sei er von seinem Posten abberufen worden, nachdem er eine Wallfahrt der Samariter blutig unterbunden habe. Daneben seien ihm Korruption und Bereicherung vorgeworfen worden.**

### *Übergabe an Pilatus*

Der jüdische Hohe Rat fungiert in den Evangelien als Drahtzieher bei der Festnahme Jesu. Doch seine Kompetenz endet mit dem Verhör. Die Priester und Ältesten überstellen Jesus daher anschließend an den Mann, der tatsächlich Macht über Leben und Tod hat: den römischen Statthalter Pontius Pilatus, vor dem sie ihre Anklagen vortragen. Die Begegnung zwischen Jesus und Pilatus wird in den vier Evangelien unterschiedlich beschrieben. Immer aber versucht Pilatus, ein Todesurteil zu umgehen. Bei Johannes fordert er die Priester auf, Jesus selbst zu richten. Lukas schreibt, Pilatus habe Jesus zu Herodes Antipas, dem Regenten von Jesu Heimatregion Galiläa, bringen lassen. Herodes aber habe ihn zurückgeschickt. Matthäus berichtet, Pilatus habe gewusst, dass die Priester ihm Jesus nur aus Neid ausgeliefert hätten. So findet sich der Vorschlag des Pilatus, Jesus anlässlich des Pessachfests zu begnadigen, auch in allen Evangelien. Von Pilatus vor die Wahl gestellt, fordert die Menge statt Jesus einen als Mörder bezeichneten Mann namens Barabbas freizulassen. Ob der Mann tatsächlich ein Mörder war oder ein im Allgemeinen von den Römern als Mörder bezeichneter jüdischer Aufständischer, ist nicht sicher. Jedenfalls scheint Pilatus davon ausgegangen zu sein, dass die Wahl der Begnadigung auf Jesus fällt, und ist über die Entscheidung der Juden entsprechend überrascht.

### *Ecce homo*

Gemäß der Darstellung des Johannesevangeliums lässt Pilatus Jesus schließlich von seinen Soldaten geißeln und mit Dornenkrone und Purpurmantel verspotten, obwohl er ihn für unschuldig hält. „Seht, da ist der Mensch!", fordert er die Ankläger auf (Joh 19,5). Mit der lateinischen Übersetzung dieses Ausrufs in der Vulgata-Bibel – „Ecce homo" – fand diese Szene als Ecce-homo-Motiv in der christlichen Kunst weite Verbreitung. Pilatus hofft, die Ankläger damit zufriedenzustellen, doch fordern diese weiterhin die Kreuzigung Jesu – wenngleich in der jüdischen Tradition auf Gotteslästerung die Steinigung stand. Nur im Matthäusevangelium findet sich die Szene, in der sich Pilatus schlussendlich eine Schüssel mit Wasser reichen lässt, sich als Zeichen der moralischen Reinheit die Hände wäscht und erklärt, er sei unschuldig am Blutvergießen dieses Gerechten. Immer aber spricht er am Ende das Todesurteil und übergibt Jesus den Soldaten zur Kreuzigung.

# Der Weg nach Golgatha

## Giovanni Battista Tiepolo, Kreuzweg Christi, 1738–40

Giovanni Battista (auch Giambattista) Tiepolo war der große Maler des venezianischen Barock. Niemand verstand es, seine Auftraggeber so zu verherrlichen wie er. Er stellte sie als antike Götter dar und gruppierte ganze Deckengemälde mit Putten und allegorischen Darstellungen um fürstliche Wappen. Ganz anders nimmt sich dagegen das Passionstriptychon aus, das er für die Kirche Sant'Alvise in Venedig malte. Der gefallene Christus unter seinem schweren Kreuz ist jedoch nur ein Ausschnitt des zentralen Gemäldes. Über ihm ragen die Zeichen der römischen Macht – Adler, Standarten und Hellebarden – wie die Äste toter Bäume in den Himmel. Abgeschnitten vom Treiben, das wie eine Umkehrung sonstiger Triumphaufmärsche Tiepolos wirkt, schleppt sich Jesus seinem Tod entgegen.

### *Das Kreuz*

Nach der Geißelung führen die Soldaten Jesus zur Richtstätte. Die Auspeitschung und der öffentliche Gang zur Hinrichtung waren im Römischen Reich bei Kreuzigungen üblich. Diese Strafe war vor allem für entlaufene Sklaven und Rebellen vorgesehen und sollte der Abschreckung dienen. Auf dem Gang zur Hinrichtung begegnet der Gruppe ein Mann namens Simon von Kyrene, der gerade vom Feld kommt. Die Soldaten zwingen ihn, das Kreuz für den völlig entkräfteten Verurteilten zu tragen. Auf den meisten der Kreuzwegdarstellungen hilft Simon Jesus lediglich dabei, das Kreuz zu tragen, bei den Evangelisten jedoch trägt Simon das Kreuz allein, einzig Johannes schreibt, dass Jesus sein Kreuz selbst nach Golgatha („Schädelstätte") tragen musste. Historiker gehen heute davon aus, dass die Verurteilten nicht das ganze, viel zu schwere Kreuz, sondern nur den Querbalken zur Hinrichtungsstätte tragen mussten. Lukas schreibt, dass Jesus auf seinem Weg nach Golgatha vor den Toren der Stadt von einer großen Menge Volkes, vor allem klagenden und weinenden Frauen, begleitet worden sei.

*Das Passionstriptychon (Öl auf Leinwand) von Giovanni Battista Tiepolo (1696–1770) befindet sich noch heute in der Kirche Sant'Alvise in Venedig, für die er es 1737 bis 1740 anfertigte. Es zeigt die Grausamkeiten, die Jesus vor seinem Tod angetan wurden.*

### *Mythos und Wahrheit*

Die traditionellen Stationen des Kreuzweges gibt es in der Bibel nicht. Nirgends ist die Rede davon, dass Jesus unter seinem Kreuz gefallen sei, nirgends wird eine Begegnung mit seiner Mutter oder Veronika, auf deren Schweißtuch Jesu Bild zurückbleibt, erwähnt. Veronika ist nicht einmal eine Gestalt der kanonischen Bibel. Ihre Geschichte ist im apokryphen Nikodemusevangelium verzeichnet, das auf das 5. Jahrhundert datiert wird.

### *Die Stationen des Kreuzwegs*

Kreuzwegdarstellungen am Rande von Wegen, auf denen die Gläubigen zu einer Kirche oder einer Darstellung der Kreuzigung pilgern, zeigen den Weg Christi zu seiner Hinrichtung:

1. Jesus wird verurteilt
2. Er nimmt das Kreuz auf seine Schultern
3. Er fällt zum ersten Mal
4. Jesus begegnet seiner Mutter
5. Simon von Kyrene hilft ihm beim Tragen des Kreuzes
6. Veronika reicht Jesus ein Schweißtuch
7. Er fällt zum zweiten Mal
8. Der Kreuzigungszug begegnet einer Gruppe weinender Frauen
9. Jesus fällt zum dritten Mal
10. Jesus wird entkleidet
11. Er wird ans Kreuz genagelt
12. Er stirbt
13. Der Leichnam wird vom Kreuz genommen
14. Jesus wird zu Grabe gelegt

# Das Ende

## Peter Paul Rubens, Kreuzigung, um 1606–10

Der flämische Maler Peter Paul Rubens ist eher für üppige Schönheiten aus der antiken Mythologie und seine Darstellungen der Skandalgeschichten des Alten Testaments bekannt als für seine Darstellung des Leidens und Sterbens Christi, die er in dramatischen Farbkontrasten gestaltete. Bei der Kreuzigung, die er möglicherweise noch während eines Italienaufenthalts malte, ist das Nebeneinander zwischen grellem Rot, düsterem Schwarzviolett und lichtbeschienenen Körpern besonders ausgeprägt.

### *Die Kreuzigung*

Im Markusevangelium heißt es, dass die Soldaten, nachdem sie an der Hinrichtungsstätte angekommen seien, Jesus Wein angeboten hätten, der mit Myrrhe vermischt gewesen sei – vermutlich ein leichtes Betäubungsmittel. Er habe jedoch nach dem ersten Kosten abgelehnt. Bei Matthäus ist aus der bitteren Myrrhe Galle geworden. Jesus wird schließlich „um die dritte Stunde" (9 Uhr morgens) gekreuzigt. Über seinem Kopf bringen die römischen Soldaten eine Tafel mit der Inschrift „Jesus von Nazareth, der König der Juden" (lateinisch: „Iesus Nazarenus Rex Iudaeorum", abgekürzt „INRI") an. Rechts und links von ihm kreuzigen sie zwei jüdische Rebellen (in alten Bibelübersetzungen oft auch als Verbrecher bezeichnet). Lukas schreibt, der eine habe über Jesus gespottet. Der andere jedoch sagt, sie beide würden den gerechten Lohn für ihre Taten empfangen, wohingegen Jesus unschuldig ans Kreuz gebracht worden sei. Er bittet Jesus, seiner zu gedenken, wenn er in sein Königreich komme, woraufhin dieser ihm erwidert, dass er ihm noch am selben Tage im Paradies beiwohnen werde. Zuvor hat Jesus Lukas zufolge bereits Gott gebeten, er möge seinen Henkern ihre Schuld nicht anrechnen.

### *Der Tod*

Nachdem die Soldaten ihr Werk verrichtet haben, lagern sie unter dem Kreuz und bewachen die Sterbenden. Die Evangelisten schreiben, dass die Vorübergehenden Jesus spöttisch zurufen, er solle doch vom Kreuz steigen, wenn er wirklich Gottes Sohn sei. Zur sechsten Stunde breitet sich dann eine große Finsternis über das Land aus, die bis zur neunten Stunde andauert. Dann aber ruft Jesus aus: „Mein Gott, mein Gott, warum hast du mich verlassen?" Einer der Soldaten steckt einen Schwamm mit Essig an ein Rohr und gibt ihm zu trinken. Danach ruft Jesus noch einmal laut aus: „Vater, in deine Hände befehle ich meinen Geist", und stirbt. Die Evangelisten berichten, nun sei der Vorhang im Tempel gerissen, die Erde habe gebebt und Gräber hätten sich aufgetan. Auch die Leichname vieler späterer Heiliger seien auferweckt worden. Der Hauptmann und die Soldaten, die Jesus bewachen, aber bekennen angesichts dieser Ereignisse: „Wahrlich, dieser war Gottes Sohn."

### *Die Zeugen*

Lukas schreibt, dass alle Vertrauten Jesu und die Frauen, die ihm aus Galiläa gefolgt waren, bei der Kreuzigung zugegen sind. Matthäus und Markus dagegen nennen nur Maria Magdalena, Maria, die Mutter von Jakobus dem Jüngeren, sowie Salome, die Mutter von Jakobus und Johannes. Die meisten Künstler jedoch halten sich wie Rubens an das Johannesevangelium, dem zufolge auch Jesu Mutter Maria und „der Jünger, den er liebte" – gemeinhin mit dem Apostel Johannes identifiziert – unter dem Kreuz trauerten. Jesus vertraut seine Mutter dem Jünger an, und dieser nimmt sie von jenem Tag an in sein Haus auf.

*Die „Kreuzigung" (Öl auf Leinwand) von Peter Paul Rubens (1577–1640) befindet sich im Museo del Prado in Madrid. In ähnlich bewegtem Stil malte Rubens zwei Triptychen rund um die Kreuzigung für die Kathedrale von Antwerpen.*

IESVS NAZA
RENVS REX

# Die Bergung des Leichnams

## Rogier van der Weyden, Kreuzabnahme Christi, um 1435–40

Die „Kreuzabnahme Christi" gehört zu den berühmtesten Werken von Rogier van der Weyden, einem der bedeutendsten flämischen Maler des Spätmittelalters. Es wurde im Auftrag der Gilde der Bogenschützen für deren Kapelle in Löwen angefertigt. Van der Weyden verwendet in diesem Werk die typischen mittelalterlichen Elemente wie den goldenen Hintergrund oder die symbolischen Knochen (für Golgatha), der Fokus liegt aber ganz auf den nahezu lebensgroßen Menschen, die für die damalige Zeit außergewöhnlich lebendig gemalt sind. Auf diese Weise führte er einen neuen, bisher nicht gekannten Naturalismus in die religiöse Malerei ein.

### *Der Lanzenstich*

Die Kreuzabnahme Jesu findet noch am Abend seines Todestages statt. Laut den Evangelien wird er am Tag vor dem Sabbat des Pessachfestes gekreuzigt. Johannes berichtet, dass die Juden Pilatus darum bitten, den Gekreuzigten die Beinknochen zu zerschlagen, um so einen schnelleren Tod herbeizuführen. Nach dem jüdischen Gesetz müssen die Leichen noch am Tag ihres Todes abgenommen werden, da in der Tora im Buch Deuteronomium (23,23) steht, dass jemand, der für ein todeswürdiges Verbrechen an einen Pfahl gehängt wurde, noch in der gleichen Nacht begraben werden müsse. Dem jüdischen Glauben nach ist ein Aufgehängter von Gott verflucht. Pilatus kommt der Bitte der Juden nach: Seine Soldaten stellen jedoch fest, dass Jesus – im Gegensatz zu den beiden Rebellen, die mit ihm gekreuzigt wurden – schon gestorben ist. Um seinen Tod sicherzustellen, sticht einer der Soldaten Jesus mit seiner Lanze in dessen Seite.

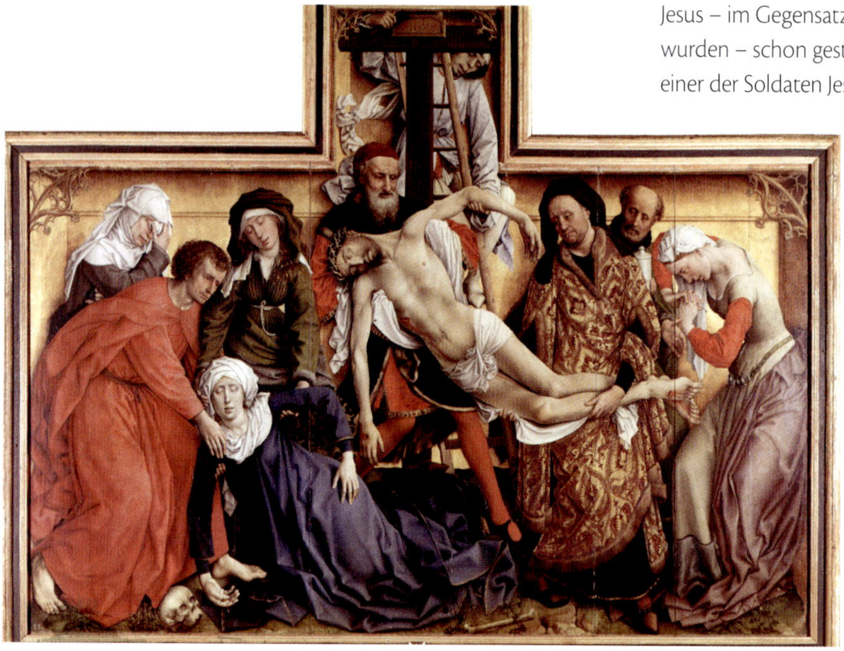

*Rogier van der Weyden (1399–1464) schuf mit seiner „Kreuzabnahme Christi" (Öl auf Holz) ein monumentales Werk von über 2,5 Metern Breite. Es kam während der spanischen Herrschaft über die Niederlande im 16. Jahrhundert nach Spanien und befindet sich heute im Museo del Prado in Madrid.*

### *Joseph und der Gral*

**Im apokryphen Nikodemusevangelium wird berichtet, dass Joseph von Arimathäa nach der Auferstehung Jesu des Leichenraubs beschuldigt und zu 40 Jahren Gefängnis verurteilt wird. Dort erscheint ihm Jesus und vertraut ihm den Kelch des Abendmahls an. Nach seiner Entlassung bringt Joseph den Kelch nach Westeuropa. Über den genauen Verbleib des Kelches gibt es verschiedene Überlieferungen. Einer Version nach bringt Joseph das kostbare Gefäß in die Abtei von Glastonbury in England. Diese Legende bildet die Grundlage für die Geschichte der Gralssuche des Parzival, die im 12. Jahrhundert mit der Sage um König Artus verknüpft wird. Anderen Mythen zufolge soll Joseph den Gral bis nach Frankreich gebracht haben.**

### *Joseph und Nikodemus*

Laut den Evangelisten geht Joseph von Arimathäa, ein reicher und angesehener Jude, nach der Kreuzigung mit der Bitte zu Pilatus, den Leichnam Jesu vom Kreuz nehmen zu dürfen. Er wird als Mitglied des Hohen Rates in Jerusalem, des obersten jüdischen Gerichts, und als geheimer Jünger Jesu beschrieben. Auf van der Weydens Bild stellt der bärtige Mann, der den Leichnam Jesu im Arm hält, Joseph dar. Der Mann im schwarz-goldenen Gewand, der Jesus Beine hält, ist der reiche Pharisäer Nikodemus. Er soll nachts zu Jesus gegangen sein, um diesem zu offenbaren, dass er an dessen göttliche Sendung glaube. Später berichtet Johannes (7,45 f.), Nikodemus habe Jesus vor dem Hohen Rat in Schutz genommen. Er ist auch bei der Kreuzabnahme zugegen und bringt die beachtliche Menge von 100 Pfund Myrrhe und Aloe mit, um den Leichnam Jesu zu salben.

# Der Abschied

## Raffael, Grablegung Christi, 1507

Die eigentliche Grablegung ist auf Raffaels Bild nicht zu sehen, stattdessen malte er den Zug der Trauernden, die den Leichnam Jesu von Golgatha zu seinem Felsgrab bringen. Die „Grablegung Christi" fertigte Raffael für ein Altarbild, das die Familie Baglioni aus Perugia für ihre Familienkapelle San Francesco al Prato in Auftrag gegeben hatte. Über dem Gemälde ließ der Maler von seinen Schülern Gott in segnender Pose abbilden. Raffael selbst malte auf den Sockel des Altars die drei christlichen Tugenden Glaube, Liebe und Hoffnung.

### *Prachtvolles Begräbnis*

Alle vier Evangelien beschreiben das Begräbnis Jesu, jedoch gehen die Berichte dahingegen auseinander, wer an dieser Zeremonie teilgenommen hat. Des Weiteren schildert keiner der Evangelisten die Trauer der Hinterbliebenen, bei Johannes heißt es nur: „Sie banden nun den Leichnam Jesu ..." Nach jüdischer Tradition wurde der Leichnam eines Verstorbenen mit wohlriechenden Kräutern und Ölen gesalbt und danach in Leinenbinden gewickelt. Diese aufwändigen Bestattungsriten waren allerdings für die Beisetzung eines zum Tode Verurteilten äußerst ungewöhnlich, da Verurteilte in der Regel gar nicht beerdigt wurden. Aus diesem Grund zeigt Johannes' Schilderung, nach der Jesus in ein neues Grab gelegt wurde, dass Jesus für die damalige Zeit und unter Berücksichtung seines Todes ein außerordentlich prachtvolles Begräbnis bekam. Das Grab lag laut Johannes in einem Garten nahe dem Ort, wo Jesus gekreuzigt wurde. In den anderen Evangelien heißt es, dass das Grab Joseph von Arimathäa gehörte, der es als Vorbereitung für sein eigenes Begräbnis aus dem Felsen hatte schlagen lassen.

### *Nach der Grablegung*

Lukas berichtet, dass die Frauen, die mit Jesus aus Galiläa gekommen waren, ihn an sein Grab geleiteten und der Beisetzung beiwohnten. Da dies mit dem Beginn des jüdischen Sabbat zusammenfiel, lässt sich ableiten, dass Jesus an einem Freitagabend in der Dämmerung bestattet wurde – denn nach jüdischer Tradition findet der Sabbat immer von Freitagabend bis Samstagabend statt. Allen vier Evangelisten ist es wichtig zu betonen, dass Jesus tatsächlich tot war, als man ihn vor mehreren Zeugen beerdigte. Matthäus erzählt sogar, Priester seien noch während des Sabbats zu Pilatus gegangen, weil Jesus behauptet habe, er werde nach drei Tagen von den Toten auferstehen. Daher baten die Priester Pilatus, das Grab bis zum dritten Tag bewachen zu dürfen, damit die Jünger Jesu nicht dessen Leiche stehlen konnten, um später dem Volk zu berichten, Jesus sei wiederauferstanden. Pilatus gab seine Erlaubnis, und die Priester versiegelten das Grab und stellten Wachen auf.

*Der Baglioni-Altar von Raffael Santi (1483–1520) wurde von Papst Paul V. Anfang des 17. Jahrhunderts von Perugia nach Rom gebracht. Die „Grablegung Christi" (Öl auf Pappelholz) befindet sich heute in der Villa Borghese in Rom.*

### Die Pietà

Keiner der Evangelisten schreibt, dass Jesu Mutter Maria bei der Kreuzabnahme und Grablegung ihres Sohnes dabei gewesen ist. Auf Gemälden ist sie jedoch meist abgebildet, entweder ohnmächtig vor Schmerz oder einer Ohnmacht nahe. Ein in der religiösen Kunst besonders beliebtes Motiv ist die Pietà (lateinisch: Mitleid), eine Darstellung der Mutter Gottes, die ihren toten Sohn im Schoß hält. Die Pietà war etwa seit dem 14. Jahrhundert als Andachtsbild weit verbreitet, besonders oft wurde sie von Giovanni Bellini gemalt. Die wohl berühmteste Pietà ist die Marmorskulptur von Michelangelo (1475–1564) im Petersdom in Rom.

# Die Frauen am Grab

## Meister der Lyversberger Passion, Auferstehung Christi, um 1464

In einem sind sich die vier Evangelisten einig: Die ersten Zeugen der Auferstehung waren Frauen. Ansonsten schildern sie die ungeheuerliche Begebenheit am Ostermorgen durchaus verschieden – und teilweise mit noch größerer Dramatik, als es der Maler des Lyversberger Passionsaltares bei seiner Darstellung getan hat.

### *Die Auferstehungsgeschichte nach Matthäus*

Matthäus schreibt, dass Maria Magdalena am Morgen nach dem Sabbat zusammen mit Maria, der Mutter des Jakobus, zum Grab geht, obwohl jüdische Priester Wachen davor postiert haben. Als die beiden Frauen das Grab erreichen, bebt die Erde und ein Engel steigt vom Himmel herab, wälzt den Stein, der das Grab verschließt, zur Seite und verkündet den Frauen die Auferstehung Jesu Christi. Maria Magdalena und Maria sehen, dass kein Leichnam im Grab liegt. Der Engel trägt ihnen auf, den Jüngern die Botschaft der Auferstehung Jesu zu überbringen und sich dann nach Galilaä zu begeben. Auf dem Rückweg treffen die Frauen auf Jesus, der sie abermals auffordert, den Brüdern die Botschaft zu überbringen. Nachdem die Wächter den Priestern von den Ereignissen am Felsgrab berichtet haben, lassen diese überall verbreiten, die Jünger hätten den Leichnam Jesu gestohlen.

### *Uneinigkeit bei den Evangelisten*

Die vier Evangelisten sind sich jedoch nicht einig, welche Frauen genau am Ostermorgen zum Grab Jesu gingen. Bei allen wird Maria Magdalena erwähnt – Maria, die Mutter Jesu, dagegen nie, obwohl sie in der religiösen Kunst auf beinahe jeder Kreuzigungs- und Auferstehungsszene abgebildet ist. Im Markusevangelium sind es im Gegensatz zum Matthäusevangelium drei Frauen – Maria Magdalena, Maria, die Mutter des Jakobus, und Salome – die mit Ölen zum Grab gehen, um den Leichnam Jesu zu salben, in der Hoffnung, das Grab ließe sich nochmals öffnen. Als sie es erreichen, ist der Stein bereits zur Seite geschoben – die Frauen finden anstelle des Leichnams einen Engel vor, der ihnen von der Auferstehung berichtet und sie zu den Jüngern schickt. Im Lukasevangelium sind Maria und Maria Magdalena diesmal in der Begleitung von Johanna und einigen anderen Frauen, die ratlos das leere Grab entdecken, bevor zwei Engel erscheinen und sie fragen: „Was sucht ihr den Lebenden bei den Toten?" Johannes verzichtet in seinem Evangelium auf eine Schar von Frauen und beschränkt sich auf die Erwähnung einer einzigen – Maria Magdalena. Sie entdeckt das leere Grab, berichtet es den Jüngern Petrus und Johannes und bleibt weinend allein am Grab zurück.

### *Rätsel um die Meister*

**Die „Auferstehung Christi" wurde in der Vergangenheit auch dem „Meister des Marienlebens" zugeschrieben. Das liegt daran, dass man den anonymen Maler des Passionsaltars, zu dem die „Auferstehung" gehört, mit dem ebenso anonymen Maler gleichsetzte, der zur gleichen Zeit in Köln acht Tafeln mit Marienszenen gemalt hat. Heute gehen die Kunsthistoriker jedoch davon aus, dass es sich um verschiedene Künstler handelt. Viele nehmen anhand der angedeuteten Landschaftsszenen auch an, dass der Meister der Lyversverger Passion seine Lehrzeit in den Niederlanden verbrachte und dort von Rogier van der Weyden und Jan van Eyck beeinflusst wurde.**

*Die „Auferstehung Christi" ist Teil eines Passionsaltares, der vermutlich 1464 für das Kölner Karthäuserkloster St. Barbara gestiftet wurde. Nach der Auflösung des Klosters 1803 wurde er von dem Sammler Jacob Lyversberg erworben. Heute kann man die acht Tafeln im Kölner Wallraf-Richartz-Museum bewundern.*

# Die Karriere der Maria Magdalena

## Federigo Barocci, Christus und Magdalena, 1590

*Der frühbarocke Maler Federigo Barocci (um 1530–1612) nannte sein Bild auch „Noli me tangere" (lateinisch: „Rühr mich nicht an"), da Jesus Maria Magdalena im Johannesevangelium bittet, ihn nicht zu berühren. Das Gemälde (Öl auf Leinwand) befindet sich in der Alten Pinakothek in München.*

Es gibt eine sehr anrührende Begegnung zwischen Jesus und Maria aus Magdala, die der italienische Maler Federigo Barocci auf seinem Gemälde darstellt. Der Evangelist Johannes (20,1 f.) erzählt, wie Maria Magdalena am Ostermorgen weinend vor dem leeren Grab gestanden habe. Da sah sie plötzlich einen Mann, den sie für den Gärtner hielt. Er habe sie gefragt: „Frau, was weinst du? Wen suchst du?" Ob er Jesu Leichnam weggetragen habe, fragte sie zurück. „Sage mir, wo du ihn hingelegt hast, und ich will ihn holen." Daraufhin habe der Mann sie mit „Maria" angesprochen. Sie erkannte ihn, so Johannes weiter, und erwiderte „Rabbuni" (aramäisch: Meister).

### Die Lieblingsjüngerin

Auch wenn die Evangelisten wenig von Maria Magdalena erzählen, so lassen sie doch keinen Zweifel daran, dass sie unter den Frauen, die Jesus folgten, eine besondere Bedeutung gehabt hat. Auffallend ist auch, dass sie nach ihrem Heimatort benannt ist, der wohl am See Genezareth lag, und nicht als Frau, Mutter oder Tochter eines Mannes eingeführt wird. Doch weder in der Apostelgeschichte noch in den biblischen Briefen findet sie Erwähnung. Dafür haben sich die apokryphen Evangelien ihrer umso mehr angenommen. Im sogenannten „Evangelium der Maria Magdalena", einer gnostischen Schrift aus dem 2. Jahrhundert, bittet Petrus Maria: „Schwester, wir alle wissen, dass der Retter dich lieber hatte als die anderen Frauen. Sage du uns Worte des Retters (...), die du kennst, wir aber nicht." Als Maria daraufhin kaum verständliche Visionen schildert, zeigt sich Petrus erzürnt darüber, dass Jesus einer Frau mehr erzählt habe als ihm. Im Philippusevangelium, ebenfalls einer gnostischen Sprüchesammlung, wird berichtet, dass drei Frauen stets bei Jesus gewesen seien: Maria, seine Mutter, deren (oder seine) Schwester sowie Maria Magdalena, seine Gefährtin. Jesus habe sie lieber als die Apostel gehabt und oftmals geküsst.

### Spekulationen bis in die Gegenwart

In der „Legenda aurea", einer im 13. Jahrhundert entstandenen Legendensammlung, ist über Maria Magdalena zu lesen, dass sie adeliger Herkunft und mit Johannes, dem Evangelisten, verheiratet gewesen sei. Als dieser Jesus folgte, habe sie ein zügelloses Leben zu führen begonnen. Von diesem habe Jesus, der sie sehr geliebt und stets gegen andere in Schutz genommen habe, sie bekehrt. 14 Jahre nach seinem Tod bestieg sie, so die „Legenda aurea", mit ihren Geschwistern Martha und Lazarus sowie anderen Heiligen ein steuerloses Schiff, strandete in der Camargue und lebte dort 30 Jahre lang als Büßerin. Neben diesen „kirchlichen" Legenden existiert jedoch auch eine apokryphe Variante über ihr Leben, derzufolge Maria Jesus Geliebte war. Diese Überzeugung findet sich auch bei den Rosenkreutzern, einer Geheimgesellschaft aus dem 17. Jahrhundert.

### Pierre Plantard und die Fantasy-Literatur

**Mitte des 20. Jahrhunderts behauptete der Franzose Pierre Plantard, Erbe einer seit Jahrhunderten existierenden Geheimgesellschaft namens „Prieuré de Sion" zu sein. Diese hüte den Heiligen Gral, vor allem aber das „Sang real" (das königliche Blut), das Wissen um die Nachfahren von Jesus und Maria Magdalena, zu denen unter anderem auch die Merowingerkönige gehört haben sollen. Frühere Hüter seien die 1244 als Ketzer vernichteten Katharer gewesen, ebenso der Templerorden, den der französische König Philipp der Schöne 1307 zerschlagen ließ. Motive von Plantards Geschichte wurden in der Fantasy-Literatur aufgegriffen, zuletzt von Dan Brown in seinem Bestseller „The Da Vinci Code" (deutscher Titel: „Sakrileg").**

# Begegnung auf dem Weg nach Emmaus

## Caravaggio, Abendmahl in Emmaus, 1601

Über die Gläubigkeit der Maler, deren Werk zum größten Teil aus religiösen Gemälden besteht, ist in der Regel nur wenig bekannt. Bei Michelangelo Merisi, genannt Caravaggio, weiß man zumindest, dass er eine gewisse Sympathie für die Ideale und die Schlichtheit des Urchristentums hegte. Ob gläubig oder nicht, die für Caravaggio typische Ausleuchtung der Figuren erzeugt in jedem Fall eine mystische Stimmung, die auch in seinem „Abendmahl in Emmaus" von 1601 zu sehen ist. Dieses Motiv malte Caravaggio fünf Jahre später ein weiteres Mal, wobei die Figuren nicht mehr so sehr in den Vordergrund treten wie in dieser ersten Version.

### Caravaggio

**Michelangelo Merisi, der aus dem Ort Caravaggio nahe Mailand stammte, hatte zu Lebzeiten einen zweifelhaften Ruf. Für die einen war er der faszinierendste Maler seiner Zeit, bei anderen war er nicht zuletzt aufgrund seines aufbrausenden Charakters weniger beliebt. Sein Jähzorn und Temperament führten 1606 sogar dazu, dass er im Streit einen Mann tötete und aus Rom fliehen musste. Viele seiner Auftraggeber kritisierten auch seine extrem naturalistische Darstellungsart, denn seinen Heiligen sah man an, wer für sie Modell gestanden hatte: Bettler, Bauern und Prostituierte – oft mit schmutzigen Händen und Füßen oder braun gebrannter Haut.**

### *Tröstendes Gespräch*

Die Begegnung zweier Jünger mit dem auferstandenen Jesus Christus in Emmaus wird im Markusevangelium angedeutet und von Lukas (24,13 f.) ausführlich geschildert. Nachdem ein Engel Maria Magdalena die Auferstehung Christi verkündet hat, machen sich Kleopas und ein anderer Jünger aus Jesu Gefolge auf den Weg in das knapp zwölf Kilometer von Jerusalem entfernte Dorf Emmaus. Unterwegs sprechen sie über die Ereignisse der jüngsten Zeit, als sich ihnen ein unbekannter Mann anschließt und fragt, worüber sie sich unterhalten. Bestürzt über sein Unwissen berichten ihm die Jünger über die Hinrichtung Jesu, das Verschwinden seines Leichnams und die Botschaft Maria Magdalenas, die sie aber nicht glauben könnten. Der Fremde tadelt sie für ihre Zweifel und Schwerfälligkeit im Herzen.

### *Das Brechen des Brotes*

Spät abends erreichen die drei Gefährten Emmaus. Die beiden Jünger drängen den Fremden, mit ihnen zu speisen. Am Tisch bricht er das Brot, segnet es und gibt es den beiden Jüngern. Durch diese Geste erkennen sie in dem Fremden Jesus Christus. Es ist genau dieser Moment der Erkenntnis, den Caravaggio in seinem Gemälde einfängt. In der Bibel berichtet Lukas weiter, dass Jesus, nachdem er von seinen Jüngern erkannt wurde, einfach aus ihrer Mitte verschwindet. Sofort kehren beide nach Jerusalem zurück, wo ihnen die anderen elf Jünger berichten, dass Jesus tatsächlich auferstanden und Simon erschienen sei. Daraufhin erzählen auch die Emmaus-Jünger von ihrem Erlebnis. Während sie noch berichten, erscheint Jesus erneut in ihrer Mitte und fordert seine Jünger auf, ihn zu berühren, und bittet sie sogar um etwas zu essen, um zu beweisen, dass er kein Geist, sondern wirklich von den Toten auferstanden sei. Nicht nur bei Lukas, sondern auch in nahezu allen nachösterlichen Geschichten der Bibel wird immer wieder betont, dass Jesus nach seinem Tod tatsächlich in einem menschlichen Körper unter seinen Jüngern weilte.

*Die erste Version des Emmaus-Mahles (Öl auf Leinwand), die Caravaggio (1571–1610) für den römischen Adeligen Ciriaco Mattei malte, befindet sich heute in der National Gallery in London. Die zweite Fassung von 1606 hängt in der Pinacoteca di Brera in Mailand.*

# Glaubensprobe

## Psalter der Königin Blanka, Der ungläubige Thomas, um 1230

*„Der ungläubige Thomas" ist eine Darstellung aus dem Psalter der französischen Königin Blanka, einer Tochter von Alfons VIII. von Kastilien. Es wird heute in der Bibliothèque de l'Arsenal in Paris aufbewahrt.*

Blanka von Kastilien (1188–1252) war die Mutter des französischen Königs Ludwig IX., genannt Ludwig der Heilige. Obwohl ihr Sohn bereits gekrönt war, regierte Blanka noch bis 1242 allein über Frankreich, wobei sie als politisch geschickt und äußerst fromm galt. Sowohl von Blanka als auch von Ludwig IX. sind äußerst prachtvolle Psalterbücher erhalten. In Blankas Buch sind sämtliche Illustrationen in aufwändige runde Medaillons gefasst. Diese Form der Darstellung erinnert in ihrer Ausfertigung an die Rosettenfenster von Kathedralen.

### *Zeuge für die Auferstehung*

Der ungläubige Thomas ist zu einem Sinnbild für jeden Skeptiker geworden. Dabei waren seine Zweifel durchaus berechtigt, galten sie doch der Auferstehung Jesu von den Toten. Die Geschichte von Thomas wird im Johannesevangelium (20,24 f.) erzählt. Johannes berichtet, dass Jesus am Abend des Ostertages in das Haus kommt, in dem sich der engere Kreis seiner Jünger versammelt hat – Thomas ist bei dieser Zusammenkunft nicht anwesend. Als ihm die anderen Jünger berichten, was geschehen ist, äußert er, dass er es nicht glaube, bis er sich selbst davon überzeugt habe. Laut Johannes soll Thomas gesagt haben, dass ihm der Augenschein allein nicht genüge, er wolle seinen Finger in die Wunde Jesu legen, erst dann wäre er von dessen Auferstehung überzeugt. Acht Tage später versammeln sich die Jünger – diesmal im Beisein von Thomas – erneut, und wieder tritt Jesus durch die verschlossenen Türen des Hauses. Nachdem er sie begrüßt hat, fordert er Thomas auf, seinen Finger in seine Wunden zu legen, damit auch er endlich glauben könne. Ob Thomas dieser Aufforderung wirklich nachkommt, berichtet Johannes nicht. Einzig die Antwort des Jüngers ist überliefert: „Mein Herr und mein Gott!" – Jesus aber entgegnet ihm, selig seien die, die nicht sehen und trotzdem glauben.

### *Missionar in Indien*

Viel mehr als diese eine Begebenheit ist in den Evangelien über Thomas nicht zu erfahren, er wird lediglich als einer der zwölf Apostel aufgezählt. Einzig Johannes schenkte ihm mehr Aufmerksamkeit. In seinem Evangelium (Joh 11,7 f.) berichtet er weiter, dass die Jünger Jesus davon abbringen wollen, nach Judäa zu gehen, da sie befürchten, dass er dort von aufgebrachten Religionswächtern gesteinigt würde. Jesus jedoch besteht darauf. Ausgerechnet der skeptische Thomas erweist sich als mutig, indem er ausruft: „Lasst auch uns gehen, damit wir mit ihm sterben." Auch in der Apostelgeschichte wird nichts über Thomas berichtet. Nach den apokryphen Thomasakten soll er erst in Syrien und schließlich sogar in Indien als Missionar tätig gewesen sein.

### *Die Apostel und ihre Attribute*

Auf künstlerischen Darstellungen sind die Apostel häufig anhand folgender Attribute zu erkennen, die sinnbildlich für Charaktereigenschaften, Herkunft, Beruf, Tugenden oder ihr Martyrium stehen. **Andreas:** Andreaskreuz; **Bartholomäus:** Messer und abgezogene Haut; **Jakobus, der Ältere:** Jakobsmuschel und Pilgerstab; **Jakobus, der Jüngere:** Fahne; **Johannes:** glatt rasiertes Gesicht, auch Kelch mit Schlange; **Judas Taddäus:** Keule; **Matthäus:** Geldbeutel, Winkelmaß, Hellebarde, Beil; **Matthias:** Beil, Lanze, Steine; **Phillippus:** Geißel, Kreuzstab; **Simon Petrus:** Himmelsschlüssel; **Simon, der Eiferer (Zelot):** Säge; **Thomas:** Schwert, Lanze, Winkelmaß.

# Wiedersehen in Galiläa

## Konrad Witz, Der wunderbare Fischzug, 1444

*Konrad Witz (um 1400–1446), der in der Bodenseegegend lebte, malte den „Wunderbaren Fischzug" für den Altar der Genfer Peterskathedrale. Der Altarflügel ist heute im Musée d'Art et d'Histoire in Genf zu besichtigen.*

Über Konrad Witz ist wenig bekannt. Zeitgleich mit italienischen Künstlern bemühte sich Witz, seinen Bildern räumliche Tiefe zu verleihen. Sein letztes Werk ist der Seitenflügel eines Petrusaltars, auf dem der „Wunderbare Fischzug" aus dem Johannesevangelium abgebildet ist. Man erkennt Jesus Christus, der auf einer spiegelnden Wasseroberfläche steht, sowie Petrus, der bei dem Versuch, auf diesen zuzugehen, beinahe ertrinkt.

### *Uneinigkeit bei den Evangelisten*

In allen Evangelien wird berichtet, dass den Jüngern am Ostermorgen nach Christi Auferstehung verkündet wird, sie sollten sich nach Galiläa begeben, denn dort würden sie Jesus wieder begegnen. Darüber, was genau sich in Galiläa zuträgt, sind sich die Evangelisten allerdings uneins. Matthäus zufolge findet die Begegnung zwischen Jesus und seinen Jüngern auf einem Berg statt: Hier erteilt er ihnen den Auftrag, alle Völker der Erde zum Christentum zu bekehren. Bei Markus heißt es lediglich, dass Jesus seinen elf Jüngern bei Tisch erscheint, sie mit der Verbreitung des Christentums beauftragt und sodann gen Himmel auffährt. Im Lukasevangelium findet die letzte Begegnung in Jerusalem statt, wobei sich der weitere Verlauf dieser Begegnung mit den Berichten von Matthäus und Markus deckt.

### *Der wunderbare Fischzug*

Die Begegnung, die Konrad Witz in seinem Gemälde festgehalten hat, ereignet sich nach Jesu Tod und findet sich im Johannesevangelium. Johannes berichtet, dass die Jünger, nachdem ihnen Jesus mehrmals in Jerusalem erschienen sei, nach Galiläa weiterziehen. Eines Abends gehen Petrus, Jakobus, Johannes, Thomas, Nathanael und zwei weitere Jünger dort zum Fischen, ihre Netze bleiben jedoch vollkommen leer. Im Morgengrauen fällt ihnen am Ufer ein Mann auf, der sie schließlich um etwas zu essen bittet. Als sie ihm indes erzählen, dass sie nichts gefangen hätten, weist er sie an, ihr Netz an der rechten Seite des Schiffes auszuwerfen. Plötzlich ist es derart gefüllt mit Fischen, dass sie es nicht einmal mehr einholen können, so Johannes. Da erkennt Petrus in dem Mann Jesus und ruft: „Es ist der Herr." Johannes berichtet weiter, dass Petrus, der unbekleidet ist, sich sein Hemd überwirft, in den See springt und auf Jesus zuschwimmt, während die anderen mit dem Boot nachfolgen. Wieder am Ufer angelangt, verteilt Jesus Brot und Fische an seine Jünger, und nach dem Mahl erteilt er Petrus den Auftrag, das Christentum in die Welt hinauszutragen.

### *Auferstehung*

Zur Zeit Jesu stritten sich Pharisäer und Sadduzäer, zwei unterschiedliche religiöse Glaubensrichtungen des antiken Judentums, ob Auferstehung möglich sei oder nicht. Die Sadduzäer lehnten einen solchen Gedanken rigoros ab, da die Auferstehung in den fünf Büchern Mose, die die Grundlage ihres jüdischen Glaubens bildeten, nicht erwähnt wird. Die Phärisäer hingegen glaubten, dass Gott eines Tages den Tod überwinden und über die ganze Erde herrschen werde. Solche Vorstellungen finden sich auch im Alten Testament, z. B. im Buch des Propheten Jesaja, der spricht (26,19): „Deine Toten leben, meine Verstorbenen werden auferstehen, die Staubbewohner werden erwachen und frohlocken, denn Tau der Lichter ist dein Tau, die Erde wird Verblichene wieder gebären."

# Beistand von oben

## Der jüngere Zürcher Nelkenmeister, Ausgießung des Heiligen Geistes, um 1490

*Kunsthistoriker vermuten, dass die „Ausgießung des Heiligen Geistes" Hans Leu dem Älteren (um 1460–1507) zugeschrieben werden kann. Er stammte aus Baden und war etwa seit 1490 in Zürich tätig. Auf seiner Darstellung des Pfingstereignisses, am unteren Bildrand auf dem Boden, befinden sich zwei Nelken, „Erkennungssymbole" der Nelkenmeister. Die restaurierte Bildtafel ist heute im Kunsthaus Zürich zu bewundern.*

Die Nelke stand in der mittelalterlichen Symbolik für die Gottesmutter Maria. In der Schweiz und im Breisgau gab es gleich mehrere Maler, die in ihren Gemälden häufig auffällige rote und weiße Nelken platzierten. Möglicherweise gehörten sie einer Bruderschaft an.

### *Warten auf den Heiligen Geist*

Die Apostelgeschichte erzählt, dass Jesus den Jüngern nach seinem Tod noch 40 Tage lang erschienen sei und mit ihnen über das Reich Gottes geredet habe. Gleichzeitig, heißt es weiter, weist er sie an, Jerusalem nicht zu verlassen. Vielmehr sollen sie ausharren, bis sie mit dem Heiligen Geist getauft worden seien, um von Gott Kraft zu empfangen. Nach dieser Verkündung, so schreibt der Erzähler, sei Jesus auf dem Ölberg vor den Augen der Jünger in den Himmel emporgehoben und von einer Wolke verhüllt worden. Daraufhin ziehen sich die Jünger, so die Bibel, in Jerusalem in ein Haus zurück. Dort wählen sie Matthias, an Judas statt, in die Runde der Zwölf und warten betend auf den Heiligen Geist. Obwohl die meisten Bilder nur Maria und die Zwölf zeigen, heißt es in der Bibel, auch die Frauen (vermutlich jene vom Ostermorgen) sowie Jesu Brüder wären in dem Haus zugegen gewesen. Bei der Wahl des Matthias sollen ganze 120 Personen zusammengekommen sein.

### *Zungen aus Feuer*

Eines Tages, so fährt die Apostelgeschichte fort, erfüllt ein Brausen wie von einem gewaltigen Sturm das Haus. Erschienen seien Feuerzungen, die sich auf die Häupter der Anwesenden herabsenken. Eine Taube wird in diesem Kontext nicht erwähnt, sie taucht in der Bibel nur bei der Taufe Jesu als Symbol des Heiligen Geistes auf. Unmittelbar nach dem Ereignis seien die Jünger vom Heiligen Geist erfüllt und in der Lage gewesen, zu den Menschen, die sich aufgrund des ungewöhnlichen Geräuschs draußen vor dem Haus versammelt hatten, in verschiedenen Sprachen zu sprechen. Ob Römer, Griechen, Araber, Ägypter, Mesopotamier oder Perser – die Fischer beherrschen eines jeden Muttersprache. Einige der vor dem Haus Versammelten machen sich über die Jünger lustig und meinen, sie hätten wohl zu viel Wein getrunken. Da tritt Petrus zu ihnen und erklärt ihnen, es geschehe, was bereits beim Propheten Joel vorhergesagt worden sei: Gott würde in den letzten Tagen seinen Geist über alles Fleisch ausgießen, sodass sich überall prophetisches Reden und Traumgesichter offenbaren würden. Außerdem berichtet Petrus, dass Jesus, der Hingerichtete, auferweckt worden sei. Alle seien sie Zeugen dieser Auferstehung gewesen. „Mit aller Sicherheit also erkenne das ganze Haus Israel: Gott hat diesen Jesus zum Herrn und Messias gemacht, ihn, den ihr gekreuzigt habt." Gemäß der Apostelgeschichte wurden in den folgenden Tagen etwa 3000 Menschen getauft und in die Gemeinschaft der Jünger aufgenommen.

### *Die Apostelgeschichte*

**„Die Taten der Apostel", wie das Buch im griechischen Original heißt, schließen sich in der Bibel unmittelbar an die vier Evangelien an. Es wird von den wichtigsten Ereignissen in den jungen christlichen Gemeinden etwa bis zum Jahr 65 n. Chr. berichtet. Ob die Apostelgeschichte um diese Zeit entstand oder erst nach den Evangelien geschrieben wurde, ist umstritten. Der Autor erwähnt im Vorwort, er habe bereits ein Evangelium geschrieben, bei dem es sich aufgrund textlicher Übereinstimmungen nur um das Lukasevangelium handeln kann. Unter Kirchenhistorikern gilt die Apostelgeschichte – abgesehen von den Wundergeschichten – als recht zuverlässige Quelle für das Urchristentum.**

# Der erste Märtyrer

## Annibale Carracci, Steinigung des Stephanus, 1605

Einen Tag nach Weihnachten, am 26. Dezember, feiern die christlichen Kirchen das Gedenkfest des heiligen Stephanus. Statt um „Stille Nacht" und Kindchen-Idylle geht es dabei um Gewalt und Tod. Der italienische Barockmaler Annibale Carracci lässt auch Jugendliche, ja sogar Kinder im Reigen der Menschen mittun, die mit großen Steinbrocken auf den knienden und betenden Stephanus werfen, bis dieser stirbt: der erste Anhänger Christi, der wegen seines Glaubens umgebracht wurde.

*Angeführt von Saulus, dem späteren Apostel Paulus, der rechts unten im Bild neben einem Baum sitzt, wird Stephanus vor den Toren Jerusalems von Steinigern umringt. Annibale Carracci (1560–1609) gilt neben Caravaggio als Begründer der italienischen Barockmalerei, sein Gemälde „Die Steinigung des Stephanus" (Öl auf Leinwand) befindet sich heute im Louvre in Paris.*

### Gamaliel und Hillel

Der Rabbi Gamaliel ist eine historische Figur. Er starb im Jahr 50 n. Chr. und gilt im Judentum als großer Gesetzeslehrer. Noch größere Bedeutung hat sein Großvater Hillel, der im Jahr 7 n. Chr. starb. Seine Lehre der Nächstenliebe und Gewaltlosigkeit ähnelt in vielem der von Jesus. Auf die Herausforderung, die Lehre des Judentums zu vermitteln, solange der Frager auf einem Bein stehen könne, antwortete er: „Was dir nicht lieb ist, das tue auch deinem Nächsten nicht. Das ist die ganze Tora und alles andere ist nur Erläuterung." Bei Jesus lautet im Kernstück seiner Lehre, der Bergpredigt, die „Goldene Regel": „Alles nun, was ihr von den Menschen für euch erwartet, sollt auch ihr ihnen tun. Denn das ist das Gesetz." (Mt 7,12)

### *Verfolgung durch den Hohen Rat*

Die Apostelgeschichte berichtet, wie die Jünger nach dem Pfingstereignis beginnen, zu predigen und Wunder zu wirken. Petrus und Johannes heilen zum Beispiel „im Namen Jesu Christi, des Nazoräers", einen Lahmgeborenen (Apg 3,1–10). Dafür werden sie vor den Hohepriester Hannas und dessen Schwiegersohn Kaiphas sowie den gesamten Hohen Rat zitiert. Beim ersten Mal erhalten sie lediglich ein strenges Redeverbot, weil die Ratsmitglieder das Volk fürchten, das Gott für die Wunderheilung des Gelähmten preist. Beim zweiten Mal soll ein Engel sie aus ihrem Kerker befreit haben. Danach rät ein angesehener Schriftgelehrter namens Gamaliel seinen Ratskollegen, die Jünger in Frieden zu lassen. Wenn deren Werk von Menschen sei, werde es sich genauso zerstreuen wie die Anhängerschaft früherer Prediger, sei es aber von Gott, könne man es nicht zerstören.

### *Ein Lynchmord*

Die Apostel aber wählen wegen des großen Zulaufs sieben Männer zu Diakonen, darunter Stephanus, die sich um die soziale Arbeit in der Gemeinde kümmern sollen. „Stephanus aber, voll Gnade und Kraft, tat große Wunder und Zeichen unter dem Volk" (Apg 6,8), heißt es. Damit bringt auch er die Schriftgelehrten gegen sich auf und wird ebenfalls vor den Hohen Rat geführt. Dort hält er eine lange Predigt, die in dem Vorwurf gipfelt, dass die Väter seiner Zuhörer jeden Propheten Gottes verfolgt hätten und sie, die „Halsstarrigen und Unbeschnittenen an Herz und Ohren", jetzt genau das Gleiche täten. Das lässt seine Zuhörer „in ihren Herzen" ergrimmen und mit den Zähnen knirschen. Als er auch noch zum Himmel blickt und erklärt, er sähe dort Jesus zur Rechten Gottes sitzen, kommt es zu einem Lynchmord, der noch um einiges wilder beschrieben wird, als Carracci ihn malte. Die Bibel erzählt, alle hätten sich wild schreiend auf Stephanus gestürzt, ihn gepackt und zur Stadt hinausgestoßen, wo sie ihn steinigten. Er aber habe erst gebetet: „Herr Jesus, nimm meinen Geist auf", dann sei er in die Knie gesunken und habe unmittelbar vor seinem Tod noch mit lauter Stimme geschrien: „Herr, rechne ihnen diese Sünde nicht an!"

# Botschaft für die Welt

## Rembrandt, Die Taufe des Kämmerers, 1626

*Rembrandts (1606–1669) Frühwerk „Die Taufe des Kämmerers" (Öl auf Holz) war auf alle nachfolgenden Darstellungen des Themas, das im 17. Jahrhundert ein verbreitetes Motiv war, von großem Einfluss. Das Gemälde befindet sich heute im Museum Cahtarijneconvent in Utrecht.*

### Simon Magus

Die Apostelgeschichte berichtet, dass der Diakon Philippus vor allem in Samaria predigte und Wunder wirkte. Er habe sogar einen Mann namens Simon, der die Menschen mit Zauberkünsten in Staunen versetzt habe, ausgestochen und zum Glauben gebracht. Wenig später kommen Petrus und Johannes nach Samaria und spenden den Getauften den Heiligen Geist (Apg 8,14–24). Als Simon das sieht, bietet er ihnen Geld, um diese Fähigkeit ebenfalls zu erlangen. Obwohl Simon nach einer scharfen Rüge des Petrus einen Rückzieher macht, wurde später der Handel mit kirchlichen Ämtern nach ihm Simonie genannt. Im Mittelalter wurde die Simonie zum großen Streitthema zwischen Kaisern und Päpsten.

Rembrandt malte „Die Taufe des Kämmerers" mit 20 Jahren, kurz nach Abschluss seiner Lehrzeit und der Eröffnung seines ersten Ateliers 1625 in Leiden. Die anspruchsvolle, dichte Komposition und die Betonung der Affekte, mit welcher der junge Maler das biblische Thema in Szene setzt, weisen bereits auf charakteristische Aspekte hin, die Rembrandts Kunst zeitlebens prägen werden.

### Diskussion über Jesaja

Der dunkelhäutige Mann im feinen weißen Pelz wird in der christlichen Tradition Simeon Bachos genannt. Die Apostelgeschichte verrät allerdings nur, dass er ein hoher afrikanischer Würdenträger ist, der Kämmerer der äthiopischen Königin Kandake, der ihren ganzen Schatz verwaltet (Apg 8,27). Er hat Jerusalem besucht, um dort zu beten, und befindet sich auf dem Heimweg. In seinem Wagen liest er im Buch des Propheten Jesaja. Da erhält der Diakon Phillipus von einem Engel des Herrn den Auftrag, sich an die einsame Straße von Jerusalem nach Gaza zu begeben. Dort trifft er auf den Kämmerer und fragt ihn, ob er eigentlich weiß, was er da liest. „Wie soll ich es können, wenn niemand mich anleitet", erwidert dieser und bittet Philippus einzusteigen. Philippus macht den Afrikaner mit Jesus und seiner Botschaft bekannt. Als sie schließlich an Wasser vorbeikommen, fragt der Kämmerer: „Was steht im Weg, dass ich getauft werde?"

### Das Christentum in Afrika

Der Kämmerer ist der erste Nichtjude, von dessen Taufe die Apostelgeschichte berichtet. Die Erzählung von seiner Taufe unterstreicht den Anspruch der Urchristen, alle Menschen erreichen zu wollen. Er wird als „aithiops" bezeichnet, was in der hellenistischen Welt nicht nur einen Äthiopier, sondern allgemein einen dunkelhäutigen Bewohner Afrikas bezeichnen konnte. Die Historiker gehen heute davon aus, dass seine Herrin Kandake die nubische Königinmutter Kandake Amanitore gewesen ist. Das nubische Königreich Kusch, das enge Beziehungen zu Ägypten pflegte, lag im Norden des heutigen Sudan. Trotz dieser Identifizierung des Würdenträgers der Königin Kandake als Kuschite führt sich die christliche Kirche in Äthiopien auf den Kämmerer zurück. Auch der Kirchenvater Irenäus von Lyon (um 135–um 202 n. Chr.) meint, Simeon Bachos habe in den Gegenden Äthiopiens das Evangelium gepredigt, womit aber erneut die Gegenden Afrikas allgemein gemeint gewesen sein können. Später wurden Simeon auch die Mission von Südarabien und Ceylon zugeschrieben. Tatsächlich entstand schon Mitte des 1. Jahrhunderts das Patriarchat von Alexandria, aus dem heraus sich die koptische, die äthiopische und die erloschene nubische christliche Kirche entwickelten.

# Das Damaskuserlebnis

## Peter Paul Rubens, Die Bekehrung des Saulus zum Paulus, 1601/02

*„Die Bekehrung des Saulus zum Paulus" (Öl auf Holz) ist eines von 33 Werken von Peter Paul Rubens (1577–1640) in der Sammlung des Fürstenhauses Liechtenstein, die sich im Gartenpalais Liechtenstein in Wien befindet.*

Mehrere Pferde scheuen, ein Mann ist zu Boden gegangen. Die Situation erinnert eher an einen Reitunfall als an die Bekehrung des Apostels Paulus. Der flämische Maler Peter Paul Rubens stellte den Wendepunkt im Leben des Saulus in einer dramatischen Szene dar.

### Ein Eiferer gegen den Herrn

Der spätere Apostel Paulus wird in der Bibel zum ersten Mal in der Apostelgeschichte bei der Steinigung des Stephanus erwähnt (siehe S. 165). Die Männer, die den ersten Märtyrer der christlichen Kirche steinigen, legen ihre Kleider zur Bewachung einem jungen Mann namens Saulus zu Füßen, der zuvor im Hohen Rat der Hinrichtung des Stephanus zugestimmt hatte. Noch am gleichen Tag findet eine große Christenverfolgung in Jerusalem statt, bei der Saulus eine maßgebliche Rolle spielt. Er lässt Männer und Frauen verschleppen und ins Gefängnis werfen. Schließlich erbittet er sich vom Hohepriester ein Schreiben an die Synagoge von Damaskus, damit er auch dort nach Christen suchen und sie als Gefangene nach Jerusalem bringen könne (Apg 9,1 f.). Auf dem Weg nach Damaskus wird Saulus jedoch plötzlich von himmlischem Licht umstrahlt. Er stürzt nieder und vernimmt eine Stimme, die ihn fragt: „Saul, Saul, warum verfolgst du mich?" Die Stimme gibt sich als Jesus zu erkennen und befiehlt Saulus, nach Damaskus zu gehen und dort weitere Befehle abzuwarten. Als Saulus sich nach dieser Erscheinung wieder erhebt, ist er erblindet. Seine Begleiter müssen ihn auf dem Weg nach Damaskus führen.

### Vom Saulus zum Paulus

**Oft wird es so dargestellt, als hätte Paulus mit seiner Bekehrung seinen Namen geändert und sei so vom bösen Saulus zum guten Paulus geworden – doch dem ist nicht so. Die Apostelgeschichte nennt ihn auch nach seiner Bekehrung noch Saulus. Im Kapitel 13,9, als Saulus zu seiner ersten Missionsreise nach Antiochia aufbricht, wird zum ersten Mal erwähnt, dass er auch Paulus genannt wird. In der Folge wird er dann immer als Paulus bezeichnet, ein Name, den er auch selbst in seinen Briefen verwendet. Da er jedoch von Geburt an das römische Bürgerrecht hatte, wie mehrere Stellen in der Bibel bezeugen, gehen Historiker davon aus, dass er von Anfang an einen jüdischen und einen römischen Namen hatte und den römischen nutzte, wenn er außerhalb Palästinas missionierte.**

### Der Bekehrte

Saulus' Blindheit währt drei Tage, während derer er weder isst noch trinkt, nur betet. Gott jedoch befiehlt Hananias, einem Christen aus Damaskus, Saulus aufzusuchen. Hananias weigert sich zunächst, da er von den Taten des Saulus und seinen ursprünglichen Absichten in Damaskus gehört hat. Gott jedoch erklärt ihm, Saulus sei sein auserwähltes Werkzeug, und er werde seinen Namen vor Völker und Könige tragen. Hananias begibt sich daraufhin zu Saulus, legt ihm die Hände auf und spricht: „Bruder Saul, der Herr hat mich gesandt, damit du wieder sehend wirst und erfüllt mit heiligem Geist." Saulus erhält sein Augenlicht zurück und lässt sich taufen. Er bleibt noch einige Zeit in Damaskus, wo er zu predigen beginnt. In seinen späteren Briefen erwähnt Paulus seine Bekehrung mehrmals und merkt an, dass nicht er sich entschieden habe, sein Leben zu verändern, sondern vielmehr Gott ihn zu seinem Werkzeug gemacht habe.

# Missionar und Theologe

## Antoniazzo Romano, Apostel Paulus, 15. Jh.

Vermutlich stammt das Gemälde von Antonio Aquilio, genannt Antoniazzo Romano, der in der zweiten Hälfte des 15. Jahrhunderts über 40 Jahre eine große Werkstatt in Rom betrieb und Gründer der Malergilde der Stadt war. Antoniazzo malte Bilder im Stil der Frührenaissance, war aber vor allem ein gefragter Schöpfer von Ikonen im byzantinischen Stil. Den heiligen Paulus stellte er mit Pilgerstab und Buch dar, Symbole für seine Missionarstätigkeit und seine theologischen Schriften.

*Der heilige Paulus wird in der Kunst meist mit Halbglatze dargestellt. Das Antoniazzo Romano (1430–1508) zugeschriebene Bild ist heute in der Pinakothek der Kirche San Paolo fuori le Mura in Rom zu sehen und Teil eines Triptychons.*

### Die Briefe des Paulus

**Vermutlich stammen nicht alle Briefe, die Paulus zugeschrieben werden, auch wirklich von seiner Hand. Der sogenannte Hebräerbrief war schon in der frühen Kirche umstritten und stammt mit einiger Sicherheit nicht von Paulus. Als echte Paulusbriefe gelten der Brief an die Römer, die beiden an die Korinther, der an die Galater, der an die Philipper, der erste an die Thessalonicher und der an Philemon. Bei den Briefen an die Epheser, an die Kolosser, an Timotheus, an Titus und beim zweiten an die Thessalonicher haben einige Theologen Zweifel und nehmen an, dass sie eher von seinen Nachfolgern im Stil des Apostels verfasst wurden, obwohl Paulus als Absender genannt wird.**

### *Der Reisende*

Man vermutet, dass Paulus etwa um das Jahr 35 n. Chr. zu seiner ersten Missionsreise nach Antiochia in Anatolien aufbrach. Von dort aus, so berichtet die Apostelgeschichte, zieht er mit seinen Freunden Barnabas und Johannes nach Zypern. Dort sollen sie einen Zauberer mit Blindheit geschlagen und so den Statthalter bekehrt haben. Paulus besucht vor allem größere Städte wie Korinth und Ephesos, wo er christliche Gemeinden gründet. Er bleibt jeweils nur so lange in einer Stadt, bis die Gemeinden selbstständig existieren können und seine Hilfe nicht mehr benötigen. Mit seinen Gemeinden aber bleibt er in regem Kontakt. Den vielen Grüßen, die er in seinen Briefen immer wieder übermittelt, lässt sich unter anderem auch entnehmen, dass in der Urkirche Frauen noch eine sehr bedeutende Rolle spielten. In die Bibel sind 14 Paulusbriefe aufgenommen worden. Es gibt Theologen, die die Meinung vertreten, dass die christliche Lehre eigentlich nicht von Jesus, sondern von Paulus ins Leben gerufen wurde. Denn Jesus rief seine Zuhörer vor allem zu einem gerechten Leben, zu Nächstenliebe, Umkehr und Buße auf. Paulus jedoch entwickelte in seinen Briefen eine Theologie, die sich ganz um Jesus dreht, den er selbst als „Christos" (griechisch: Der Gesalbte) bezeichnet. Für Paulus besteht dementsprechend die Nachfolge Christi nicht in erster Linie im Befolgen von Gesetzen, sondern im Glauben an Jesus und sein Erlösungswerk.

### *Der Gefangene*

Etwa um das Jahr 57 n. Chr. kommt Paulus nach Jerusalem zurück, wo er sich mit dem Hohen Rat der Stadt überwirft und von den Römern gefangen genommen wird. Von dort bringt man ihn nach Cäsarea, wo er laut Apostelgeschichte vom Statthalter Felix zwei Jahre im Gefängnis gefangen gehalten wird. Felix' Nachfolger Festus beschließt dann, Paulus, da er römischer Bürger ist, nach Rom zu überstellen. Dort bewohnt Paulus dann eine eigene Wohnung, die allerdings von Soldaten bewacht wird. Über seinen Tod ist nichts bekannt. Die Apostelgeschichte endet während Paulus' zweitem Jahr in Rom. Vermutlich wurde sie erst Jahrzehnte später verfasst, entweder verstarb der Autor, bevor er sie vollenden konnte, oder das Ende ist verloren gegangen. In der kirchlichen Tradition geht man davon aus, dass Paulus etwa um 65 n. Chr. wegen seines Glaubens enthauptet wurde.

# Schwerer Stand bei den Heiden

## Karel Dujardin, Paulus heilt den Lahmen in Lystra, 1663

Die drängenden Menschen und die gläubigen Blicke sind die gleichen, doch der weiße Bart der Hauptfigur verrät, dass es nicht Jesus ist, von dem hier ein Wunder erwartet wird. Auch in der Bibel ähneln sich die Heilungsszenen aus den Evangelien und der Apostelgeschichte. Das kommt nicht von ungefähr, denn es wird ausdrücklich betont, dass Jesus den zwölf Aposteln die Vollmacht verliehen habe, Krankheiten zu heilen und Dämonen auszutreiben.

### *Zwischen Götterverehrung und Lynchmord*

Die Geschichte von der Heilung des Lahmen spielt sich in der antiken Stadt Lystra, südwestlich des heutigen Konya in der Türkei, ab, in welche die Apostel Paulus und Barnabas kommen, nachdem sie vor einer Steinigung aus Ikonion geflüchtet waren. Die Apostelgeschichte berichtet (14,8–10), dass Paulus predigt und ein Gelähmter, der seit seiner Geburt seine Füße nicht benutzen kann, ihm zuhört. Paulus sieht den Mann an und ist davon überzeugt, dass dieser den notwendigen Glauben besitzt, um gerettet zu werden. Also fordert er ihn mit lauter Stimme auf: „Stelle dich aufrecht auf deine Füße!" Daraufhin sei der Mann aufgesprungen und umhergegangen. Der Heilung folgen dramatische Szenen. Die Einwohner von Lystra sind völlig aus der Fassung gebracht und halten die beiden Missionare für Götter, die in Menschengestalt zur Erde herabgestiegen seien: „Und sie nannten den Barnabas Zeus, den Paulus aber Hermes, weil er das Wort führte." Die Zeus-Priester bringen bereits Opferstiere, doch Paulus und Barnabas zerreißen sich als Zeichen des Protests ihre Kleider und beschwören die Menge: „Auch wir sind Menschen von gleicher Art wie ihr. Wir verkünden euch die Heilsbotschaft, damit ihr euch von diesen Nichtigkeiten bekehrt zum lebendigen Gott, der den Himmel geschaffen hat und die Erde und das Meer und alles, was in ihnen ist."

### *Das Problem der Heidenmission*

Gott habe in der Vergangenheit die nicht jüdischen Völker zwar ihre eigenen Wege gehen lassen, versuchen Paulus und Barnabas den Menschen deutlich zu machen, sich ihnen jedoch trotzdem durch viele Wohltaten wie Regen, fruchtbare Zeiten, Nahrung und Frohsinn bezeugt. Doch nicht nur den Griechen in Lystra muss Paulus erklären, warum der Gott Israels plötzlich auch für sie Bedeutung haben soll. Auch innerhalb des Urchristentums ist die Heidenmission zu diesem Zeitpunkt noch umstritten. Nach der Rückkehr von seiner ersten Missionsreise findet jedoch ein Apostelkonzil in Jerusalem statt, das Paulus den Rücken stärkt.

### *Die apostolische Sukzession*

**Die Tatsache, dass in der Apostelgeschichte auch Jünger „der zweiten Generation" wie Paulus, Stephanus und Philippus Wunder vollbringen, führte zu der Vorstellung, dass die zwölf Apostel die ihnen verliehene Vollmacht weitergeben können, und zwar durch das mehrfach bezeugte Ritual der Handauflegung. Daraus wiederum resultiert der Glaube, dass auch Priester die Vollmacht, Sakramente spenden zu können, nur von einem Bischof erhalten können, der in direkter Sukzession (Nachfolge) der Apostel steht.**

*Der niederländische Maler Karel Dujardin (um 1622–1678) widmete sich bevorzugt arkadischen italienischen Landschaftsmotiven, daneben schuf er Genreszenen, biblische und mythologische Darstellungen, Porträts sowie etwa 50 Radierungen. Sein Gemälde „Paulus heilt den Lahmen in Lystra" (Öl auf Leinwand) befindet sich heute im Rijksmuseum in Amsterdam.*

# Der Weg des Petrus

## Annibale Carracci, Domine, quo vadis?, 1601/02

Ein energisch ausschreitender Christus, der sein Kreuz geschultert trägt und mit ausgestreckter Hand eindeutige Anweisungen gibt: Kein Wunder, dass Petrus – die Himmelsschlüssel bereits am Gürtel – angstvoll zurückweicht. Die Begegnung, die Annibale Carracci hier in Szene gesetzt hat, findet sich nicht in der Bibel, wohl aber geht der Titel des Gemäldes auf eine Bibelstelle zurück.

### Begegnung vor den Toren Roms

In den sogenannten Petrusakten findet sich eine Fortsetzung dieser Geschichte. In diesen apokryphen Texten aus dem 2. Jahrhundert, die ganz von gnostischer Leibfeindlichkeit durchzogen sind, ist Petrus nach Rom gereist, um auch dort eine Gemeinde aufzubauen. In seinen Predigten wirbt er für sexuelle Enthaltsamkeit und findet damit großen Anklang nicht nur bei den vier Mätressen des Präfekten Agrippa, sondern auch bei der schönen Xanthippe, der Ehefrau eines gewissen Albinus, und vielen anderen Frauen, die nun nicht mehr mit ihren Männern schlafen wollen. Albinus stachelt daraufhin Agrippa auf, Petrus zu vernichten. Gewarnt von Xanthippe und gedrängt von seinen Glaubensbrüdern, flieht dieser aus Rom. Doch vor der Stadt begegnet er Jesus und stellt ihm dieselbe Frage wie nach dem Abendmahl: „Herr, wohin gehst du?" Jesus erwidert, er gehe nach Rom, um sich abermals kreuzigen zu lassen. Da erinnert sich Petrus an all seine Versicherungen vom Abendmahlsabend und kehrt selbst um. In Rom wird er festgenommen und von Agrippa zum Tod am Kreuz verurteilt. Er bittet seine Henker jedoch, ihn nicht wie Jesus zu kreuzigen, sondern mit dem Kopf nach unten.

*Eindringliche Bewegungsmotive und hohes Pathos in einer klaren, mit einem Blick überschaubaren Komposition: Diese Momente, die das gesamte Werk des italienischen Barockmalers Annibale Carracci (1560–1609) auszeichnen, prägen auch sein Quo-Vadis-Gemälde (Öl auf Holz), das sich heute in der National Gallery in London befindet.*

### Quo vadis?

**In dem berühmten Roman „Quo vadis?" des polnischen Schriftstellers Henryk Sinkewicz von 1895 und der ebenso berühmten monumentalen Verfilmung mit Peter Ustinov als Kaiser Nero von 1951 geht es vor allem um die Liebe des jungen Römers Marcus Vincinius zu der christlichen Geisel und Königstochter Lygia. Die Geschichte spielt vor dem Hintergrund der Christenverfolgungen Neros. Die Begegnung des Petrus mit Christus kommt zwar auch vor, ansonsten folgt die Geschichte jedoch nicht den Akten des Petrus.**

### Nach dem Abendmahl

Im Johannesevangelium betet Jesus nach dem letzten Abendmahl nicht wie bei den anderen Evangelisten auf dem Ölberg. Stattdessen hält er seinen Jüngern noch eine lange Abschiedspredigt, bevor er in den Garten aufbricht, in dem seine Häscher auf ihn warten. Petrus aber will wissen: „Herr, wohin gehst du?" (13,36) – lateinisch: „Domine, quo vadis?" Jesus erwidert: „Wohin ich gehe, dahin kannst du mir jetzt nicht folgen, doch wirst du mir später folgen." Petrus will diese Absage für den Augenblick nicht hinnehmen und versichert: „Mein Leben will ich für dich hingeben." Daraufhin spricht Jesus die auch in den anderen Evangelien vorkommende Prophezeiung aus, dass Petrus ihn dreimal verleugnen werde, noch ehe der Hahn kräht (siehe S. 147 und 151).

## Meister des Rohrdorfer Altars, Johannes auf Patmos, um 1480

*Das Gemälde „Johannes auf Patmos" (Öl auf Holz) ist ebenso wie die Reste des Rohrdorfer Marienaltars in der Staatsgalerie Stuttgart zu sehen.*

Darstellungen des Apostels Johannes auf Patmos zeigen meist einen Greis. Der mittelalterliche schwäbische „Meister des Rohrdorfer Altars" jedoch malte ihn jung und bartlos wie zu Lebzeiten Jesu. Auch die Vision, auf die der pausbäckige Jüngling im roten Gewand gläubig blickt, ist keines der Schreckensbilder der Apokalypse, sondern die Gottesmutter Maria mit Kind.

### *Offenbarung auf Patmos*

Die Offenbarung des Johannes, auch Apokalypse genannt, ist das letzte und rätselhafteste Buch des Neuen Testaments. Kirchenhistoriker gehen davon aus, dass es frühestens Ende des 1. Jahrhunderts n. Chr., wahrscheinlicher aber im zweiten Jahrhundert entstanden ist. Im Vorwort erklärt der Verfasser, dass er Johannes heiße und seine Vision auf der Insel Patmos in der östlichen Ägäis empfangen habe. In der kirchlichen Tradition geht man deshalb davon aus, dass es sich um den Apostel und Evangelisten Johannes handelt. Denn er ist nach Informationen von Irenäus von Lyon erst während der Regierungszeit des Kaisers Trajan (98–117) gestorben. Da der Verfasser der Offenbarung in seinem Vorwort sagt, er sei wegen seines Zeugnisses für Christus auf Patmos, könnte das Buch während der Christenverfolgungen unter Kaiser Domitian (81–96) entstanden sein. Johannes wendet sich in dem Text an die Mitglieder von sieben christlichen Gemeinden in Asien (Ephesus, Smyrna, Pergamon, Thyatira, Sardes, Philadelphia und Laodicza).

### *Begegnung mit dem „Menschensohn"*

Johannes berichtet den Christen dieser Gemeinden, dass er eines Sonntags in eine Entrückung verfallen sei. Er habe eine Stimme gehört, die gewaltig wie eine Posaune war und ihn aufforderte, niederzuschreiben, was er sehe, und es an die sieben Gemeinden zu schicken. Er habe sich nach der Stimme umgesehen, sieben Leuchter erblickt und inmitten der Leuchter einen, „der einem Menschensohn glich". Damit spielt Johannes auf Jesus an. Der „Menschensohn" trägt ein langes Gewand mit goldenem Gürtel. Kopf und Haare sind leuchtend hell, die Augen wie Feuerflammen, die Füße wie glühendes Erz und die Stimme wie das Rauschen von Wasser. In der Rechten hält er sieben Sterne und aus seinem Mund ragt ein zweischneidiges Schwert hervor. Er erklärt Johannes, er sei der Erste und der Letzte und der Lebendige. Er sei tot gewesen, nun lebe er in Ewigkeit und habe die Schlüssel des Todes in seiner Gewalt. Dann beginnt er, Johannes Botschaften an „die Engel" der sieben Gemeinden zu diktieren. Als er fertig ist, wird Johannes in den Himmel entrückt und sieht „einen, der auf einem Thron sitzt". Damit beginnt die eigentliche Vision. Sie dreht sich um die Ereignisse, die dem Ende der Welt vorausgehen sollen.

### *Umstrittenes Buch*

Einige Kirchenväter erkannten die Offenbarung des Johannes nicht an. Andere wurden von den rätselhaften Prophezeiungen regelrecht in den Bann geschlagen. Immer wieder haben einzelne Personen und Gruppen im Verlauf der Geschichte versucht, zeitgenössische Ereignisse mit den Offenbarungen in Einklang zu bringen und daraus abzulesen, wie nahe das Weltende sei und welche Schrecken als Nächstes zu erwarten seien. Eine besondere Rolle spielte dabei meist der Antichrist, der in der Offenbarung allerdings überhaupt nicht auftaucht, sondern aus den Briefen des Johannes stammt. Er ist der große Gegenspieler Christi, der kurz vor dem Weltende erscheinen soll.

# Vier Reiter bringen Verderben

## Albrecht Dürer, Die apokalyptischen Reiter, 1498

Das nahende Ende des 15. Jahrhunderts erfüllte seinerzeit viele Menschen mit Angst und Besorgnis. Das deutsche Reich war politisch instabil. Die Kirche verlor durch den Prunk und die Verschwendungssucht ihrer Würdenträger an Autorität. Auch die Willkür der Fürsten nahm bedenklich zu und führte immer wieder zu Aufständen der Bauern, die blutig niedergeschlagen wurden. Die runde Jahreszahl der Jahrhundertwende von 1500 wurde zu einem bedrohlichen Weltuntergangsszenario hochstilisiert. In dieser Situation schuf Albrecht Dürer eine Serie von Holzschnitten, die bekannteste Darstellung daraus ist die der vier apokalyptischen Reiter.

### *Der Schrecken steigert sich*

Die Schrecken der Apokalypse beginnen, nachdem Johannes im Himmel den erblickt, der auf dem Thron sitzt und „wie Jaspis und Sardisstein anzusehen ist". In seiner Rechten hält die göttliche Gestalt eine mit sieben Siegeln verschlossene Buchrolle. Niemand wagt, sie zu öffnen, bis ein Lamm erscheint, das sieben Hörner und sieben Augen hat und aussieht, als sei es geschlachtet worden. Nachdem die gesamte Schöpfung das Lamm gepriesen hat, beginnt dieses, die Siegel zu öffnen. Zunächst erscheint ein weißer Reiter mit einem Bogen und einem Kranz. Er zieht aus, Siege zu erringen. Im Mittelalter wurde dieser erste Reiter meist positiv gesehen. Beim Bruch des zweiten Siegels erscheint dann ein Reiter auf einem feuerroten Pferd mit einem großen Schwert. Ihm „wurde gewährt, den Frieden hinwegzunehmen von der Erde". Die Öffnung des dritten Siegels schließlich ruft einen Reiter auf einem schwarzen Pferd hervor, der eine Waage in der Hand hält und teure Preise für Weizen und Gerste ausruft. Als vierter Reiter erscheint der Tod auf einem fahlen Pferd, die ganze Unterwelt im Gefolge. Ihm, sagt die Offenbarung, sei die Macht gegeben, ein Viertel der Erdbevölkerung durch Schwert, Hunger, Pest und wilde Tiere zu töten.

### *Posaunen bringen neues Unheil*

Die vier Reiter erscheinen auf Bildern meist nebeneinander als höllische Invasion, die über die Erde hinwegfegt. Dabei ist die Reihenfolge ihres Auftretens durchaus logisch: Ehrgeiz und der Wunsch zu siegen führen zum Krieg, der wiederum führt zu Hungersnöten und alles zusammen schließlich zum Tod. Doch die vier Reiter sind zwar der Auftakt, aber lange nicht das Ende des Schreckens. Beim Bruch des fünften Siegels fordern die Märtyrer von Gott, ihr Blut zu rächen, und die Öffnung des sechsten bringt Naturkatastrophen mit sich. Beim siebten Siegel schließlich treten sieben Engel mit Posaunen auf. Der Schall jeder Posaune führt wieder zu neuem Unheil: Hagel, Feuer, vergiftetes Wasser, Verlöschen der Sterne, das Erscheinen eines dämonischen Heeres und dämonischer Reiterscharen sowie schließlich die Ankündigung eines Entscheidungskampfes zwischen Gott und seinen Widersachern.

### Dürers Bücher

**Albrecht Dürer war nicht nur ein großer Künstler, sondern auch ein geschäftstüchtiger Mann. Als erster deutscher Verleger hat er sich ein kaiserliches Privileg gesichert, das den unerlaubten Nachdruck seiner Werke unter Strafe stellte. So ausgerüstet, ließ er seine Holzschnittserien ab dem Jahr 1511 als Bücher drucken. Neben der bebilderten Apokalypse gab er „Die Große Passion", „Die Kleine Passion" und das „Marienleben" heraus, das von allen seinen Büchern das populärste war. Die Bücher wurden unter anderem von Dürers Frau auf Messen in ganz Deutschland verkauft. Dieser Weg der Verbreitung trug mit dazu bei, ihn auch international bekannt zu machen.**

*„Die apokalyptischen Reiter" ist einer von 15 Holzschnitten, die Albrecht Dürer (1471–1528) als Buchillustrationen zur Apokalypse des Johannes schuf. Ein Exemplar ist im Besitz der Staatlichen Graphischen Sammlung München.*

# Der Endkampf

## San Pietro al Monte, Michael besiegt den apokalyptischen Drachen, 11. Jh.

Der Teufel tritt in der Apokalypse in Gestalt eines Drachens mit sieben Köpfen und zehn Hörnern auf, er speit Feuer und ist gewaltig groß. Sein Schwanz fegt ein Drittel der Sterne vom Himmel und wirft sie auf die Erde. Dann bedroht er eine marienähnliche Frau, die auf dem Mond steht, mit der Sonne umkleidet ist und einen Kranz aus zwölf Sternen in den Haaren trägt. Diese Frau liegt in den Wehen und bringt ein Kind zur Welt, von dem es heißt, dass es die Völker lenken soll. Gott rettet das Kind, indem er es in den Himmel entrückt. Die Frau dagegen findet Zuflucht in der Wüste.

*Auch die Mönche der Benediktinerabtei San Pietro al Monte oberhalb des nordlombardischen Dorfes Civate scheinen sich mit der Apokalypse beschäftigt zu haben. Ende des 11. Jahrhunderts ließen sie ihre Kirche mit einem Freskenzyklus ausmalen, der mehrere Szenen aus der Apokalypse mit einem büßenden Papst und Heerscharen von Engeln kombiniert. Dabei durfte natürlich auch der Kampf zwischen dem Erzengel Michael und dem Teufel nicht fehlen.*

### Der Kampf beginnt

Danach beginnt ein großer Kampf. „Michael und seine Engel" kämpfen gegen den Drachen „und seine Engel". Diese Textstelle führte zu der Interpretation, dass der Teufel ein abtrünniger Engel namens Luzifer gewesen sein könne. Johannes erklärt weiter, dass dieser Drache die alte Schlange sei, die den ganzen Erdkreis verführt habe, sie würde auch die Namen Teufel und Satan tragen. Am Ende des erbitterten Kampfes stürzt Michael sie vom Himmel.

### Die Herrschaft der Tiere

Der Teufel ist damit aber nicht besiegt, er haust von nun an auf der Erde. Außerdem tritt ein Tier aus dem Meer, das ebenfalls sieben Köpfe mit Diademen und zehn Hörner hat. Es ist jedoch kein Drache, sondern gleicht vielmehr einem Panther mit Bärenfüßen und einem Löwenmaul. Der Drache verleiht dem Tier einen Thron. 42 Monate lang lästert es Gott, führt Kriege gegen die Heiligen und unterdrückt die ganze Erde. Zu seiner Hilfe kommt ein zweites Tier aus dem Meer, das zwei Hörner wie ein Lamm hat, aber wie ein Drache redet. Seine Aufgabe ist es, die Bewohner der Erde dazu zu verführen, das erste Tier anzubeten. Die beiden Tiere jedoch werden vom „Lamm" vernichtet. Eine Jesusgestalt führt auf einem weißen Pferd die Heerscharen des Himmels an, die ebenfalls auf weißen Pferden sitzen. Sie besiegen den Drachen, und ein Engel ergreift ihn, fesselt ihn mit einer Kette und wirft ihn in den Abgrund. Dann verschließt er den Abgrund und versiegelt ihn für 1000 Jahre. Am Ende des Tausendjährigen Reiches aber wird der Drache noch einmal auf die Erde kommen, um sie zu verführen und neue Scharen für einen Endkampf zu werben. Doch als sich die Bösen abermals zusammenrotten, sendet Gott Feuer vom Himmel und vernichtet sie. Der Drache Satan aber wird in einen Feuer- und Schwefelsee geworfen.

### Erzengel Michael

Der Erzengel Michael wird in der Bibel nur zweimal erwähnt: einmal in der Apokalypse und einmal im alttestamentarischen Buch Daniel, das ebenfalls apokalyptische Visionen enthält. Dort kämpft Daniel im Traum mit dem Engelfürsten des Perserreiches (Dan 10,13). Nach 21 Tagen kommt ihm der Engelfürst Michael zu Hilfe. In apokryphen Schriften aus der Zeit vor Jesus wie etwa dem Buch Henoch wird aus Daniels Engelfürsten dann einer von sieben Erzengeln und besonderer Schirmherr des Volkes Israel. Mit der Zeit wurden dann alle anonymen Engelserscheinungen in der Bibel, bei denen gekämpft wird, Michael zugeschrieben, wie etwa die Bewachung des Paradieses.

# Die große Abrechnung

## Stefan Lochner, Das Jüngste Gericht, um 1435

*Wie viele andere Werke von Stefan Lochner (um 1400–1451) befindet sich auch sein „Jüngstes Gericht" (Öl auf Eichenholz) im Kölner Wallraf-Richartz-Museum. Es entstammt dem Weltgerichtsaltar aus der Laurentiuskirche in Köln.*

Stefan Lochner ist der berühmteste Repräsentant mittelalterlicher Malkunst in Köln. Am Bodensee geboren, war er nachweisbar ab 1442 in der Domstadt tätig, lebte aber vermutlich schon früher dort. Sein „Jüngstes Gericht" gilt als ein frühes Hauptwerk des Meistermalers.

### *Die Toten werden lebendig*

Die Auferstehung der Toten beginnt in der Apokalypse (Offb 20,4 f.) während des Tausendjährigen Reiches, in dem der besiegte Satan in den Abgrund eingesperrt ist. Zunächst werden nur die Märtyrer, die für Jesus gestorben sind, wieder lebendig und treten mit ihm eine vorläufige Herrschaft an. Nachdem am Ende des Tausendjährigen Reiches Satan endgültig besiegt ist, treten alle Verstorbenen aus ihren Gräbern. „Das Meer gab die Toten heraus, die in ihm waren, und der Tod und die Unterwelt gaben die Toten, die in ihnen waren, zurück", schildert Johannes seine Vision. Er schreibt, er habe gesehen, wie ein mächtiger leuchtender Thron aufgerichtet worden sei und Bücher geöffnet wurden. Um den Thron hätten alle Toten, Groß und Klein, gestanden. Sie würden nun nach ihren Werken gerichtet, die in den Büchern verzeichnet seien. Die aber, die man nicht eingeschrieben fände in das Buch des Lebens, würden in einen Feuersee geworfen. Mehr Details zum Jüngsten Gericht gibt es in der Apokalypse nicht.

### *Die Rede Jesu*

Die Offenbarung des Johannes ist allerdings nicht die einzige Quelle zum Jüngsten Gericht. Auch Jesus kündigt in einer Rede im Matthäusevangelium dieses Gericht an (25,31 f.). Kurz vor seinem Tod sagt er, dass am Ende der Tage der Menschensohn mit all seiner Herrlichkeit kommen werde und alle Völker um seinen Thron versammle. Dann würden die Schafe von den Böcken geschieden. Den guten Schafen zu seiner Rechten aber werde er sagen: „Nehmt das Reich meines Vaters in Besitz." Denn sie hätten ihm zu essen gegeben, als er hungrig gewesen sei, zu trinken, als er dürstete, Herberge, als er fremd, und Kleidung, als er nackt war. Sogar im Gefängnis hätten sie ihn besucht. Jesus erzählt weiter, die Gerechten werden auf diese Eröffnung hin protestieren und erklären, nie hätten sie Derartiges getan. Der König aber wird ihnen sagen: „Was ihr einem meiner geringsten Brüder getan habt, das habt ihr mir getan." Danach werde der Menschensohn die zu seiner Linken verfluchen und sie in das ewige Feuer schicken, das dem Teufel und seinen Engeln bereitet sei. Ihnen wird er vorwerfen, ihm nicht geholfen zu haben. Auch sie, prophezeit Jesus, werden protestieren, und auch ihnen wird der Menschensohn vorhalten, dass sie ihm verweigert hätten, was sie dem Geringsten seiner Brüder nicht getan haben. Die Verfluchten aber, sagt Jesus, werden in die ewige Pein eingehen, die Gerechten in das ewige Leben.

### *Der Himmel auf Erden*

Auf Lochners Gemälde werden die Bösen rechts in einen Abgrund gezerrt, die Guten aber links durch ein Tor geleitet – in das Neue Jerusalem. Mit dieser Vision endet die Apokalypse. Der erste Himmel und die erste Erde werden vergehen und ein neuer Himmel und eine neue Erde entstehen. Die Herrlichkeit wird jedoch nicht irgendwo über den Wolken sein, sondern es wird „Gottes Zelt unter den Menschen" errichtet. Inmitten dieses „Himmelreichs auf Erden" aber entsteht eine glänzende Stadt, das neue Jerusalem, in dem Gott selbst residiert.

# Qualen in alle Ewigkeit

## Michelangelo, Das Jüngste Gericht, 1536–41

Nachdem Michelangelo das Deckenfresko in der Sixtinischen Kapelle 1512 beendet hatte (siehe S. 20), kam 1532 ein neuer Auftrag aus Rom, diesmal von Papst Clemens VII. Michelangelo sollte auch noch die Stirnwand der Kapelle bemalen – mit einer Darstellung des Jüngsten Gerichts. Als der Künstler sein 1536 begonnenes Werk 1541 nach fünf Jahren vollendet hatte, sahen sich die vatikanischen Würdenträger fast 400 unbekleideten, sich windenden Körpern gegenüber.

### *Apokalypse ohne Teufel*

Satan „und seine Engel" sind in der Bibel bereits vor dem Jüngsten Gericht gestürzt und in einen Feuersee geworfen worden. Wer nun die Verdammten beim Jüngsten Gericht ins Verderben geleitet, das bleibt unerwähnt. Johannes schreibt nur, auch sie würden in einen Feuersee geworfen. Eine Hölle, in der ein Teufel „regiert", wird nicht erwähnt. Im Gegenteil: Es heißt, dass Satan in seinem See in alle Ewigkeiten Qualen erleiden werde. Doch nicht nur Menschen und Teufel werden in diesen See geworfen, sondern auch der Tod und die Unterwelt – als seien sie Personen. Es wird also künftig weder Tod noch Totenreich geben. Der Feuersee nimmt alles Schlechte auf, das man nach dem Jüngsten Gericht „im neuen Himmel und auf der neuen Erde" nicht mehr brauchen kann. Johannes zeigt keinerlei Interesse daran, sich die schrecklichen Details auszumalen, stattdessen beschäftigt er sich lieber mit jeder Einzelheit des Himmlischen Jerusalem. Er betont allerdings auch mehrmals, dass die Menschen nach ihren Werken gerichtet werden. Die Feigen, die Treulosen, die Unheiligen, die Unzüchtigen, die Mörder, Zauberer, Götzendiener und Lügner würden in diesen See geworfen, der von Feuer und Schwefel brennt.

*Die Angst vor der Hölle ist Michelangelos (1475–1564) Figuren ins Gesicht geschrieben. Denn das Inferno lodert auf dem riesenhaften Gemälde „Das Jüngste Gericht" rechts unten in der Ecke. Dort stürzen die Verdammten teils dem Höllenschlund entgegen, teils werden sie von den Teufeln getrieben, gezerrt und getragen.*

### Dantes Inferno

Der Dichter und Philosoph Dante Alighieri (um 1265–1321) gilt als einer der geistigen Wegbereiter der Renaissance. In seiner 1320 erstmals erschienenen „Divina Commedia" (Göttliche Komödie) schildert er eine fantastische Reise durch die Hölle. Diese ist aus neun Ringen aufgebaut. Dante dringt immer tiefer in die innersten Kreise vor und erzählt detailliert, wen er dort antrifft und wie derjenige Sünder gequält wird. Dabei lässt er neben berühmten historischen Gestalten auch so manchen missliebigen Zeitgenossen in der Hölle schmoren. Sein Buch inspirierte zahlreiche Maler seiner Zeit und führte dazu, dass in der Renaissance eine Flut von Höllenbildern entstand.

### *Das Bild von der Hölle*

Höllenvorstellungen waren in der jüdischen Kultur ursprünglich unbekannt. Man glaubte zwar an das Totenreich Sheol, dorthin kamen aber gleichermaßen Gerechte wie Ungerechte. Erst ab dem zweiten vorchristlichen Jahrhundert wurden Höllenvorstellungen populärer. Dazu beigetragen hat eine Schrift über die Visionen des Henoch, die die Totenwelt als Ort beschreibt, wo Sünder schreckliche Strafen erleiden. Auch Jesus spricht immer wieder von der Hölle, einem Feuersee und dem Endgericht (Mt 25,31 f.). In den Schriften mancher Kirchenväter werden bereits sehr früh detaillierte Höllenvorstellungen entwickelt. Und auch in bildlichen Darstellungen tauchen früh geflügelte Teufel und andere Ungeheuer auf. Vermutlich wurden sie durch etruskische Grabmalereien des 5. Jahrhunderts v. Chr. inspiriert.

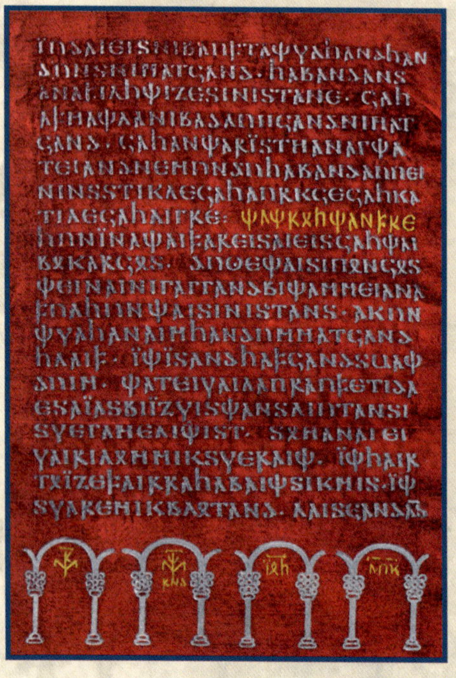

TERRA

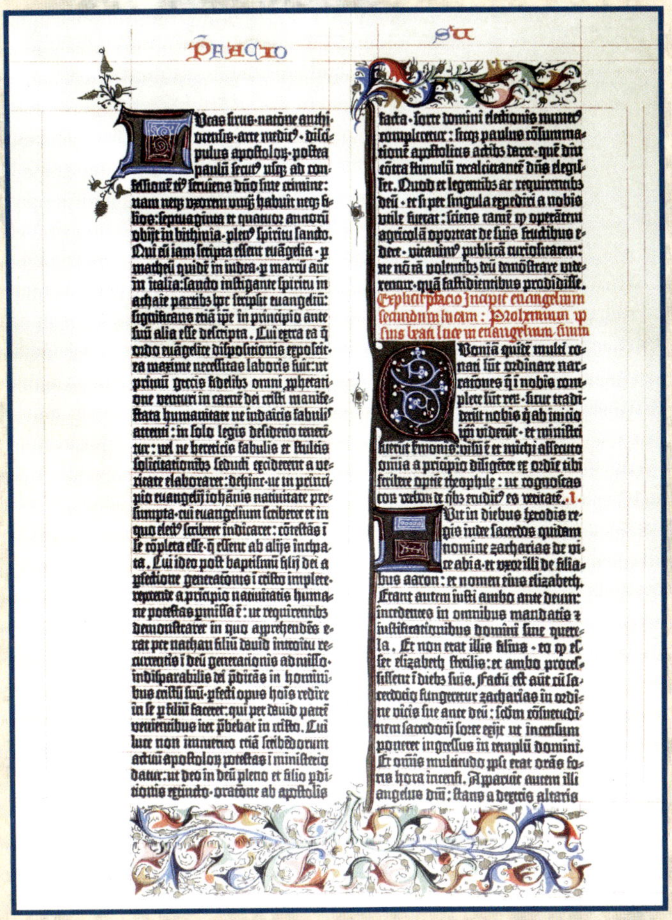

# ÜBERSETZUNGEN UND VERBREITUNG

# Die Sprachen der Bibel

## Codex purpureus Rossanensis, Einzug in Jerusalem, 6. Jh.

Die griechischen Buchstaben auf dem in kaiserlichem Purpur gefärbten Pergament muten fremd an. Und doch ist der „Codex purpureus Rossanensis" eine der ältesten erhaltenen Bibeln der Welt und in der Originalsprache des Neuen Testaments geschrieben. Die Evangelien, die Briefe der Apostel und die Apokalypse sind in Altgriechisch verfasst worden. Die Sprache des Alten Testaments dagegen ist das alte Hebräisch.

### *Das Alte Testament*

Ab dem 7. Jahrhundert v. Chr. übersetzte man die alttestamentarischen Texte dann auch ins Aramäische, die damalige Verkehrssprache des Nahen Ostens. Dies geschah zunächst nur mündlich. Erst in nachchristlicher Zeit wurden zwei schriftlich fixierte aramäische Übersetzungen von der jüdischen Priesterschaft als offizielle Bibeltexte anerkannt. Bereits ab etwa 300 v. Chr. übersetzten jüdische Gelehrte im ägyptischen Alexandria die Heilige Schrift der Juden, den Tanach, ins Griechische, da die ägyptischen Juden kaum noch Hebräisch sprachen. Diese Übersetzung wurde als Septuaginta (lateinisch: siebzig) bekannt, obwohl es der Legende nach 72 Gelehrte waren, die daran gearbeitet haben. Die Septuaginta war vor allen in den ersten christlichen Gemeinden in griechischsprachigen Städten wie Korinth oder Ephesos in Gebrauch.

### *Das Neue Testament*

Die Bücher des Neuen Testaments sind in ihren bekannten Fassungen alle bereits in Griechisch verfasst worden. Zwar wurde gelegentlich behauptet, es habe eine aramäische Urfassung des Matthäusevangeliums gegeben, aber Beweise dafür konnten bislang noch nicht erbracht werden. Die griechische Sprache wurde durch die Eroberungszüge Alexanders des Großen Ende des 4. Jahrhunderts v. Chr. im gesamten östlichen Mittelmeerraum bis nach Mittelasien verbreitet. In der gesellschaftlichen Oberschicht dieser Zeit und in gebildeten Kreisen löste es das Aramäische als Verkehrssprache ab. Inwieweit allerdings auch einfache Leute wie Jesus und seine Jünger Griechisch beherrschten oder sogar selbst sprachen, ist unklar. Die ersten Christen nicht jüdischer Herkunft in Syrien, Anatolien und auf den griechischen Inseln sprachen jedenfalls überwiegend Griechisch. Die frühen Übersetzungen der Bibel entstanden dann in Rom und anderen lateinischsprachigen Teilen des römischen Reiches. Die erste offizielle, vollständige und wissenschaftlich fundierte Übersetzung der Heiligen Schrift war die „Vulgata" des heiligen Hieronymus aus dem 4. Jahrhundert. Während die jungen Kirchen des Ostens in Armenien, Georgien und Äthiopien und ab dem 9. Jahrhundert auch die slawischen Kirchen die Bibel schnell in ihre eigenen Sprachen übersetzen, blieben Übersetzungen in der Westkirche die Ausnahme und bekamen keinen offiziellen Status. Bis in die Zeit Luthers blieb Latein die offizielle Amtssprache der Kirche, und so wurde auch die Bibel nur lateinisch überliefert.

### *Die Sprache Jesu*

**Die Sprache, in der sich Jesus und seine Jünger unterhielten, war Aramäisch. Das belegen einzelne Worte, die Eingang in die Evangelien fanden, wie etwa „Abba" (Vater). Die Aramäer waren ein semitischer Volksstamm, dessen Angehörige im 10. Jahrhundert v. Chr. an verschiedene Orte des assyrischen Großreiches deportiert wurden. Da die Aramäer aber bereits ein „modernes" Konsonantenalphabet zum Schreiben nutzten, verbreitete sich ihre Sprache schnell im gesamten Nahen Osten. Ab dem babylonischen Exil im 6. Jahrhundert v. Chr. begann es auch das Hebräische zu verdrängen, das zur Zeit Jesu kaum noch in der Bevölkerung gesprochen wurde.**

*Der Codex purpureus Rossanensis ist eines der ältesten illustrierten Bücher. Er entstand wahrscheinlich im 6. Jahrhundert n. Chr. in Syrien oder Palästina und wurde im 7. Jahrhundert nach Italien gebracht. Heute befindet er sich im Diözesanmuseum von Rossano in Kalabrien.*

# Die Vulgata

## Antonello da Messina, Der heilige Hieronymus im Gehäuse, um 1475

*Antonello da Messina (um 1429/30–1479) malte am liebsten Porträts. Am Gemälde des „Heiligen Hieronymus" (Öl auf Holz) hat ihn wahrscheinlich weniger die inhaltliche Auseinandersetzung mit dem dargestellten Thema als vielmehr die Perspektive des Zimmers gereizt. Das Bild ist heute in der National Gallery in London zu sehen.*

Der heilige Hieronymus wird zusammen mit den Bischöfen Augustinus und Ambrosius sowie Papst Gregor I. als einer der großen Lehrer der christlichen Kirche des Westens angesehen. Auf Darstellungen, die alle vier zeigen, wird er gern als bärtiger alter Eremit dargestellt, manchmal im Mönchsgewand, mit Totenschädel oder einem Löwen als Begleiter. Tatsächlich jedoch war er vor allem Gelehrter. Als Eremit in Syrien lebte er nur für kurze Zeit im Alter von etwa 30 Jahren. Trotzdem hat ihn kaum ein Maler in einem so feudalen Arbeitszimmer dargestellt wie Antonello da Messina.

### *Rückkehr zu den Wurzeln*

Hieronymus galt als der gelehrteste aller Kirchenlehrer – vor allem, was Sprachen anging. Er beherrschte nicht nur Latein und Griechisch, sondern auch Hebräisch. Er wurde im Jahr 382 Sekretär des Papstes Damasus I., der ihn beauftragte, eine ordentliche Bibelübersetzung in zeitgemäßem Latein zu verfassen. Zu diesem Zeitpunkt existierten mehrere, aber meist unvollständige Übersetzungen, darüber hinaus waren sie in einem altertümlichen Latein verfasst und ihr Inhalt wich an vielen Stellen teils erheblich voneinander ab. In der Fachwelt werden diese Texte heute als Vetus Latina oder Itala bezeichnet. Hieronymus übersetzte zunächst das Neue Testament aus alten griechischen Quellen und begann dann, sich Teile der Septuaginta, der griechischen Übersetzung des Alten Testaments, vorzunehmen. 384 jedoch starb Papst Damasus. Hieronymus, ein streitbarer Geistlicher, hatte die Lebensweise von vielen römischen Klerikern offen missbilligt und wurde jetzt beschuldigt, ein intimes Verhältnis mit seiner Vertrauten Paula, einer reichen Witwe, zu haben. 385 verließ er mit einigen Freunden, darunter auch Paula und ihrer Tochter, Rom und ließ sich schließlich in Bethlehem nieder. Hier gründete er mehrere Klöster und übersetzte von 390 bis 405 das Alte Testament. Diesmal aber verwendete er hierbei das hebräische Original als Vorlage, obwohl ihn andere Gelehrte, darunter auch der heilige Augustinus, drängten, die Septuaginta zu benutzen.

### *Nicht perfekt*

Hieronymus' Bibelübersetzung wurde als Vulgata bekannt, weil sie in „vulgärem", das hieß damals „gebräuchlichem" Latein geschrieben war. Viele Christen lehnten anfangs die neue Übersetzung ab und beklagten sich, dass ihnen die vermeintlich vertrauten Texte plötzlich fremd vorkamen – ein Phänomen, das es auch später immer wieder gab, etwa bei der Modernisierung der Lutherbibel. Die Psalmen übersetzte Hieronymus nur für seine eigenen Studienzwecke, nahm sie aber in seine Bibelausgabe in der vertrauten Fassung auf. Mit der Zeit wurde die Vulgata die anerkannte Bibel. Luther ging später hart mit Hieronymus ins Gericht, da ihm einige Fehler und Ungenauigkeiten bei der Übersetzung unterlaufen waren. So unter anderem, als er aus „jungen Frauen" in seinem Text „Jungfrauen" machte und damit Anteil an der späteren Leibfeindlichkeit des Katholizismus hatte. In der katholischen Kirche dauerte es bis 1900, um die Vulgata einer kritischeren Betrachtung zu unterziehen.

### *Wer war Hieronymus?*

**Eusebius Sophronius Hieronymus wurde 347 als Sohn wohlhabender Eltern in Dalmatien geboren. Seine Eltern schickten ihn schon früh zum Studium bei einem berühmten Gelehrten nach Rom. Danach begab er sich auf Reisen, fand zunehmend Interesse an der Theologie und ließ sich schließlich im Nahen Osten als Eremit nieder, wo er die hebräische Sprache erlernte. Im Alter von 32 Jahren wurde er zum Priester geweiht. Nachdem er seine geistliche Tätigkeit in Rom fortsetzte, starb er 420 in Bethlehem.**

# Ein Buch für die Goten

## Codex argenteus, Abschrift der Wulfilabibel, um 500

*Die genaue Geschichte des Codex argenteus kennt man nicht. Kaiser Rudolf II. (1552–1612) bewahrte ihn jedenfalls in der Prager Burg auf, wo ihn im Dreißigjährigen Krieg die Schweden raubten. Deshalb befindet er sich heute in der Universitätsbibliothek von Uppsala.*

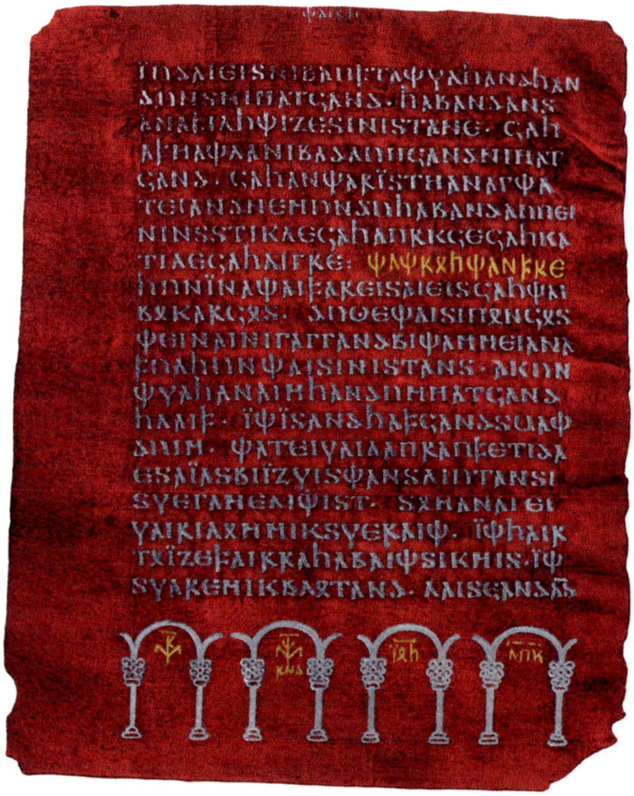

Der Name Codex argenteus ist eigentlich irreführend, denn das „silberne Buch" besteht aus kostbarem purpurroten Pergament, das mit silberner und goldener Tinte beschrieben ist. Seinen Namen verdankt es einem silbernen Einband, den es in späterer Zeit bekommen hat. Doch nicht sein Material macht es so wertvoll. Der Codex ist die umfangreichste, wenn auch nicht vollständige Abschrift der gotischen Wulfilabibel, der ersten Bibel in einer germanischen Sprache. Er wurde vermutlich um 500 in Norditalien angefertigt, vermutlich für Theoderich den Großen.

### *Das Vaterunser nach Wulfila*

**atta unsar πu ïn himina (Vater unser, du im Himmel), weihnai namo πein (geweiht dein Name), qimai πiudi nassus πeins (komme dein Königreich), wairπai wilja πeins (werde dein Wille), swe ïn himina jah ana airπai (so im Himmel und auf der Erde), hlaif unsarana πana sin teinan gif uns himma daga (unseren Laib, den täglichen, gib uns diesen Tag), jah aflet uns πatei skulans (und vergib uns, seiend Schuldner), sijai ma swaswe jah weis afletam πai skulam unsaraim (so wie auch wir vergeben den unsere Schuldner seienden), jah ni brig gais uns ïn fraistubnjai (und bring uns nicht in Versuchung), ak lau sei uns af πamma ubilin (sondern löse uns von dem Übel), unte πeina ïst πiudangardi (denn dein ist das Königreich) jah mahs (und die Macht) jah wulπus ïn aiwins (und die Herrlichkeit in Ewigkeit). Amen.**

### *Wer war Wulfila?*

Der Übersetzer dieses Buches, Bischof Wulfila, lebte etwa von 313 bis 383 n. Chr. Die Vorfahren seiner Mutter sollen von den Goten aus Kappadokien verschleppt worden sein, und sein Vater war wahrscheinlich entweder Gote oder Römer. Sicher ist, dass Wulfila sowohl Gotisch als auch Griechisch sprach und deshalb im oströmischen Reich als Dolmetscher und auch Diplomat tätig war. 341 beschloss er, Priester zu werden und als Missionar bei den Goten zu wirken. Und da er seinen Gemeinden den neuen Glauben noch näherbringen wollte, beschloss er um 340, die Heilige Schrift ins Gotische zu übersetzen, damit sie auch von allen verstanden werden konnte. Dabei ergaben sich aber eine Reihe von Problemen. Zum einen hatten die Goten keine richtige Schrift. Sie verwendeten ihre Schriftzeichen, sogenannte Runen, nur für in Stein gemeißelte Weiheinschriften. Zum anderen umfasste der Wortschatz der Goten nur die Dinge, die mit ihrer einfachen, bäuerlich-kriegerischen Lebensweise zu tun hatten. Für viele Dinge, aber auch Gedanken, die in der Bibel vorkamen, gab es im Gotischen gar keine Begriffe.

### *Der Pionier der deutschen Sprache*

Bischof Wulfila machte sich daran, zuerst einmal ein gotisches Alphabet zu schaffen. Er veränderte 16 Runen so, dass man sie besser schreiben konnte, und ergänzte sie mit zehn Buchstaben aus dem Griechischen. Damit schuf er die erste germanische Schriftsprache. Bei seiner Übersetzung suchte er dann für die vielen unbekannten Begriffe gotische Entsprechungen. So übersetzte er „Erlösen" mit „genasjan" (genesen). Für das Verhältnis zwischen Gott und den Gläubigen griff er auf germanische Vorstellungen von Treue und gegenseitiger Verpflichtung zurück. Sprachforscher bescheinigen ihm eine kühne, aber psychologisch einfühlsame Übersetzung. Für viele Begriffe schuf er neue Wörter. So gehen zahlreiche der religiösen Begriffe im Deutschen auf Wulfila zurück und haben griechische Wurzeln, beispielsweise „Kirche" (von griechisch: kyriake = dem Herrn gehörig) oder „Bischof" (von griechisch: episcopos = Aufseher). Einige Teile des Alten Testaments wie die Bücher der Könige übersetzte Wulfila übrigens nicht.

# Die Inseln der Gelehrsamkeit

## Eadwine-Psalter, Schreibender Mönch, um 1155–70

Der Eadwine-Psalter aus Canterbury gehört zu den interessantesten Handschriften des Mittelalters. Dies liegt nicht nur daran, dass er Übersetzungen der Psalmen in Altenglisch und Altfranzösisch enthält, sondern auch 400 Illustrationen. Im Gegensatz zu anderen Handschriften ist er nicht nach seinem Auftraggeber benannt, sondern nach dem Schreiber.

### *Verbindung von Religion und Buch*

Mit der Christianisierung gelangte die Bibel zu Völkern, für die Bücher bislang keine Rolle gespielt hatten, etwa zu den westeuropäischen Kelten und Germanen. Zwar benutzte der Frankenkönig Chlodwig im 5. Jahrhundert n. Chr. die noch verbliebenen Relikte der römischen Verwaltung für sein Reich, doch die Gelehrtentradition der untergegangenen Antike interessierte ihn nicht. Eine ganz andere Bedeutung maß er dagegen der Bibel zu. Etwa um 500 ließ sich Chlodwig taufen und förderte bewusst die Missionierung gerade der entlegenen Teile des Frankenreiches, weil er hoffte, diese Gebiete dadurch besser integrieren zu können. Das Christentum war seit seinen frühesten Ursprüngen eine „Schriftreligion", die sich an Texten, nicht an mündlichen Überlieferungen orientierte. Auch die irischen und britischen Mönche, die – von Chlodwig ins Land gerufen – Westeuropa missionierten, hielten an dieser Tradition fest. Als Stützpunkte ihrer Missionsarbeit gründeten sie Klöster, zu denen unter anderem auch Schreibstuben gehörten. Da es bis ins Spätmittelalter kaum weltliche Schreibstuben gab, übernahmen diese Institutionen aber auch profane Schreibaufgaben und bildeten weltliche Schreiber aus. So wurde die antike Gelehrtentradition nicht von Laien, sondern von Mönchen wiederentdeckt.

### *Ein neues Geschäftsfeld*

Die Schreibstuben der Klöster dienten in erster Linie dazu, den eigenen Bedarf zu decken. Man kopierte Texte, die man für Andachten und Messen benötigte, oder Schriften, die einzelne Mönche studieren wollten. Die Klöster standen dabei in reger Verbindung und tauschten Schriften auch untereinander aus. Einige Schreibstuben begannen, sich mit besonders kostbar gestalteten Büchern einen Namen zu machen, und entwickelten das Kopieren von biblischen und anderen Texten regelrecht zu einer neuen Einnahmequelle. Damit Aufträge schnell erledigt werden konnten, arbeiteten mehrere Mönche gleichzeitig an einem Buch. Bei besonders wertvollen Werken wurden die Initialen und farbig hervorgehobene Rubriken wie Überschriften oder Nummerierungen von spezialisierten Schreibern, sogenannten Rubrikatoren, eingetragen. Die Bilder und Schmuckleisten gestalteten geschulte Buchmaler. Etwa ab dem 13. Jahrhundert befanden sich unter diesen Künstlern zunehmend auch Laien, die als „freie Mitarbeiter" für die klösterlichen Skriptorien arbeiteten. Buchmalereien werden auch Miniaturen genannt – nicht etwa, weil diese so klein ausfielen, sondern weil man ursprünglich vor allem Mennige, einen zinnoberroten Farbstoff, dafür verwendete.

### *Die karolingische Renaissance*

Karl der Große (748–814) trägt seinen Beinamen auch deshalb, weil er als erster Frankenherrscher den Wert der Klöster und ihrer Schreibstuben erkannte. Er benötigte sie vor allem für eine neue einheitliche Verwaltung, die er in dem riesigen Frankenreich einführte. Obwohl er selbst, so die Überlieferung, erst in hohem Alter das Schreiben erlernte, versammelte er Gelehrte, wie den Angelsachsen Alkuin, aus ganz Europa um sich und ließ für die damalige Zeit eine äußerst reichhaltige Bibliothek zusammentragen. Karls Bemühen ging sogar so weit, dass er Alkuin eine neue einheitliche und praktische, aber dennoch repräsentative Schreibschrift, die karolingische Minuskel, entwerfen ließ.

*Der Mönch Eadwine von Canterbury benutzte beide Hände zum Schreiben. Vermutlich diente eines der beiden Werkzeuge für Markierungen. Das von Eadwine geschriebene Psalterium ist heute im Besitz des Trinity College in Cambridge.*

# Prunkvolle Evangelienbücher

## Echternacher Evangeliar, Prachteinband, um 1030 (Einband um 985–91)

Bücher waren im Mittelalter ein wertvolles Gut, da sie von Hand kopiert werden mussten und das Schreibmaterial zudem recht teuer war. Viele Herrscher schenkten Bistümern oder Abteien, vor allem ihren eigenen Gründungen, gern besonders wertvolle Evangeliare. Während Psalter oder Breviere, die den Namen eines Herrschers tragen, meist auch deren persönliche Gebetbücher waren, war etwa das Evangeliar Heinrichs des Löwen ein Geschenk an die Kirche seiner neu erbauten Residenz in Braunschweig. Das reiche Benediktinerkloster in Echternach, das über eine der berühmtesten Schreibstuben des 11. Jahrhunderts verfügte, leistete sich ein solches Prachtexemplar für den eigenen Gebrauch (siehe S. 14).

### *Nur für Feiertage*

Die meisten „Bibeln" des Mittelalters waren keine vollständigen Ausgaben. Solange Bücher noch handschriftlich vervielfältigt wurden, schrieb man selten die gesamte Bibel ab. Die meisten Abschriften waren entweder Evangeliare mit den vier Evangelien oder Psalterien mit den alttestamentarischen Psalmen. Die Evangeliare enthielten häufig auch nicht die fortlaufenden Evangelientexte, sondern nur die sogenannten Perikopen, die Stellen, die während des Kirchenjahres in den Gottesdiensten vorgelesen wurden. In den meisten Evangelienbüchern wurden diese Abschnitte mit farbigen Rubriken gekennzeichnet. Oft stehen auch Kanontafeln am Anfang, Verzeichnisse der in den Gottesdiensten verwendeten Stellen. Diese Listen sind oft, so auch im Echternacher Evangeliar, in eine gemalte Architektur eingefügt. Trotz dieser praktischen Elemente wurden die wertvollen Evangeliare nicht für die tägliche Messe verwendet, sondern nur an besonders hohen Feiertagen benutzt.

### *Verborgene Botschaft*

An den Texten der Evangelien konnte man natürlich nichts verändern. Umso mehr versuchten manche Auftraggeber, „ihren" Evangeliaren durch eine kunstvolle Ausstattung eine besondere Note und Aussagekraft zu verleihen. So werden viele Evangeliare von einem Widmungstext und einer Widmungsmalerei eingeleitet. Das Evangeliar Ottos III. etwa zeigt den jungen Kaiser auf seinem Thron, und vier Frauengestalten mit den Namen „Slavia", „Germania", „Gallia" und „Roma" überbringen ihm symbolträchtig Huldigungsgeschenke. Heinrich der Löwe und seine Frau Mathilde übergeben ihr Evangeliar auf dem Widmungsblatt den beiden Braunschweiger Bistumsheiligen persönlich, die ihnen dafür dankbar die Hand reichen. Ein anderes Motiv, das in den Bildern dieses Evangeliars häufig wiederkehrt und den beiden Stiftern wohl besonders am Herzen lag, sind Braut und Bräutigam aus dem Hohenlied der Liebe im Alten Testament. Die Mönche des Klosters Echternach dagegen haben für ihre Bibel besonders ausgiebige Bildtafeln zu biblischen Lehrstücken gemalt. Das Gleichnis von den bösen Winzern ist mit gleich sechs Bildern auf einer Doppelseite illustriert. Auch die anderen Bildtafeln sind meist dreigeteilt, um mehr Motive unterbringen zu können.

### *Die Bibel im Gottesdienst*

**Die Lesungen und Evangelien in den Gottesdiensten werden auch heute fast nie aus der Bibel vorgetragen, sondern aus sogenannten Messbüchern oder Lektionaren, in denen die liturgisch vorgeschriebenen Texte des Kirchenjahrs in der richtigen Reihenfolge stehen. Die Festlegung, welche Texte an welchen Tagen gelesen werden sollen, begann schon im 5. Jahrhundert n. Chr. Auch heute noch gibt es sowohl in der evangelischen als auch in der katholischen Kirche eine Perikopenordnung. In der katholischen Kirche gibt es drei verschiedene Lesejahre, in denen entweder das Evangelium nach Lukas, nach Markus oder Matthäus im Mittelpunkt steht.**

*Der wertvolle Einband für das Evangeliar wurde den Mönchen des Klosters Echternach schon vor der Erstellung des Buches von Kaiserin Theophanu und ihrem Sohn Otto III. gestiftet. Die Kreuzigungsszene in der Mitte ist aus Elfenbein geschnitzt.*

HINAZAREN
TERRA

# Die Gutenberg-Bibel

## Gutenberg-Bibel, 1452–54

*Von den vermuteten 180 Bibeln, die Johannes Gutenberg (um 1400–1468) druckte, sind heute noch 48 erhalten. Der Wert eines solchen Buches wird auf mindestens fünf Millionen Euro geschätzt.*

Die erste gedruckte Bibel war 1282 Seiten stark, in zwei Bänden gebunden und kostete 300 Gulden. Dafür musste ein normaler Bürger rund drei Jahre lang arbeiten. Zuvor hatte es allerdings ausschließlich handgeschriebene Bibeln gegeben, die nur für die Vertreter des Adels erschwinglich waren. Doch auch das aufstrebende Bürgertum wollte die Heilige Schrift lesen. Bereits 70 Jahre, nachdem Gutenberg seine ersten Exemplare verkauft hatte, besaßen schätzungsweise ein Drittel aller Lesekundigen in Deutschland eine Bibel.

### *Grundlegende Revolution*

Man weiß nicht exakt, wann Johannes Gutenberg beschloss, die Bibel zu drucken. Überhaupt weiß man nur relativ wenig über ihn. Er scheint zunächst als Goldschmied und Schreiber gearbeitet und um 1439 mit dem Drucken von einzelnen Blättern wie Ablasszetteln oder Andachtsblättern für Wallfahrten begonnen zu haben. Dabei, so vermutet man, hat er über viele Jahre an seiner neuartigen Drucktechnik gebastelt und gefeilt. Denn Gutenbergs Verdienst besteht nicht so sehr in der Idee, einzelne, bewegliche Lettern zum Drucken zu verwenden, sondern vielmehr darin, ein gesamtes Satzsystem zu schaffen, das auch funktionierte. So entwickelte er ein Gießgerät für seine Metalllettern, dazu eine passende Metallmischung sowie eine geeignete Druckfarbe. Da die übliche (Hand-)Schrift viel zu schnörkelreich für die Herstellung solcher Lettern war, vereinfachte er sie, achtete jedoch darauf, dass sie immer noch ästhetisch ansprechend war. Außerdem arbeitete er eine Weinpresse zu einer neuartigen Druckpresse um, da die bisherigen Verfahren in Verbindung mit Metalllettern kein gutes Druckbild ergeben hatten.

## *Die 36-zeilige Bibel*

**Die Gutenberg-Bibel wird in der Fachwelt auch als B42 bezeichnet, weil sie auf jeder Seite zwei Textblöcke mit je 42 Zeilen hat. Das unterscheidet sie von B36, der 36-zeiligen Bibel, von der nur ein Dutzend Exemplare erhalten sind. Sie entstand fast zur selben Zeit und hat im Druckbild eine große Ähnlichkeit mit der 42-zeiligen Ausgabe. Es gibt Historiker, die sie deshalb ebenfalls für ein Werk Gutenbergs halten und sogar meinen, sie sei früher als die 42-zeilige Bibel entstanden. Eine andere These besagt, dass sie um 1460 anhand der von Gutenberg entwickelten Technik von dessen Schüler Albrecht Pfister gedruckt wurde. Eine eindeutige Zuordnung aber konnte man bislang noch nicht vornehmen.**

### *Ein ehrgeiziges Projekt*

Johannes Gutenberg hatte bereits einige schmalere Lehrbücher gedruckt, bevor er sich um 1452 an das Projekt „Bibel" machte. Zur Finanzierung tat er sich mit dem Unternehmer Johannes Fust zusammen. Für die künstlerische Gestaltung verpflichtete er dessen späteren Schwiegersohn Peter Schöffer. Insgesamt waren etwa 20 Mitarbeiter in der Druckerei mit dem Druck der Bibel beschäftigt. Gutenberg fertigte von seiner ersten Bibel vermutlich 180 Exemplare. Rund 150 davon dürften auf Papier gedruckt worden sein, die übrigen auf das teure, aber edlere und haltbarere Pergament. Gedruckt wurden nur die schwarzen Buchstaben. Alle farbigen Verzierungen, Bilder und Initialen wurden noch von Hand eingefügt. Man wollte den Menschen, die Bücher bislang nur als prächtige Handschriften kannten, keine allzu nüchternen Drucke anbieten. Das Vorhaben muss sich als weitaus aufwändiger herausgestellt haben, als Gutenberg es anfangs eingeschätzt hatte, denn die Fertigstellung der Bibeln verzögerte sich und führte zu Finanzierungsproblemen. 1455 trennten sich Fust und Gutenberg im Streit. Die früher verbreitete Auffassung, Gutenberg sei danach ruiniert gewesen und als armer Mann gestorben, wird heute von Historikern allerdings angezweifelt.

# Die Lutherbibel

## Lucas Cranach der Ältere, Martin Luther, 1532

Martin Luther (1483–1546) ist ein vielfach porträtierter Mann. Dies ist unter anderem seiner Freundschaft zu dem sächsischen Hofmaler Lucas Cranach zu verdanken. Cranach bildete ihn gut ein dutzend Mal ab. Auf dem Porträt von 1532 ist Luther 48 Jahre alt, seit dem 13.6.1525 mit Katharina von Bora verheiratet und Vater von vier Kindern. Seine wichtigsten Schriften waren bereits geschrieben, die Reformation hatte sich in Sachsen durchgesetzt und große Teile der Bibel hatte er schon übersetzt.

*„In silentio et spe erit fortitudo vestra" („Im Schweigen und Hoffen sei Eure Stärke"), wünscht Lucas Cranach (1472–1553) seinem Freund Martin Luther auf dem Porträt, das heute im historischen Museum in Regensburg hängt. Bei diesem Ausspruch handelt es sich um ein Zitat des Propheten Jesaja (30,15).*

### *Auf der Wartburg*

Elf Jahre zuvor war die Situation noch eine ganz andere gewesen. Am 17. April 1521 war Martin Luther auf dem Reichstag zu Worms aufgefordert worden, seinen als ketzerisch erachteten Lehren abzuschwören. Er erklärte jedoch, er würde dies nur tun, wenn er durch die Heilige Schrift widerlegt werden würde. Eine Aufforderung, der seine Gegner nicht in der Lage waren nachzukommen. Auf dem Heimweg nach Wittenberg wurde Luther schließlich regelrecht entführt. Hinter diesem Plan steckte sein Gönner, Kurfürst Friedrich der Weise von Sachsen. Er ließ Luther zu seinem eigenen Schutz nach Eisenach auf die Wartburg bringen. Vier Tage später verhängte der Reichstag die Acht über den Reformator. Luther war nun vogelfrei und durfte von jedermann straflos getötet werden. Der Gejagte nutzte den Zwangsaufenthalt auf der Wartburg zu einem bedeutenden Werk: Er übersetzte die Bibel ins Deutsche.

### *Ein früher Bestseller*

Der Vorschlag hierzu stammte wahrscheinlich von seinem Freund und Mitstreiter Philipp Melanchthon. Luther machte sich im Herbst ans Werk, und es gelang ihm, in nur elf Wochen das gesamte Neue Testament zu übersetzen. Als Vorlage verwendete er nicht nur die traditionelle Vulgata, sondern auch eine griechische Version, die der Humanist Erasmus von Rotterdam erst einige Jahre zuvor textkritisch überarbeitet hatte. Als Luther Anfang 1522 mit seiner Arbeit fertig war, wurde seine Bibel sofort gedruckt und in großer Auflage verbreitet. Oft wird behauptet, Luther sei der Erste gewesen, der die Bibel ins Deutsche übersetzt habe. Doch das stimmt so nicht: Vor ihm gab es rund 70 verschiedene Übersetzungen, die jedoch nur in kleinem Rahmen benutzt wurden. Zwei grundlegende Aspekte trafen nun zusammen und trugen zum Erfolg der Lutherbibel bei: Luthers offene Rebellion gegen den Papst und dessen Anweisungen sowie die erst vor kurzem durch Gutenberg revolutionierte Drucktechnik, die erstmals eine massenhafte Verbreitung von Schriftstücken zuließ. Sie machte Martin Luther zum ersten Bestsellerautor der Geschichte. Man schätzt, dass seine Schriften, während er noch auf der Wartburg weilte, bereits in einer Auflage von einer halben Million Exemplaren zirkulierten. Seine Bibel wurde innerhalb weniger Jahre mehr als 100 000-mal gedruckt. 1534 hatte Luther auch alle Bücher des Alten Testaments übersetzt, woraufhin seine erste Gesamtausgabe der Bibel in sechs Bänden auf den Markt kam.

### *Die Sprache der Lutherbibel*

**Für den Erfolg seiner Bibel war ebenso ausschlaggebend, dass Luther bei seiner Übersetzung einen Ton traf, der die Menschen erreichte. Er formulierte kurz, prägnant und alltagsnah, aber dennoch rhetorisch und stilistisch ansprechend. Daneben versuchte Luther, Dialektausdrücke, die nicht allgemein verständlich waren, zu vermeiden – ein Unterfangen, das zu jener Zeit nicht gerade einfach war. Luthers Bibel hatte deshalb einen wesentlichen Anteil an der Entstehung einer gemeinsamen frühneuhochdeutschen Sprache.**

# Kanonisierung in Trient

## Speculum romanae magnificentiae, Konzil von Trient, 16. Jh.

*Die Sitzungen des Konzils von Trient erstreckten sich von 1545 bis 1563. Insgesamt nahmen 255 kirchliche Würdenträger teil, wie eindrucksvoll auf dem zeitgenössischen Kupferstich aus dem „Speculum romanae magnificentiae" zu sehen ist.*

Im Grunde genommen war die Kanonisierung der Bibel, das heißt die Festlegung ihres Inhalts, im 5. Jahrhundert bereits abgeschlossen. Aber man hielt es nicht für nötig, den Kanon offiziell festzuschreiben. Doch dann trat Martin Luther hinzu und überging schlichtweg einige Schriften aus dem Alten Testament.

### *Abgrenzung zum Protestantismus*

Aus diesem Grund rief Papst Paul III. 1545 die katholischen Würdenträger zu einem Konzil zusammen. Solche Zusammenkünfte hat es in der katholischen Kirche immer wieder gegeben, wenn die Kirche wichtige Entscheidungen verabschieden wollte. Im Jahr 1545 ging es in Trient um die Reaktion der katholischen Kirche auf die Reformation. Die zu diesem Anlass zusammengekommenen Bischöfe versuchten sich gegenüber der Lehre Luthers abzugrenzen. Es wurden Glaubensüberzeugungen festgeschrieben, in denen man Unterschiede zwischen der katholischen und der protestantischen Lehre deutlich machen wollte. Dazu gehörte beispielsweise die Überzeugung der katholischen Kirche, dass religiöse Wahrheiten nicht nur in der Bibel stehen, sondern sich auch aus der kirchlichen Tradition heraus oder durch Entscheidungen des Papstes begründen. Luther dagegen hatte betont, „sola scriptura" (lateinisch: „allein durch die Schrift") sei ein Maßstab. Ferner erklärte man den traditionellen Kanon der biblischen Bücher für verbindlich. Die Vulgata des Hieronymus wurde zur allein gültigen lateinischen Übersetzung der Bibel erklärt. Andererseits verabschiedeten die Bischöfe Reformen, um die Gläubigen erneut für den katholischen Glauben zu gewinnen. Das machtherrliche Gebaren vieler katholischer Würdenträger wurde durchaus kritisch gesehen und als negative Auswüchse verdammt. Man beschloss ferner, Priester angemessener auszubilden, den Laien die Sakramente besser verständlich zu machen – und nicht zuletzt die Kirchen zu bestuhlen.

### *Informationen aus Rom*

**In der Zeit von etwa 1520 bis 1650 war Rom die Hauptstadt der Drucker. Kunstdrucke aus Rom verklärten meist den Glanz und die Größe der Stadt und waren in ganz Europa begehrt. Zu den wichtigsten Druckern und Verlegern gehörte Antonio Lafrery (1512–1577), der aus Burgund stammte und sich in Rom niedergelassen hatte. Lafrery gab Kupferstichsammlungen mit dem Titel „Speculum romanae magnificentiae" („Ein Spiegel von der Pracht Roms") heraus. Ein Sonder-Kupferstich zum Konzil von Trient sollte den Laien vor Augen führen, wie es bei der Tagung der Bischöfe zuging.**

### *Die Unterschiede*

In der protestantischen Kirche dagegen wurde nie ein offizieller Kanon biblischer Bücher festgelegt, faktisch jedoch hielt man sich an Luthers Auswahl. Bezüglich des Neuen Testaments gibt es keine Unterschiede zum Katholizismus. Bei seiner Übersetzung des Alten Testaments orientierte sich Martin Luther allerdings am jüdischen Tanach. Deswegen fehlen in der protestantischen Bibel die Bücher Tobit und Judith sowie die beiden Makkabäer-Bücher, das Buch der Weisheit, Jesus Sirach, das Buch Baruch, der Brief des Jeremias sowie einige Teile der Bücher Daniel und Esther. Auch das Alte Testament der Ostkirche unterscheidet sich vom katholischen, es ist umfangreicher und enthält ein 3. Buch Esra und ein 3. und 4. Makkabäer-Buch sowie Zusätze im Buch Hiob und bei den Psalmen.

# Sensationsfund am Toten Meer

## Schriftrollen von Qumran, um 250 v. Chr.–68 n. Chr., entdeckt 1947

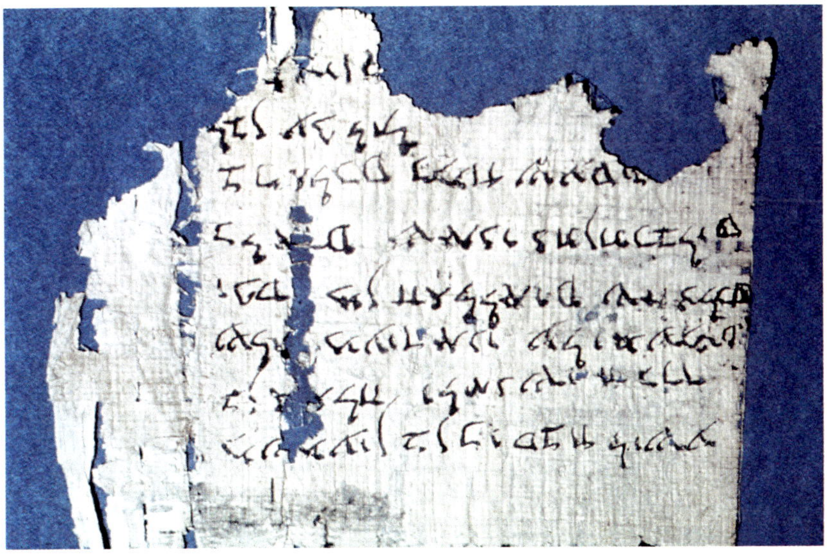

*In den Höhlen von Qumran am Toten Meer wurden zwischen 1947 und 1956 in Tonkrügen die Überreste von etwa 800 biblischen Texten gefunden: teils noch recht gut erhaltene Rollen, teils nur kleine Fetzen und Fragmente.*

1948 konnte ein syrisch-orthodoxer Geistlicher von Beduinen vier alte Schriftrollen mit religiösen Texten erwerben. Ein Ziegenhirte hatte sie ein Jahr zuvor zufällig in einer Höhle entdeckt. Inzwischen sind aus insgesamt elf Höhlen bei der Ruinensiedlung Qumran am Toten Meer etwa 850 Schriftrollen geborgen worden. Der Fund galt als Sensation und zahlreiche Gerüchte rankten sich um die Bedeutung dieser Schriften.

### *Eine bunte Sammlung*

Das Alter der Schriftrollen reicht vom 3. Jahrhundert v. Chr. bis etwa in das Jahr 68 n. Chr., in dem die Siedlung von Qumran von den Römern zerstört wurde. Die meisten Texte sind in hebräischen Dialekten verfasst, einige auch in Griechisch und Aramäisch. Knapp ein Drittel stammt aus dem Alten Testament. Viele davon sind mehrfach vorhanden, vor allem Abschriften der Psalmen. Besonders interessant ist ein fast vollständiges Jesaja-Manuskript. Es stammt von etwa 200 v. Chr. und ist damit erheblich älter als alle bisher bekannten Jesaja-Texte, aber nahezu identisch mit ihnen. Diese Erkenntnis gibt der Wissenschaft Gewissheit, dass die alttestamentarischen Texte über Jahrhunderte unverfälscht und sehr sorgfältig weitergegeben wurden. Das Interessanteste aber bildet eine Vielzahl von Texten, die nicht der offiziellen jüdischen Religion zuzuordnen sind, sondern von einer oder mehreren Sekten stammen und die die Tempelpriesterschaft zum Teil vehement angreifen. In vielen davon finden sich apokalyptische Vorstellungen, andere enthalten strenge Regeln für die auserwählte Gemeinschaft.

### *Die ältesten jüdischen Dokumente*

Über Jesus steht in keinem der Fragmente ein Wort. Möglicherweise stammt ein winziger Abschnitt aus einem Markusevangelium. Ein Teil der Texte lässt sich eindeutig in den Glauben der Sekte der Essener einordnen. Vielfach wird deshalb angenommen, dass die nahe gelegene Siedlung Qumran, in der etwa 100 Menschen lebten, ein spirituelles Zentrum der Essener war. Andererseits passen nicht alle Texte zu den Erkenntnissen, die über die Essener vorliegen. Möglicherweise hat es in Qumran auch eine kommerzielle Schreibwerkstatt gegeben, die diese Texte vervielfältigte. Die Höhlen könnten aber auch ein überregionales Versteck gewesen sein, in dem man Schriften während der Auseinandersetzung mit den Römern in Sicherheit brachte. Der Wissenschaft liefern die Funde wertvolle Einsichten, wie vielschichtig und zersplittert die jüdische Glaubenswelt zur Zeit Jesu war. Ferner befinden sich unter den gefundenen Texten die ältesten bislang überlieferten biblischen Originaldokumente.

### Die Essener

Die Essener waren eine jüdische gnostische Sekte, die Mitte des 2. Jahrhunderts v. Chr. entstand. Laut Flavius Josephus und Philo von Alexandria spielten sie vor der Eroberung Jerusalems durch die Römer im Jahr 80 eine bedeutende Rolle. Flavius schreibt, sie hätten sich von den Lebensfreuden „wie von einem Übel" abgewandt. Sie lebten in klosterähnlichen Gemeinschaften mit strengen Regeln und in Gütergemeinschaft. Dabei hielten sich die Mitglieder für die einzig wahren Gläubigen ihrer Zeit und erwarteten einen baldigen Weltuntergang. Eine große Rolle im Glauben der Essener spielte ein „Lehrer der Gerechtigkeit", hinter dem manche Jesus vermuten. Diese Interpretation findet aber in der Wissenschaft keine Zustimmung.

# Künstler mit abgebildeten Werken


**Altdorfer,** Albrecht 152
Handwaschung des Pilatus (um 1509–16)
**Amman,** Jost 75
Auszug der Juden aus der babylonischen Gefangenschaft (um 1570)
**Angelico,** Fra 99
Verkündigung (um 1430)
**Antonello da Messina** (Antonio di Giovanni d'Antonio) 179
Der heilige Hieronymus im Gehause (um 1475)

**Bachiacca** (Francesco Ubertini) 150
Christus vor Kaiphas (1535)
**Barocci,** Federigo (F. Fiori) 160
Christus und Magdalena (1590)
**Bassano,** Francesco der Jüngere 104
Die Anbetung der Hirten (um 1580)
**Bellini,** Giovanni 147
Gebet Christi im Garten Gethsemane (um 1465)
**Bloemaert,** Abraham 73
Landschaft mit dem Propheten Elias (1610)
**Bosch,** Hieronymus (Jheronimus van Aken) 138
Der verlorene Sohn (um 1510)
**Botticelli,** Sandro (Alessandro di Mariano Filipepi) 42, 78
Die Prüfungen des Moses (1481/82) 42
Rückkehr der Judith nach Betulia (um 1470) 79
**Bouts,** Dieric 46
Die Mannalese (1464–67) 47
**Bray,** Salomon de 55
Jael, Debora und Barak (1635)
**Bruegel,** Jan der Ältere 21
Das irdische Paradies (um 1608)
**Bruegel,** Pieter der Ältere 26, 101
Der Turmbau zu Babel (1563) 26
Die Volkszählung zu Bethlehem (1566) 101
**Bruyn,** Bartholomäus der Ältere 105
Die Anbetung der Könige (um 1515–20)

**Campin,** Robert 102
Die Geburt Christi (um 1425) 103
**Caravaggio** (Michelangelo Merisi) 161
Abendmahl in Emmaus (1601)
**Carolsfeld,** Julius Schnorr von 71
Salomo baut das Haus des Herrn (1860)
**Carracci,** Annibale 165, 170
Domine, quo vadis? (1601/02) 170
Steinigung des Stephanus (1605) 165
**Clerck,** Hendrick de 124
Speisung der Fünftausend (um 1590)
**Collier,** Edwaert 85
Vanitas-Stillleben (um 1680)
**Cornelius,** Peter von 144
Die fünf klugen und die fünf törichten Jungfrauen (1813–19)
**Cranach,** Lucas der Ältere 22, 84, 185
Adam und Eva (um 1513–15) 23
Der aussätzige Hiob wird von seiner Frau verspottet (1524) 84
Martin Luther (1532) 185
**Cranach,** Lucas der Jüngere 135
Der gute Hirte (1573)

**David,** Gerard 112
Die Taufe Jesu (um 1505)
**Delacroix,** Eugène 82
Vertreibung des Heliodor (1838)
**Dipre,** Nicolas 56
Gideon und die Schafwolle (um 1500) 57
**Doomer,** Lambert 60
François Wijnants und Alida Essingh als Elkana und Hanna, die Eli Samuel präsentieren (1668)
**Doré,** Gustave 37, 74
Jakob ringt mit dem Engel (1865) 37
Jehu lässt Isebel zum Fenster herabstürzen (1865) 74
**Duccio** di Buoninsegna 151
Christus vor Hannas (um 1308–11)
**Dujardin,** Karel 169
Paulus heilt den Lahmen in Lystra (1663)
**Dürer,** Albrecht 127, 172
Die apokalyptischen Reiter (1498) 172
Vier Apostel (1526) 127
**Dyck,** Anthonis van 51, 58
Die Erhöhung der ehernen Schlange (um 1618–20) 51
Samson und Delila (um 1618–20) 58

**Fendt,** Tobias 90
Die Vision Ezechiels (1565)
**Froment,** Nicolas 43
Moses und der brennende Dornbusch (1476)
**Führich,** Joseph 36
Jakob begegnet Rahel bei den Herden ihres Vaters (1836)
**Giotto di Bondone** 17, 34, 148
Der Judaskuss (um 1303–05) 149
Die Begegnung Joachims und Annas an der Goldenen Pforte (um 1303) 17
Die Zurückweisung Esaus (um 1290) 34
**Gogh,** Vincent van 122, 136
Der barmherzige Samariter (1890) 137
Sämann bei untergehender Sonne (1888) 122
**Greco,** El (Domínikos Theotokópoulos) 131, 142
Christus vertreibt die Wechsler aus dem Tempel (um 1600) 143
Die Heilung des Blinden (um 1570) 131

**Hemessen,** Jan van 120
Die Berufung des Matthäus (1536)

**Kauffmann,** Angelika 121
Christus und die Samariterin am Brunnen (1796)
**König,** Johann 35
Landschaft mit Jakobs Traum (um 1615)

**Leonardo da Vinci** 146
Das Abendmahl (1494–98)
**Lochner,** Stefan 174
Das Jüngste Gericht (um 1435)
**Lorrain,** Claude 32
Die Verstoßung der Hagar (1668)
**Luini,** Bernardino 113
Salome empfängt das Haupt Johannes des Täufers (um 1525–30)

**Martin,** John 44
Die siebte Plage (1823)
**Massys,** Jan 29
Lot und seine Töchter (1563)
**Meister der Lyversberger Passion** 158
Auferstehung Christi (um 1464) 159
**Meister des Rohrdorfer Altars** 171
Johannes auf Patmos (um 1480)
**Merian,** Matthäus der Ältere 66
Davids Tanz vor der Bundeslade (1625–27)
**Michelangelo** (M. Buonarroti) 20, 48, 62, 87, 175
Das Jüngste Gericht (1536–41) 175
David (1501–04) 63
Der Prophet Jesaja (um 1509) 87
Die Erschaffung Adams (1508–12) 20
Moses mit den Gesetzestafeln (um 1515) 48
**Morelli,** Domenico 86
Das Hohelied (1890)

**Murillo,** Bartolomé Esteban 33
Rebekka und Elieser am Brunnen (um 1665)

**Ouwater,** Aelbert van 133
Die Auferweckung des Lazarus (um 1450–60)

**Pontormo,** Jacopo da (J. Carucci) 100
Die Heimsuchung (um 1530)
**Poussin,** Nicolas 59, 70
Das Urteil des Salomon (1649) 70
Der Sommer oder Ruth und Boas (1660–64) 59

**Raffael** (Raffaello Santi) 50, 98, 110, 128, 157
Anbetung des Goldenen Kalbes (um 1515–18) 50
Die heilige Familie aus dem Hause Canigiani (um 1505/06) 110
Die Vermählung der Maria (1504) 98
Grablegung Christi (1507) 157
Jesu Verklärung (Transfiguration) (1516–20) 129
**Reni,** Guido 24
Kain und Abel (1. Hälfte des 17. Jh.)
**Rembrandt** (R. Harmenszoon van Rijn) 30, 41, 52, 67, 88, 92, 130, 166
Bathseba mit König Davids Brief (1654) 67
Christus und die Ehebrecherin (1644) 130
Der Prophet Bileam und die Eselin (1626) 53
Die Opferung Isaaks (1635) 31
Die Taufe des Kämmerers (1626) 166
Jakobssegen (1656) 41
Jeremias, über die Zerstörung Jerusalems trauernd (1630) 89
Susanna und die beiden Alten (1636) 92
**Romano,** Antoniazzo (Antonio di Benedetto Aquilio degli Aquili) 168
Apostel Paulus (15. Jh.)
**Rosa,** Salvator 65
Saul bei der Hexe zu Endor (1668)
**Rubens,** Peter Paul 107, 154, 167
Der bethlehemitische Kindermord (um 1638) 107
Die Bekehrung des Saulus zum Paulus (1601/02) 167
Kreuzigung (um 1606–10) 155
**Runge,** Philipp Otto 106
Die Ruhe auf der Flucht (1805–08)

**Schadow,** Wilhelm von 39
Joseph im Gefängnis (1817)
**Schwind,** Moritz von 139
Die Arbeiter im Weinberg (1835)

**Tiepolo,** Giovanni Battista 153
Kreuzweg Christi (1738–40)
**Tintoretto** (Jacopo Robusti) 38, 119
Gastmahl im Hause Simons (1562) 119
Joseph und die Frau des Potiphar (um 1544) 38
**Tissot,** James 116
Die Bergpredigt (1886–94) 117

**Uhde,** Fritz von 134
Lasset die Kindlein zu mir kommen (1884)

**Vermeer van Delft,** Jan 132
Christus bei Maria und Martha (um 1655)
**Veronese,** Paolo (P. Caliari) 28, 115, 118
Christus und der Hauptmann von Kafarnaum (um 1585) 118
Die Hochzeit zu Kana (um 1562/63) 115
Lot und seine Töchter fliehen aus Sodom (um 1585) 28
**Verrocchio,** Andrea del (A. di Michele Cioni) 76
Tobias und der Engel (um 1470–75) 77
**Viola,** Giovanni Battista 68
Landschaft mit Tod Absaloms (1620) 69
**Vredeman de Vries,** Hans 72
Salomo und die Königin von Saba (1601)

**Weyden,** Rogier van der 108, 156
Die Darbringung Jesu im Tempel (um 1455) 109
Kreuzabnahme Christi (um 1435–40) 156
**Witz,** Konrad 80, 163
Der wunderbare Fischzug (1444) 163
Esther vor Ahasver (um 1435) 80

**Zürcher Nelkenmeister (jüngerer),** (Hans Leu der Ältere) 164
Ausgießung des Heiligen Geistes (um 1490)

# Kodizes mit abgebildeten Illustrationen

**Bible de Saint-Jean d'Acre** 81
Illustrationen zum Buch der Makkabäer (1250–54)
**Brevier Ferdinands des Katholischen** 93
Jonas und der Wal (um 1515)
**Codex argenteus** 180
Abschrift der Wulfilabibel (um 500)
**Codex purpureus Rossanensis** 178
Einzug in Jerusalem (6. Jh.)
**Eadwine-Psalter** 181
Schreibender Mönch (um 1155–70)
**Echternacher Evangeliar** 14, 140, 182
Majestas Domini (um 1030) 15
Gleichnis vom reichen Prasser (um 1030) 140
Prachteinband (um 1030, Einband um 985–91) 183
**Ingeborg-Psalter** 96
Die Wurzel Jesse (um 1210) 97
**Perikopenbuch Heinrichs II**. 126
Schlüsselübergabe an Petrus (um 1007–12)
**Psalter der Königin Blanka** 162
Der ungläubige Thomas (um 1230)
**Psalter der Königin Mary** 111
Der zwölfjährige Jesus im Tempel (um 1310–20)
**Psalter des Heiligen Ludwig** 25, 54
Arche Noah (um 1260–70) 25
Der Kampf um Jericho (um 1260–70) 54
**Speyerer Evangeliar** 125
Jesus wandelt auf dem See Genezareth (um 1045)
**Vivian-Bibel Karls des Kahlen** 83
König David mit Musikanten (um 845)

# Stichwortregister


**A**
Aaron 43, 44, 46, 48, 50
Abdias 11
Abel 24
Abendmahl 12, 13, 46, 115, 124, 145–147, 156, 161, 170
Abimelech 56
Abraham 6, 11, 13, 27, 28, 30–33, 35, 43, 46, 60, 96, 118, 140, 145
Absalom 68
Adam 10, 13, 20–25, 59, 75, 96
Aggäus 11
Ahab 73, 74
Ahasveros 80
Altes Testament 6, 10–14, 16, 20, 22, 25, 27, 29, 44, 46, 49, 50, 54, 56, 64, 67, 71, 74, 80–82, 84, 86, 93, 96, 100, 107, 113, 116, 132, 141, 145, 154, 163, 178–180, 182, 185–187
Amalektiter 61, 62
Ammoniter 29
Amnon 68
Amos 11, 87, 96
Andreas 114, 127, 146, 162
Anna 17, 98, 110
Anna selbdritt 110
Antichrist 171
Antiochia 127, 167, 168
Antiochos IV., König 81
Apokalypse 12, 44, 126, 171–175, 178
apokalyptische Reiter 172
Apokryphen 17, 115, 173
Apostel, Attribute der 162
Apostelbriefe 10, 12, 132, 178
Apostelgeschichte 12, 127, 164, 169
apostolische Sukzession 169
Arche Noah 13, 25
Asaf 83
Ascher 36
Asenath 39, 41
Äskulapstab 51
Assisi 34
Assyrer 75, 76, 78, 87, 88, 136
Auferstehung Christi 6, 10, 13, 30, 128, 133, 156, 158, 161–164
Auferweckung des Lazarus 133
Augustus 101
Auszug aus Ägypten 11, 13, 42, 44–46
Ave Maria 99

**B**
Baal 30, 56, 73, 74
Baala 66
Baalskult 75
Babylon 26, 71, 75, 80, 90, 91, 127, 136
Babylonier 11, 75, 88, 90, 91, 105
babylonisches Exil 75, 83, 87, 90, 136
Balak 52
Balthasar 105
Barabbas 152
Barak 55
Barnabas 110, 168, 169
Bartholomäus 114, 146, 162
Bathseba 67, 68, 70, 83
Belsazar 91
Bemidbar 11
Ben-Ammi 29
Benjamin 36, 40, 41
Beor 52
Bereschit 11
Berg
– Ararat 25
– Horeb 43, 73
– Karmel 73
– Nebo 54
– Sinai 48, 50, 51, 66, 111, 113
– Tabor 128
Bergpredigt 116, 118, 165
Bernhard von Clairvaux 56
Bethanien 119, 132, 133
Bethel 35, 55
Bethlehem 59, 62, 101, 102, 104–107, 179
Bethsaida 68, 114, 131
Bethulia 78
Betuel 33
Bileam 52
Bilha 36
Boas 59, 61, 96
Buch
– Baruch 11, 186
– Daniel 11, 91, 92, 150, 173, 186
– der Könige 11, 70, 72, 74, 75, 180
– der Makkabäer 81, 82
– der Richter 11, 55, 58
– der Sprüche 11, 85
– der Weisheit 11, 85, 186
– der zwölf kleinen Propheten 93
– Deuteronomium 11, 29, 113, 156
– Esra 11, 75, 186
– Esther 11, 80, 186
– Exodus 11, 42, 46, 50, 60, 108
– Ezechiel 11, 90
– Genesis 11, 20, 21, 25–27, 29, 33, 35, 37, 38, 41, 59
– Hiob 11, 84, 85, 113, 186
– Jeremias 107
– Jesus Sirach 11, 85, 186
– Jonas 10, 93
– Josua 11, 54
– Judith 11, 17, 78, 186
– Kohelet 11, 85
– Leviticus 11, 64, 108
– Moses 11, 49, 51, 54, 84, 136, 163
– Nehemia 11, 75
– Numeri 11, 49, 52, 108
– Ruth 11, 59
– Samuel 11, 60–62, 64, 67, 100
– Tobit 17, 76, 186
Bundeslade 48, 54, 60, 61, 66, 71

**C**
Caspar 105
Chanaja 88
Chanukka 81
Charan 27, 33, 34, 36
Cherubim 14, 22, 66, 71, 90
Christenverfolgung 167, 170, 171
Christianisierung 181
Christus Pantokrator 12
Cimabue 34

**D**
Damaskuserlebnis 167
Dan 36, 41
Daniel 14, 87, 91, 92, 96, 173
Dante Alighieri 37, 148, 175
Darius 91
Darstellung des Herrn 108
David 6, 11, 13, 41, 58, 61, 62, 64–68, 70, 71, 83, 87, 96, 99, 101, 104, 141
Debora 55
Delila 58
Devarim 11
Dina 36
Dornbusch, brennender 42, 43
Drache 91, 106, 173
Durchzug durch das Rote Meer 45, 46, 54

**E**
Ea 25
Ecce homo 152
Edomiter 51
Ehebrecherin 130
Einzug in Jerusalem 72, 132, 141, 178
Elchanan 62
Eli 60
Elias 73–75, 126, 128
Elieser 33, 36
Elisabeth 99, 100, 110
Elkana 60
Emmaus 161
Engel 27–30, 32, 35, 37, 43, 45, 46, 52, 54, 56, 58, 73, 76, 82, 90, 91, 96, 98, 102, 104, 106, 113, 134, 138, 144, 145, 147, 158, 161, 165, 166, 171–175
Enlil 25
Ephraim 41, 121
Ephraim (Gebirge) 55
Erzengel 76
Esau 34, 36, 37
Eschbaal 66, 67
Essener 187
Esther 80
Etan 83
Etbaal 74
Eucharistie 146
Euphrat 21, 27, 52
Eusebius von Caesarea 16, 96
Eva 6, 10, 20–25, 59, 99
Evangelien 10, 12–14, 16, 17, 87, 110, 115, 116, 122, 124–126, 128, 131, 133, 134, 140, 146, 147, 152, 156, 157, 162–164, 169, 170, 178, 182
– apokryphe 98, 102, 106, 111, 153, 156, 160, 162, 170
– gnostische 17
Evangelienbücher 182
Evangelisten 14, 16
Ezechiel 14, 87, 90, 96

**F**
Feuerofen 91
Fischzug, wunderbarer 163
Flavius Josephus 107, 112, 150, 152, 187
Fußwaschung 27, 119, 145

**G**
Gabriel 13, 76, 98, 99, 100
Gad 36, 41
Galiläa 100, 114, 115, 123, 125, 133, 136, 141, 152, 154, 157, 158, 163
Gamaliel 165
Garten
– Eden 21, 24
– Gethsemane 147, 148
Gebetsbücher 93
Gebetsriemen 49
Gebetsschal 49
Gebetszeiten 93
Geldwechsler 142
Genesis 11, 20, 27, 38, 59
Gesetzestafeln 48, 50, 66
Gideon 56
Gilgameschepos 25
Gleichnis 10, 90, 113, 119, 122, 131, 132, 135, 136, 138, 139, 140, 144, 182
Gnosis 17
Goldenes Kalb 50, 51
Goldland 21
Golgatha 153, 156, 157
Goliath 6, 62, 64
Gomorrha 28
Göttliche Komödie 37, 148, 175
Grablegung Christi 157
Gutenberg, Johannes 184, 185
Gutenberg-Bibel 184
Guter Hirte 36, 135

**H**
Habakuk 11, 91
Hagar 13, 32
Haman 80
Hananias 167
Hanna (Mutter Samuels) 60
Hanna (Prophetin) 108
Hannas 150, 151, 165
Hasmonäer 81
Hebron 27, 66, 68
Heilige Drei Könige 105, 116
Heilige Familie 106, 107, 110, 134
Heiliger Geist 13, 56, 99, 100, 108, 126, 164, 166
Heiliger Gral 156, 160
Heilsspiegel 80
Helena 116
Heliodor 82
Heman 83
Henoch 173, 175
Hermesstab 51
Herodes 71, 81, 101, 102, 105, 106, 107, 123, 132
Herodes Antipas 112, 123, 152
Herodias 123
Hexe von Endor 65
Hieronymus, Sophrenius Eusebius 14, 50, 178, 179, 186
Hillel 119, 165
Himmelsbrot 46
Himmelsleiter 35
Hiob 84
Hirte des Hermas 10

Hohelied 85, 86
Hohepriester 71, 141, 142, 148, 151, 167
Hoher Rat 151, 152
Hölle 148, 175
Holofernes 78, 123
Hosanna 141
Hosea 11, 106

**I**
Ikonen 27
INRI 154
Irenäus von Lyon 10, 12, 14, 166, 171
Isa Ben Maryam 13
Isaak 11, 13, 30, 32–36, 43, 96, 118
Ischtar 75
Isebel 73, 74
Ismael 13, 32
Israel 11, 12, 21, 25, 27, 29, 37, 41, 42, 44–46, 48, 49, 51, 52, 54–56, 58–62, 65, 66, 68, 70, 72–76, 78, 81, 87, 88, 90, 98, 100, 101, 106, 108, 118, 128, 136, 141, 164, 169, 173
Israeliten 11, 26, 30, 32, 37, 41–46, 48–52, 54–56, 58, 59, 61, 62, 65, 66, 78, 91, 92, 108, 120
Issachar 36, 41

**J**
Jabbok 37
Jabin 55
Jael 55, 78
Jahwe 43, 52
Jakob 11, 34–38, 40, 41, 43, 96, 99, 107, 118, 121
Jakobsbrunnen 121
Jakobsleiter 35
Jakobus (Bruder Jesu) 110
Jakobus d. Ä. 114, 127, 128, 146, 147, 154, 162, 163
Jakobus d. J. 114, 146, 154, 158, 162
Jakobusbrief 12
Jedutun 83
Jehu 74
Jeremias 11, 14, 88, 126
– Brief des 186
Jericho 54, 120, 131, 136
Jerusalem 17, 66, 68, 71, 72, 75, 81, 88, 90, 91, 108, 111, 113, 121, 125, 127, 128, 130–133, 136, 140–142, 147, 156, 161, 163–169, 175, 178, 187
Jesaja 11, 14, 21, 87, 96, 102, 112, 141, 163, 166, 185
Jesaja-Manuskript 187
Jesus Christus 6, 10, 12–14, 16, 17, 35, 41, 46, 56, 86, 87, 96, 99–102, 104, 106, 108, 110–122, 124–171, 173–175, 178, 187
Jethro 42, 43
Jischbak 32
Joab 68
Joachim 17, 98
Joel 11, 87, 164
Johannes (Apostel) 14, 110, 114, 127, 128, 146, 147, 154, 158, 160, 162, 163, 165, 166, 171
Johannes der Täufer 14, 99, 100, 110, 112, 114, 123, 124, 126
Johannesevangelium 14, 16
Jojakim 88, 96
Jokschan 32, 160, 162, 163, 170
Jom Kippur 71
Jonas 11, 93
Jonathan 61, 62, 64
Jonathan Makkabäus 81
Jordan 54, 73, 112, 113
Joseph (Sohn Jakobs) 11, 13, 36, 38–42, 121
Joseph von Arimathäa 156, 157
Joseph von Nazareth 96, 98, 101, 102, 104, 106, 108, 110, 134
Joses 110
Josia 88, 96
Josua 48, 54
Jotam 56
Juda (Reich) 11, 66, 74, 75, 87, 88, 90
Juda (Sohn Jakobs) 29, 36, 40, 41, 96
Judäa 81, 101, 106, 107, 112, 133, 150, 152, 162
Judas 110
Judas Iskariot 114, 119, 146, 148, 164
Judas Makkabäus 81
Judas Thaddäus 110, 114, 162
Judasbrief 12
Judasevangelium 17
Judaskuss 148
Judith 11, 78, 123
Jungfrauengeburt 13, 87
Jüngstes Gericht 140, 144, 174, 175

**K**
Kaballa 90
Kafarnaum 114, 118, 134
– Hauptmann von 118
Kain 24, 25
Kainsmal 24
Kaiphas 150, 165
Kanaan 11, 27, 33, 38, 40, 41, 45, 50, 54, 55, 58, 59
Kanaaniter 33, 58, 136
Kandake 166
Kanon 10, 111, 186
– Muratori 10
Kanontafeln 182
Karthago 30
katholische Briefe 12
Katholizismus 179, 186
Kephas 126
Kepler, Johannes 105
Ketura 32
Ketuvim 11
Kindermord in Bethlehem 106, 107
Kindheitsevangelium nach Thomas 111
Kippa 49
Kirchenlehrer 14, 179
Kirchenväter 6, 10, 12–14, 17, 127, 171, 175
Klagelieder 11, 88
Kleopas 161
Komplet 108
Konzil von Trient 102, 186
Koran 13, 73
Kreuzigung 13, 110, 153, 154, 156
Kreuzweg 7, 153
Kyros II. 75, 87, 91

**L**
Laban 33, 34, 36, 37
Lamm Gottes 36, 56
Laubhüttenfest 48, 71, 128, 130
Lazarus, armer 140
Lazarus aus Bethanien 132, 133, 160
Lea 29, 36, 37
Legenda aurea 160
Letztes Abendmahl 12, 13, 115, 124, 145, 146, 147, 170
Levi (Matthäus) 14, 115, 120
Levi (Sohn Jakobs) 36, 40, 41
Levi, Leviten (Stamm) 41, 42, 50, 136
Leviratsehe 59
Lilith 22
Lot 27, 28, 29
Lukas 10, 14, 16
Lukasevangelium 12, 14, 16
Luther, Martin 7, 11, 84, 85, 86, 135, 178, 179, 185, 186
Lutherbibel 7, 12, 38, 66, 84, 179, 185
Luzifer 173
Lystra 169

**M**
Magnifikat 100
Maimonides, Moses 49
Makkabäer 11, 81, 82, 186
Malachias 11, 96
Mamre 27
Manasse 41, 121
Manierismus 36
Manna 46
Marduk 26
Maria 13, 17, 80, 96, 98–106, 108–111, 115, 134, 151, 154, 157, 158, 160, 164, 171
Maria aus Bethanien 119, 132, 133
Maria Magdalena 132, 154, 158, 160, 161
Mariä Lichtmess 108
Markion 12
Markus 10, 14, 16, 127
Markusevangelium 14, 16
Martha 132, 133, 160
Märtyrer 152, 165, 167, 172, 174
Mattatias 81
Matthäus 14, 114, 120, 146, 162
Matthäusevangelium 14, 16
Matthias 162, 164
Matzen 44
Medan 32
Meder 75
Melchior 105
Menschenopfer 30
Menschensohn 35, 51, 131, 144, 147, 150, 171, 174
Messias 21, 73, 87, 96, 104, 108, 112, 114, 126, 128, 140, 150, 152, 164
Micha 11, 101, 105
Michael 76, 173
Michal 62, 64, 66
Midian (Region) 38, 42, 43, 56
Midian (Sohn Abrahams) 32
Midianiter 56
Mission 127, 166, 168, 169, 180, 181
Moab 29, 52, 54, 59
Moabiter 29, 52, 59
Mohammed 13
Moloch 30
Mordekai 80
Moria 30
mosaisches Gesetz 11, 29, 61, 65, 68, 96, 108, 123, 130, 142
Moses 13, 42–46, 48–51, 54, 59, 66, 73, 113, 128, 140

**N**
Nabot 74
Nachor 33
Nahum 11
Naphtali 36, 41
Nathan 66, 67, 70, 83
Nathanael 35, 114, 163
Nazarener 39, 71, 144
Nazareth 96, 98, 99, 101, 106, 111, 154
Nebukadnezar II. 26, 71, 75, 78, 88, 91
Neues (Himmlisches) Jerusalem 174, 175
Neues Testament 10, 12–14, 35, 71, 80, 84, 96, 107, 114, 116, 123, 145, 171, 178, 179, 185, 186
Nevim 11
Nikodemus 51, 156
Nikodemusevangelium 153, 156
Ninive 76, 93
Nisan 44
Noah 11, 13, 20, 25, 26, 27
Noemi 59

**O**
Obed-Edom 66
Offenbarung des Johannes 14, 171, 174
Ölberg 130, 147, 151, 164, 170
Onias 82
Orpa 59

**P**
Papsttum, Legitimation des 126, 127
Paradies 6, 13, 21, 22, 59, 99, 142, 154, 173
Parzival 156
Patmos 171
Paulus 12, 14, 127, 165, 167–169
Paulusbriefe 168
Pentateuch 11
Penuel 37
Perikopen 182
Perikopenbuch 126
Pessach 44, 48, 71, 73, 111, 141, 152, 156
Pessachmahl 145, 146
Petrus (Simon Petrus) 10, 12, 14, 114, 125–128, 139, 145–148, 151, 158, 160–166, 170
Petrusakten 170
Pharisäer 119, 120, 130, 131, 133, 135, 138, 139, 141, 163
Philippus (Apostel) 114, 146
Philippus (Diakon) 166, 169
Philippusevangelium 160
Philister 6, 58, 60, 61, 62, 64, 65, 66
Philo von Alexandria 152

# Stichwortregister


Phönizier 30
Pietà 157
Pilatus, Pontius 150, 152, 156, 157
Pitom 42
Potiphar 38, 39
Praetorius, Michael 96
Prieuré de Sion 160
Propheten 11, 13, 14, 96, 111
Protestantismus 186
Protoevangelium des Jakobus 98, 102
Psalmen 11, 25, 54, 72, 83, 85, 93, 100, 150, 179, 181, 182, 186, 187
Pseudo-Matthäusevangelium 17
Purim 80

**Q**

Quirinius 101
Qumran, Schriftrollen von 187

**R**

Rabbiner 49
Rafael 76
Rahab 54
Rahel 29, 36–38, 40, 107
Ramses 42
Ramses II. 45
Rebekka 33, 34, 36
Rehabeam 74, 75, 96
Rosenkranz 99
Ruben 36, 38, 40, 41
Ruth 59, 61, 96

**S**

Saba, Königin von 72
Sabbat 46, 48, 156, 157, 158
Sadduzäer 119, 142, 163
Salome 123
Salomon 11, 13, 55, 67, 68, 70–72, 74, 75, 85, 86, 96
Sämann 122
Samaria 121, 127, 136, 150, 166
Samariter 136, 152
Samariterin am Jakobsbrunnen 121, 136
Samson 58
Samuel 11, 60, 61, 65
Sanhedrin 142, 150
Sanherib 76
Sara (Erzmutter Israels) 27, 29, 32, 33, 60
Sara (Frau des Tobias) 76
Sarepta 73
Saul 11, 61, 62, 64–66, 83
Saulus 165, 167
Schacharit 49
Schawuot 48, 71, 111
Schemot 11
Schilo 60
Schlange 22, 43, 51, 162, 173
Schma Jisrael 49
Schöpfungsgeschichte 20, 22
Schuach 32
Schweißtuch 153
Sebastian 152
Sebulon 36, 41
Sederabend 44, 73
See Genezareth 68, 114, 116, 118, 125, 126, 131, 141, 160
Seleukidenreich 81
Seleukos IV. 82
Seligpreisungen 116
Sem 26
Septuaginta 12, 178, 179
Sheol 175
Sichem 56
Sikarier 148
Silpa 36
Simeon (Prophet) 108
Simeon (Sohn Jakobs) 36, 40, 41
Simeon (Tempelvorsteher) 82
Simeon Bachos (Eunuch der Kandake) 108
Simon (Bruder Jesu) 110
Simon (Pharisäer) 119
Simon Magus 166
Simon Makkabäus 81
Simon von Kyrene 153
Simon Zelotes 110, 114, 146, 162
Simonie 166
Simran 32
Sintflut 13, 20, 25, 59
Sisera 55
Sodom 27, 28, 29
Sophonias 11
Speisung der Fünftausend 124
Stämme Israels 41
Stephanus 165
Stern von Bethlehem 52, 102, 105
Stifterbilder 135
Stundenbuch 93
Sukkot 48, 71, 111, 130
Sulamith 86
Suleiman I. 13
Sumer 26
Sündenfall 20, 24
Susanna 92

**T**

Tabgha 116
Tallit 49
Tamar (Schwiegertochter des Juda) 29, 59, 96
Tamar (Tochter Davids) 68
Tanach 6, 11, 12, 81, 178, 186
Taufe Jesu 112–114, 164
Tefillin 49
Tempel 10, 17, 60, 66, 68, 71, 75, 81, 82, 88, 90, 98, 100, 108, 111, 113, 119, 130, 142, 148, 150, 154
Tempeldienst 142
Tempelwächter 142
Templerorden 160
Terach 27
Teufel 113, 148, 173–175
Thomas 114, 146, 162, 163
Thomasakten 162
Thomasevangelium 17
Tigris 21, 76
Tobias 76
Tobit 11, 76
Tora, -rollen 11, 13, 49, 86, 156, 165
Triptychon 43
Tugendleiter 35
Turmbau zu Babel 26

**U**

Uria 88
Uriah 67
Uriel 76
Usija 87, 96
Utnapischtim 25

**V**

Verlorener Sohn 138
Veronika 153
Versuchung Jesu 113
Vetus Latina 179
Volkszählung 101
Vulgata 38, 152, 178, 179, 185, 186

**W**

Wajikra 11
Wallfahrtsfeste 71, 111, 142
Weihnachtsgeschichte 101
Weisheitsbücher 85
Wochenfest 71
Wulfilabibel 180
Wunder Jesu 111, 114, 115, 118, 124, 125, 128, 131, 133
Wurzel Jesse 96

**Z**

Zacharias (Prophet) 11, 141, 147
Zacharias (Vater des Johannes) 14, 99, 100
Zachäus 120
Zarathustra 91, 105, 113
Zedekia 88
Zehn Gebote 6, 48
Zehn Plagen 44
Zikkurat 26, 35
Zizit 49


## Bildnachweis

**akg-images, Berlin:**
S. 20, 28, 34, 40, 50, 59, 86, 91, 153, 157, 174, 175

**dpa Picture-Alliance, Frankfurt/Main:**
S.17, 29, 32, 33, 35, 36, 43, 49, 51, 53, 55, 57, 58, 60, 64, 65, 66, 69, 71, 73, 74, 77, 80, 81, 82, 83, 85, 87, 89, 90, 92, 97, 100, 110, 118, 121, 122, 1 24, 129, 131, 132, 134, 135, 139, 144, 150, 165, 166, 169, 170

**INTERFOTO, München:**
S. 7, 10, 11, 12, 13, 15, 16, 21, 23, 24, 25, 27, 31, 37, 38, 41, 42, 44, 45, 48, 61, 63, 67, 70, 72, 75, 79, 84, 93, 99, 104, 105, 106, 107, 109, 113, 114, 115, 117, 119, 120, 123, 125, 130, 137, 140, 145, 146, 147, 149, 152, 156, 159, 160, 161, 164, 167, 168, 171, 178, 180, 181, 183, 184, 185, 186, 187

**twinbooks, München:**
S. 26, 39, 47, 54, 98, 101, 103, 111, 112, 126, 127, 133, 138, 141, 143, 151, 155, 162, 163, 172, 173, 179